U0801305

代表作

朱

朱勇代表作

朱勇 著

儒者论法

法律出版社

朱勇 男，安徽无为人，1955年出生，中国政法大学教授，兼任中国法学会法治文化研究会副会长、中国法律史学会中国法制史专业委员会会长；享受国务院特殊津贴。

1974年1月高中毕业于安徽合肥郊区十五中，1974年5月插队合肥蜀山园艺场。1978年2月入安徽大学哲学系学习；1982—1987年先后师从陈盛清教授、张晋藩教授，分别获法学硕士学位（1985年1月）、法学博士学位（1987年7月）。1987年7月于中国政法大学研究生院毕业，留校任教，历任中国政法大学法制史研究所所长、法律系主任、副校长兼研究生院院长、法律史学研究院院长等，曾兼任中国法律史学会执行会长、全国法律硕士教学指导委员会副主任等。

1987年7月任教以来，主要从事中国法律史专业的人才培养与学术研究，已指导培养中国法制史学博士七十余名。主要著作有《清代宗族法研究》、《中国法律的艰辛历程》、《中华帝国的法律》（译著）等，主编《中国法制史》（马克思主义理论研究和建设工程重点教材）、《中国民法近代化研究》、《社会转型与法律秩序的重建》、《中华法系》等。

自　序

中国古代科举制度下，所有正途入仕的官员都面临着一种困境：从私塾到县学，从院试到乡试，其所诵读为《论语》《孟子》等经典，所阐发为修齐治平各宏论。忠诚孝顺、善良谦和、仁义礼智信、温良恭俭让，几乎成为做人、做事的终极目标。然而，他们一旦秋闱中试，入仕为官，其日常处理的事务则可能涉及催征钱粮、摊派徭役、拷讯原被告、拟断刑事判决等。读圣贤书，做官吏事；所“知”与所“行”在基本导向方面有着巨大反差。董仲舒所构建的“天人合一”理论从哲学上为入仕官员化解了这一难题。自然之天既有萌芽生长之春夏，也有凋零肃杀之秋冬；人类社会既需要民本、爱人之仁政，也需要赋税、刑罚之严法。中国古代法律的发展演变，无论是法律的制定，还是法律的执行，始终为一大批由读圣贤书出身的儒者所主导；一部中国法制的历史就是由儒者所主导的儒法结合的历史。

儒者的主导使得中国古代法律的构建与演变始终符合儒家对人性与法律的基本判断，在整体上有利于国家、民族、社会、家庭、个人的综合性存续与发展。

本文集是作者基于儒者的立场，从不同角度对中国法律发展历程的思考。文集重点涉及两大主题：关于中国古代法律的体系架构、关于中国古代法律的基本特征。

中国古代法律体系具有鲜明的民族特征。《“祖制”的法律解读》《论中国古代的“六事法体系”》《“官法同构”：中国古代的大国治理之路》《清朝宗族法考》四篇文章分别作了一些探讨。就国家制定法而言，中国古代采取“官法同构”原则，以官制为基础来构建制定法体系；以“治官”为直接目标，以“治民”为间接目标，最终实现官民兼治。伴随着秦汉“三公九卿”、隋唐“三省六部”、明清“六部”的官制演变，以吏事法、户事法、礼事法、兵事法、刑事法、工事法为主体的“六事法体系”也经历了萌芽、形成、完备的过程。

中国古代制定法在对社会关系的覆盖方面存在一种“天空地旷”的特点。制定法对社会关系的调整主要针对由国务执行机构职掌所涉及的各类社会关系。一方面,以皇帝为核心的中央决策机构成员,包括皇帝本人以及朝廷重臣,其职责权限和行为举止不受制定法的约束,而是以皇家“祖制”作为行为依据。“祖制”的内容主要包括现职皇帝旨意、先世皇帝祖训。另一方面,大量的民间“细事”以及由“细事”而引起的诸多纠纷一般也不通过制定法进行规制。宋朝以后在基层社会普遍存在的“家训族规”“乡规村约”在规制社会关系、调解民间纠纷方面发挥了重要作用。从这一意义上说,中国古代的政治最高层与社会最基层均处于国家制定法调整的“空旷之所”。易言之,在中国古代,实际发挥调整社会关系、构建社会秩序的法律体系包括祖制、六事法、乡规民约三大组成部分。

关于中国古代法律的基本特征,文集中的四篇文章有所涉及。第一,在国家治理模式方面,中国古代社会崇尚人文精神,在国家治理中坚持以人类自身的力量与智慧来解决人类所面临的问题。同时期的其他一些国家则通过法律与宗教的结合使法律获得正当性、权威性,乃至神圣性。第二,在社会秩序的实现路径方面,古代中国注重通过限制个体的方式来强化共同体的作用。个体放弃或让渡部分权利,以置换共同体的整体和谐。这是中国传统社会的价值追求,也是中国传统法律实现国家治理和社会控制、构建稳定的社会秩序的主要路径。第三,在中国古代,作为人文社会现象的法律与自然因素有诸多联系。在法律制定方面,遵循“则天立法”原则,以“天”为制定法律的最终根据;在法律实施方面,实行“刑狱时令”、“灾异赦宥”及“抵命”制度。古代法律的这一特征使其自身披上了一件先天合理的外衣,也在具体的适用过程中使其具有较强的灵活随意性和自然神秘的色彩。第四,中国古代社会重视宗法伦理。每一个社会的个体必须同时履行基于家庭伦理关系而形成的亲情义务和以国家统治为基础的法律义务,两者之间的冲突往往不可避免。为化解这一冲突,中国古代的统治者成功地确立了具有东方色彩的二者关系原则:亲情义务和法律义务并重;将亲情义务法律化,分别采取法就于情、情让于法或情法互避的解决模式。

中国古代法律由以儒者为主体的政治家群体所订立和实施，并由以儒者为主体的思想家群体给予指导和解读。今天，我们应该以何种方式来看待作为研究对象的中国古代法律。我以为，分析评价中国古代法律的规律特征、优劣利弊，可以基于现代学术立场，采用现代学术方法；而再现中国古代法律的历史原貌、探讨其制定宗旨以及实际发挥的功能和作用，则更需要研究者将自己置换成儒者的身份，采纳儒者的立场与方法，从当时的社会现实与政治需求出发，对中国古代法律进行贴近感受与静默体悟。

朱　勇

2019 年 10 月 16 日

目录

朱勇

代表作

壹

“祖制”的法律解读

中国古代在国家治理与社会控制方面,以“先皇祖训”为内容的“祖制”发挥着重要作用。祖制作为有约束力的行为规范,其调控范围涉及国家权力的分配与制衡、朝廷运行机制、重大事件决策、重要职官任免、朝贡外交以及特定群体的规制、特殊事件的处理等。祖制的具体内容包括:对皇帝权力的维护与规制,关于宗室、外戚、宦官等皇帝近身群体的特权与限制,规范皇位继承、朝贡外交等特别领域。在维护皇权方面,祖制特别注重构建合理的权力分配与制衡机制,规制皇帝个人的言行举止,限制皇帝权力非理性行使,确保皇权行使符合统治阶级整体利益。祖制的实施主要通过由皇帝主持或由皇帝行使最终裁决权的“祖制驳议”机制。在规范形式上,祖制多以诏令、上谕等先例、惯例的形式存在,较多保留春秋以前非法典化、非公开化的法律神秘主义特征。从基本内容、调控范围、适用对象、强制效力等方面来看,祖制初步具备国家根本法的性质。祖制与普通律令既有分工,又有衔接,二者相互协调,构成中国古代完整的法律体系:“祖制—律令”体系。祖制的存在适应中国古代尊祖孝亲的宗法传统以及首重稳定、次重发展的国家战略,弥补了因皇位世袭导致国家治理制度方面的重大不足。同时,祖制的存在制约了古代中国的制度创新、社会进步,并对作为国家基本法律的律令体系的完善产生消极影响。

一、“祖制”的界定

在中国古代,皇帝作为国家最高统治者,权力至高无上。就国家政权体制而言,皇帝统管国家一切重大事务,包括内政、军事、立法、司法、外交

原载《法学研究》2016年第4期。

等方面;即使对于某一具体事项甚至民间细事,皇帝也可以直接作出最终决定。但基于最高权力的行使有利于国家长治久安的考虑,基于皇帝本人能力、品行、时间、健康状况等各种因素的制约,皇帝行使权力也受到种种限制。同时,皇帝作出重大决策时需要考虑相关的背景、事实,需要征询、参考各方意见,需要遵循一定的程序。但是,中国古代没有一部法典,没有一部规章来全面地、具体地并权威地规定皇帝的权力范围以及权力行使程序。[1]

实际上,帝制时代皇帝履行职权,除了各朝开国皇帝承担建章立制、构建政权体制与决策机制之外,承嗣皇帝多以遵循"祖制"的方式确定权力范围,规范履职程序。也正由于"祖制"的存在及实施,各朝政权体制保持基本稳定,相关政策得以延续,包括皇帝自身履职方式在内的政权机构运行保持基本的规范性。

就字面而言,"祖制"是祖先的制度;在中国古代,"祖制"特指"先皇制度"。具体而言,祖制是本朝开国皇帝以及先代皇帝构建的关于国家治理根本制度的规范体系,其内容涉及国家权力分配与制衡、朝廷运行机制、重大事件决策、重要职官任免、朝贡外交以及对于特定群体的规制、对特殊事件的处理等。祖制的适用主体包括皇帝以及参与国家重大决策的朝廷百官、封疆大吏等统治集团上层成员,也包括宗室、外戚、宦官等皇帝近身群体。就性质而言,祖制属于普通律令体系的上位法,初步具备国家根本法的性质。祖制的名称,各朝不一,有称"祖制""祖训""圣政""圣训",也有称"祖宗家法""本朝家法""先祖成宪""祖宗故事"等。[2]

每一朝代有每一朝代的律令体系。律令体系不仅是调整社会关系、规制社会秩序的规范依据,还是统治合法性的标志。同样,每一朝代有每一朝代的祖制。祖制具备规范依据与统治合法性标志的双重属性。

一般而言,祖制形成于各朝开国皇帝,或者由各朝早期几任皇帝以及后续强势皇帝共同形成。南宋名臣杨万里总结各朝家法:"万里曰:一代之治体,自有一代之家法。夏之家法以禹,如所谓'皇祖有训、有典有则'是也;商之家法以汤,如所谓'视乃厥祖、率乃祖攸行'是也;周之家法以文武,如所谓'丕显哉文王谟、丕承哉武王烈'是也。东方朔告汉武帝,谓臣未敢远引尧舜,请近举孝文皇帝,是汉之家法在孝文;陆贽告德宗谓求贤纳谏当法太宗,是唐之家法在太宗。本朝仁宗皇帝在位四十二年,海内富庶,中外安靖，人才众多，风俗醇厚，民心爱戴，国祚延长，号为本朝之尧舜。此虽仁宗仁圣之所致，亦由不自用其圣，不自矜其能，动以太祖、太宗二圣为家法之效也。”[3]

杨万里总结祖制家法的作用，上溯至夏商西周，这是中国古代政治家、思想家论证某项制度必要性、合理性的常用方式。但作为“一代之治体，自有一代之家法”的国家治理方式，在汉唐时期即已初步形成。班固称颂汉章帝在国家治理方面既承续三代“唐尧之典”，又直接继承本朝高祖、武帝祖制家法。[4]

唐贞元五年（789年），德宗在其诏书中说：“朕奉祖宗之法，期于慎守，托王公之上，务以存诚。画野分析，皆有定制。”[5]唐武宗说：“天下者，高祖太宗之天下。朕守祖宗成业，常怀兢畏，岂敢上违天地之限，中隳祖宗之法？每欲发一号，施一令，皆告於宗庙，不敢自专。”[6]

与汉唐相比，宋朝对祖制在国家治理方面的作用更加重视。[7]一方面，宋朝对祖制的实施进一步规范。汉唐时期，皇帝率朝廷执行祖制时较多地将祖制作为一种原则，作为一种政治惯例。宋朝总结汉唐以来实施祖制方面存在的问题，结合本朝实践，更加注重祖制实施的划一性、规范性。为此，宋朝君臣推动祖制规范的汇集编纂。

北宋天圣五年（1027年），监修史王曾建议编定本朝祖制，其具体内容“采太祖、太宗、真宗实录、日历、时政记、起居注”，得到仁宗批准。明道元年（1032年）书成，仁宗敕命书名为《三朝宝训》。从仁宗开始，两宋各代皇帝多续编祖制规范。[8]宋庆历四年，钦命编纂《庆历三朝太平宝训》，全书共96门20卷，全面记载太祖、太宗、真宗三朝祖制。“凡三朝赏罚之权、威德之本、责任将帅之术、升黜官吏之法、息费强兵之制、御戎平寇之略、宽民恤灾之惠、睦亲立教之本、御臣防患之机、察纳谏诤之道，率编录焉。”[9]宋元祐八年，宰相吕大防向宋哲宗进言：“自三代以后，惟本朝百二十年中外无事，盖由祖宗所立家法最善……陛下不须远法前代，但尽行家法，足以为天下。”[10]对于吕大防的进言，宋哲宗深以为然。朱熹曾经说，宋代的列祖列宗们“于古制虽不能守，然守得家法却极谨”[11]。

明太祖朱元璋将祖制的作用发挥到了极致。朱元璋出身寒微，家境贫穷，加入红巾军抗击元朝，历经坎坷。艰苦而丰富的经历既使得朱元璋体悟到稼穑之艰辛，也练就了治国理政的领袖能力。明政权建立后，他始终考虑如何使社会稳定、国祚延续。朱元璋在位31年,极为重视法律在调整社会关系、规范官民行为方面的作用,主持制定《大明律》《明大诰》《大明令》等一系列法律。在制定、颁布各项法律的同时,朱元璋没有忘记还需要一部"法上之法",需要一部国家根本法性质的祖制"家法",以规范国家权力的分配与制衡,规制皇帝的言行举止,规范朝廷的运行机制。实际上,朱元璋称帝之初即开始这部"法上之法"的制定。洪武二年(1369年)启动编制程序,洪武六年(1373年)完成,命名《祖训录》,此后多次修订,直至洪武二十八年(1395年)最终定稿,名《皇明祖训》。朱元璋亲自作"序":

朕观自古国家建立法制,皆在始受命之君。当时法已定,人已守,是以恩威加于海内,民用平康。盖其创业之初,备尝艰辛,阅人既多,历事亦熟。比之生长深宫之主,未谙世故,及僻处山林之士,自矜已长者,甚相远矣……故以所见所行,与群臣定为国法……盖自平武昌以来,即议定著律令,损益更改,不计遍数。经今十年,始得成就。颁而行之,民渐知禁。至于开导后人,复为《祖训》一编,立为家法……凡我子孙,钦承朕命,无作聪明、乱我已成之法,一字不可改易。[12]

可见,朱元璋的用意非常明确。以《大明律》《明大诰》《大明令》为主的律令体系作为"国法",其主要功能在于治官、治吏、治民,在于保证政府机构正常运作与维系社会基本秩序。"皇帝"作为最高级别的国家机构,作为最高权力的拥有者,作为"国法"实施的监督者、保障者,不能适用律令体系,因为仅仅通过律令体系,守成的皇帝既不能有效保护皇权的至尊地位,防止朝廷内外各种力量对于最高权力的觊觎与颠覆,也不能约束自身行为,有效履行皇帝的职责与义务。因此,在"国法"之外,另行制定"家法",以适用于皇帝以及与皇权直接相关的权力分配与制衡、朝廷决策机制等重大事项。[13]朱元璋以明确的规范文本、极端的违制后果[14]、高调的普及宣传[15],使作为祖制的《皇明祖训》在明朝廷内外几乎尽人皆知。终明之世,《皇明祖训》得到历朝皇帝及朝廷百官较为严格的遵行。

清朝统治者在入关前就对满族祖制高度重视。崇德二年(1637年),皇太极就满族服制颁布上谕:"我国家以骑射为业,今若轻循汉人之俗,不亲弓矢,则武备何由而习乎?射猎者,演武之法。服制者,立国之经。嗣后凡出师、田猎,许服便服,其余悉令遵照国初定制,仍服朝衣。并欲使后世子孙勿轻变弃祖制。”[16]在这里,皇太极将“立国之经”与“祖制”紧密关联,要求后世子孙世守勿替。清王朝建立之后,最高统治者率整个统治集团接受汉文化、汉制度,包括充分发挥祖制在国家治理中的重要作用。清入关前以及顺康雍乾几朝所形成的关于国家治理重大事项、朝廷运行机制等内容的祖制得到后续各朝有效遵守。康熙五十六年颁布诏令,特别提出:“帝王之治,必以敬天法祖为本。”[17]同治八年(1869年),山东巡抚丁宝桢处决慈禧极为器重的太监总管安德海,定其罪名即“违背祖制”。[18]

二、“祖制”的基本内容

(一)皇权维护与制约

中国古代,实行皇帝集中领导下的朝廷管理体制。在这一体制下,一方面,皇权位居权力体系的顶端,国家发展战略方针、朝廷重大决策、重要职官任免均由皇帝最终决定。另一方面,朝廷各部门分工负责,相互制约,有效执行皇帝决策。但是,皇权至高无上并不表明皇帝个人可以为所欲为。为国家长治久安,为国祚绵延稳定,帝制时代的政治家、思想家在国家政治体制中设计了皇帝行使权力的制约机制。而有关这一权力体制与运行机制的设计、运行、监督超出了普通律令体系以及一般典章制度的规制范围。这一特殊任务由“祖制”承担。

皇权因其至高无上而经常受到来自各方面的觊觎与挑战,因此,保障皇权成为历朝皇帝的第一任务,也是中国传统政治体制必须解决的重大问题。

对于皇权的维护,是对于皇帝人身安全的保护。保护皇帝人身安全,普通律令体系已有诸多规定。[19]但对于皇帝的侵害,有可能是普通刑事犯罪,更多的则可能属于以宫廷内斗、地方割据为主的权力争夺或政治阴谋。历代皇朝都注意通过祖制在制止权力斗争方面加大对于皇帝的保护。皇帝的主要日常行止发生在宫禁之中,发生在朝会、御前会议、皇家祭祀等重大活动之中。而历朝祖制特别注重宫禁秩序的构建与管理,注重皇帝公务活动的安排与保障。朝堂之上,百官聚集。参加朝会之人的一言一行、举手投足均由祖制加以规制,既确保皇帝的人身安全,也构建庄重、肃穆的殿廷氛围与朝堂秩序。明太祖《皇明祖训》甚至规定,皇帝与亲信大臣密谋国家机密大事、屏退左右时也不可让持械护卫离得太远,必须让他们在十丈之内，以防不测。[20]

维护皇权更重要的是维护皇帝权力始终处于国家权力体系的顶端，在国家最高决策机制中保证皇帝始终拥有最后决定权。唐太宗在《帝范》中告诫太子，如何做好一国之君，如何通过建亲、求贤、审官、纳谏、去馋、阅武、崇文等手段驾驭群臣，统揽全局，确保皇位，确保皇权至高无上的地位。唐太宗还特别提出，统治之道可弘扬光大，而统治之术则应秘而不宣。[21]

宋朝历代皇帝颁布的《宝训》均将通过权力结构的设置维护皇权作为一项重要内容。司马光概括宋太祖、宋太宗等先朝皇帝在国家权力机构设置方面的祖制说："祖宗创业垂统，为后世法：内则设中书、枢密院、御史台、三司、审官、审刑等在京诸司，外则设转运使、知州、知县等众官，以相统御，上下有叙。此所谓纲纪者也。"[22]太祖、太宗通过对于在京诸司、在外众官的统御形成上下有序的政治纲纪，实现皇权的最高领导。

明朝祖制则更为直白地设定有利于皇权的权力结构。明太祖总结秦汉以来皇帝领导下朝廷权力结构的优劣得失，明确提出，历朝皇帝权力所受最大的威胁来自宰相之权。因此，在洪武年间建构明朝国家权力结构之时坚决废止相权，取消"一人之下，万人之上"的沟通皇帝与百官的中间环节——宰相，改由皇帝直接指挥五府六部等中央机构。明太祖还在《皇明祖训》之中以祖制家法的方式严禁增设丞相，改变朝廷权力结构：

> 自古三公论道，六卿分职，并不曾设立丞相。自秦始置丞相，不旋踵而亡。汉唐宋因之，虽有贤相，然其间所用者多有小人，专权乱政。今我朝罢丞相，设五府、六部、都察院、通政司、大理寺等衙门，分理天下庶务，彼此颉颃，不敢相压，事皆朝廷总之，所以稳当。以后子孙做皇帝时，并不许立丞相。臣下敢有奏请设立者，文武群臣即时劾奏，将犯人凌迟，全家处死。[23]

皇权巩固，政治稳定不仅取决于对于皇帝地位的维护，也在于促使皇帝正确地行使权力，确保国家机器、政权机构合理、稳定地运行。对于合理行使权力的要求，可能会有个别皇帝出于种种原因而漠视、抗拒，但统治阶级整体仍然希望包括皇帝在内的权力行使者能够在良好的权力结构中合理地履行职责、行使权力。

如何要求皇帝合理行使权力？就规范适用而言，普通律令体系以及一般的制度规定不直接适用于皇帝，甚至在多数情况下也不直接适用于朝廷大臣以及宗亲、外戚、宦官等皇帝近身群体。而祖制的特殊性则在于，无论是近身群体，还是皇帝本人，都必须无例外地遵循、适用。有鉴于此，历朝开国皇帝都充分利用建构祖制的机会，将合理的权力行使机制纳入祖制之中。开国皇帝知道，嗣任皇帝，除了遵循祖制，有可能不受任何制约，并因而可能因滥用权力或者决策失当而导致国祚中断，甚至引来杀身之祸。另外，朝廷群臣作为统治阶级的成员也会出于对皇帝的忠心，出于对社会稳定、国家发展的政治责任，利用祖制来规范、约束皇帝。

基于维护统治、巩固皇权的目的，祖制要求皇帝规范自身行为，不得因个人原因为所欲为。为此，祖制对皇帝行使权力做出诸多限制。无论是唐太宗的《帝范》，还是宋朝的《宝训》、明太祖的《皇明祖训》以及散见在上谕、诏令、实录等文献中的祖制内容，均对皇帝本人在治国理政、职官任免、行为举止等方面提出具体要求，甚至划出红线，不得逾越。可以说，祖制是中国历史上唯一一种皇帝也必须遵循的规范。

北宋元祐八年(1093 年)，宰相吕大防为宋哲宗讲读祖宗家法，概括皇帝应该遵循的“祖宗家法八条”：事亲之法、事长之法、治内之法、待外戚之法、尚俭之法、勤身之法、尚礼之法、宽仁之法，另外还有虚己纳谏、不好畋猎等条。每一条都是对于皇帝的具体要求。[24]

宋神宗因一次朝廷在陕西的军事行动失利而震怒，要求对一名负有责任的漕臣施斩刑。第二天，宰相蔡确面见神宗，提出有事上奏。神宗余怒未消，首先直接发问，昨天提出的对该漕臣施斩是否已执行。蔡确说，臣正要奏知此事。神宗反问，此事还有疑问吗？蔡确说，太祖、太宗以来，尚没有由皇帝直接命令杀士人之事，希望陛下也不要这样做。神宗沉思，面色稍解说，那是否可以判其刺字、流刑？此时门下侍郎章惇说，如果这样，还不如将其处死。神宗问其缘由。章惇说：“士可杀，不可辱。”神宗大怒，厉声说：“快意事更做不得一件？”章惇不依不饶，说：“这种事，陛下不做也好。”[25]在这一事件中，宰相蔡确希望神宗以太祖、太宗的做法为表率，而章惇则主要从道义方面反对神宗处罚漕臣。就管辖权限及司法程序而言，神宗有权将该案件立为钦案，交由宰相布置相关司法机构审理判决。但从宰相的态度看，蔡确不同意该案立为钦案，并搬出祖宗行为作为祖制依据。从此事件可以看到，祖制关于朝廷决策机制、祖宗行为方式对于现任皇帝的约束与制衡。正是基于对祖制的遵循与服从意识，宋神宗与大臣谈论刑法的执行时，提及应该实施宽平刑法。神宗说：“此祖宗成宪，朕敢不承?”[26]明宣德年间,明宣宗不同意肃庄王增加岁禄的要求,并表示“朕守祖制不敢违”。[27]

通过保护皇帝人身安全,维护皇帝最高决策权,同时通过要求皇帝合理履行职责、行使权力,甚至给皇帝行为划定不可逾越的红线等方式,祖制在普通律令体系以及一般制度规范之外发挥了维护皇权的独特作用。

(二)皇位继承

皇位继承,事关国祚延续,事关社会稳定,对于国家与社会的当下与未来均产生重大影响。因此,历朝统治者极为重视。西汉名臣叔孙通说:“太子,天下本;本一摇,天下震动。”[28]皇位继承的核心问题是皇位继承者——太子——的确定,即“立储”。从性质上看,立储既涉及朝廷权力结构的预期调整,又涉及皇帝世系的展延,不能通过普通的律令体系来设计。汉唐开始,历代王朝多通过祖制家法对立储问题予以规制。

明太祖朱元璋高度重视立储问题。太祖登基之日,同时册立太子。明太祖在《皇明祖训》中,以祖训的方式对立储问题作了明确的规制。[29]虽然明太祖身体力行,为社稷计而及时立储,而且制定祖训,要求后世子孙严格遵守。但皇帝之位巨大的诱惑力仍然使后续几朝的帝位继承问题产生巨大风波。先有明成祖朱棣违制夺嫡,后有万历朝“国本之争”。但无论是成祖朱棣,还是万历皇帝,立储祖制始终是他们行为的重大障碍。

万历朝,皇后无子。按照立储祖制,应册立皇长子朱常洛为太子,继承皇位。但神宗皇帝更喜爱德妃郑氏所生皇二子朱常洵,希望朱常洵继承皇位。朝臣们认为,神宗立次不立长,是重情轻制,明显违背祖制,绝不可行。在这一问题上,朝臣们与皇帝尖锐对立,互不相让。神宗作为皇帝也不敢公然违背祖制,只能采取种种迂回方式,希望实现目的。对于朝臣们来说,虽然他们的意见违背皇帝旨意,却有“祖制”大旗在手。这种对峙竟然持续多年。在这一过程中,神宗也曾大发雷霆,对执拗的朝臣免俸、廷杖、革职、流放。但朝臣们以捍卫祖制为己任,前赴后继,始终没有退却。神宗皇帝最终在“祖制”的强大权威面前,退让认输。万历二十九年,神宗万般无奈,正式册立皇长子朱常洛为太子。

在立储方面,清朝初年既没有直接采纳宗法原则下通行的嫡长子继承制,也没有形成对后世皇帝具有约束力的祖制。一代圣君康熙皇帝因立储问题处理不当,不仅导致持续多年的皇位争夺,而且使最终获取皇位的雍正皇帝落下恶毒刻薄、争权篡位的道德质疑。正是基于这一惨痛教训,雍正皇帝继位后,经过深思熟虑,创建秘密建储制度。雍正皇帝这一立储方式成为祖制,为清朝后任皇帝所遵行。乾隆皇帝充分肯定秘密建储这一祖制,说:"我朝家法,实为美善。"[30]乾隆四十九年正月十五日,乾隆皇帝专门发布上谕,谕令编纂《储贰金鉴》一书,否定皇位嫡长子继承制度,否定公开建储制度,明确秘密建储制度作为祖制,要求以此"为万世法戒",世世遵守。[31]

(三)近身群体的特权与限制

对于皇帝而言,宗室、外戚、宦官等近身群体与皇帝本人及皇室,或亲情深笃,关系亲密,或朝夕相处,形影不离。让这一群体对皇帝忠诚,不管是从行为效果方面,还是从道德评价方面,都至关重要。历代皇朝均给予这一群体一定的特权。而这一群体的特殊性又使一般不能通过普通的律令体系来设置、保护其特权,因此也多以祖制的方式实现这一目标。另外,近身群体通常也会通过各种方式,影响皇帝决策,影响朝廷政策,甚至影响政权的稳定。汉唐时期,频繁发生近身群体的内部纷争与外部矛盾,甚至出现近身群体与皇帝的明争暗斗。从汉唐开始,作为国家权力执行系统的主体,官僚体系就协助皇帝制定防范宗室、外戚、宦官等近身群体对皇权的威胁。其中,通过祖制限制、防范近身群体侵损皇权是重要途径之一。

宋孝宗时,在讨论祖制在国家政治生活中的作用时,宰相龚茂良评价说:"汉唐之乱,或以母后专制,或以权臣擅命,或以诸侯强大,藩镇跋扈,本朝皆无此事。可以见祖宗家法足以维持万世。"[32]当代学者朱瑞熙说:"宋朝统治者充分吸收唐、五代弊政的历史教训,为了严密防范文臣、武将、女后、外戚、宗室、宦官等六种人专权独裁,制定出一整套集中政权、兵权、财权、立法与司法权等的'祖宗家法'。"[33]

历朝祖制对于皇帝宗室设置了诸多限制。宋代祖制规定,宗室成员不得任宰相。宋高宗说:"祖宗不用宗室为宰相,其虑甚远,可用至侍从而止。"[34]明朝宗室诸王均分封外地。诸王觐见天子有着明确的顺序、时间、人数限制。《皇明祖训》规定,新天子即位,诸王不得入京,必须"谨守边藩,三年不朝"。祖制还规定:如果发现朝廷为奸人所把持,诸王可在皇帝密诏讨伐的前提下带兵入京,平定叛乱。即便如此,在叛乱平定之后,诸王与所带之兵也只许在京停留5日。[35]清朝也以祖制方式禁止宗室诸王干预朝政，影响皇帝决策。嘉庆四年，因军机处公务较多，嘉庆皇帝命成亲王永瑆为军机大臣，入直军机处。可能是引起朝臣反对或者是嘉庆皇帝发现有违祖制，10个月之后，嘉庆皇帝又专门发布上谕，以“非祖制”为由，免去成亲王永瑆入直军机处身份。[36]

对于外戚，历朝祖制也给予一定的限制。北宋吕大防向哲宗阐释祖宗家法的内容时称：“前代外戚多预政事，常致败乱，本朝皇后之族皆不预事，此待外戚之法也。”[37]南宋吏部侍郎彭龟年在上疏中概括祖制关于外戚活动限制及其用意时说：“祖宗待外戚之法，远鉴前辙，最为周密：不令预政，不令管军，不许通宫禁，不许接宾客。不惟防禁之，使不害吾治，亦所以保全之，使全吾之恩也。”[38]明嘉靖时，外戚邵喜要求置庄田。户部左侍郎秦金提出，邵喜此举严重违反祖制，并奏请皇帝，按照祖制处罚邵喜。嘉靖皇帝虽然对此个案从宽处理，赦宥邵喜，但同时要求都察院对于类似情况一定按祖制严禁。[39]

宦官利用在皇帝身边的机会有可能左右君权，把持朝政，历来受到帝国官僚体系的高度警惕。宋朝接受汉唐教训，建立了极为严格的宦官管理制度。一方面，全面提升朝臣，特别是文臣的地位，文官系统在国家政治生活中获得压倒宦官的优势地位。另一方面，通过专门适用于近身群体的祖制家法，严厉禁止宦官干预朝政。[40]

在对待文官与近身群体的态度方面，明代采取了与宋代完全不同的政策。明太祖政治权术的重点在于防止大臣干政，防止大臣侵渔君权。朱元璋废三省，废宰相，设置由皇帝直接统辖六部的管理体制。皇帝对大臣的猜忌与防范会导致近身群体地位上升。明代宦官擅权之例层出。[41]但即便如此，明代政权运作过程中仍常有以祖制限制宦官的事件。明朝祖制规定：宦官生活所需，一律由朝廷供给，宦官不得私置产业。成化年间，户部因宦官王钿通过盐业专卖获利。违反祖制，要求治其罪。宪宗虽宽宥其罪，但也重申祖制，严禁宦官置产。[42]万历时，宦官尚膳监监丞高淮以辽东税监的身份拥兵监税，给事中田大益上奏称：“祖制：人臣不得弄兵。淮本扫除之役，敢盗兵权，包祸心，罪当诛。”[43]

清朝对于宦官限制的祖制家法主要形成于雍正、乾隆两朝。雍正十三年，皇帝颁布上谕：“谕内务府总管太监等：尊卑有一定之体统，上下有不易之礼仪，自宜循分遵行，岂容稍有僭越。太监等乃乡野愚民，至微极贱。

得入宫闱,叨赐品秩,已属非分隆恩……尔等当自揣分量,敬谨小心,常怀畏惧,庶几永受皇恩,得免罪戾……后世子孙,世世遵行。"[44]清朝后期一般均严格遵守祖制家法,限制宦官权力。

清朝以祖制为据惩处太监的事例以同治朝安德海被杀最为著名。安德海9岁时净身入宫,因协助慈禧太后发动辛酉政变、架空恭亲王奕䜣有功而获慈禧重用,任内务府总管大太监。同治八年(1869年),年方25岁的安德海在获得慈禧太后默许的情况下率队前往南京。安德海明知祖制规定,宦官不得出京,但其自以为有大内总管头衔,又有慈禧的信任与默许,仍以钦差名义,一路南下。在德州境内,被山东巡抚丁宝桢扣押。丁宝桢熟悉律令,又了解祖制,在上奏朝廷获得谕旨之后,将安德海就地正法。与安德海同行太监等13人均被处死,另有8人被流放。[45]安德海被处死后,同治皇帝又专门发布上谕:"我朝家法相承,整饬宦寺,有犯必惩。纲纪至严。每遇有在外招摇生事者,无不立治其罪。"[46]虽然这一事件背后有同治皇帝、慈安太后、慈禧太后以及以丁宝桢为代表的官僚群体的博弈,但安德海被杀的最权威依据,即违反"祖制"。即便是最高权力实际拥有者慈禧太后也无可奈何。[47]

(四)朝贡外交

在对外关系方面,中国古代形成朝贡体系。自秦朝开始的绝大多数时期,统一的中央集权王朝在整个东亚、东南亚地区处于核心地位。中国历代王朝均注重维护帝国与周边国家的关系,并通过周边国家朝觐纳贡、获取帝国朝廷册封赏赐的方式维持国家之间的和平与联络,同时,周边国家也由此获得在其本国统治的合法性。

明朝初年,朝贡体系有了长足的发展。明成祖时期,随着郑和下西洋以及对于北方蒙古势力军事行动的胜利,强盛的国家实力、成功的外交行动使明朝朝贡体系进入鼎盛时期。据统计,向明政府朝贡的国家、部族达到60多个。朝贡体系的发展也在很大程度上得益于明朝初年确定的"朝贡祖制"的实施。

鉴于明朝建立后与周边国家的外交关系,为明朝政权的长治久安计,明太祖朱元璋在《皇明祖训》中明确设定与周边不同国家有区别的关系准则。第一,对于周边山海相隔的国家,不得轻启争端、武力讨伐,即使国力强盛也不得"无故兴兵"。第二,对于距离近、联系多,并有着长期交战经历的国家,必须高度戒备、认真备战。第三,为使上述二原则具体化,明确要求后世皇帝对东北、正东偏北、正南偏东、西南四个方向的15个国家不得主动征战。[48]地处中南半岛的占城古国于明弘治二年派遣使者到广东,向明廷提出,安南国多次侵犯其国,希望明朝派兵保护。兵部以祖制已确定安南为“不征之国”,如果出兵,即违反祖制。[49]

不仅在战与和方面,明朝祖制对于朝贡体系中帝国与周边国家的关系作了规定,在一般册封、赏赐、名称等方面也作了具体规定。弘治十年,安南国新国王登基,派遣使者入京通报。弘治皇帝赐新国王以皮弁服、金犀带。安南国使者提出,其国主受封,所赐不能与臣下相同,要求弘治皇帝改赐。明廷礼部官员回答说:使臣所请,紊乱祖制,不许。[50]嘉靖三十六年,皇帝因琉球国新国王登基,派遣使者到该国册封。但因天气恶劣,受阻福建。3年后,琉球国朝贡使者到达福建,提出,为确保明廷使者安全,可将朝廷册封文件带回琉球国,但朝廷礼官严词拒绝,其理由也为违反祖制。[51]

(五)其他制度

在国家重大决策之外,开国皇帝或者前几任皇帝可能因为某一事项而给予特别关注,或者出于某种特别考虑会就一些具体领域、具体事项设置祖制,要求后世皇帝一体遵行。

中国历史上,“丹书铁券”[52]制度曾以祖制的方式实施。皇帝为了奖励特定的功臣、重臣,授予其一定特权,并将特权的内容制作丹书铁券,以作享受特权的依据。其特权一般包括:普通犯罪,免于刑罚;重大犯罪,免于死刑;子孙承袭爵位等。此特权的特殊性在于:第一,不仅被授予人享受,其后代子孙也能按规定承袭;第二,皇帝所作承诺成为一项祖制,对于后世皇帝以及相关机构均有约束力。汉高祖刘邦即帝位后,一方面建章立制,构建律令体系,以规范社会秩序。另一方面设置祖制,授予功臣丹书铁券。[53]唐乾宁三年(896年),昭宗为浙江钱缪讨伐董昌有功,特旨授予钱缪金书铁券一份。根据该铁券,钱缪及其子孙,普通犯罪,免于刑事责任;犯死罪,钱缪本人可免死9次,钱氏子孙可免死3次。[54]洪武三年,朱元璋大封功臣,授予功臣李善长铁券,其内容包括:犯罪免死2次;其子犯罪,免死1次。[55]

按清朝制度,宗室成员的封爵逐代降等。亲王死后,其子承袭爵位,但必须降一等,改为郡王,而第三代承袭则须再降一等,只能得贝勒爵位。在逐代降等世袭制的同时,清代还设置“世袭罔替”铁帽子制。获得“世袭罔替”铁帽子者,不受逐代降等制限制,可世代保持原爵位。清乾隆四十三年,正式确立“世袭罔替”铁帽子制。[56]清朝共有12位“铁帽子王”者可世袭罔替,承袭爵位,不需降等,其中包括开国之初的8位宗室亲王以及在清中期为朝廷立下重大功勋的4位宗室亲王。清初确立的“世袭罔替”铁帽子制作为祖制,为后世皇帝所遵从。

宋朝祖制中有一条特殊的规定:皇帝不得杀大臣、言官。该规定由宋太祖赵匡胤亲自制定。该祖制内容秘不示人,只是刻成石碑,立于太庙密室,由皇帝独自掌握、实施。根据宋太祖的要求,新皇帝即位以及现任皇帝四时祭祀均要阅读该条祖制,以备遵循。北宋末年靖康之变,导致石碑内容外泄。[57]从宋太祖设置此条祖制的背景分析,该规定专门适用于皇帝。中国古代历史上,无论是周、秦、汉、唐,还是元、明、清,无论是朝廷大臣,还是言谏之官,因与皇帝意旨相左,或者言语犯上,均有可能被皇帝立命处死。终宋之世,这一祖制得到较为严格的执行。宋神宗要处死为军事失利承担责任的漕臣,宰相蔡确不同意,门下侍郎章惇更是坚决反对。蔡确不同意的理由在于前朝历任皇帝没有直接命令处死士人之先例,章惇则主要从道义上反对神宗处死漕臣。实际上,促使神宗收回成命、不处死漕臣的真正原因在于祖制。正是由于祖制规定的权威性、严肃性,才引发宋神宗“快意之事便做不得一件”[58]的气愤与无奈。

明朝祖制有一条关于官员任职的禁令:“凡户部官,不得用浙江、江西、苏淞人。”[59]与此条祖制相关联的还有一条规定:户部吏也不得任用江西人、浙江人、苏淞人。[60]规定朝廷的一个重要机构的官吏从尚书侍郎到办事小吏均不得使用某些地区的人,这与明朝制度和观念都有重要联系。明太祖朱元璋确定“江浙人不得官户部”祖制,有其特定背景。朱元璋在建立明朝过程中纵横捭阖,在抗击元军的同时也受到同为农民起义军陈友谅、张士诚的威胁,特别是在吴元年(1367年)天下大局已定、朱元璋统一全国在望的时候,张士诚仍与朱元璋抗衡,坚守苏州10个月。朱元璋建立明朝之后,对张士诚以及苏州、淞江等地百姓耿耿于怀。在确定全国赋税标准时,朱元璋明确要求,以远高于全国标准的方式加重对于苏淞等地区的赋税征收。[61]不仅如此,明太祖始终对于苏淞民众支持张士诚不能释怀。洪武十五年,太祖专门要求户部颁发告示,称浙江、江西二省民众不纳租,不应役,好争讼,不守法,并特别要求两地民众,“改过从善,为吾良民”。[62]考虑到苏淞、浙江、江西地区高赋税政策,为防止户部主官、吏员代表家乡提出反对意见,甚至阳奉阴违。使政策不能有效执行,明太祖以祖制方式,明确禁令,以杜流弊。终明之世,此一祖制禁令在朝廷上下被有效执行。

三、祖制实施机制:祖制驳议

在中国古代两千多年的历史中逐步形成较为完备的“祖制驳议”制度。祖制驳议制度的构建与运行,确保了祖制相关规范的有效实施。汉唐以后,祖制驳议制度在发展中自我完善,逐渐在祖制的适用对象与范围、审核主体、审核依据、审核方式、违制处理等方面形成相对稳定的制度。在这一制度下,凡属国家权力分配与制衡、朝廷运行机制、重大事件决策、重要职官任免以及涉及朝贡外交、近身群体等与祖制内容相关联的事项,都必须经过专门审核,以确定相关意见或决定是否符合祖制。经审核被认定为违反祖制,该意见或决定则被驳回或宣告失效。

传统政治框架下,属于祖制所调控范围的事项主要发生在皇帝、朝廷大臣及封疆大吏、皇帝近身群体等特殊人群之中。祖制的这一特殊性决定其适用对象的特殊性。从历朝祖制实践来看,祖制的适用对象主要包括四类:皇帝、朝廷大臣及封疆大吏等统治集团上层人员、皇帝近身群体以及特定事项关联人。

皇帝是祖制的第一适用对象。祖制以维护皇权、延续国祚、保障国家机器正常运转为最高目标。实现上述目标的最大动力来自皇帝,但其最大阻力、最大破坏力也可能来自皇帝。皇帝个人的素质与能力、视野与境界、遭遇与性格,甚至皇帝个人的好恶,都可能直接影响皇帝履行自身职权的效果。在已有的政治体制中,一方面,皇帝的选拔既不在于选贤,也不在于择能,而是防止争夺皇位、确保政权稳定过渡的嫡长继承。另一方面,作为最高权力拥有者,皇帝超脱于普通律令体系以及行政运作机制之上,皇帝既不受律令体系的制约,也不受一般行政运作机制的限制。在这种情况下,为了防止皇权与国祚直接面临巨大的风险或不确定因素,就必须有一套适用于皇帝的规范体系。通过这一规范体系,在重大问题方面规制皇帝的行为,限制皇帝因个人因素对皇权与国祚的负面影响。祖制的作用恰在于此。

历朝开国皇帝以及前几任皇帝所确定的祖制，其多数内容明确后任皇帝为适用对象。汉、唐、宋、明、清各朝祖制，从维护皇权到权力分配与制衡，从立储到规制近身群体，多以皇帝作为适用主体，要求皇帝实施相关规范。宋朝的皇帝《宝训》、明朝的《皇明祖训》更是明确规定，后任皇帝本人必须严格遵循祖制家法。南宋嘉定年间，大臣上书宋宁宗，特别提出：“自昔圣帝明王未有不守家法而可以致天下于治安者。《书》曰：‘有典有则，贻厥子孙’，又曰：‘监于先王成宪，其永无愆’，皆守家法之谓也。”[63]明朝杨继盛概括说：“夫天下者，祖宗之天下；法度者，祖宗之法度也；皇上亦在祖宗法度之中。”[64]

朝廷大臣与封疆大吏作为统治集团上层人员分别掌握某一方面的重要权力，拥有重要的政治资源，同样可能对皇权、皇帝和国家重大决策产生影响。中国古代，从南北朝开始实施“八议”制度，唐、宋、明、清历朝相沿。根据“八议”制，统治集团内部一定范围的成员享受司法特权，“犯法则在‘八议’，轻重不在《刑书》”[65]。唐律规定，朝廷及地方重要职官“职事官三品以上、散官二品以上及爵一品者”，属于“八议”之中的“议贵”，若犯死罪，不许普通司法机构管辖，也不得依据普通律令审理，而必须将案情上报朝廷，由皇帝裁决。[66]明、清律令拓展“八议”特权。清律规定，“议贵”之人所有犯罪，司法机关不得依据普通律令审理，而必须奏报朝廷，由皇帝裁定。[67]作为祖制的适用对象，不受普通律令体系规制的朝廷大臣及封疆大吏必须遵循祖制，特别是在履行职责、议决国事方面必须严格按照祖制的相关规定。汉、唐、宋、明、清各朝祖制，一方面，直接规制此类对象的行为方式；另一方面，很多祖制规范明确要求君臣共同遵守。

皇帝近身群体也是祖制的重要适用对象。祖制的诸多内容专门用于规制宗亲、外戚、宦官的行为。近身群体因其特殊的身份与特权，能够从不同角度影响皇帝、影响皇权、影响国家重大决策。同时，这一群体又可能从不同程度上脱离普通律令体系的制约，脱离一般行政运行机制的限制。因此，历朝开国皇帝和前几任皇帝通过祖制的方式规范、限制近身群体，防范他们对国家政治以及皇权的消极影响。

除了皇帝本人、朝廷大臣封疆大吏、皇帝近身群体三类适用对象之外，尚有些特殊的个体或群体，因某种特殊原因而成为祖制的特别适用对象。两宋时期后周皇帝柴姓后代，明朝苏州和淞江两地的农户，明朝希望在户部任职的苏淞人、浙江人、江西人，清朝康熙以后滋生丁口等特定群体均因祖制的专项规定而成为特别适用对象。

与适用对象相关联，祖制也规定了自身的适用范围与适用事项。一般而言，祖制的适用范围与事项主要包括国家权力分配制衡、朝廷运行机制、重大事件决策、重要职官任免、朝贡外交、特定群体的规制、特殊事件的处理等。

祖制驳议的实施主体是皇帝主持的朝会及御前会议。朝会与御前会议是中国古代议决国家重大事项主要方式。朝会定期举行，朝廷大臣、朝廷各组成部门主官以及言官、史官等参加。各部门主官就本管范围重要事项及解决方案向皇帝奏明，在皇帝主持下由百官讨论，最后皇帝做出决定。而御前会议则范围更小，仅由朝廷大臣、言官及关联人参加，同样在皇帝主持下议决国家重大决策。

在朝会及御前会议上，各大臣就部门、地方的奏折以及相关的对策方案提出处理建议，同时也对皇帝本人就某些具体问题提出的处理意见展开讨论，探讨其实施的必要性、可行性。而朝会及御前会议对于各种意见、方案的审核要点之一，就是这些意见、方案是否符合祖制，是否与祖制规范、祖宗故事、祖宗遗训以及先朝皇帝对于同类问题的处理决定相冲突。如果参会人员认为某方案有违祖制，并提出明确依据且得到皇帝的认同，该意见或方案即被驳回，不得实施。就程序而言，所有对某意见、方案违背祖制的驳议都必须得到皇帝的认可方能成立。但一般情况下，只要参会人员提出明确的祖制依据，皇帝就必须认可——皇帝无权支持一项违背祖制的决定。

为了提高祖制驳议的审核效率，防止与祖制有违的意见、方案进入朝会、御前会议程序，南宋孝宗专门设置关于奏状的前置审查程序，要求承担祖制驳议职责的给事中预先审查百官奏状。根据该制度，给事中对百官的奏状认真审读，对于其中利国便民、可采用实施的建议，预先审查其是否符合祖宗法。确实与祖制无违，方可进入上报、廷议程序。[68]除了朝会，祖制驳议还可以通过朝廷大臣主持的议事会议以及言官奏折的方式实施。言官通常具备直接向皇帝奏事的特权，可以祖制为依据直接向皇帝提出驳议意见。

无论是皇帝主持朝会，还是大臣主持议事会议、言官上书奏事，在履行祖制驳议职责过程中,其审核范围不仅包括各部门及地方的意见、决定、方案,也包括皇帝本人提出以及他人提出但得到皇帝明确支持的意见。

祖制驳议由皇帝亲自主持的朝会实施,或者通过大臣主持议事会议、言官奏事并得到皇帝批准的方式进行,因此,祖制驳议的决定具有最高效力。驳议决定一旦做出,即刻生效。

某些意见或者方案即使已经得到皇帝批准,甚至已颁布诏令、谕旨进入实施阶段,但是如果被发现违反祖制,也有可能以后置审查的方式实施驳议。在这种情况下,皇帝以违反祖制为名,撤销原诏令或中止原诏令实施程序。南宋绍兴八年(1138 年),宋高宗颁布诏令,正式任命钱端礼主直秘阁。钱端礼女儿为皇长子邓王的夫人。有朝臣上书高宗,称任用外戚,违反祖制。高宗不得不再次颁布诏令,废止此前关于钱端礼的任命。[69]

祖制驳议的实施有效保证了祖制的效力。但实际上,无论是对祖制内容的遵循,还是祖制驳议机制的实施,都受到在任皇帝祖制意识、祖制素养以及现实的社会历史条件与政治需要的影响。基于对祖制的不同态度以及不同需要,不同朝代、同一朝代不同皇帝统治时期也表现为朝廷上下遵循祖制的不同状况。整体而言,在汉、唐、宋、元、明、清中国历史上的几个主体朝代中,宋、明两朝君臣祖制意识更为强烈,祖制驳议机制较好地实施,因此,祖制的权威性较为普遍地得到朝廷上下认同、遵循。

中国历史上,多数统治者希望通过制度因循保持社会稳定,也有一些皇帝不满足现状,希望通过制度变革化解难题,实现社会进步。但凡属于全面、深刻的社会变革均首先面临与祖制的关系问题。王安石在宋神宗支持下推进改革,在改革之初就明确提出与因循祖制相对立的原则:“天变不足畏,祖宗不足法,人言不足恤。”[70]王安石直面现实问题,提出并推进顺应历史潮流、符合社会需要的制度变革,但受到朝廷坚守成法、维护祖制力量的反对。司马光等坚持从守成法、遵祖制的角度反对王安石变法。[71]

明朝万历内阁首辅张居正敢做敢为,辅佐少年皇帝,推进改革,在整顿吏治、赋役变革、巩固国防等方面取得重要成果,成就了万历初治。在推进改革的同时,张居正也表现出对祖制的尊重。神宗即位,张居正初任内阁首辅,即劝说皇帝“遵守祖宗旧制”。[72]为培养神宗皇帝的祖制意识,丰富神宗的祖制知识,张居正又安排儒臣整理明太祖及先朝皇帝的《宝训》《宝录》,分类编排,并在经筵讲读之暇专门给皇帝讲授。[73]张居正的改革是成功的，其改革的精神对神宗皇帝影响极大，其改革的成果也使吏治进步、府库充盈、国防巩固。张居正逝世之日，神宗皇帝甚至辍朝以表达哀思。但不久，张居正仍受到弹劾、追责，封爵被废，谥号被夺，家宅被抄，财产被没收。张居正首辅十年、功高震主，是神宗下决心处理追责的主要原因，但其大刀阔斧实施改革触及朝廷不同群体的既得利益以及改革本身的一些举措实施不当也是重要原因。张居正被废爵夺谥、抄家没产的直接理由仍是违反祖制，紊乱朝纲。

四、祖制的法律分析

祖制的内容涉及国家权力分配与制衡机制，涉及国家重大决策与重要职官任免，涉及皇帝、皇位继承及皇帝近身群体，又涉及朝贡外交等特别领域。就程序而言，祖制驳议机制的实施多由皇帝亲自主持，或者必须由皇帝亲自裁决。在效力方面，祖制的效力优于律令，而且律令的制定、修改必须以祖制为依据。从调整范围、适用对象、实施机制及强制效力等方面来看，祖制已超出普通律令体系与一般典章制度，属于普通律令体系的上位法，初步具备国家根本法性质。

维护皇权是祖制的重要任务。但祖制对皇权的维护不仅仅是对皇帝人身安全以及皇帝个人权威的保护，更是基于国祚的延续，基于政权的稳定，基于统治的合理性等目标，采取更加理性的方式实现对皇权的根本性维护。这种理性的方式包括对皇帝言行举止的规制、对皇权的约束、对皇帝近身群体特权的限制。

中国历代王朝注意通过法律手段调整社会关系，规范社会秩序。秦始皇统一六国、建立中央政权时就以李悝的《法经》为蓝本，建立通行全国的法律体系——秦律。汉、唐、宋、元、明、清历朝均在立国之初致力于立法建制，确立通行全国的律令体系，以期规范社会秩序。以明朝为例。明太祖朱元璋在吴元年十月，即命令宰相李善长等参照《唐律疏议》《宋刑统》，制定基本法律。洪武六年，明太祖再次提出编制法典。次年二月，总计 30 卷 606 条的《大明律》正式颁行天下。除《大明律》之外，明朝还制定颁布了《明大诰》《问刑条例》等，构建涉及刑法、行政法、经济法、诉讼法等领域的律令体系。

等级制度是中国古代核心制度之一。从南北朝开始，国家赋予“亲、故、贤、能、功、贵、勤、宾"八种贵族官僚以司法特权，一定程度上免于普通律令的管辖。这样，以基本法典为代表的普通律令主要以编户齐民、中低级官吏为适用对象，对于宗亲、外戚、宦官、统治集团上层，普通律令实际上起不到规制与约束作用。[74]

纵观中国法律发展史，我们看到，随着历史的演进，历朝立法技术不断提高，律令体系逐步完备，但始终没有形成一部独立、成文的规制国家权力结构、规范朝廷决策机制、调整高层统治者社会关系的系统的强制性规范。而在实际的国家治理、朝廷决策过程中发挥这一作用的就是祖制。

祖制中的部分内容仅涉及皇帝与近身群体，有些内容甚至关注皇帝作为自然人的身份、地位及人际关系。因此，有朝臣希望区分皇帝家事与朝廷国事。国事由朝廷、法律，包括祖制来规制，而皇帝家事则由皇帝自行处理，朝廷与法律均不予干预。对此，历代王朝的主流意识坚持认为，皇帝为一国之君，皇帝的一言一行，举手投足，均对百官万民产生重大影响，因此，"皇帝无私事"。北宋范祖禹更是明确提出"天子以四海为家"，朝廷内外，普天之下，所有事均可谓皇帝家事。既然对于皇帝而言，国事、家事不可分，那么，与皇帝相关的所有事均属朝臣关注和祖制调控的范围。[75]

祖制与律令在调整范围、适用对象方面上下衔接，各有分工，构成传统中国完整的法律体系，承担着对于上至皇帝、权贵，下到普通官吏乃至编户齐民的规制和约束职能，通过对国家政治、经济、文化、社会各领域、各层次、全方位社会关系的调整，确保帝国的政治秩序和社会秩序。

就效力而言，祖制高于律令。如果在调整对象、适用范围上，祖制与律令发生重叠或者冲突，依祖制而不再适用律令。前文所引，清嘉庆皇帝命成亲王永瑆为军机大臣、入直军机处，其行为属皇帝权限之内，不违背普通律令及相关法规。但由于该行为违反祖制，仍被撤销。清廷内务府总管安德海出京南下，小太监寇连才向慈禧提出的政治建议均未触犯普通律令，但因违反祖制而被处死。不仅如此，历朝制定律令体系也特别注重以祖制为指导，以防止与祖制相冲突。唐贞观元年，太宗在颁布律令的诏书中特别强调，"用鉴前王，宪章典故"。[76]永徽二年九月，高宗在颁布律令的诏书中说："朕仰遵先旨，旁求故实……酌前王之令典，考列辟之旧章，适其轻重之宜，采其宽猛之要。使夫画一之制，简而易从；约法之章，疏而不漏。"[77]祖制作为上位法，成为律令制定、修改的重要依据。

法律的特征之一是作为强制性行为规范，以国家力量作为实施的保障。祖制驳议的实施机制表明，从宗室、外戚、宦官到朝廷大臣，直至皇帝本人所提出的有关治国理政的政策、建议，如果违背祖制，则一律归于无效，不得实施。那么，祖制是否具备强制力，其强制力又来自何处？祖制的适用对象包括皇帝、朝廷大臣与封疆大吏、近身群体及其他关联人。祖制对于上述适用对象分别具有不同的效力。

传统中国政治结构中，皇帝居于国家权力的顶端，拥有至高无上的权力。确保皇帝这一地位既是维护皇权的需要，也是确保国家稳定、政权体制正常运行的需要。因此，在国家权力结构与政权运行机制中，皇帝对自己的言行不承担任何强制性责任。极端而言，皇帝即便违反法律，违反祖制，也没有任何机构能够对于皇帝实施强制性处理或者强制性处罚。历史实践中，不乏皇帝本人的意见、建议，甚至已颁布实施的诏令、谕旨在祖制驳议程序中被认定违反祖制，但一般情况下，多由皇帝本人撤回原意见、建议，或者以新的诏令、谕旨废止旧的诏令、谕旨。总体而言，历朝皇帝一般均能较好地遵循祖制，也能在被认定违反祖制时自我实施调整、改变。迫使皇帝自我否决的，不是来自某种强制力量，而是来自皇帝本人所具有的政治责任，来自皇帝对于先世皇帝的尊重，而这种政治责任与对祖宗的尊重更多的属于道德领域。

对于皇帝之外的其他适用对象而言，祖制由先朝皇帝所确立，祖制驳议机制由本朝皇帝亲自主持或者得到皇帝批准而具有最高效力。凡是祖制驳议未通过的建议、方案，当即失效，不得实施。不仅如此，如果朝廷大臣、封疆大吏、近身群体以及其他关联人的行为被认定为违背祖制，还必须承担违制责任，甚至予以处罚。这里的强制力来自由皇帝代表的皇权，即国家强制力。

由于祖制发挥作用的特殊性，中国历代王朝均没有形成一部全面记载祖制规范的法典。祖制的各项内容散见于开国皇帝以及先朝皇帝诏令、上谕、实录、起居注之中。宋明两朝分别出现《宝训》《皇明祖训》等集中记载祖制内容的典籍，但无论是宋朝的《宝训》，还是明朝的《皇明祖训》，均远远没有记载当朝祖制规范的全部。

就祖制的调整范围、适用对象而言，尚不需要以法典的方式向全社会公开，某些内容保持其秘密状态，更有利于皇帝驾驭群臣、掌控朝政。宋太祖设定祖制:历朝皇帝不得诛杀大臣及言官。但此条规定,如果让大臣、言官预先知晓,显然不利于皇帝对于大臣、言官的驾驭制约。因此,宋太祖要求,本条祖制只能由皇帝本人掌握,不得外传。如果不是靖康之变,祖制内容外泄,该祖制规定可能终宋之世保持高度绝密状态。从明太祖所制定《皇明祖训》的内容来看,更合理的方式应是保持其秘密状态,仅让皇帝本人知晓、执行。朱元璋马上打天下,以其丰富的经历与超人的能力驾驭各路豪杰,统领文武百官。对于朱元璋而言,以其至上权威公布《皇明祖训》所示皇帝日常生活中安全保护的细节并无直接的副作用。但对于靠血统继承皇位的后世子孙,再将诸如与廷臣商讨军机大事时必须让持刀护卫不超过十丈距离之类规定公布于众,难免给君臣之间带来些许尴尬,甚至会给皇帝人身安全造成隐患。另外,《皇明祖训》将朝贡体系中与周边国家的相处原则,包括哪些属于“不征之国”、哪些属于“高度戒备”之国一一列出,公之于世,[78]显然也不利于朝贡外交中的国家利益最大化。

祖制在中国传统政治中发挥国家根本法的作用有着其深厚的历史根源。中国古代,宗法立国,孝道盛行。以儒家思想为基本内涵的主流意识形态推崇“万事孝为先”,并将“孝亲”与“忠君”相关联,使得孝亲尊祖不但是一种道德要求,而且上升为一种政治原则;既是做人的底线,不得违反,也是为官的红线,不能突破。孝作为道德要求与政治原则,不仅适用于社会万民、中下层官吏,还适用于朝廷百官、封疆大吏、近身群体,乃至皇帝本人。这种弥漫于整个社会的孝亲尊祖意识是祖制实施的思想基础。

中国古代皇位世袭制既为祖制的实施提出了制度需求,也为祖制的发展提供了制度支撑。中国古代,王朝更替,较多通过大规模战争的方式。一方面,新的军事力量与朝廷军队长期对峙,最终战胜朝廷军队、推翻旧王朝因而建立新政权。另一方面,在与朝廷军队对峙的同时,农民起义军或者其他地方豪强军队相互征战,最终有一支军队脱颖而出,战胜所有其他军队而获得政权。无论是哪一种方式,胜利一方的领袖都统辖万军,身经百战,对于基层社会有深入的了解,具备优秀的组织、指挥能力。在其建立新王朝、即皇帝位之后,能够将其素质、才能、知识转化为驾驭百官、统辖万民、领导全国政权的能力。正因为如此,历朝开国皇帝多数能展示优秀的领袖能力,并为本朝后续发展构建良好的制度基础与社会条件。

与军事征战打江山不同,历代王朝帝位继承实行世袭制。在帝位世袭制度下，继位皇帝的确定既不考虑候选人的素质、品行，也没有基于能力方面的选择，核心标准只能是血统与长幼。通过继承而登基的皇帝在品行、能力方面有可能极为平常。在这种情况下，祖制可以为继位皇帝治国理政、驾驭群臣、把握朝政提供较好的工具，在一定程度上弥补皇位世袭制的缺陷。一位能力与素质并不优秀的继位皇帝即便没有雄心壮志，不擅长政治权术，但其在朝廷大政方针方面坚持遵循祖制，延续祖宗规范，也可能实现低标准的政治稳定、国祚延续。

就制度设计而言，传统帝制中的皇帝具有至高无上的地位与权力。从权力配置体制与政治决策机制方面来看，皇帝可以合法地行使不受任何制约的权力，或者说，皇帝实施个人专制、个人独裁，不违反任何包括法律在内的行为规范。中国历史上不乏开明皇帝，体察民情、虚心纳谏、重视法律在国家治理中的作用，自觉地把皇权限制在合理范围之内。但也有一些皇帝刚愎自用、独裁专制。历史实践表明，如果皇帝在个人专制的道路上走得过远，会使朝堂之上君臣关系高度紧张，使朝廷决策机制因强硬而僵化，并趋于脆弱。制度的这一状况既不利于国家政治大局，也不利于皇权本身，甚至殃及皇帝本人。不管是对于明君、昏君，还是对于平常之君，祖制的存在在一定程度上起到制约、淡化皇帝个人专制的作用，发挥一定的制度救济效果，使至高无上的皇权具有一定的制度弹性，因而能够更好地应对各种局面，使自身更具生命力。

祖制在国家治理过程中发挥国家根本法的作用也给传统中国带来诸多消极影响。祖制的实施在很大程度上抑制了国家的制度创新。从秦帝国建立到清中期的两千多年中，历代王朝，陈陈相因。在这两千多年中，社会有发展，制度有进步。但以两千年为时间单元，环顾世界各国，不管是社会发展的幅度，还是制度进步的跨度，中华帝国的变化都相对较小。其中原因涉及诸多方面，但祖制作为一种具有强制性约束力的规范体系，对历朝君臣的制约和对制度变革的限制，不失为其中重要原因。

在中国两千年的帝制历史中，发生过一些较为重要的社会改革，其中以北宋王安石变法、明朝张居正改革最有代表性。两次变法都遭到守成派的强力阻击。对于改革者而言，最大的障碍是“祖制”；而对于守成派而言，最有力的武器也是“祖制”。

祖制的存在也影响到传统法律体系的进步与协调。首先，在“祖制—

律令”共存的法律体系之中,律令制度本身的进步受到严重干扰。祖制与律令在调整范围与适用对象方面,各有分工。历代王朝颁布律令,尤其是各朝基本法典[79]的颁布,都强调百官万民一体遵行。[80]但实际上,各朝基本法律在适用对象上均有诸多例外。宗亲、外戚、宦官等皇帝近身群体,朝廷大臣、封疆大吏等统治集团上层一般不受基本法律的约束。就规范体系而言,上述特权群体的相关行为举止多受祖制调整、规制。这种分工造成具有普遍约束力的律令体系的调控盲点,从而影响律令体系的权威性、普适性。清律规定:各级官员必须按要求将有关事项上奏皇帝,应奏而不奏,构成犯罪,处杖八十之刑。[81]但清祖制规定:王公犯应奏不奏罪,降级任用。[82]这种祖制与律令的区别对待,既严重影响律令的权威性、统一性,也造成“同罪不同罚”的司法混乱。

其次,祖制本身的特殊性也从整体上影响国家法律体系的构建与实施。作为具备强制约束力的行为规范,其产生必须遵循一定的程序。通过这一程序,讨论其内容的合理性,实现与其他规范的协调,并在概念、术语、文字方面使其严谨、准确。中国古代律令体系的形成一般经历起草、讨论、修改程序,因而具备相应的合理性、协调性,其概念、文字也较为严谨。祖制的内容虽然多经过皇帝的深思熟虑,经过大臣们的讨论,其实施有利于政权稳定,有利于政策延续,但由于祖制的形成并没有严格的论证、优化程序,既缺少与其他规范的协调性论证,也缺少对祖制语言本身的规范化技术处理;还有些内容在特定情形之下尚属合理,但如果推而广之,赋予其普遍强制力,则明显不合时宜。这就导致祖制与律令常常不能很好地衔接,甚至祖制本身在内容上也相互冲突。

北宋仁宗先后发布两道同一主题的上谕。庆历年间,上谕禁止任用现任大臣所推荐之人为台谏之官。嘉佑四年,仁宗又发布上谕,解除庆历年间的上述禁令。此两条上谕均作为祖制规范,收入《宝训》。南宋孝宗之时,在适用此祖制方面发生混乱。[83]南宋绍兴十三年(1143 年),宋高宗复太学。太学管理者高闶上奏,希望高宗就太学如何管理作出决定。宋高宗说,按祖制执行。但高闶告诉高宗,关于太学管理,庆历、元丰、绍圣、崇宁各朝祖制不一,不知以哪一朝祖制为据。[84]

明朝有人议论祖制的某些规定过于严苛,且不尽合理。谢肇淛在《五杂俎》中说,本朝祖制立法过于严苛。例如,祖制规定,苏州人、淞江人、浙江人、江西人不得在户部任职,因该地区赋税较重,担心本地人户部任职不能严格执行赋税政策。但实际上,户部各司具体执行各项政策之人多为普通胥吏,而这一群体多为来自江苏、浙江等地的吴越人。祖制不违,则积弊难改。[85]

在文字表述方面,祖制较多地仍以原初上谕、诏令形式存在,一般并未进行规范化处理,因此,无论是概念使用,还是意思表达,均多为口语化阶段。概念不统一、语言不严谨也为祖制适用带来诸多难题。

在国家法律体系之中,祖制作为上位法,在表现形式上保持着春秋以前"刑不可知,则威不可测"的法律神秘性。而祖制的非法典化、非公开化使祖制的实施具有较大程度上的不确定性和随意性。不仅朝廷大臣,甚至皇帝本人也经常困惑:自己所做出的决定或者自身行为是否符合祖制。某些时候,祖制甚至被朝廷利益集团所恶意利用,成为政治斗争的工具。

祖制在中国传统社会若隐若现,似乎有体无形。但在朝堂之上,从朝臣议政到皇帝决策;殿廷之内,从宗亲外戚宦官等特殊群体的利益诉求到其言行举止,均处于祖制规范的严密覆盖之中。通过祖制驳议机制,祖制规范得到较好的执行。朝臣既不能违反皇帝意旨,也不能违背祖制,两者均具有最高强制力。对于皇帝而言,祖制则可能是唯一具有约束力的行为规范。以祖制与律令共同组成的"祖制—律令"体系在调整社会关系、构建社会秩序方面各有分工,相互衔接,既维系着庞大帝国的基层社会秩序,也在统治集团上层发挥维护皇权、理性管理、体现统治阶级整体意志、实现统治阶级整体利益的功能。

注释

1 有关皇帝的权力、职责以及皇帝职权行使方式,在一些具体的法律、典籍中零星存在。例如,唐、宋、明、清各朝基本法典在确定司法权限时,多以皇帝为最高审级,规定对于某些犯罪必须专项奏报,"取自上裁"。

2 谈皇帝的"祖宗家法",其"祖宗"的含义,既可泛指先朝历任皇帝,但更多情况下是特指,专指符合"祖"与"宗"条件的先朝皇帝。汉景帝说:"盖闻古者祖有功而宗有德……祖宗之功德,施于万世,永永无穷。"应劭注曰:"始取天下者为祖,高帝称高祖是也;始治天下者为宗,文帝称太宗是也。"见《汉书·景帝纪》。

3 杨万里:《初读〈三朝宝训〉》,载《诚斋集》卷一一三《东宫劝读录》(《四库全书》本)。

4 班固说:“陛下仰监唐典,中述祖则,俯蹈宗轨。”吕向注:祖指汉高祖。张銑注:宗指汉武帝。载萧统编:《文选》卷四八(《四库全书》本)。

5 唐德宗贞元五年(789 年)十月诏书,载《册府元龟》卷一七六《帝王部·姑息》。

6 《全唐文》卷六九九《李德裕四·赐鹘回书意》。

7 对于祖宗家法在宋朝政治生活中的作用,邓小南先生在其《祖宗之法:北宋前期政治述略》(三联书店 2006 年版)一书中有系统、深入地研究。本文的写作受到该书诸多启发。

8 据《玉海》记载,宋朝官修与祖制家法相关联的典籍包括:《咸平圣政录》《天圣三朝宝训》《庆历三朝太平宝训》《元丰两朝宝训》《元丰圣训》《绍兴国朝训典》《乾道哲宗宝训》《淳熙光尧慈训》《绍熙寿皇圣范》《庆元光宗圣政》《嘉定高宗宝训》《孝宗宝训》《淳祐光宁宝训》《景定圣训》等 29 种。见四库类书丛刊《玉海》卷四九《艺文·政要宝训》,上海古籍出版社 1992 年版。

9 《庆历三朝太平宝训》。见四库类书丛刊《玉海》卷四九《庆历三朝太平宝训》条,上海古籍出版社 1992 年版。

10 《宋史》卷三四〇《列传第九十九·吕大防》。

11 《朱子语类》卷一二八《本朝二·法制》。

12 《皇明祖训·序》,载杨一凡点校:《皇明制书》(第三册),社会科学文献出版社 2013 年版,第 783 页。

13 《皇明祖训》共 13 篇,包括“祖训首章”、“持守”、“严祭祀”、“谨出入”、“慎国政”、“礼仪”、“法律”、“内令”、“内官”、“职制”、“兵卫”、“营缮”、“供用”等。

14 《皇明祖训》条款中多直接规定违反本条的处罚,包括“将犯人凌迟、全家处死”“处斩”“同奸论”“皆处以死”“斩之毋惑”等。

15 《皇明祖训》颁布生效之后,根据朱元璋要求,“礼部刊印,以传永久”。另外,因《皇明祖训》关涉全部朝臣以及皇子、诸王、内臣、外戚,公布之初,引起朝廷内外广泛关注。

16 《清史稿·舆服志二》。

17 《清史稿·圣祖本纪三》。

18 参见《钦定宫中现行则例》卷一,光绪朝武英殿刻本,第 122 页。

19 以唐朝法律为例。唐律《贼盗》篇设“谋反”“谋叛”等罪名,《卫禁》篇设“阑入宫殿门及上阁”“宫殿门无籍冒名人”“无著籍人入宫殿”“登高临宫中”“向宫殿射”“车驾行冲队仗”“合和御药有误”“造御膳有误”“御幸舟船有误”等罪名,严格保护皇帝人身安全。宋、元、明、清、法律均有类似规定。

20 《皇明祖训·祖训首章》:“如欲回避左右,与亲信人密谋国事,其常随、内官及带刀人员,止可离十丈地,不可太远。”

21 唐太宗《帝范·建亲第二》:“术以神隐为妙,道以光大为功。括苍旻以体心,则人仰之而不测;包厚地以为量,则人循之而无端。"

22 黄以周等辑补:《续资治通鉴长编拾补》卷五。

23 《皇明祖训·祖训首章》。

24 参见(宋)李焘:《续资治通鉴长编·元祐八年正月丁亥》卷四八〇。

25 "神宗时,以陕西用兵失利,内批出令斩一漕臣。明日宰相蔡确奏事。上曰:'昨日批出斩某人,已行否?'确曰:'方欲奏知。'上曰:'此事何疑?'确曰:'祖宗以来未尝杀士人,臣等不欲自陛下始。'上沉吟久之,曰:'可与刺面,配远恶处。'门下侍郎(章)惇曰:'如此,即不若杀之。'上曰:'何故?'曰:'士可杀,不可辱。'上声色俱厉曰:'快意事更做不得一件?'惇曰:'如此快意事,不做得也好'。"参见(宋)候延庆:《退斋笔录》,《说郛》卷三七。

26 (宋)李焘:《续资治通鉴长编·元丰元年八月乙卯》卷二九一。

27 《明史·列传第五·诸王二》。

28 《汉书·叔孙通传》。

29 《皇明祖训·法律》:"凡朝廷无皇子,必兄终弟及;须立嫡母所生者,庶母所生虽长不得立。"

30 中国第一历史档案馆编:《乾隆朝上谕档》(影印本)(第2册),广西师范大学出版社2008年版,第269页。

31 《钦定现行宫中则例》卷一《训谕》,第32页:乾隆上谕(乾隆四十九年正月十五日):"朕惟深鉴于历代建储之失,是以再三宣谕,并令纂辑《储贰金鉴》一书,为万世法戒。"

32 《宋史全文》卷二六上《孝宗淳熙三年冬十月甲戌》。

33 朱瑞熙:《中国政治制度通史·宋代卷》,人民出版社1993年版,第6页。

34 《续编两朝纲目备要》卷二,绍熙四年三月,中华书局1996年版,第29页。

35 参见《皇明祖训·法律》。

36 《清史稿·军机大臣年表一》:"(嘉庆四年)成亲王永瑆正月丁卯,命在军机处行走。旋署户部尚书。十月丁未,以非祖制罢直。"

37 (宋)李焘:《续资治通鉴长编·元祐八年正月丁亥》卷四八〇。

38 《止堂集》卷五《论韩侂胄干预政事疏》。

39 《明史·列传八二·秦金列传》:"外戚邵喜乞庄田,金述祖制,请按治。帝宥喜,命都察院禁如制。"

40 《宋史·列传第二百二十五·宦者一》:"宋世待宦者甚严……太宗却宰相之请,不授王继恩宣徽;真宗欲以刘承规为节度使,宰相持不可而止。中更主幼母后听政者凡三朝,在于前代,岂非宦者用事之秋乎!祖宗之法严,宰相之权重,貂珰有怀奸慝,旋踵屏除,君臣相与防微杜渐之虑深矣。"

41 明太祖严厉禁止宦官干政。明成祖靖难之役,夺取皇位,得到宦官协助,宦官地位有所上升。此后,正统年间的王振、成化年间的汪直、武宗时期的刘瑾、熹宗时期的魏忠贤,宦官把持朝政,压制百官,利用东西厂、锦衣卫,法外施刑,严重干扰政治秩序。

42 《皇明典故纪闻》卷十五记载:“成化十九(1483 年)年三月,内官王钿奏令家人中河东盐二万余引,户部请治其罪。宪宗曰:‘祖宗之制,内官不许私置产业,矧敢违例中盐,与民争利。且其服食之需,皆自内给。今钿营利,于外将焉用之。户部其查,例揭榜禁约,后有犯者,必罪不宥’。”

43 《明史·田大益列传》。

44 《钦定现行宫中则例》卷一《训谕》,光绪朝武英殿刻本。

45 参见《钦定宫中现行则例》卷一,光绪朝武英殿刻本,第 122 页。

46 《钦定宫中现行则例》卷一,光绪朝武英殿刻本,“同治四年八月十一日上谕”,第 121 页。

47 参见《清史稿》卷四四七《列传二百三十四》。

48 《皇明祖训·祖训首章》:“四方诸夷,皆限山隔海,僻在一隅,得其地不足以供给,得其民不足以使令。若其不自揣量,来扰我边,则彼为不祥。彼既不为中国患,而我兴兵轻伐,亦不祥也。吾恐后世子孙倚中国富强,贪一时战功,无故兴兵,致伤人命,切记不可。但胡戎与西北边境,互相密迩,累世战争,必选将练兵,时谨备之。今将不征诸夷国各开列于后。东北:朝鲜国。正东偏北:日本国。正南偏东:大琉球国,小琉球国。西南:安南国,真蜡国,暹罗国,占城国,苏门答剌,西洋国,爪哇国,浡亨国,百花国,三佛齐国,浡泥国。”

49 《明史·外国列传五·占城(宾童龙) 真腊 暹罗 爪哇(阇婆 苏吉丹 碟里 日罗夏治)三佛齐》:“(弘治)二年,(占城)遣弟卜古良赴广东,言:‘安南仍肆侵陵,乞如永乐时遣将督兵守护。’总督秦纮等以闻。兵部言:‘安南、占城皆《祖训》所载不征之国。永乐间命将出师,乃正黎贼弑逆之罪,非以邻境交恶之故。今黎灏修贡惟谨,古来肤受之醖,容有过情,不可信其单词,劳师不征之国’。”

50 《明史·外国列传二·安南列传》:“(弘治)十年,(安南王)灏卒,私谥圣宗。其改元二:光顺十年,洪德二十八年。子晖继,一名镨,遣使告讣。命行人徐钰往祭。寻赐晖皮弁服、金犀带。其使臣言,国主受王封,赐服与臣下无别,乞改赐。礼官言:‘安南名为王,实中国臣也。嗣王新立,必赐皮弁冠服,使不失主宰一国之尊,又赐一品常服,俾不忘臣事中国之义。今所请,紊乱祖制,不可许’。”

51 《明史·外国列传四·琉球 吕宋 合猫里 美洛居 沙瑶呐哔啴 鸡笼 婆罗 麻叶瓮 古麻剌朗 冯嘉施兰 文郎马神》:“礼官言:‘遣使册封,祖制也。今使者欲遥受册命,是委君贶于草莽,不可’。”

52 又作“丹书铁契”“金书铁券”“铁券”“世券”,因将文字内容以朱砂刻录于铁板之上,故名。

53 《汉书·高帝纪》:"命萧何次律令,韩信申军法,张苍定章程,叔孙通制礼仪;陆贾造《新语》。又与功臣剖符作誓,丹书铁契、金匮石室,藏于宗庙。"

54 钱缪铁券文:"惟我念功之旨,永将延祚子孙,使卿永袭宠荣,克保富贵。卿恕九死,子孙三死,或犯常刑,有司不得加责。承我信誓,往惟钦哉。宜付史馆,颁示天下。"该铁券是现在保存最好、最完整的铁券,原件藏国家博物馆。

55 《明史·列传第十五》:"洪武三年大封功臣。帝谓:'(李)善长虽无汗马劳,然事朕久,给军食,功甚大,宜进封大国。'乃授开国辅运推诚守正文臣、特进光禄大夫、左柱国、太师、中书左丞相,封韩国公,岁禄四千石,子孙世袭。予铁券,免二死,子免一死。"

56 《光绪会典事例》卷二。

57 陆游《避暑漫抄》:"艺祖受命之三年,密镌一碑,立于太庙寝殿之夹室,谓之"誓碑"。用销金黄幔蔽之,门钥封闭甚严。因敕有司,自后时享及新天子即位,谒庙礼毕,奏请恭读誓词。是年秋享,礼官奏请如敕。上诣室前,再拜升阶,独小黄门不识字者一人从,余皆远立庭中。黄门验封启钥,先入焚香、明烛、揭幔,亟走出阶下,不敢仰视。上至碑前,再拜,跪瞻默诵讫,复再拜而出,群臣及近侍皆不知所誓何事。自后列圣相承,皆踵故事,岁时伏谒,恭读如仪,不敢漏泄。虽腹心大臣如赵韩王、王魏公、韩魏公、富郑公、王荆公、文潞公、司马温公、吕许公、(吕)申公,皆天下重望,累朝最所倚任,亦不知也。靖康之变,犬戎入庙,悉取礼乐祭祀诸法物而去,门皆洞开,人得纵观。碑止高七八尺,阔四尺余,誓词三行。一云:'柴氏子孙有罪不得加刑,纵犯谋逆,止于狱中赐尽,不得市曹刑戮,亦不得连坐支属。'一云:'不得杀士大夫及上书言事人。'一云:'子孙有渝此誓者,天必殛之。'"参见刘浦江:《祖宗之法:再论宋太祖誓约及誓碑》,载《文史》2010 年第 3 辑。

58 (宋)侯延庆:《退斋笔录》,《说郛》卷三七。

59 《明会典(弘治)》卷五《吏部一·事例》。

60 《明会典(弘治)》卷五《吏部一·事例》:"凡江西、浙江、苏淞吏,洪武二十六年奏准:不许于户部内用。"

61 《明史·食货志二·赋役》:"初,太祖定天下官、民田赋……惟苏、淞、嘉、湖,怒其为张士诚守,乃籍诸豪族及富民田以为官田,按私租簿为税粮。而司农卿杨宪又以浙西地膏腴,增其赋,亩加二倍。故浙西官、民田视他方倍蓰,亩税有二三石者。大抵苏最重,淞、嘉、湖次之,常、杭又次之。"

62 《明太祖实录》卷一五〇,洪武十五年十一月丁卯。

63 《宋会要辑稿·后妃二·皇后杂录》,中华书局 1953 年版。

64 (明)杨继盛:《杨忠烈公集》卷二《止内批屡降疏》,台北华文书局 1968 年版,第 15 页。

65 《唐律疏议·名例》。

66 参见《唐律疏议·名例》“八议”条。

67 《大清律例·名例》“应议者犯罪”条：“凡八议者犯罪，实封奏闻取旨，不许擅自勾问。”

68 《宋会要辑稿·职官二·门下省》：“淳熙五年四月二十三日，诏：‘自今差给事中一员立一司，专一看详天下言利病奏状札子及经朝廷陈乞敷奏者。如有利国便民事，虽其言可采，并先参订祖宗法，委无违戾，方许上籍，一备省览，一留三省，以备举行。如涉兵机，即关密院’。”

69 “（绍兴八年）十二月六日，诏钱端礼除直秘阁，先次除授差遣。续有旨，除职指挥更不施行。以臣僚言：‘……臣愿陛下深念祖宗成训，不轻畀付。所有钱端礼直秘阁之命，乞赐追寝，以塞舆议。’故有是命。”见《宋会要辑稿·帝系八·公主》。

70 《宋史·王安石列传》。

71 司马光于嘉佑六年（1061 年）向宋仁宗奏进《五规》说：“夫继体之君，谨守祖宗之成法，苟不隳之以逸欲，败之以谗谄，则世世相承，无有穷期。”参见《司法温公集》卷一八。

72 《明史·列传第一百一·张居正》：“帝虚己委居正，居正亦慨然以天下为己任，中外想望丰采。居正劝帝遵守祖宗旧制，不必纷更。”

73 《明史·列传第一百一·张居正》：“至是，复属儒臣纪太祖列圣《宝训》、《宝录》分类成书……其辞多警切，请以经筵之暇进讲。”

74 历朝多制定一些单行法律，如明《宗藩条例》，清《钦定王公处分则例》《钦定宗室觉罗律例》《钦定宗人府条例》《乾隆朝旗钞各部通行条例》《钦定宫中则例》。此类单行法，其内容多为皇帝上谕、诏令的记录，属于祖制的范围。也有一些仅适用相关群体的中下层人员或者属于技术行规章。

75 范祖禹：“进言者必曰：‘此陛下家事，非外人所预’。自古误人主者，多由此言。天子以四海为家，中外之事，孰非陛下家事。无不可预之事，亦无不可预之人。”参见《续资治通鉴长编》卷四五一，元祐五年十一月。

76 贞观元年八月：“朕恭膺宝命，抚临率土，用鉴前王，宪章典故。虽文质递变，沿革不同，而发号施令，殊途一揆。皆所以成当世之典漠，开生民之耳目，纳之轨度，令其禁止。”参见《唐大诏令集》卷八二《政事·纠劾违律行事诏》，学林出版社 1992 年版，第 425 页。

77 《唐大诏令集》卷八二《政事·颁行新律诏》，第 426 页。

78 《皇明祖训·祖训首章》。

79 如《唐律疏议》《宋刑统》《大明律》《大清律例》等。

80 明太祖在《御制大明律序》中说：“刊布中外，使臣民知所遵守。”参见杨一凡点校：《皇明制书》（第三册），社会科学文献出版社 2013 年版，第 811 页。《大清律集解附例·三泰奏疏》：“伏乞圣鉴裁定，颁行中外，庶法守照明，臣民永知遵守。”参见《大清律例》,天津古籍出版社1993年版,第21页。

81 《大清律例·吏律·公式》"事应奏不奏"条。参见刘海年、杨一凡总主编:《中国珍稀法律典籍集成》(丙编第一册),科学出版社1994年版,第138页。

82 "王公于事应奏而不奏者,按杖八十律,系公罪,降二级留任;私罪,降三级调用。"参见《钦定王公处分则例》卷二,载杨一凡、田涛主编:《中国珍稀法律典籍续编》(第六册),黑龙江人民出版社2002年版,第338页。

83 孝宗隆兴二年(1164年)三月十三日,诏晁公武除枢密院检详诸房文字。先是,公武由吏部郎中除监察御史。公武言:"窃见庆历中诏自今台官毋得用见任辅臣所荐之人;至嘉佑四年,诏自来大臣所举荐者不得为台官条约除之。两者俱载国书。哲宗初政,中旨除范纯仁、苏辙为谏官,皆大臣吕公着、司马光等所荐,盖用嘉佑诏也。于是章惇曰:'故事执政除所荐之人见为台谏者皆徙他官,不可违祖宗法。'盖引庆历诏也。"参见《宋会要辑稿·职官一七》。

84 "(绍兴十三年)二月己卯,国子司业高闶言:'陛下复兴太学,凡养士取士之法,当取圣裁。'上曰:'自有祖宗成法。'闶曰:'有庆历、元丰、绍圣、崇宁法,有司未知适从。若出于圣裁,则行之乃久'。"参见《宋会要辑稿·崇儒一·太学》。

85 (明)谢肇淛:《五杂俎·卷十五·事部三》:"国朝立法太严……如户部一曹,不许苏、淞及浙江、江右人为官吏,以其地赋税多,恐飞诡为奸也。然弊孔蠹窦,皆由胥役。官吏迁转不常,何知之有。今户部十三司胥算,皆吴、越人也,察秋毫而不见其睫,可乎。祖制既难遽违,而积弊又难顿更,故当其事者默默耳。"

朱勇

代表作

贰

论中国古代的“六事法体系”

中国古代在国家治理、社会管理方面重视法律的作用。在法律体系构建过程中，注重与官制相配合，沿着“官法同构”的发展脉络，因事设官，依官制法。至明清之时，与中央六部官制相对应，形成以吏事法、户事法、礼事法、兵事法、刑事法、工事法为主体的“六事法体系”。这一法律体系广泛覆盖了中国古代的国家事务与社会关系。这一法律体系符合古代中国国情，适应古代治国理政需要，在维护国家统一、保持社会稳定、实现文化绵延方面发挥了重要的、积极的作用，但也对法律自身的演进产生消极影响。

一、“官法同构”：从六部官制到“六事法体系”

中国古代统治者关注“治官”与“治民”。在制度设计方面，以“治官”为切入点，并通过“治官”，兼顾“治民”，进而实现“治官”与“治民”的双重目标。基于这一基本理念，中国古代实施“官法同构”的制度建构模式。一方面，根据国家治理与社会管理过程中产生的事务类别，设职任官，建立官制体系。另一方面，为规制各类各级职官的职掌责任及程序方式，制定相应的强制性行为规范，建立法律体系。根据法律，全体官吏既要在各类各级机构中履行职责、遵守程序，也要直接面对社会万民，构建秩序，征收赋税，化解纠纷，惩治犯罪。从“官法同构”原则出发，建立有效的官制体系与法制体系，进而实现对百官万民的法律调整。

中国古代从秦朝建立统一的官僚体制到清朝末年改革官制之前，中央官制经历了从“三公九卿”、“三省六部”到“六部”制的演进。伴随这一过

原载《中国法学》2019 年第 1 期。

程，法律制度则经历了“六事法体系”构建、发展、成熟的过程。

（一）秦汉魏晋南北朝：六部官制萌芽，法律体系探索

秦始皇统一六国，建立中央集权的官僚体制，初步形成皇帝之下管理国家事务的“三公九卿”[1]职官体制。秦汉时期，“三公”重在中枢决策，“九卿”重在国务执行。但秦汉之“九卿”半数直接服务于皇帝、内廷及宗室，专门从事国务执行职能的机构尚不健全。[2]

适应国家事务管理的需要，特别是从各项决策的执行角度，维护皇权和中央集权，国务执行机构职能的重要性日益凸显。东汉时期，原属于少府的尚书台逐渐向专职国务执行机构演变，在中央官制体系中的重要性逐渐提高。尚书台内设六曹，包括主管朝廷职官的“吏曹”、主管地方职官的“二千石曹”以及“民曹”“客曹”“三公曹”等。[3]曹魏之时，尚书台脱离少府，作为独立的朝廷机构，成为实施中枢决策的最高国务执行机关。

魏晋南北朝时期官制的演变主要循着两个方向：第一，基于皇权的发展与需要，中枢决策机构逐步完善；第二，由于朝廷政务以及社会事务的增加，国务执行机构进入快速发展阶段，职掌权限拓展，内设机构增多，运行机制不断完善，在整体上显现六部诸曹的框架轮廓。

秦汉魏晋南北朝，法律体系处于早期探索、构建阶段。秦汉时期，虽然先后制定了一些法律，但内容较为零散，分类较为混乱。西汉法律，条文庞杂，规范交叉，既有一律涉多事，又有一事涉多律。律、令、科、比多种形式并存，而相互之间没有统一的分类标准，因而从整体上来看，两汉法律未形成完整的法律体系。

古代法律的体系化在魏晋时期迈出重要一步。曹魏法律初成体系，[4]而曹魏以后，历朝政权制定法律均改变了秦汉之时法律制定计划性不足、内部结构较为混乱的状况，注重各项法律之间的布局与分工，注重以一定的标准构建法律框架。这一标准就是以现行官制为基础，加强对各级官吏的法律规制，并通过对官吏的治理实现对社会关系的广泛覆盖。

西晋构建泰始律令体系，明确“令”与“律”的分工。《泰始令》40篇，基本上以国务执行机构的职掌权责以及与履行职责相关的方式程序为依据，[5]全面规定各项制度；而其适用范围则以百官为主，兼及万民。《泰始律》主要涉及犯罪与刑罚。南朝梁武帝时制定《梁令》30篇，仍以国务执行机构的设置及其职能为依据。[6]而《北齐令》则直接以尚书省二十八曹命

名,“北齐令赵郡王睿等撰《令》五十卷,取尚书二十八曹为其篇名”。[7]

魏晋南北朝中央官制在国务执行机构方面已逐渐显现六部诸曹的框架轮廓。在国家制定法体系构建过程中,基于“因事设官,依官制法”的思路,探索出“官法同构”的官制法制构建模式。“官法同构”模式下构建的法律体系,其直接目标在于“治官”;而其实际功能则在于通过“治官”,强化“治民”,进而实现“治官”和“治民”的双重目标。魏晋南北朝时期官制的变化以及法制的演进为隋唐盛世法律体系的发展奠定了坚实的基础。

(二)隋唐:六部官制初成,“六事法体系”初现

隋唐时期,中国古代典章制度的发展进入鼎盛阶段。经过魏晋南北朝在官制、法制方面的探索与实践,“官法同构”逐步成为官制与法制构建所遵循的基本原则,也显现出在国家治理方面的有效作用。隋唐官制,“三省六部”制正式取代“三公九卿”制,成为中央官制的主干。而在法制方面,基于国务执行机构的基本框架,律令格式等不同法律文本也从内容上分门别类,初步形成与“六部官制”相对应的“六事法体系”。

隋唐时期,作为最高国务执行机构的“尚书省”,其职能进一步扩展,其内设部曹也进一步规范化。隋朝始沿用北周“六官”之制,确定“六部”体制。唐武则天时,按照《周礼》“六官”的设计,确定吏、户、礼、兵、刑、工六部名称及机构排列顺序。

三省六部体制的确立体现了国家治理与社会管理方式的进步。管理事务类别的划分推动了“因事设官”职官制度的完善。为进一步加强对于管理体制以及职官制度的规制,特别是强化对于国务执行机构的规制,“依官制法”原则也得到更为严格的遵行。国家制定法体系进入新的发展时期。

隋唐总结秦汉乃至魏晋南北朝法制经验与教训,确立了较为稳定的法律形式:律、令、格、式。从唐朝律令格式的内容以及《新唐书·刑法志》的解读,我们看到:第一,“令”的内容涉及国家、社会生活方方面面,包括职官、选举、学校、户口、田土、赋役、关市、军队、断狱、祭祀等。而“格”“式”则主要涉及文武百官的职掌权责、运作方式。第二,“令”“格”“式”作为制定法的主要组成部分,基本覆盖重要的国家制度及社会生活。第三,“令”“格”“式”在功能上重在立规,而“律”则重在设禁。严重违规,必触律禁,要受到刑事处罚。立规设禁,规禁衔接,在形式上构成完整的法律

体系。

隋唐法律体系的完善还表现在法律内容门类划分方面的初步定型。随着三省六部制的正式确立，尚书省作为最高国务执行机构，其内设六部二十四司的职掌基本覆盖国家管理的重要事务。基于"因事设官""依官制法"的方式，"令""格""式"中的内容布局主要以六部职掌所涉及的各类社会关系为标准。在"官法同构"原则之下，以"六部官制"为基准的"六事法体系"初步成型。

隋《开皇令》30 篇，其中 29 篇可归入六部职掌之中，包括吏事 16 篇、户事 4 篇、礼事 4 篇、兵事 3 篇、刑事 1 篇、工事 1 篇、无类别 1 篇。[8]唐《贞观令》共 27 篇，其中 25 篇可按六部职掌分类，包括吏事 9 篇、户事 5 篇、礼事 6 篇、兵事 2 篇、刑事 1 篇、工事 2 篇、其他 2 篇。[9]唐《格》24 篇，直接以尚书省六部二十四司为其篇名。"凡《格》二十有四篇。以尚书省诸曹为之目。"[10]唐《式》33 篇也以尚书省各部司以及其他机构命名。"凡《式》三十有三篇。亦以尚书省列曹及秘书、太常、司农、光禄、太仆、太府、少府及监门、宿卫、计账为其篇目。"[11]

唐朝的"令""格""式"主要以国务执行机构，尤其是六部二十四司的职掌展开。但实际上，其内容已不限于机构职掌与官吏职责，而是通过对于机构与官吏的规制，广泛涉及基层社会以及平民百姓。"令""格""式"等法律通过规制职官已实现对于多种社会关系的覆盖与调整。唐开元《仪制令》涉及对于街巷道路通行秩序的规定。[12]开元《田令》涉及民间社会关于田土买卖、作物种植等方面的规制。唐（开元二十五年）《田令》："诸户内永业田，每亩课种桑五十根以上，榆、枣各十根以上，三年种毕。乡土不宜者，任以所宜树充。""诸卖买田，皆须经所部官司申牒，年终彼此除附。若无文牒辄卖买，财没不追，地还本主。""诸田，不得贴赁及质，违者财没不追，地还本主。若从远役、外任，无人守业者，听贴赁及质。其官人永业田及赐田，欲卖及贴赁者，皆不在禁限。"[13]开元《关市令》对于集市开放、关闭时间，交易物品的质量、数量、标准，商肆名称标注等具体问题均有明确规定。唐（开元七年）《关市令》："诸市，以日午击鼓三百声，而众以会；日入前七刻，击钲三百声，而众以散。"（开元七年，开元二十五年）《关市令》："诸市，每肆立标，题行名。"（开元七年）《关市令》："诸以伪滥之物交易者，没官；短、狭不中量者，还主。"[14]《户部式》对于民间祭神设置禁许：

“诸私家不得立杂神，及觋、巫、卜、相，并宜禁断。其龟易、五兆、六壬，不禁。”[15]同时，对与年龄相关的“黄”“小”“中男”“成丁”作了界定：“诸男女三岁已下为黄，十五已下为小，二十已下为中男，二十一成丁。”[16]

唐朝法律的重要组成部分、规定犯罪与刑罚的“律”，在篇目设置上既没有与“令”“格”“式”同步调整，也没有与国务执行机构相对应。这是一个值得继续关注、深入研究的问题。

（三）明朝：六部官制定型，“六事法体系”成熟

中国古代，中枢决策机构以及国务执行机构的设置既关系到职能分工的合理性，又关系到对于皇权、中央集权的有效维系。从秦汉三公九卿制到隋唐三省六部制的演进以及三公九卿、三省六部制自身的变化，都与上述两大因素尤其是后者，密切关联。

明朝进一步强化对于皇权、中央集权的巩固，在官制与法制建设方面遵循魏晋南北朝开启的“官法同构”原则，在吸收隋、唐、宋、元政治实践中经验教训的基础上改革官制与法制，全面构建“六部官制”与“六事法体系”。

朱元璋自一介布衣开始，征战四方，统一全国。登基之后，长期思考如何实现长治久安、国祚延续。朱元璋从历史中总结出强化皇权、强化中央集权的极端重要性，并致力于从权力结构、职官设置方面解决这一问题。洪武十三年（1380年），朱元璋借“胡惟庸案”，废省罢相，提升“六部”的地位，正式建立由皇帝直接领导的六部体制。

在“官法同构”原则之下，官制的变革也推动了法律体系的重大调整。在法律文本方面，明初分别制定实施《大明会典》[17]《大明令》《大明律》等法律。各项法律各有分工，并通过立规设禁实现相互衔接。在法律内容的门类划分方面，明确建立以“吏事法”“户事法”“礼事法”“兵事法”“刑事法”“工事法”为主干的“六事法体系”，既注重对于社会关系的广泛覆盖，也注重法律内部的分工协调。

就法律文本而言，《大明会典》在明朝法律体系之中处于最重要的地位。《明会典·凡例》说：“《会典》之作，一遵敕旨；以本朝官职制度为纲，事物名数仪文等级为目。”[18]对于国家权力架构、中央机构设置、各部职掌权责等，《大明会典》都作了明确而详细的规定。

在内容分类方面，《明会典》遵循“依官制法”原则，以朝廷官制为纲，

分别规定各部院职掌权责、程序方式，并通过对于各部院职能的规制，实现对于百官万民、社会生活的覆盖。明朝中央机构数量较多，但作为国务执行机构仍以吏、户、礼、兵、刑、工六部为主体。[19]

洪武元年（1368 年），朱元璋初登帝位，即颁布《大明令》，通行全国。《颁行〈大明令〉敕》："洪武元年正月十八日钦奉圣旨：朕惟律令者，治天下之法也。令以教之于先，律以齐之于后。"[20]与唐令、宋敕相比，《大明令》在内容与形式两方面有重大变化。在内容方面，《大明令》仿照《元典章》，直接以国务执行机构六部为纲，按照六部职掌，对令分门别类。"凡为令一百四十五条：吏令二十，户令二十四，礼令十七，兵令十一，刑令七十一，工令二。"[21]《大明令》条款涉及国家权力结构、官吏职掌权责、民间社会生活等诸多方面。

"官法同构"原则也直接影响《大明律》制定。洪武二十二年（1689 年），《大明律》体例定型，明确以六部为纲、前置"名例律"的结构。[22]此次《大明律》体系调整不仅终明之世未再改动，在清朝直至清末法制改革之前，律典体系也相沿未改。

明初统治者总结千年政治实践与法律实践的经验与教训，基于"官法同构"的基本准则，全面建立"六部官制"，全面构建"六事法体系"，使古代官制体系与法制体系双双进入成熟形态。"六部官制"与"六事法体系"的建立与运行既适应了强化中央集权的需要，也在国家治理、社会管理过程中取得了良好效果。

（四）清朝法律的文本结构与"六事法体系"

清承明制，在机构设置方面进一步规范化。在国务执行方面，清朝根据需要设置了一些部院寺监，[23]分别履行职责。相比较而言，六部之外的其他一些机构多以某类特定群体、特定事务为履职范围，而吏、户、礼、兵、刑、工六部仍是国务执行机构的主体。与官制相适应，清朝法律体系的构建也在续承明旧的同时推动法律体系进一步发展。其中，乾隆朝从文本结构与内容体系两个方面使"六事法体系"体系成熟、完善。

人类法律文明发展史上，在处理法律文本与法律内容的关系方面，不同国家采取了不同的方式。[24]以清朝法律为代表的中国传统法律采取文本结构与内容体系既相互分离又交叉对应的独特方式。

乾隆时期，统治者构建了以《大清会典》及《大清会典则例》、部院《则例》、《大清律例》为主体的法律文本结构。[25]在这一文本结构之中，划分标准有二。其一，以效力高低，划分为国家法、[26]部院法两个层级。前者为《会典》《会典则例》，后者为部院《则例》《律例》。作为国家法的《会典》《会典则例》就国家重大事项、具有全局意义的事项加以规制。作为部院法的《则例》《律例》等则以国家法为依据，从部院职能出发，对与部院职能相关联的社会关系与行为加以规制；既具体落实国家法的各项规定，又使部院履行职责有规则可依。其二，以功能作用为标准，划分为立规、设禁两种。《会典》及《会典则例》、部院《则例》重在立规，各自就所涉领域做出制度性规定，确定行为标准，设置处理程序，其内容以正面规制为主。而《律例》则重在设禁，对于违反上述法律所确定的标准、程序以及其他需要禁止的行为，设立禁则；违反禁则，即构成犯罪，给予刑事处罚。通过"设禁"，确保"立规"的严肃性，确保所立之"规"的全面实施。

乾隆时期的一系列立法活动使法律的文本结构成熟、完善。

在清朝法律文本中，《会典》居首要地位。一方面，《会典》就国家权力结构、部院机构职掌、各级官府运行方式以及涉及全局性、根本性事务作出规定。另一方面，《会典》既是其他各项法律制定的基本依据，也是国家政务处理、法律事务处理的最终依据。乾隆皇帝谈及《会典》的作用时说："《会典》一书，上自郊庙朝廷，行之直省州县。凡礼乐兵刑之实，财赋河防之要，城池邮驿之详，大纲小纪，无不并包荟萃"[27]；"国家之有《会典》，昉之典谟官礼，俾一代大经大法。细目宏纲，无不了如指掌，用以昭示法守，而垂信来兹"。[28]乾隆二十三年（1758 年）《会典》编纂完成，大臣在上呈乾隆皇帝的《会典告成表》中也特别强调《会典》的功能："以正百官，以正万民，礼乐兴而刑讼息。"[29]

清朝先后颁布五部《会典》。[30]就体例结构而言，以乾隆二十九年（1764年）完成的乾隆《会典》最有代表性。[31]乾隆《会典》按职官机构分目，内容包括宗人府、内阁、吏、户、礼、兵、刑、工六部等，其条文编排采取"因官分职，因职分事，因事分门，因门分条"[32]的方式，在各机构纲目之下，明确其职官设置、职责范围、公务程序及相关制度。其具体内容涉及朝廷各类机构，包括皇族管理、内廷管理、中枢决策、国务执行、军事管理等机构。就篇幅而言，涉及国务执行机构的内容占绝大多数。[33]

在清朝法律文本结构中，处于《会典》及《会典则例》之下位的法律是部院法。部院法的主要表现形式是作为国务执行机构主体的部院寺监所制定的各种《则例》。清朝《则例》种类繁多,数量庞大。就其类别而言,乾隆朝《则例》主要包括以下几类:宗室觉罗及旗务管理类则例、皇宫内廷管理类则例、少数民族管理类则例、国务执行机构类则例。前三类则例主要适用于特定群体、特定事务,在数量上占整个则例中的一小部分。则例中的绝大多数,是有关国务执行机构的则例,尤其是有关吏、户、礼、兵、刑、工六部的则例。

以吏、户、礼、兵、刑、工六部则例为主的国务执行机构则例,重在规制六部及其他部院的职责权限、公务程序,为各级政府机关履行职责确定了基本的法律框架。不仅如此,则例通过对于政府机构以及各级官员的规制,广泛涉及文武百官、士农工商,实现了对于整个社会的法律覆盖。

就法律内容而言,清朝承袭明朝关于法律体系的构建原则,以职官部门的设置为依据,对于法律进行部门分类,形成以吏事法、户事法、礼事法、兵事法、刑事法、工事法为主体的"六事法体系"。

这一部门分类在不同的法律文本中,分别有不同表现形式。在《会典》《会典则例》《律例》等法律文本中,采用"六事法"合体的编纂方式。每一法律文本中,均包括"六事法"各类内容。其篇目条款设置则以"六部"为纲,分列属于"六事法"各部门的条款。而在作为部院法主体部分的部院《则例》之中又采取"六事法"分立的文本体例:以"六部"为纲,分别制定各自独立的法律文本,如《吏部则例》《户部则例》等。两种编纂方式并存使法律的文本载体与部门分类兼有相互分离、交叉对应的双重特点,并体现出"一法多典""一典多法"的特殊现象。[34]

吏事法围绕着吏部职掌,主要规定文官的选拔、考核、升降、黜革、调任、功过、休致等,既涉及各级、各类官吏的身份,也涉及机构、官吏的办事程序,还包括大量对于官吏履行职责的具体要求。而这些具体要求的诸多内容直接涉及社会万民。吏事法从明确吏部职责、规范官员行为出发,设置各类条款。其中涉及百姓万民的条目包括户口、田宅、钱法、盐法、关税、灾赈、僧道度牒、服饰、学政、边禁、关市等。吏事法正是通过规制各级官吏实现了对于文武百官、百姓万民的法律调整。吏事法的法律文本主要包括《会典·吏部》《会典则例·吏部》《吏部则例》《吏部处分则例》《律例·吏律》等。

礼事法以礼部职掌为基础,内容涉及礼制、学校、贡举等。通过规制吉、嘉、军、宾、凶五礼的内涵与实施，礼事法全面覆盖从朝廷百官到社会万民的相关社会关系。就规制对象而言，礼事法所设置条目包括婚礼、冠服、贡举、学校、风教、乡饮酒礼、相见礼、家祭、丧礼、恤典、方伎、祀名宦乡贤、旌表、乡饮酒礼、乡约、童试、举贡生童户籍、商学、书院、义学、社学、告祭、服制、僧官、道官、阴阳学、医学等。礼事法的法律文本主要包括《会典·礼部》《会典则例·礼部》《礼部则例》《律例·礼律》《大清通礼》《学政全书》等。

兵事法围绕着兵部职掌，主要规定武职官员的选拔、任用、考核以及各类军职人员的职责、功能等。军队及武职人员的职责与国家安全、地方秩序、巡捕盗贼等密切相关。与其他各法相比，兵事法重点在于军队管理，与百姓万民关联性较少。但兵事法在关禁、海禁、诘禁等条目之中，对关口通行、海岛耕作、海上贸易、地方治安等作了限制性规定，其内容与普通民众生活也直接相关。清朝兵事法的法律文本主要包括《会典·兵部》《会典则例·兵部》《兵部则例》《兵部处分则例》《律例·兵律》等。

六事法之中，刑事法较为特殊。《会典》规定刑部职掌：“掌法律刑名，以肃邦宪。”[35]刑部执掌天下刑名，以刑事惩罚手段维系社会秩序。刑事法对于社会秩序的规制既涉及普通刑事犯罪，又涉及其他五类法律所调整的社会关系，对于严重破坏社会关系、构成犯罪的行为给以刑事惩罚。前者属于刑事法独立调整范围，而后者则由刑事法与其他五类法律共同调整。通过独立调整与交叉调整的双重设置，构建社会秩序，维系法律的严肃性、权威性。刑事法所涉及普通犯罪包括贼盗、人命、斗殴、骂詈、诉讼、受赃、诈伪、犯奸、杂犯、捕亡、断狱等。清朝刑事法的法律文本主要包括《会典·刑部》《会典则例·刑部》《律例·刑律》等。

工事法围绕着工部职掌，内容涉及器物制造、工程修建以及山林、道路、水利管理等事项。工事法通过对于城乡基础设施建设的规制以及对于特定区域、领域的管理构建基本的民生条件并支持基层社会秩序的稳定。在城乡基础设施建设方面，工事法分别对于城乡道路、桥梁的建设与管理，对于江河堤岸建设与防汛抗灾作了较为详细的规定；另外，工事法还就山林采摘捕猎、民众商贾河道通行、工关税务、民间祠庙沟洫等内容作了禁许规定。工事法所设置条目包括坛庙、祠庙、物料、匠役、钱法、採捕、河工、水利、河塘、桥道、关税、匠役、沟洫、坟茔、薪炭、煤窑等。工事法的法律文本主要包括《会典·工部》《会典则例·工部》《工部则例》《律例·工律》等。

以吏事法、户事法、礼事法、兵事法、刑事法、工事法为主体的六事法体系，就内部结构而言，既包容了清朝主要的法律文本，[36]又体现了自身的逻辑自洽；就外部覆盖而言，基本覆盖了文武百官、士农工商全部社会主体，覆盖了政治、经济、军事、文化、婚姻、家庭、继承、市场各类社会关系。

“六事法体系”覆盖了社会生活的方方面面，实现了对各类社会关系的法律调整。这一法律体系如何实施、如何从纸面上的规范转化成文武百官、社会万民行为的依据？从清朝的社会实践看，一方面，中央各部院，特别是履行国务执行主体职责的吏、户、礼、兵、刑、工六部，按照六事法体系的相关规定履行职责，实现国家管理、社会治理的中央层面主要任务。另一方面，地方各级政府，特别是州县基层政府，直接面对社会，接触万民。州县作为亲民政府，为士农工商社会万民确定行为准则，调整社会关系，解决民间纠纷。而其基本依据则为“六事法”。清朝州县，除了正印官、佐贰官之外，多设置吏、户、礼、兵、刑、工“六房”，协助处理各类具体事务。无论是正印、佐贰之官，还是“六房”之吏，调整关系、规范万民的基本依据，仍然是“六事法体系”。长期生活在县衙并两次出任县令的清人黄六鸿撰写的《福惠全书》全面介绍州县正印官职掌。从《福惠全书》关于州县“六房”职责的记载可以看出，“六房”各吏协助州县正印官履行职责，其基本依据在于“六事法体系”的相关规定。[37]

清朝州县“六房”之吏未必全面了解“六事法”的内容。但是，州县正印官的任务布置以及在吏、户、礼、兵、刑、工各房长期形成的管理习俗与行为惯例已充分融入“六事法”的具体规定。正是在州县之官与“六房”之吏的共同努力下，“六事法”实现了在州县的有效落地，并在调整社会关系、维持社会秩序方面发挥重要作用。

从朝廷六部到州县六房，“六事法”既是文武百官履行职责、实现国家机器正常运转的规范依据，也是确定士农工商社会万民权利义务、行为举止的规范基础。

二、清朝“户事法”透视

清乾隆朝法律作为“六事法体系”的成熟代表，既表现出内部分工的合理性，也体现为外部覆盖的广泛性。就内部分工而言，《会典》《会典则例》《部院则例》《律例》以六部为纲，立规设禁，强制调整相关社会关系。

就外部覆盖而言,在“官法同构”原则之下,“官”因“事”而设,“法”依“官”而制,在这一传递关系中,“法”的原初依据仍然是“事”。从乾隆朝“六事法”的内容看,各法均通过对相对应机构职掌、权责、奖惩、程序的规制,实现了对百官万民、国家事务、社会生活的广泛覆盖。以下以乾隆朝“户事法”为对象,通过内容分析透视“六事法”的内容特征及其社会覆盖。

“户事法”涉及户部全部职掌。《会典》规定户部职掌:“掌天下土田、户口、财谷之政,平准出纳,以均邦赋”。[38]户部是国家与社会的“钱粮总汇”,其职掌以朝廷财政为主,兼涉民间经济活动及与经济相关的社会管理。户事法对于上述事务进行全面规制。

(一)“户事法”文本结构

乾隆朝实施的主要法律文本包括《会典》及《会典则例》、部院《则例》、《律例》。[39]其中属于“户事法”范围的法律文本包括《会典·户部》《会典则例·户部》《户部则例》《律例·户律》等。[40]

《会典·户部》设15门:

叙官　疆理　户口　田赋　权量　库藏　仓庾　积贮

漕运　钱法　盐法　关税　杂赋　俸饷　蠲恤

《会典则例·户部》设14门:

疆理　户口　田赋　权量　库藏　仓庾　积贮

漕运　钱法　盐法　关税　杂赋　俸饷　蠲恤

《户部则例》设14门:

户口　田赋　库藏　仓庾　漕运　钱法　盐法

关税　税则　廪禄　兵饷　蠲恤　杂支　通例

而《律例·户律》则设6门:

户役　婚姻　仓库　课程　钱债　市廛

户事法各法律文本关于门类的设置体现了户事法的一些基本特点。第一,在适用对象方面,《会典·户部》与《会典则例·户部》以官府、官吏为主,少量涉及民间社会与平民百姓。而《户部则例》虽然仍以户部职掌为中心,规制户部机构、关联机构、地方官府的职官行为,但其内容则较多涉及城乡民间社会,涉及普通民众。第二,《会典·户部》《会典则例·户部》《户部则例》重在立规,在户事法所涉及领域广泛建立规矩,明确规定可行、不可行的界限;而《律例·户律》则重在设禁,对于严重违反《会典·户部》《会典则例 · 户部》《户部则例》相关条款的行为设置罪名，确定刑罚。第三，《律例 · 户律》发挥一身二任的作用：一方面，作为《会典 · 户部》《会典则例 · 户部》《户部则例》的底线法，对严重违规行为给予刑事惩罚；另一方面，仍以户部职掌为中心，将一些虽未触犯《会典 · 户部》《会典则例 · 户部》《户部则例》规定，但与户部管辖事务有较强关联的行为，设定罪名，规定处罚。[41]

（二）朝廷财政收入

中国古代，国家财政收入主要途径包括与土地人口相关的赋役、与商业贸易相关的商业税以及盐茶矾等朝廷垄断经营的收入等。户事法对于与朝廷财政收支以及与经济相关的政府管理事项作了较为详细的规定。

古代财政收入以田赋丁银为主。清朝康熙时期吸取明朝万历时期“一条鞭法”经验，摊丁入亩，实施地丁合一，以田亩为依据征收赋税，但同时包括兵差、驿役、河工、力役等名色的各种徭役，以人丁为基础征发摊派。另外，户籍人口管理对于社会秩序的维系事关重大。清朝户事法对于民众的身份、户口作了较为详细的规定。《会典 · 户部》及《会典则例 · 户部》均专设“户口”门，《户部则例》更是将“户口”门位列篇首。《律例 · 户律》也以“户役”门居首。

清前期涉及民籍的身份被定为军、民、商、灶四种。《户部则例》规定，民众身份以原报册籍为准，不得擅自改变，也不得诈冒他籍。“凡军、民、商、灶诸色人户，并以原报册籍为定。若诈冒，及官司变乱版籍者，均依律治罪。”[42]为有效实施身份、户籍管理，清朝充分发挥乡村地方建立的保甲制度。保甲长重要职责之一就是对于所在区域的人户巡察。户事法要求，每家每户必须将自己家中家长、丁男的身份及相关数据写在门牌上，并挂在门口醒目处，以备查验。

身份、户口管理既涉及徭役摊派，也涉及社会秩序的稳定，包括清朝较为普遍存在的良贱身份关系。《律例 · 户律》设置专门条款，以定罪量刑构建对于身份、户口管理的法律底线。诈冒、脱免军、民、商、灶身份者，构成犯罪。“凡军民驿灶医卜工乐诸色人户并以籍为定。若诈冒脱免、避重就轻者，杖八十。其官司妄准脱免及变乱版籍者，罪同。”[43]此外，隐匿户口不附籍、增减年状以避差役者，构成犯罪，并根据情形，分别对于家长、当事人、州县官员以及里长等给以处罚。[44]

就身份而言，户事法注重区分良、贱之别。根据户事法规定，军、民、商、灶四民为“良籍”，统称“凡人”。此外，还存在各种“贱籍”身份之人统称“贱民”，包括奴婢、佃仆、倡优、雇工人以及区域性丐户、蜑户等。与凡人相比，贱民在法律上地位低下，在应试科举、缔结婚姻等方面，受到诸多限制。户事法规定，符合一定条件的贱民，可以“开豁为良”，取消贱籍，而取得“良籍”身份。但全面获得凡人在参加科举考试、取消婚姻限制等方面的权利仍需满足较为苛刻的条件。《户部则例》规定，已“开豁为良”的贱民可以从事耕、读、工、商之业，但四代以内，其子孙仍不得参加科举考试。“凡开豁为良之乐籍、堕民、丐户，及已经改业之蛋户、九姓渔户人等，耕读工商，听其自便。仍以报官改业之人为始，下逮四世，必其本族亲支均系清白自守者，方准应试、报捐。若豪棍藉端攻讦、欺压讹诈，依律治罪。”[45]

户部作为“钱粮总汇”的国务执行机构，其核心职掌在于征收赋税，从财政上确保国家机器的正常运转。中国古代国家财政收入主要包括赋役与税收。户事法从赋税种类、征收责任、征收方式等方面作出详细规定。

户事法规定了赋税的种类、标准与额度。清朝赋税，主体部分为田赋，另外还有盐税、关税、牙税、落地税、牲畜税、茶税、当税等。户事法之中，从《会典》《会典则例》，到《户部则例》《律例 · 户律》，均从不同角度对赋税加以规定。《会典 · 户部》设“田赋”门，界定了田赋的类别、标准，并对各省田亩总数、田赋总数作了明确规定：“凡直省田赋，以乾隆十八年奏销册计之。共民田七百八万千一百四十二顷八十八亩，赋银二千九百六十一万千二百一两，粮八百四十万六千四百二十二石，各有奇，草五百十有四万五千五百七十八束。”《户部则例》基于《会典 · 户部》关于各省田亩总数、田赋总数的规定设置分省征收田赋的具体标准：“直隶省原额各项地共五十五万二百六十六顷三十三亩有奇，屯地一十万八千八百三十六顷五十八亩有奇。内民赋田每亩科银八厘一毫至一钱三分有奇不等，米一升至一斗不等，豆九合八抄至四升不等。”[46]

户事法对于各类赋税的征纳规定了明确的责任，违反者均给予相应的处理。《户部则例》规定，地方征收钱粮必须由州县正印官亲自负责，不得委托其他官员。“经征钱粮，专责印官。该上司不得滥委府佐协征滋扰。违者参处。”[47]

田赋征收以土地亩数为依据。户事法特别规定,严禁官民隐匿田亩。《户部则例》与《律例·户律》分别设置“欺隐田粮”条。《户部则例》“欺隐田粮”条规定:“凡官绅军民,将新垦旧熟等地,隐匿一亩以上至一顷以上者,分别议处。责惩其田入官。所隐钱粮按数追纳。该管各官将隐地察出,自二十顷以上,按亩纪叙。不能察出者,分别议处。如地主已经呈报,而州县官不转呈司道府,或司道府不详明督抚者,皆查参议处。”[48]《律例·户律》“欺隐田粮”条规定:“凡欺隐田粮、脱漏版籍者,一亩至五亩笞四十,每五亩加一等,罪止杖一百;其田入官,所隐税粮依数徵征。若将田土移坵换段那移等则,以高作下,减瞒粮额,及诡寄田粮,影射差役,并受寄者,罪亦如之;其田改正,收科当差。里长知而不举,与犯人同罪。”[49]

户事法对于各项税银征收方式制定了具体的适用规范。关于关税,《户部则例》要求,关税交纳必须由商人自行完成,严禁铺户包揽。[50]为了让商户了解有关落地税的纳税要求,按章纳税,同时了解已经革除税种,以防止胥吏额外征收,《户部则例》还规定,各省须在通衢要道张榜公示税则条款。“直省征收落地税银,均令将应征税则条款,于收税处所刊刻木榜,悬示通衢,并将已革之税概行刊榜晓谕。”[51]

(三)民间经济活动

中国古代,崇本抑末,重农轻商,对于民间买卖及商业活动采取总体管控、谨慎制约的原则。户事法以规制国家财政为主要任务,同时因事关户部职掌,户事法也从不同角度规范民间经济活动。乾隆朝户事法在土地产权确认、田宅买卖、市场管理、商业活动等方面为民间经济活动立规设禁。

户事法注重民间土地的产权确认。民间土地争讼多为界址不清、四至不明。基于征收赋税的需要,《会典·户部》规定对需要明确界址的田地进行丈量。而丈量田地的目的之一在于确产权,“杜占争”。“凡丈量,按部颁弓尺。广一步,纵二百四十步为亩。有司于农隙时,亲率里甲,履亩丈勘,以定疆界,杜占争,均亩赋。”[52]《会典则例·户部》则引据雍正五年定例,强调通过土地丈量,明确产权归属,防止欺隐田粮。“(雍正)五年覆准:民间争讼田土,大率为界址不清。非勘丈无以判其曲直,而清其顷亩。饬令地方官,凡讼涉田土,务宜清丈,以定界限,以除欺隐之弊。”[53]

清朝鼓励农民开垦荒地,但所垦荒地的产权确认受到诸多因素影响。《户部则例》对此作出明确规定。第一,对于可垦荒地,无论本地人,还是外来人,均可通过垦荒,获得产权。第二,开垦荒地必须报官府确认。如果同一块田产,多人报垦,以先报者为主。第三,官府对于所垦之荒地进行5个月的公示;限内无人提出产权异议,官府即可“取结给照”,给予垦荒之人正式产权。第四,如果垦户明知原田有主、假报垦荒而从官府骗取田土执照者,依律治罪;同样,他人假称垦户所垦之地为自己祖业者,亦依律治罪。“直省实在可垦荒地,无论土著、流寓,俱准报垦。一地互报,尽先报者。凡报垦,必开具界址土名,听官查勘。官勘后将有无业户示限五个月认种。限以外地付垦户,取结给照……倘垦户将实有业户之地串通捏垦、朦官给照,及有指垦户承垦之地、冒争祖业者,均依隐占他人田宅律治罪。垦户不请印照,以私垦论。官勘不实,并予议处。”[54]这一条款明确了与垦地相关联的产权法律关系,包括产权主体、产权对象、产权获取方式以及官府对于产权的保护,既有利于田赋的扩展,也有利于民生,能有效防止因垦荒可能导致的土地产权纠纷。

田宅买卖涉及国家财政收入,又与民众生活密切关联。《会典·户部》将其列为赋税范围,纳入官府掌控之中。《会典·户部》规定:“凡民间卖买田宅,皆凭书契纳税于官以成。其质剂曰契税。税契之法,布政使司作契帖,钤以司印,颁之州县。民之卖买田宅者,领契帖于官,征其税,书其姓名,揭其物数,并原契予之,以防诈伪,以治诉讼。”[55]在这里,《会典·户部》既强调田宅买卖必须“纳税于官”,也注重通过官府对于买卖行为的确认,防止围绕该田宅的欺诈行为,并为日后涉讼之时当事人的合法权益提供法律保护。

《户部则例》对于田地买卖详细规定了纳税标准、纳税方式、纳税时限,还特别规定违反相关规定的法律责任。地方官按时间要求上报、审核田房买卖及税契情况,违者“分别处分”;州县官如果针对民众田房买卖“侵肥税银,止于契纸钤印,不粘给契尾者,严参治罪”。[56]

基于稳定田赋、保障朝廷财政收入的出发点,《户部则例》设置“典卖田宅门”,以规范田宅买卖市场。

田宅买卖之中,传统社会存在“典卖”与“绝卖”两种行为。某些时候,田宅买卖契约之中没有注明属于“典卖”或“绝卖”,因而产生重大分歧,严重影响田宅买卖关系,影响乡村社会秩序。《户部则例》首先明确“典卖”与“绝卖”的区分,并将田宅买卖中几种常见现象归纳划分,明确权利义务关系。对于“绝卖”田宅，不得卖后“告找、告赎”；对于“典卖”田宅，则必须在典契内注明典卖年限，并明确标注“回赎”字样。而对此前未在契约内明确“典卖”“绝卖”的买卖行为，则以30年为限，限内可“找赎”，若在限外，则一律不得“找赎”。[57]

根据《户部则例》规定的原则，州县地方官也常常制定规范，要求在田宅买卖中严格按照双方契约，不得事后“找价”“贴价”。清人盘峤野人所辑《居官寡过录》记载州县官颁布“禁贴价”告示，对于在田园房产买卖成交后巧立名目、再行找价者，严肃处理。“民间买卖田园、房产，原系时值估价，彼此情愿成交，初未尝有所勉强也。迨既卖之后，有荒田耕种成熟，有破屋起造重新。房、地既已不同，价值自然各异。……为此，示仰督属官吏士民人等知悉，凡民间交易房产田园，须于成交之时确定价值，不许乘机推造，借名加价，巧立贴截，驾词兴讼。如有故违，定行究处。”[58]

与《户部则例》相衔接，《律例·户律》规定，典买卖关系中，典主到期不允“放赎”，即不允许业主付价收回原物，典主行为构成犯罪，处笞四十之刑。“其所典田宅、园林、碾磨等物，年限已满，业主备价取赎，若典主托故不肯放赎者，笞四十。限外递年所得花利追征给主，依价取赎。其年限虽满，业主无力取赎者，不拘此律。”[59]另外，对于田宅典买卖中较多出现的重复典买卖行为，《律例·户律》也明确规定相应的罪名与刑罚。“若将已典卖与人田宅朦胧重复典卖者，以所得价钱计赃，准窃盗论，免刺。追价还主，田宅从原典买主为业。若重复典买之人及牙保知情者，与犯人同罪，追价入官。不知者不坐。”[60]

市场交易，重在公平。户事法注重构建公平的市场商业秩序，为便于商人贸易往来，同时为规范商业行为，在城市设置牙行。《户部则例》对牙行设置、运行、禁令等作了细致规定。从事牙业者，必须是本地“殷实良民”，并获得邻佑同行保结；有生监身份以及衙门吏胥，均不得充任牙行；从事牙业者，不得把持市场、扰累商民，不得私立行规、哄抬物价，违反者取消牙业资格。为确保《户部则例》关于牙行规范的实施，《律例·户律》设置“私充牙行埠头”罪，对于牙行违规行为规定了相应的刑事处罚。“凡城市乡村诸色牙行及船埠头，并选有抵业人户充应，官给印信文簿，附写客商船户籍贯、姓名、路引、字号、物货数目，每月赴官查照。私充者杖六十；所得牙钱入官。官牙、埠头容隐者，笞五十；各革去。”[61]

清朝民间普遍存在的借贷行为，对于解决民众亟需、活跃市场起到积极作用。但同时，民间借贷行为在一定条件下也加剧了贫富两极分化，特别是某些官吏与豪强通过借贷关系欺民夺产。户事法对于民间借贷行为作了一些限制性规定，以防止因借贷行为对于社会秩序的损害。《律例·户律》设“违禁取利”罪名，对于违反借贷方面有关禁令者给予定罪量刑。这些禁令包括：民间借贷，利率不得超过“月息三分”之度；借贷时间虽常，利息总量不得超过本金；对于负债违约不还者，不得径自强夺其财产以偿债。“凡私放钱债及典当财物，每月取利並不得过三分；年月虽多，不过一本一利。违者笞四十。以余利计赃重者，坐赃论罪，杖一百。”“若豪势之人不告官司以私债强夺去人孳畜产业者，杖八十；若估价过本利者，计多余之物，坐赃论，依数追还。”[62]

（四）基层社会管理

清制：各州县城乡，设立保甲，作为基层社会自治机构，协助官府，维持治安，征纳赋役。《会典·户部》首先对于保甲制度作出规定：“凡保甲之法，户给印单，书其姓名、习业，出注所往，入稽所来。十户为牌，立牌长；十牌为甲，立甲长；十甲为保，立保长。自城市达于乡村，使相董率，遵约法，察奸宄，劝孅行。善则相共，辠则相及，以安保息之政。”[63]

根据《会典·户部》的规定，《会典则例·户部》将其规定具体化：“州县城乡，十户立一牌头，十牌立一甲头，十甲立一保长。户给印牌一张，备书姓名丁数，出则注明所往，入则稽其所来。其客店亦令各立一簿，每夜宿客姓名、人数、行李牲口几何，作何生理，往来何处，逐一登记明白。至于寺观，亦分给印牌，备书僧道口数、姓名，稽察出入。”[64]

《户部则例》从具体实施层面上对保甲制度作了更加具体、可操作的规定，包括：第一，牌甲保长由村民从“诚实、识字及有身家之人”中推举，并由官府批准。第二，牌甲保长的主要任务在于协助官府维持地方治安，对于各类违法犯罪行为或者可能有害于地方治安的行为查明报官，了解各户人口变动情况并随时报告官府，协助邻省邻县官府差役缉拿罪犯逃犯。第三，甲保长尽职履责，官府可酌量奖赏；若“应查不查，应报不报”，则要按例治罪；地方官推行保甲不力，要“题参议处”。[65]

在宗祧继承方面，《户部则例》“户口门”下设“继嗣”条。该条规定：“凡无子者，许立同宗昭穆相当之侄为嗣。先尽同父周亲，次及五服之内。

如俱无，方准择立远房。若继子不得于所后之亲，听其告官别立。其或择立贤能及所亲爱者，于昭穆伦序不失，不许宗族指以次序告争。凡继立不以同姓，及尊卑失序者，贪图财产、将独子出继予人者，独子藉称已经出继、不顾本身者，本身父母有子、所后之亲无子而舍去者，均照律治罪。若所养父母有子，所生父母无子欲还者，听。"[66]这一条款从几个方面对民间宗祧继承进行了较为详细的规制：其一，无子继嗣，可按由近及远原则立同宗昭穆相当之人为嗣；其二，已立继子而改立者，需报告地方官；其三，选择继嗣者，只要与昭穆伦常秩序不冲突，尊重立继人意愿，宗族不得干涉；其四，严格禁止立继过程中尊卑失序、贪图财产、无子出继等现象。

对于宗祧继承中普遍为各宗族诟病的"异姓乱宗"行为，户事法也吸纳民间习惯，明文禁止。一方面，立继人可以招婿养老，但女婿不得作为宗祧继承人，继嗣承祀。"义男女婿为所后之亲亲爱者，听其相为依倚，酌给财产。若招婿养老者，仍立同宗应继一人，承奉宗祀，财产均分。"[67]另一方面，收养外人，即使改从本姓，也不得继承宗祧。"其收养三岁以下遗弃小儿，即从其姓。但不得遂立为嗣。"[68]《户部则例》上述条款明确提出，违反有关规定"照律治罪"。而《户律》则设立"立嫡子违法"罪，对于宗祧继承方面种种违规行为给予处罚。

中国古代，自然灾害频仍。户事法对于灾害之后的重建、救济等项事务，给予规定。《户部则例》设"蠲恤"门，具体规定灾害之后的重建、救济。水灾之后，地方官应确查坍塌房屋的数量、死亡人数及牲畜数量，并从经济上给予抚恤。"地方猝被水灾，该管官确查冲坍房屋、淹毙人畜，分别抚恤。用过银两，统入田地灾案内报销。"[69]该法还具体规定抚恤标准。例如，贵州省对于洪水冲毁民房的银两救济标准，瓦房每间8钱，草房每间5钱；对死亡人口救济埋葬银，成人每人2两，幼童每人1两。[70]民间失火，官府应了解房屋延烧情况，酌量给予抚恤救济。"民间失火延烧房屋，地方官确勘情形，酌加抚恤。所需银两，于存公项下支销。"[71]

三、"六事法体系"的作用与影响

"六事法体系"在中国古代国家治理、社会管理方面发挥了重要作用。这一体系的构建与实施体现了"官法同构"的制度建设原则，对于中国古代的制度、社会、文化乃至民众心理产生诸多影响。

(一)维护国家统一,强化中央集权

在法律体系构建方面,“官法同构”原则的实施,特别是明清“六事法体系”的确立,适应中国古代维护国家统一、强化中央集权的政治需要,在保持国家大一统格局方面发挥重要作用。

在中华文明史上,百官万民以及整个社会始终保持着强烈的大一统精神。古代中国,人口众多,地域广阔,文化内涵区域化,经济发展不均衡。中央政权始终处于外族侵扰、地方割据两大因素困扰。化解外族入侵需要保持强大的军事力量,防止地方割据首先需要强有力的中央集权体制。

秦始皇平定六国,建立统一的中央集权官僚体制。汉朝推动儒法合流,构建包含“大一统”精神的理论体系,深刻影响着民族文化、民族精神的形成与发展。汉朝以后的社会主流价值观注重政权统治、民族人口、版图疆域、思想文化等方面的大一统。

大一统局面的创建与巩固,需要深刻的思想力量、强大的军事力量,也需要有力的制度力量、法律力量。在“官法同构”的制度体系之下,履行管理职责的官僚体系得到法律强制力量的有效支撑,以皇权为核心的国家统治意志通过官僚体系逐级延伸,遍及版图疆域每一角落。同时,同样体现皇权、统治集团整体利益的法律则通过复杂的官僚体系网络,覆盖社会生活各领域,实施于州县地方。

根据以“官法同构”为原则构建的法律体系,无论是京城之内的朝廷高官,还是千里之外的州县小吏,无例外地遵循从《会典》《会典则例》到《部院则例》《律例》等各项法律;无论任职于东南富庶之州,还是任职于西北荒凉之县,各级官吏的职掌权责、俸饷待遇、铨叙考绩,甚至履职程序、公文格式,都在“六事法体系”之中统一而明确地规定。

“官法同构”的法律体系推进了官僚系统的步调一致。各级官吏通过履行职责完成对整个社会的有序管理,不仅构建了符合统治阶级整体利益的社会秩序,也较好地抑制了因政出多门、标准不一而可能导致的权力分散、地方割据因素,进而有效地巩固了国家与社会的大一统格局。

法律体系的构建既涉及法律文本的制定编纂,也涉及法律内容的分工布局。前者重在确定法律的文本载体,并分别设定不同文本的效力等级。后者则重在区划法律的内容,按类别实现对社会关系的调整、覆盖。

作为中国古代成熟形态的法律体系,明清两朝采取文本体系与内容体系既独立设置、又交叉对应的独特方式。清朝乾隆时期的法律既构建了以《会典》及《会典则例》、部院《则例》、《律例》为主体的法律文本体系,并以效力高低、立规设禁两大标准进行划分,又以职官部门的设置为依据,对于法律内容进行部门分类,形成以吏事法、户事法、礼事法、兵事法、刑事法、工事法为主体的"六事法体系"。不仅如此,法律内容的"六事"部门分类,在《会典》及《会典则例》、《律例》两个层次的法律文本中体现为内部布局,[72]而在部院《则例》之中则又独自成典。[73]法律体系在文本与内容两方面的复杂设计,其基本宗旨在于:服务于国家统一,服务于中央集权。

在这一体系之中,大量的部院《则例》也经过皇帝"御批",以"钦定"的方式颁布实施,并且部院《则例》均独立成篇,分别实施。但部院《则例》主要规定各执行机构与职掌权责、办事程序相关的内容。它必须以《会典》为制定依据,不得与《会典》相冲突。而《会典》的制定编纂直接以皇帝旨意为准,以符合由皇帝为代表的统治阶级整体利益为依据。《会典》文本采取"六事"合一的体例,既象征"六权归一"的权力理念,也代表着中央权力"归于一统"的制度核心。

(二)综合治理的法律支撑

"六事法体系"全面适应中国古代国家治理、社会管理方面的需求,对于礼、乐、政、刑综合治理给予强有力的法律支撑。

中国古代注重国家与社会的综合治理。西周统治者提出"以德配天"主张,在国家治理中淡化超自然力量的作用,开启统治方式上的理性主义模式。《礼记》阐述各类治理手段的功能:"礼以道其志,乐以和其声,政以一其行,刑以防其奸。礼乐刑政,其极一也,所以同民心而出治道也。"[74]礼、乐、政、刑相互配合,共同作用,才能实现天下大治。唐朝确定"德礼为政教之本,刑罚为政教之用"治国原则,虽然治理手段有"本""用"之别,但对于构建秩序而言,综合治理是唯一选择,"本""用"兼顾,缺一不可。

综合治理目标的实现需要相适应的思想、制度与法律。中国古代官制为综合治理创造了基本条件。在制度建构方面,从最高层级的皇帝到最低层级的州县均采取一元权力结构,集事务管理权于一身。中央集权体制下,秦汉唐宋的皇帝统管天下大事;宰相辅佐皇帝,具体执掌国家事务的管理。明清两朝的皇帝直接领导六部。全国范围内的重大国务事件由皇帝亲自决断。

在州县层面，州县正印官直接领导六房。对于辖区范围内各项事件，正印官既负全面领导责任，也承担直接的管理责任。清人谢金銮认为，国家治理的重点在于皇帝与县令，“帝王者，天下之主；县令者，一邑之主也”。[75]清人江开更具体地说：“自钱谷、兵刑、农田、水利、蚕桑、学校、捕盗、救荒诸大政，是六官庶司之所分职，而州县独兼之。”[76]

明清时期的“六事法体系”有力支撑了从朝廷到州县的综合治理。《会典》作为国家的“大经大法”，全面规制国家基本制度，特别是权力结构与运行以及具有全局性、根本性的国家政务。《会典》根据皇帝旨意而制定、修改，由皇帝亲自监督实施。《会典》《会典则例》对于以六部为主国家机关的职掌权责、分工制约、内设机构乃至于对主官的任命、考核、奖惩等均作了原则性规定，从法律上实现了对国家社会综合治理的宏观规制。

州县普遍设立六房，在职能上对应朝廷所设六部。但与六部不同，六部堂官作为六部首脑，履行六部的领导职责，同时承担涉及六部管理的法律责任。而州县六房非国家正式建制；各房首领亦非正式官员，因此六房首领并不承担相关的法律责任。虽然部分州县设立佐贰官，但州县正印官作为一方主官，直接承担州县治理的全部责任。朝廷各部院所制定的则例，特别是作为“六事法”主体部分的六部则例，其内容均全面涉及地方州县。而这些规定所涉及法律责任与义务均以州县正印官为直接承担者。[77]

“六事法”关于州县正印官直接领导、全面负责州县事务的规定，使得州县官能够更好地调动、配置州县公共资源，把握州县全局，综合运用各类管理手段而实现州县地方的有效治理。

（三）从严治官，提高效率

战国时期法家代表人物韩非提出“明主治吏不治民”。中国传统社会在国家治理方面，注重强化对于各级官吏的管理，其重要途径是通过法律渠道，设定官吏的职责，规范官吏的行为，严格官吏的责任。“六事法体系”以官制为基础，以“治官”为切入点，全面规制各类各级官吏的行为，既体现了“从严治官”的基本理念，也有效提升了政府管理效率。

“吏事法”规定，官员处理公务必须严格按照期限。以赴任为例。《会典·吏部》规定，官员赴任，按照距离远近，设置赴任期限。延迟一月，罚；延迟两月，免职。“凡给凭赴任，量远近为限。吏部书凭，吏科填限。外任官亲赴吏科画凭。一月以上不到，有罚；两月以上，夺职。”[78]清朝对于地方官建立了严密的考核指标。清朝“六事法体系”就地方官考核体系的指标作了详尽的规制。《会典·吏部》设“功过”条，集中列举了地方官的法律责任：“凡外任官地丁漕项全完，盐课盐引全完，运粮全完，劝民垦荒营田，缉获凶盗逃叛、私铸私销、制造赌具、私出海洋等犯，以及牧字蕃息、狱无疏脱、修筑水利、捐谷贮仓、河工栽柳栽苇者，均分别议叙、加级、纪录有差。”[79]

明清“六事法”既赋予官吏一定的特权，同时也对官吏的行为作了严格的限制，某些方面甚至剥夺官员作为普通人能够享有的私权利。明清法律均规定，官员不得在任职地方置买田宅，即使没有利用职务之便，按照市价购买也属于禁止之列。乾隆朝《户部则例》规定：“有司官吏均不得于任所地方置买田宅，违者解任、治罪，田宅入官。”[80]与这一规定相呼应，《律例·户律》设置“任所置买田宅罪”。“凡有司官吏不得于见任处所置买田宅。违者笞五十，解任，田宅入官。”[81]同时，州县官不得娶任职地方妇女为妻妾，也不得为家人娶任职地方妇女为妻妾。否则，即使没有利用职务之便也构成犯罪。“凡府州县亲民官，任内娶部民妇女为妻妾者，杖八十……若为子孙、弟侄、家人娶者，罪亦如之。”[82]

“六事法”为各级官吏编织了一张严密的法网。清朝名吏汪辉祖称：“一部《吏部处分则例》，自罚俸以至革职，各有专条。故语云：‘州县官如琉璃屏，触手便碎’……刘冰斋之言曰：吾自朝至暮，何时不担处分，何事不可去官。”[83]

通过从严治官，“六事法体系”也在保持政令畅通、提升管理效率方面发挥积极作用。传统社会，交通通信手段低下。基于“官法同构”原则而建立的法律体系，从“治官”入手，实现“治官”与“治民”的双重目标。

古代国家治理的重心之一在于州县治理。州县官亲民，直接面对广大民众。赋税劳役能否足额征收关系到国家财政收入；朝廷相关政策能否落地实施影响到国家与社会的全局状况；特别是在面对自然灾害以及其他突发事件之时，地方民众的群体态度直接关系到各级官府的决策对应。州县官责任重，但权力小。如果诸事决策都需要请示道府、省部等上级官府，在较为低下的交通通讯条件之下，势必影响管理效率，甚至引发重大消极后果。“六事法体系”按照官府职掌，分门别类，既规定各级官吏的行为标准，也确定与官府职掌相关联的民众行为准则。无论是对于官吏，还是对于民众,重要社会关系的调整都在“六事法体系”之中有所规定。按图索骥,以行为找规范,就能够确定符合法律规定并受到法律保护的行为方式。

对于州县官吏而言,一亩水田或旱田应分别征收多少赋税,交易一头牛应征收多少银两;民间失火,烧毁一间房子最多可救济多少钱,该钱从官府哪一项目下开销;如何管理城镇市场,如何管理乡村市场。对于基层民众而言,买卖房产,如何使买卖行为得到官府确认,并在今后可能发生的房产诉讼中获得法律保护;房产“典卖”如何“找贴”;何种情况下可以减免赋税,或者获得官府优恤;无子继承宗祧,如何“立继”才能得到官府确认;等等。所有的这一切都在“六事法”中明确规定,既不需要请示上级官府,也不需要内部讨论对策。虽然某些规定较为机械,可能制约州县官在处理具体问题时的能动性,甚至难以体现朝廷关于问题处理的价值导向。但整体而言,这种对于各类具体问题都尽可能多地确立应对方式在节约公权资源、提高管理效率方面作用明显。

(四)“六事法体系”对于古代社会的消极影响

作为调整社会关系、规范社会秩序的强制性行为规范体系,以“官法同构”为原则建立的“六事法体系”对于古代法制的演进以及古代社会的发展也带来诸多消极影响。

“六事法体系”的实施对于古代社会的最大消极影响在于从理念与制度两方面强化了官本位原则。整个法律体系的构建以职官制度为基础。职官机构的分类决定了法律部门的分类;各项法律的实施以及监督均以相应的职官为主体;甚至民众对于法律的了解也只能通过相对应的职官部门。与官制体系密不可分的法律体系既维护了官本位的社会关系,也强化了全社会的官本位观念。

“官法同构”使官制与法制密切关联,使“法”对“官”产生巨大的依赖。对于民众而言,法是官的制度化身,而官则是法的人格代表。古代中国,民众受教育程度低。隋唐以后,学校之设的主要目的在于科举选官。对于多数普通民众而言,既没有知晓法律的迫切需求,也没有知晓法律的便利途径。虽然缴纳赋税、买卖田宅、宗祧继承、民间借贷等行为都必须依据相关法律,但其中大多数事项都可以通过“官”,由“官”依“法”解决。在民众眼中,“官”“法”一体,密切关联。无论是在制度层面,还是在观念层面,“法”的价值与品格都紧紧地依赖于“官”。

“六事法体系”本身还存在调整范围的重复交叉问题。在中国古代,不论是作为官制的“六部”,还是作为法制的“六事法”,都保持着内部区分的双重标准。六部之中,吏、兵二部职掌,分别为文职官吏与武职将兵,以职官身份为划分标准。而其他四部的职掌范围则以事务性质划分。与六部职掌相对应,“六事法”之中,“吏事法”“兵事法”在适用主体方面以身份为标准,分别适用于内外文职官吏以及内外武职将兵,而其他各法则以事务性质为标准,不论身份,面向社会。

双重划分标准导致六事法内部在调整范围上存在较大的重合。户事法以事务划分,调整范围涉及“土田、户口、财谷之政”[84]。不论文官武将,所涉及俸饷、军需、银钱赏赐或罚没、优恤等事项均与财物关联。此类规定,按身份应属于“吏事法”“兵事法”,按事务则属于“户事法”。清乾隆朝“六事法体系”将其划归“户事法”,虽然符合“户事法”事务归属标准,但导致“吏事法”“兵事法”覆盖面欠缺。

“六事法”之中,“户事法”与“工事法”均设有“关税”篇,其内部条目设置也多相近。究其原因,一方面在于清沿明制,由户部职掌全国税赋,包括主管全国“户关”。另一方面,为解决道路、桥梁、水坝船只建设与修理,由工部设关,征收一定的竹、木、沙、石等原料,并管理“工关”。为规范“工关税”的征收以及“工关”行为,工部在《工部则例》之中也专设“关税”篇,对税种、税额、税率、征收作了具体规定。就国家职能而言,涉及国家财政的税收事项由两大部门分掌,导致制定法对于关税的规制出现在两大平行的法律部门之中,既是国务执行机构在职能分工上的缺陷,也导致制定法体系内部分工不严整。

中国古代“官法同构”的制度构建原则推动法制与官制同步发展。在这一基础之上形成的“六事法体系”符合古代国情,适应古代国家治理和社会管理需要。以六部职掌为基础,“六事法”实现了对于国家事务、社会关系的广泛覆盖,也在法律体系内部初步形成较为合理的分工衔接。“六事法体系”的实施强化了国家统一的制度与理念,推进了基层社会的综合治理,并通过从严“治官”,提高管理效率,实现“治官”与“治民”的双重目标。“六事法体系”的构建与实施体现了中国古代治国理政方式的特殊性,也展示了中华民族的政治智慧与法律智慧。

注释

1 一般以“三公九卿”指称秦汉时期的中央官制,但实际上,“九卿”是概括性称谓。秦汉中央官制中的主要职能机构超出9个。参见白钢主编:《中国政治制度通史》(第一卷),社会科学文献出版社2011年版,第212页。

2 参见袁刚:《中国古代政府机构设置沿革》,黑龙江人民出版社2003年版,第113页。

3 参见白钢主编:《中国政治制度通史》(第三卷),社会科学文献出版社2011年版,第139页。

4 曹魏政权建立之后,注重法律的体系化建设。魏明帝时正式形成自己的法律制度——魏法,其主要法律文本包括《新律》《州郡令》《尚书官令》《军中令》等。其中,作为规定犯罪与刑罚的《新律》,适用范围覆盖百官万民;而《州郡令》《尚书官令》《军中令》则以适用主体为标准,分别适用于中央、地方、军队。

5 参见《唐六典》卷六《尚书·刑部》。

6 《唐六典》卷六《尚书·刑部》。

7 《唐六典》卷六《尚书·刑部》。

8 《唐六典》卷六《尚书·刑部》。

9 《唐六典》卷六《尚书·刑部》。

10 《唐六典》卷六《尚书·刑部》。

11 《唐六典》卷六《尚书·刑部》。

12 唐开元《仪制令》:“诸行路巷街,贱避贵,少避长,轻避重,去避来。”[日]仁井田陞:《唐令拾遗》,栗劲等编译,长春出版社1989年版,第443页。

13 [日]仁井田陞:《唐令拾遗》,栗劲等编译,长春出版社1989年版,第539~564页。

14 [日]仁井田陞:《唐令拾遗》,栗劲等编译,长春出版社1989年版,第644~649页。

15 霍存福:《唐式辑佚》,社会科学文献出版社2009年版,第364页。

16 霍存福:《唐式辑佚》,社会科学文献出版社2009年版,第232页。

17 明英宗开始编纂《明会典》,明武宗正德六年(1511年)正式颁行天下,世称正德《明会典》,共180卷。明万历十五年(1587年)颁布修订后的《明会典》,世称万历重修《明会典》,共228卷。前后两部会典的基本框架相同。本文重点分析《明会典》的框架结构,主要参照正德《明会典》。

18 《明会典·凡例》,中华书局1989年版,第5页。

19 正德《明会典》180卷,专门规定“六部”者162卷;而规定其他机构仅18卷。万历重修《明会典》228卷,其中规定六部者207卷,其余19个机构共计21卷。其余19个机构包括宗人府、都察院、通政使司、六科、大理寺、太常寺、詹事府、光禄寺、太仆寺、鸿胪寺、国子监、翰林院、尚宝司、钦天监等。

20 《皇明制书》(第一册),杨一凡点校,社会科学文献出版社2013年版,第3页。

21 《明太祖实录》卷二八上,吴元年十二月甲辰。

22 参见《明史·刑法志一》。

23 除了六部,相关院寺监包括都察院、大理寺、翰林院、詹事府、太常寺、太仆寺、光禄寺、鸿胪寺、国子监、钦天监以及处理皇族事务、宫廷事务、少数民族事务的宗人府、内务府、理藩院等机构。

24 基于欧洲法律传统,近代西方法律构建了内容与文本相统一的法律体系。民法、刑法、诉讼法等法律部门分别以民法典、刑法典、诉讼法典等法律文本为主要载体。

25 清乾隆朝在这两类法律之外,各地方政府也依据国家法、部院法制定本地区实施的地方法规。本文重点讨论中央层面法律的体系架构。另外,为叙述方便,以下在名称方面用简称:《大清会典》简称《会典》,《大清会典则例》简称《会典则例》,《大清律例》简称《律例》。

26 本文使用"国家法"概念主要是相对于以《部院则例》为主的"部院法"。

27 《清实录·乾隆十二年·二月丙寅》。

28 《清实录·乾隆五十一年·二月甲申》。

29 《乾隆会典·卷首》,和硕履亲王允裪等《会典告成表》,《大清五朝会典》(第10册),线装书局2006年版,第6页。

30 这五部"会典"分别为《康熙会典》《雍正会典》《乾隆会典》《嘉庆会典》《光绪会典》。

31 在体例方面,《乾隆会典》做出重大变革。此前两部会典,典与例合编。乾隆皇帝提出,典与例在性质上不同。前者为"国家大法",保持稳定;后者则需"随时增损"。因此,典例混编,既区别不了其性质,也不便于使用。有鉴于此,《乾隆会典》在编纂时,区别典与例,分开编纂。最终形成《清会典》100卷,《清会典则例》180卷。各自独立成书。这一体例为其后两部会典所沿用。

32 《大清五朝会典》(第10册),线装书局2006年版,第6页。

33 在《乾隆会典》100卷中,皇族管理机构1卷,内廷管理机构6卷,中枢决策机构1卷,军事管理机构8卷,国务执行机构84卷。

34 例如,属于"吏事法"的内容分布在《会典·吏部》《会典则例·吏部》《吏部则例》《律例·吏律》等多部法律文本之中;而不论是《会典》《会典则例》,还是《律例》等法律文本,均同时存在吏事法、户事法、礼事法、兵事法、刑事法、工事法的内容。

35 《大清五朝会典》(第10册),线装书局2006年版,第600页。

36 "六事法"之外,与其他国务执行机构相配套的还有《钦定台规》《理藩院则例》《蒙古律例》《回疆则例》《国子监则例》《宗室觉罗律例》《宗人府则例》《光禄寺则例》《太常寺则例》等法律。

37 参见(清)黄六鸿:《福惠全书》卷二,周保明点校,广陵书社2018年版,第35~37页。

38 《大清五朝会典》(第10册),线装书局2006年版,第68页。

39 《会典》及《会典则例》均属于从国家层面,规定国家根本制度以及相关的基本制度,在法律层级上相近。《户部则例》虽然也由皇帝钦命制定、颁布,但主体内容属于部院层面的具体规定。《律例》则主要规定犯罪与刑罚。

40 属于“户事法”的法律还包括与户部职掌相关的其他则例,如《赋役全书》《户部军需则例》《鼓铸则例》等。

41 例如,《律例·户律》“婚姻”“市廛”门有关罪名设置。

42 故宫博物院编:《钦定户部则例(乾隆四十六年)》,海南出版社2000年版,第66页。

43 张荣铮等点校:《大清律例》,天津古籍出版社1993年版,第189页。

44 张荣铮等点校:《大清律例》,天津古籍出版社1993年版,第187页。

45 故宫博物院编:《钦定户部则例(乾隆四十六年)》,海南出版社2000年版,第68页。

46 故宫博物院编:《钦定户部则例(乾隆四十六年)》,海南出版社2000年版,第89页。

47 故宫博物院编:《钦定户部则例(乾隆四十六年)》,海南出版社2000年版,第110页。

48 故宫博物院编:《钦定户部则例(乾隆四十六年)》,海南出版社2000年版,第102页。

49 张荣铮等点校:《大清律例》,天津古籍出版社1993年版,第204页。

50 故宫博物院编:《钦定户部则例(乾隆四十六年)》,海南出版社2000年版,第90页。

51 故宫博物院编:《钦定户部则例(乾隆四十六年)》,海南出版社2000年版,第100页。

52 《大清五朝会典》(第10册),线装书局2006年版,第97页。

53 《会典则例》卷三十五《户部·田赋二》,第36页(《四库全书》本)。

54 故宫博物院编:《钦定户部则例(乾隆四十六年)》,海南出版社2000年版,第99页。

55 《大清五朝会典》(第10册),线装书局2006年版,第131页。

56 故宫博物院编:《钦定户部则例(乾隆四十六年)》,海南出版社2000年版,第102页。

57 故宫博物院编:《钦定户部则例(乾隆四十六年)》,海南出版社2000年版,第148页。

58 (清)盘峤野人辑:《居官寡过录》,载《官箴书集成》,黄山书社1997年版,第87页。

59 《大清律例》,张荣铮等点校,天津古籍出版社1993年版,第212页。

60 《大清律例》,张荣铮等点校,天津古籍出版社1993年版,第211页。

61 《大清律例》,张荣铮等点校,天津古籍出版社1993年版,第272页。

62 《大清律例》,张荣铮等点校,天津古籍出版社1993年版,第269页。

63 《大清五朝会典》(第10册),线装书局2006年版,第91页。

64 《会典则例》卷三十三《户部·户口下》,第108页(《四库全书》本)。

65 故宫博物院编:《钦定户部则例(乾隆四十六年)》,海南出版社 2000 年版,第 62 页。
66 故宫博物院编:《钦定户部则例(乾隆四十六年)》,海南出版社 2000 年版,第 69 页。
67 故宫博物院编:《钦定户部则例(乾隆四十六年)》,海南出版社 2000 年版,第 69 页。
68 故宫博物院编:《钦定户部则例(乾隆四十六年)》,海南出版社 2000 年版,第 69 页。
69 故宫博物院编:《钦定户部则例(乾隆四十六年)》,海南出版社 2000 年版,第 195 页。
70 故宫博物院编:《钦定户部则例(乾隆四十六年)》,海南出版社 2000 年版,第 197 页。
71 故宫博物院编:《钦定户部则例(乾隆四十六年)》,海南出版社 2000 年版,第 197 页。
72 《会典》及《会典则例》、《律例》采取“六事法”合体的文本体例。内部篇目条款的编排均以六部为纲,分列属于“六事法”各部门的内容。
73 部院《则例》又采取“六事法”分立的文本体例,以六部为纲分别制定各自独立的法律文本,如《吏部则例》《户部则例》等。
74 《礼记·乐记》。
75 (清)谢金銮:《居官致用》。
76 (清)江开:《牧令书·跋三》。
77 根据“六事法”,对于地方发生一些事件,州县官必须亲自到场处理,不得假手他人。《会典》规定,州县举行乡饮酒礼,知州、知县亲自主持。《户部则例》规定,民间田房买卖,产权过割、赋税推收必须由正印官当着买卖双方之面,亲自审阅契约、钤印。《律例》规定,地方发生命案,正印官必须亲率仵作、刑书、皂隶等吏到现场验尸、勘查。
78 《大清五朝会典》(第 10 册),线装书局 2006 年版,第 49 页。
79 《大清五朝会典》(第 10 册),线装书局 2006 年版,第 52 页。
80 故宫博物院编:《钦定户部则例(乾隆四十六年)》,海南出版社 2000 年版,第 146 页。
81 《大清律例》,张荣铮等点校,天津古籍出版社 1993 年版,第 211 页。
82 《大清律例》,张荣铮等点校,天津古籍出版社 1993 年版,第 222 页。
83 (清)汪辉祖:《通论居官》。
84 《大清五朝会典》(第 10 册),线装书局 2006 年版,第 68 页。

朱勇

代表作

叁

“官法同构”：中国古代的大国治理之路

古代中国在国家治理、社会管理过程中重视法律的作用，注重通过法律调整社会主体的相互关系，规制社会主体的行为举止。遵循古代政治的基本原则，并根据身份、地位与作用的不同，国家法律将社会主体高度浓缩为君、官、民三大类别，对由其产生的相互关系实施不同类型的调整方式。基于对君、官、民三大主体的法律调整，中国古代形成“官法同构”的制度建构模式，对文武百官实施紧逼式“贴身”规制，并由此实现法律对国家与社会的辅助治理。“官法同构”的制度建构模式，符合中国古代大国治理的基本要求，在坚持国家统一、维护皇权、维护中央集权进而实现政治稳定、提升管理效率等方面发挥积极作用。

一、古代法律的调整对象：三主体与五关系

关于国家治理与社会管理，韩非提出“明主治吏不治民”原则。这一论断高度概括了战国时期思想家关于国家政治的核心观点，对于中国古代君主乃至整个统治阶级的政治法律观产生重大影响，也决定了中国古代法律发展的基本方向。

在韩非这一论断中，国家与社会的基本构成被概括为三大主体：主、吏、民，即君主、官吏、民众。古代思想家、政治家在描绘国家管理蓝图、设计国家管理制度体系时，充分考虑社会活动的三大主体。他们认为，稳定的国家统治、良好的社会秩序依赖于三大社会主体相互关系的合理构建。

原载《学术月刊》2019 年第 11 期。

而合理关系的构建应该基于三大主体各自的基本特征以及相互社会关系的特殊性，进而确定法律调整的轻重缓急。

“民”是社会构成的主要部分。任何时候，民的数量都居各类社会主体之首。中国古代有“士农工商”四民之分，其中，务农之“民”占“四民”乃至全体“民”的绝大多数。基于农耕生产、聚族而居等生产、生活方式以及其他自然因素和社会条件的影响，以农民为代表的“民众”具有区别于“官吏”的一些基本特点。其一，教育不普及，民众受教育水平不高。古代的教育，包括官学与私学，主要围绕着科举考试制度展开。绝大多数农民毕生保持着较低的文化水准。其二，古代民众，尤其是广大农民，多聚姓为村，聚族而居。个体之间基于血缘和婚姻关系而形成荣辱与共、利害攸关的宗法共同体意识。在这种主要以自然因素为纽带而构建的共同体，其内部个体对于共同体之外的社会活动具有本能的漠视与排斥。其三，自给自足的小农自然经济以及与其相适应的土地制度使得农民较大程度上依附于土地，安土重迁，一般较少流动。这些特点总体上使得个体之民安于现状，一般不会对社会秩序与统治政权产生直接危害。

“官”是具体实施国家治理、社会管理的社会主体。官来自民，却是民之精英。孔子主张“学而优则仕”。隋唐开始，科举考试成为为官入仕之正途。科举制度之下，入仕之官在知识结构、文化素养、管理能力等各方面优于草野之民。各类各级之“官”承担各种不同的国家管理事务，根据国家设官分职的总体要求履行自身的管理职责。统治集团的政治意图能否准确实现、幅员辽阔的万千社会能否有效把控与“官”群体的素质和能力息息相关。此外，与“民”相比较，官在履行职责过程中可以更多地与其他个体、其他社会力量发生交集，并基于新的价值取向或利害关系而形成新的利益共同体。一旦条件成熟，“官”优于“民”的素质、能力可能通过新型利益共同体的共同行动而成为现行体制的破坏力，同时，职官手中合法拥有的权力会极大地拓展这种破坏力。因此，相异于民，官群体既直接影响国家治理的效率，又直接影响统治政权的稳定。

古代之君，一人独尊，代表着皇权，掌握治理国家、管理社会的最高权力。唐宋设“政事堂”，三省长官等以宰相身份，就国家大政方针、重大国务事件协商讨论，并提出处理意见，由皇帝决定。明清废宰相，由皇帝直接领导六部，皇权得到进一步强化。在中国传统政治框架中，以儒家学说为核心的正统官学、职官体系中的谏官和史官、先朝皇帝所确定的“祖制”对于皇帝确定统治方针、行使政治权力均产生一定的制约与影响。但就法律规定而言，皇帝仍然高居权力顶端，拥有独立的最高决定权。清朝《大清会典》规定，朝廷最高国务执行机构长官组成的“九卿会议”，其职责也仅在于“详议国是”[1]。“君”位居“官”与“民”之上，并在国家政治、社会生活中与“官”与“民”发生各种社会关系。

上述三大主体的活动构成国家与社会活动的主要内容；三大主体的关系演绎着国家与社会发展的历史主线。构建稳定的三大主体结构、稳妥处理三大主体的相互关系是国家政治的核心使命，也是法律的首要任务。

中国古代法律在国家治理、社会管理过程中发挥作用，主要通过对由三大主体所构成的社会关系进行规制与调整。而在古代国家政治活动、社会生活中，基于三大主体而形成的社会关系主要有五种，其中首先是三大主体相互之间的关系，包括君与官的关系、君与民的关系、官与民的关系。另外，就三大主体本身而言，“君”是一独立概念，内部不可分；而“官”与“民”所描述的，既是一个独立概念，又是一个群体概念，其内部具有可分性。这样，围绕着三大社会主体可以形成五种社会关系：君官关系、君民关系、官官关系、官民关系及民民关系。

这五种社会关系作为国家政治生活、社会生活的主要构成，都要受到社会规范的规制，接受法律的调整。但由其性质特征和国家治理模式的特殊性所决定，法律对各类社会关系的关注度有所不同。

中国古代政治机构的设计与运作始终有一个核心目标：维护皇权与中央集权。在中央，维护皇权的绝对权威；在地方，防止割据势力，维系国家统一。在三大社会主体之中，只有官群体最有可能削弱以国家治理、社会管理为中心的政治统治力，最有可能对于皇权与中央集权构成威胁。因此，“治官”始终是国家政治的核心，强化对与官相关联的社会关系的规制与调整也始终是法律的首要任务。

二、法律调整的轻重缓急

中国古代法律的重点在于规制、调整五大关系之中的三种涉官关系：君官关系、官官关系、官民关系。而另外两种非涉官关系，即君民关系与民民关系，虽然同样为法律所重视，但并不需要重点投入主要的政治法律资源,因而不属于法律调整的重点方向。本文以清朝法律的相关规定为对象,具体说明法律调整的轻重缓急安排。

基于三主体而形成的五种关系,在法律调整方面主要体现为两大类。其一,对于君官关系、官官关系、官民关系,国家法律实行全面调整,重点规制;其二,对于君民关系、民民关系,国家法律实行部分调整,同时借助其他非法律的政治和社会资源协助调整与规制。

(一)君官关系

君主与官吏关系的核心在于,官吏对于君主必须态度上忠诚,行为上服从。在古代中国,文武百官对于皇帝的忠诚与服从,既体现为对于皇权的维护,也体现为对中央集权的坚持。此外,为有效实现国家统治意图,在君官关系中还有对于官吏履行职责的效率要求。

稳定的君官关系直接决定着国家政权的稳定,决定着政府管理的效率,因此属于法律调整的重点。清朝法律对于君主与官吏关系的调整基本实现了全覆盖。从文本方面看,清朝全部法律,包括《会典》、《大清会典则例》(以下简称《会典则例》)、各部院"则例",《大清律例》及地方法律,凡涉及君官关系,均全面贯穿忠诚、服从、高效的基本原则。

相对于君主,文武百官的职掌范围、责任义务、工作流程、见面礼节、言行举止等均具体而详细地规定于相关法律之中。法律规定,百官必须在行为举止之中体现对于皇帝的忠诚、服从原则,必须严格遵守复杂细致的礼节,严格执行关于国务执行的各类规范。朝会之时,无论是常朝,还是大朝,官员的站位、姿势、序列以及跪拜程序、对话方式等均有明确的规定。在官员向皇帝表达个人意见方面,法律规定,地方官员达到一定级别,可以直接向皇帝提交表达个人意见的公文。根据法律规定,官员表达个人意见,涉及公事,以"题本"方式提交;涉及私事,以"奏本"方式提交,不得混淆,否则要承担法律责任。无论是"题本"还是"奏本",或者是其他上报给皇帝的公文,其格式、体例、文字及递交方式都在法律中详细规定。对于皇帝诏令谕旨,各级官员如何执行、何时反馈实施效果、执行不力有何后果等,法律也都作了明确的限制性规定。

根据政务管理需要,官僚体系内部具有复杂的层级性。清朝官员按品级划分,分为九品十八级;每一品级,分别对应不同的岗位职务,并因而具有不同的身份地位,承担不同的职责义务。但根据法律,君官关系在整体上实施扁平化两级管理模式。文武百官有品级,有高下之别;但在皇帝那里,其身份又具有共同性:朝廷命官,即由朝廷代表皇权而任命的官员。就法律规定而言,命官的身份及其职位由皇帝钦赐;一般情况下,其他机构无权授予或剥夺。从一品尚书、总督到七品知县都由皇帝或者代表皇帝的吏部任命。张振国认为:“皇帝是文官选任的中心,无论是高级官员之开列,中下级官员中重要官缺之题补、奏补、咨补,还是月选,抑或是月选之再次调整—留授,都需各主选机构或主选官奏报皇帝后,由皇帝作出决定。”[2]

作为封疆大吏的地方督抚可以全面指挥七品知县的行动,但不能径自改变其身份,既不能任命,也不能革职,甚至对于更低级官员的普通处分,包括罚俸、降级、革职,封疆大吏也无权直接决定,而只能通过行使题参权,由吏部代表皇帝做出决定。

(二)官官关系

官与官的关系也属于法律的全面覆盖、重点调整范围。法律明确规定了官与官的职责划分、各自的权力责任、相互间的职责衔接,甚至明确规定公文往来的名称、称呼、期限以及相互见面的跪拜、站位、路遇等礼节,违反者要承担法律责任。

以公文往来为例。清朝法律根据官员的品级、类别、职务、兼衔等指标分别确定使用不同种类的公文。“凡官文书,上行、下行、平行,各别其制。”[3]根据《会典则例》,官员之间往来公文的名称包括札付、咨呈、牒呈、咨文、关牒、照会、申文等,分别同级、不同级,不得误用。[4]《吏部处分则例》规定:“官员不照部定仪注行文,彼此文移错误者,罚俸六个月。”[5]

清朝职官设置较为复杂,文官、武官各有自己的统辖体系。如果文武职官涉及交叉关系,由品级、职务等因素所决定的职位高低难以明确界定。因此,法律对于此类无直接上下级关系的不同类别官员之间也具体规定其职位高低。道光时,治所均设在山东济宁的两位官员,因相互之间的关系发生争议。一方为主管河道疏浚及堤防的山东河道严烺,另一方为绿营城守营都司徐万荣。严烺提出,自己作为徐万荣的上司,后者必须听从指挥;而徐万荣坚持认为,自己是城守营都司,与山东河道地位相平,不分高低。双方对于相互地位的不同理解不在于法律没有规定,而是在于各自找到了不同的法律依据。[6]双方争执不下,最终道光皇帝发布上谕,认定徐万荣“故违定制”,撤职议处。[7]

官官关系中还体现为一种分工制衡、连带责任的原则。就地方官而言,督抚为封疆大吏,掌管一省甚至数省军政司法大权。但在省一级职官之间,法律规定了各种制衡与限制。以学政为例。学政主管全省的学校事务及岁、科两试,主持生监的选拔、褫革。《会典》规定,学政与督抚互不统辖,地位平等,“仪注平行”。但由于总督、巡抚全面主管地方事务,因此部分学政在与总督、巡抚交往过程中常常将自己的身份、地位降督抚一等。乾隆七年,佥都御史彭启丰上奏,提出学政降低自己身份与督抚交往,督抚视学政如下属的行为,均违反《会典》的规定,不符合督抚与学政之间的法定关系。乾隆皇帝对彭启丰的奏议表示同意。[8]

为强化官员的管理意识,清朝法律对于某些罪错行为设置关联官员的连带责任。一旦罪错行为发生,不仅直接当事官员要受到法律的处分处罚,其上级主管官员也要接受法律处分。常见的连带责任,从州县官开始,主管该州县的道、府官员以及省一级的布政使、巡抚,甚至封疆大吏总督也株连其中。

为保证赋税正供,法律要求各级地方官准确掌握管辖地区的土地田亩,以根据田亩数征收赋税。为强化地方官查实田亩、按数征纳的责任,法律设置了严格的地方官连带责任。根据规定,如果某州县有隐匿田亩事件,一旦发现,从该州县官到主管之道府官,直至布政使、巡抚、总督,均承担连带责任,要受到法律处分。[9]

清朝严禁民间制造、保有禁兵器,尤其严刑禁止私造杀伤力较大的重兵器。《大清律例》设“私藏应禁军器”罪名,该条例规定:私铸红衣大小炮,当事人处斩,主管官员,从州县官到总督、巡抚等,“交部议处”。[10]对于这一犯罪行为的官员连带责任,《吏部处分则例》作了更具体的规定。根据该规定,对于失察之州县官,革职;知府,降四级调用;道员,降三级调用;总督、巡抚、藩臬二司,分别降二级留任。[11]

清朝法律对于官官关系如此详细而具体的规定,既有规范相互关系、提高管理效率、防范官员舞弊的考虑,更深层次的原因则在于:通过关系与行为的整齐划一和法律的强制性规定,让官员在日常行为中时时感受到皇权与中央权威的存在,感受到“大一统”国家治理的制度与文化,进而从根本上阻止地方割据意识的萌发与滋生。

清朝君主与文武百官的关系以及文武百官内部的官官关系均属于法律

重点调整、全面覆盖的范围。就文本而言,这些规定分布于《会典》、《会典则例》、部院则例及《大清律例》之中;就内容而言,这些规定又分布于以吏事法、户事法、礼事法、兵事法、刑事法、工事法为主体的“六事法体系”[12]之中。

(三)官民关系

在社会主体中,“民”在数量上始终占据绝大多数。韩非主张的“明主治吏不治民”是从君主立场谈国家治理的路径和方式。重治吏、轻治民不在于忽视对于民的治理,而在于通过治吏实现治民。古代国家管理中,官吏的核心职责之一在于治理民众。对于统治集团而言,直接治官,间接治民,进而实现官民兼治的双重目标。因此,治民的主要渠道和直接方式是以官治民,而治民的关键则在于处理好官民关系。

官员履行职责会与普通民众发生各种关系。法律调整官民关系的主要方式有两种:其一,法律条文直接规制;其二,授权官吏,根据一定的原则、导向权宜处理。就官民关系而言,法律实现了主体覆盖,形成了对于大部分官民关系的法律调整。

各项法律对于各类、各级官员的职责有详细的规定。在与“民”相关联的诸多规范均涉及官相对于民的权力。官的权力体现在官的相对人——“民”的身上,直接体现为其应尽义务。如果民不履行这些义务,实际上就阻碍了法律所授予的官权力的行使,根据法律,官可以采取相应的强制手段。

法律关于官员职责规定中也有诸多规范涉及官相对于民的责任,而这些关于职官责任的规范从不同角度映射出民的权利。清朝鼓励农民开垦荒地。法律规定,无论是土著农民,还是外来流民均可开垦荒地;地方官对于符合相关条件者,给予田土执照,明确产权归属。同时确定一定年限,期满之后,方列入交纳赋税的范围。法律规定,农民开垦水田,6 年之后开始征收赋税;开垦旱田,10 年之后开始征收赋税。法律还要求,民众在开垦荒地过程中,如果耕牛、种子等方面存在困难,地方官应该根据情况,通过借贷方式帮助解决,待垦荒期满、荒地成为熟地之后,再返还所借的耕牛、种子。[13]这一制度可映射出民众的一些权利。第一,土著、流民均有权开垦荒地,并取得产权;第二,开垦荒地可获得官府出借的牛、种,并待升科之后返还;第三,所开垦荒地,水田 5 年免赋;旱田 9 年免赋。为确保垦地农民免交赋税的权利,法律还规定,如果地方官在额定免赋期限之内提前征收赋税,州县官革职,甚至道府官员、总督巡抚均节级连坐。[14]

乾隆五年,河南巡抚雅尔图向皇帝提出,农业耕作中,水田收益高于旱田,因此民间有农民准备将所种旱田改作水田。但根据法律,水田赋率高于旱田;而且由水田改旱田,在官府修改土地注册登记费事耗工,因此常常望而却步。雅尔图建议修改相关规定。乾隆皇帝发布上谕,让户部修改法律,对于旱田改水田者,免于向官府呈报修改田土的水旱种类,也不得提高赋率。为防止地方官政策实施"一刀切",乾隆还要求:"其不便改种者,地方官不得勉强抑勒,以致功难成而事滋扰。"[15]对于乾隆此上谕,相关机构迅速通过法律制定程序,形成规范性法律。《会典则例》引入此条上谕,[16]《户部则例》则专门设立"旱田改种水田"条款。[17]根据修改后的法律,农民改旱田为水田,地方官不得因此改变赋率让农民多交田赋,民众也不必到衙门修改原先的田土登记;另外,是否改旱为水完全由农民自主确定,地方官不得强求一律。

关于官民关系,法律涉及了部分领域,尚有部分领域未在法律文本中明确规定。对于这一部分,国家统治者明确一定的价值导向和法律原则,授权官员权宜处理。州县官作为亲民地方官,直接面对社会万民,代表官府处理各类民间纠纷与社会事务。除了法律文本已有规定、依据规定处理之外,尚有诸多属于"民间细事"范围的事务。对于此类事务,法律授权地方官依据官方所倡导的价值导向,依据和谐、公平的原则权宜处理。

清朝地方官府拥有一定的法律制定权。地方官府制定法律,为处理官民关系提供地方法律依据,但必须符合中央朝廷所确定的价值导向与法律原则。乾隆六年,河南巡抚雅尔图制定颁布地方法,明确规定,严厉惩治违规的官员家人、衙役,其中包括比照律例,加重处罚。该项地方法,适用于河南境内所有文职官员。该法规定:

……一经查出:衙役有犯,于常法之外,再用大枷枷号三个月,倍追赃银入官;本官初次失察,照赃倍罚,记大过一次;如三次失察,无论多寡,以溺职题参;家人有犯,提至省城,用重枷枷示,至死方休;本官即以溺职参革。再,一应家人犯赃,管门家人断无不知。如不即行禀明本官究处者,事发,除本犯枷示外,再将管门家人提省,重责四十板。本部院言出法随,毋以身试。各州县将此檄,出示晓谕。凡有被害者,不拘何时,不论何衙门,随时随地,据实首告,立即拘究。该司仍移各道,一体转饬。毋违。[18]

地方官的家人、衙役狐假虎威，常常利用主人的身份地位为非作歹，不仅扰民，还扰官，严重影响地方秩序，损害官府形象。从皇帝到朝廷重臣、封疆大吏，乃至市井乡里平民百姓，对官员家人、衙役的劣迹都深恶痛绝。对其严格管理、严厉惩处是社会的普遍共识。

古代法律允许民间设置典当行，从事典当业。典当业的设立，既为急需银钱的当客提供融资渠道，也为铺商提供了获取利润的机会。国家制定的法律对于典当取息的比率以及具体起息方式未作统一规定。但就价值导向而言，官民两界有基本共识：“济贫人一时之困，固非为富户开孳息之端。”[19]铺商与当客在经济上有强弱之分，在处境上有优劣之别。地方官既要依据国家法律，准予典当铺的存在，又要特别注意在运行过程中防止铺商利用自身的优势地位乘人之难、勒索讹诈。基于这一原则，地方官常制定、颁布一些特别的地方规则，以强化对于弱势之当客的保护。

乾隆时期，浙江布政使颁布公文，就典当取息作出规定。该布政使以省会城市典当取息规则为例，要求州县遵照实施。该项规则的内容包括：第一，基本当息为 8 厘至 2 分，根据当本多少而定；第二，每 10 个月，让息 1 个月；第三，以 36 个月为期满，期满之后，由当客自行确定是赎回还是留置；第四，各典当铺必须将相关规则刊刻木榜，竖立门首，以便商民遵守，防止铺商作弊。[20]此项规则的制定以及规则实施的重点，既在于规范典当业的利息标准及收取方式，也在于防止当商“暗中多索，重利剥民”。

乾隆十二年，山东省就典当业的利息标准作出规定，要求全省各州县典当铺统一实施。根据该规定，每年冬季 11 月、12 月两月，铺商减息 1 分，以接济贫民。为兼顾铺商利益，该规定要求，凡常息为 3 分者，冬季让息；而常息已减为 2 分者，则冬季不再让息。[21]

通过法律明文规制以及价值导向与法律原则的确定与实施，清朝法律基本实现了对于官民关系的全覆盖，通过对于官民关系的规制与调整，在相关领域实现了官民兼治的基本目标。

（四）君民关系

君主与民众之间的关系密切。以君主为代表的统治集团所作出的诸多政治决策事关国计民生，与全体民众的生活与生存紧密相连。民众所交田赋，俗称“皇粮”；民众如果触犯法律，亦谓犯了“王法”。但在实际的社会生活中,君主与民众的直接关系已多为官员与民众之间各种关系所替代,而且“天高皇帝远”,“皇权不下县”,真正需要由法律来直接调整的皇帝与民众关系已留存不多。《大清律例》设置诸多针对普通民众的罪名,以加强对于皇帝及皇权的保护。在《会典》、《会典则例》、部院则例等其他法律文本中有少量条款直接关联皇帝与民众的关系。在规范皇帝与官吏、皇帝与民众的直接关系方面,法律更注重前者。

皇帝长时间居住深宫,即便处理国务也多在殿廷之上,朝臣环绕,扈从护拥,与普通民众的直接接触少之又少。皇帝离开京城,不仅是御驾亲征,还是避暑出巡,都是皇帝接触社会、深入民间的重要机会。对于皇帝在殿廷之外与官民的接触方式,法律有明文规定。根据《会典》,皇帝巡幸,地方文武官员均须着朝服在皇帝所经道路右侧跪迎,平民百姓一律不得近前,只是要求“绅士耆老,随远近跪迎”。[22]《会典则例》将官员迎送方式具体化:“乘舆经过地方、文官知县以上、武官守备以上、在百里内者,咸朝服于道右百步外跪迎送;百里外者,免其迎送。”[23]对于普通民众,法律则不作具体要求。

不仅皇帝出巡,对于皇帝颁发诏书,法律对相关官员也有特殊要求。法律规定,皇帝诏书送达地方衙门之时,有关官员必须严格履行各种复杂、严格的程序和方式接受诏书,切实执行。法律还规定,诏书从京城到目的地的沿途地方官也必须出面迎送,否则要承担法律责任。[24]对于普通民众,同样也没有此类要求。

(五)民民关系

社会生活之中,数量庞大的普通民众之间会发生复杂繁多的各类社会关系。对于这些关系,古代社会采取了不同的调整方式。一方面,大量的民民关系通过道德伦理、社会习俗加以调整;另一方面,充分发挥宗族、保甲、乡绅等民间组织力量在化解纠纷、调整关系方面的作用。

道德习俗难以调整、超出地方自治性组织调整范围的社会关系,必须通过官府、根据法律加以调整。对于此类以民民为主体的社会关系,多数情况下,通过法律授权,由地方官基于一定的导向和原则权宜解决。只是上述几种途径都不能解决的民民关系才会在法律文本中加以规制。

在清朝所有法律文本之中,《大清律例》所规定的普通刑事犯罪较多涉及普通民众之间的关系,而在《会典》《会典则例》及部院则例以及省府州县各地方政府制定颁布的法律文本之中,直接以民民关系为调整对象的法律条文占极少部分。

在注重维护皇权、强化中央集权的中国古代社会,由三大社会主体内生的五种社会关系之中,君官关系、官官关系、官民关系三大涉官关系属于国家制定法调整的重点。这一法律特征的产生基础在于:三大涉官关系的有效调整,就能够实现五大社会关系的整体稳定,就能够达到维护统治、稳定社会的政治和法律目标。

三、官法同构:从重点治官到大国治理

古代中国,长期保持着幅员辽阔、人口众多的大国格局。历朝政治家、思想家以统一、稳定、高效作为大国治理的核心目标,构建并完善承担国家管理功能的官制体系与法律体系。

大国治理的关键之一在于建立完备的官僚体系,以实现对于社会秩序的构建与维护。而对于庞大官僚体系本身的治理,也成为国家政治与法律的重要任务。古代法律对于社会主体三大涉官关系的重点调整,紧紧抓住国家权力结构的重点部位与权力运作的关键环节,实施对于官僚体系的有效控制,符合大国治理的基本要求。而通过法律重点调整涉官关系、重点规制官吏行为,强化对于各级各类官吏的精准制约,推动了官制体系与法律体系的紧密关联,促成了“官法同构”的制度体系构建模式。

有序的国家治理,需要版图疆域之内信息的有效传递。特别是代表最高统治集团统治意图的中央政府政令,必须及时、准确传递到基层政府;而地方官员则必须按照中央政令,处理辖区内的各项事务。强化皇权与中央集权、维护国家统一,既是历代王朝所追求的政治目标,也是整个社会的文化共识。在疆域辽阔、信息传递成本高、效率低的状态下,大国治理需要走自己独特的道路。

清朝建立了完备的驿站体系,以满足朝廷与地方官府之间、地方官府相互之间的公文往来、信息传递等要求。驿站的设立以人口密集程度、距离治所远近以及是否交通要道等因素为依据。按照规定,驿递速度主要分作两类:通常公文递送与“马上飞递”。对于通常公文递送,法律明确规定了两地之间所需时日,如京师至直隶总督府为3天,至两江总督府为13天又4个时辰,至云贵总督府为40天。[25]“马上飞递”则按照日行里程分类,

分别有“300 里加急”至“600 里加急”。前者,每昼夜行 300 里;后者每昼夜行 600 里。因“马上飞递”会让沿途驿站付出重大成本,因此,法律严格限定使用条件,除非重大紧急军情,不得使用“马上飞递”,否则要承担法律责任。绝大部分公文往来,包括政务处理、决策请示等,只能通过常规驿递。而常规驿递,近者如直隶,往返 6 天;远者如云南,往返 80 天;即便中原大地及长江流域省份,一般公文往返也需 15—30 天。

注重统一、强化皇权强化中央集权的政治理念决定了各级地方官府不得各行其是,必须按照朝廷统一的方针实施管理;而幅员辽阔、成本高、效率低的通讯方式使得皇帝、中央部院的意图与指令不可能及时传递到地方官府。可行的方式只有一条:预先将皇帝与部院的指令固定化、规范化,并通过一定的程序使其成为具有强制性约束力的法律。各类各级官员,包括远离京城、僻处边远的道府州县官吏,无论是面对常规性普通政务,还是涉及某些突发性特殊事务,都能够按照已经固化在法律之中的皇帝、部院指令,从容应对,而无须频繁地向上级乃至向部院、皇帝请示。

地方事务千头万绪,变化多端,如何能让地方官在面对普通政务乃至某些突发事件之时,能够从法律文本寻求体现皇帝旨意与部院指令的具体规范,这一管理需求,推进了古代法律对于官吏事务的全面覆盖。一方面,法律强化对于三主体、五关系之中的涉官三关系重点调整。另一方面,法律特别注重对于各类各级官吏行为举止的全面规制,沿着官吏群体的内部结构、活动轨迹,采用紧逼式贴身规制,既使得官吏处理各类政务时有规可循,也实现对官吏的精准制约。

以清朝人命案的检验为例。地方发生命案,必须对尸体进行检验,以确定死因,收集证据,为此后的审判提供证据基础。从《会典》《会典则例》到《吏部处分则例》《大清律例》,均对州县正印官进行命案检验的方式、程序、责任、经费、救济等作了详细、完备的规定。

根据规定,命案发生后,州县正印官必须立即亲自到现场主持检验。如果不到现场或者虽然到现场,但在时间上有迟延,正印官要承担法律责任。[26]不仅如此,州县官不立即前往现场检验,该州县官的主管官,包括知府、司道、督抚,承担“揭报题参”责任,否则也要受到法律处分:知府降一级调用,司道官各罚俸 1 年,总督、巡抚各罚俸 6 个月。[27]

州县官勘验命案现场,须有仵作、衙役等随同。对于随行人员的种类、数量，法律也有明确限定。《会典》规定：“随带仵作一人、吏二人、役二人，亲诣尸所，如法检报。”[28]《吏部处分则例》将随同人员具体化：仵作 1 名，刑书 2 名，皂隶 2 名。法律要求，州县官与随同人员到现场检验命案，所有饮食、费用等必须自行准备，不得由乡里或案件亲属支付。“一切夫马饮食，俱自行备用。并严禁书役人等，不许需索分文。”[29]如果取用乡里的夫役、马匹，正印官按照“因公科敛律”议处；随行人员向乡里索取费用，正印官按照“失察书役犯赃例”议处。[30]仵作专门从事刑事案件死伤检验，在这方面有丰富的经验。但为防止仵作被他人利用，法律要求，官员验尸必须亲自检验，不得完全听信仵作之言。如果因听信仵作，而将有伤当作无伤，将打伤、砍伤当作跌伤、磕伤者，正印官降二级调用。[31]经过检验，如果明确死者系轻生自尽，或者虽被殴打、但非死亡的直接原因，案情明了，即于检验现场将原被告、邻居、证人等释放，不得故意迟延拖累，否则对于检验官按照“易结不结例”处分。[32]

命案发生时，如果正印官因公外出，不能亲往现场勘验，法律设置了救济措施。第一，如果邻近州县城相距不超过五六十里，由邻县正印官代为检验；第二，如果邻县相距五六十里之外，或者邻县正印官也有因公外出等原因，可由本县县丞等佐贰官检验，但正印官不得滥用救济措施。法律规定，正印官不按照相关规定，滥行委派佐贰官代行检验，将被处以“降一级留任”处分。[33]而且无论委派何人代行检验，最终仍须正印官自行主持案件的审理。

可见，在命案发生、现场检验方面，从《会典》《会典则例》到《吏部处分则例》《大清律例》，各项法律已作了详尽完备、事无巨细的具体规定。对于命案，州县官主要履行现场检验、证据收集以及初步审理职责。但就现场检验、证据收集而言，法律的相关规定基本能够支撑州县官的全部职责。虽然各地命案发生、命案现场可能纷繁复杂，但各州县官按照法律规定，即可自主履行检验、勘察的全部职责，即便遇到特殊情况，也无需再向上级机关专门请示。

全面确立公务处理依据，全面规制官吏行为举止，这是古代统治者针对文武百官所采取的法律治理方针。这一方针的实施，一定程度上解决了大国治理的两个重点问题：对于官僚体系本身的控制与管理，以及注重统一的政治理念与低效率通讯方式的矛盾。这一方针的实施，也推动了法律体系与官制体系的相互对接与直接关联，促成了“官法同构”制度体系构建模式的成熟化。

中国古代法律以“治官”为直接目标。随着韩非“明主治吏不治民”的主张被统治者所吸收并应用于政治法律实践之中，法律的发展与演变，包括其功能作用的拓展，就紧紧围绕官制体系演变而展开。在法律体系建设方面，以官僚体系的框架结构为基本依据，按照官吏的类别、部门、层级分别制定相对应的法律，进而形成与官僚体系相同结构的法律体系。

古代中央官制先后经历了秦汉“三公九卿”、隋唐“三省六部”、元“一省六部”以及明清的“六部”体制。这一演变过程贯穿着强化皇权、强化中央集权的主流趋势；而这一趋势具体体现为作为国务执行机构的吏、户、礼、兵、刑、工“六部”的地位逐渐上升。一方面，六部作为国家管理机构主体架构与核心部门的机构布局在历史发展过程中逐步显现、完备；另一方面，六部机构所涉及的治国理政基本事务在国家治理、社会管理全部事务中的占比逐渐提升，到明清之时，已占全部国家管理事务的绝大部分。

明、清两朝，六部体制作为国家政权结构与中央官僚体系的具体形式趋于成熟、完备，并贯穿于中央与地方。中央朝廷，吏、户、礼、兵、刑、工六部构成国务执行机构的主体部分；地方州县，普遍设立吏、户、礼、兵、刑、工六房，分别应对繁杂的地方事务。基于“官法同构”原则，国家制定法体系也完成“六事法体系”的构建。[34]以吏事法、户事法、礼事法、兵事法、刑事法、工事法为主体的六事法体系，全面覆盖文武百官及社会万民，在调整社会关系、构建社会秩序方面发挥重要作用。

从秦汉至明清，中国历史的主流是中央集权、统一管理的大国体制。大国的政治格局、大国的民族情怀、大国的文化土壤，必然孕育出符合大国治理的制度与法律。基于“官法同构”模式建立的法律体系，适应中国古代实施大国治理的核心需求。通过对于社会主体涉官三关系的重点调整，通过对文武百官行为举止的贴身规制，古代法律实现了对于庞大官僚体系自身的有效治理；通过预先将最高统治意图以及中央部院公务处理标准固化于法律规范之中，一定程度上解决了疆域辽阔、信息传递成本高、效率低与国家统一的政治理念之间的矛盾。从这一意义上说，“官法同构”是中国古代的大国治理之路。

注释

1 《大清会典》卷三《吏部·文选清吏司·官制一·京官》，载《大清五朝会典》（第10册），线装书局2006年版，第17页。清朝共制定五部《大清会典》，本文所引，除专门说明外，均为乾隆朝《大清会典》，下文将此简称《会典》。

2 张振国：《清代文官选任制度研究》，南开大学2010年博士学位论文，第374页。

3 《会典》卷二十七《礼部五·仪制清吏司》。

4 根据《会典则例》，公文往来，总督对提督，用札付；提督对总督，用咨呈；巡抚对参将、游击，用札付；参将、游击对巡抚，用牒呈；参将、游击对布政使、按察使，用咨文；总兵官对州县官，用关牒；提督、总兵官对州县官，用照会；州县官对提督、总兵官，用申文；副将对州县官，用照会；而州县官对副将，则用牒呈；等等。参见《会典则例》卷七十三《礼部·仪制清吏司·相见礼》。

5 故宫博物院编：《吏部处分则例》（故宫珍本丛刊第283册），海南出版社2000年版，第221页。

6 在此事件中，都司徐万荣提出，《大清会典（康熙）》明文规定，都司与河道地位平等，不分上下；而河道严烺则以《大清会典（嘉庆）》为依据，坚持河道兼兵备衔，都司听其节制。

7 《清实录·道光七年·丁亥二月》载，道光上谕：“谕内阁：严烺奏参‘不遵定制、藐抗道员之都司一摺’。山东运河道兼兵备衔，各协营都司以下，应听节制。乾隆年间，久经部议通行。乃济宁城守营都司徐万荣，坚执远年未经修改《会典》。内有‘掌印佥书都司见各道平行’一语，辄与运河道文移，抗不相下。经该署河督查明新修《会典》，发给阅看，并面为开导，犹复盛气相向，藐抗不遵。实属蔑视上官，故违定制。徐万荣著先行撤任，交部严加议处。”

8 《清实录·乾隆七年·壬戌二月》：“议准：佥都御史彭启丰奏称：近日学政与督抚相见。不遵《会典》仪注。几同属官。甚至谄拜门生。督抚观风取录。与州县前列童生。辄不论文之佳否。暗记坐号。拔录结欢。以致孤寒屈抑。士怨沸腾。查学政与督抚仪注平行。奏得专达。毋容贬损。且文章有一日短长。尤宜屏私采录。请饬学臣、遵仪制。励丰裁。不得自损名节，并饬督抚、不论学政是何出身。但当以公正廉明相勖。不得以势位相凌。从之。”

9 《吏部处分则例·田宅·隐漏地亩》：“一应州县官员，将所隐田地不行查出，不及二顷者，降四级调用；二顷以上者，革职；道员、知府、直隶知州等官，将所隐田地不行查出，不及五顷者，降二级调用；五顷以上者，降四级调用；督抚、布政使，将隐地不行查出，不及十顷者，降一级留任；十顷以上者，降二级留任；罚俸一年。”参见故宫博物院编：《吏部处分则例》（故宫珍本丛刊第282册），海南出版社2000年版，第87页。

10 《大清律例·兵律·军政·私藏应禁军器》：“私铸红衣等大小炮位者，不论官员军民人等及铸炮匠役,一并处斩……专管文武官革职,兼辖文武官及该督抚、提镇,俱交该部议处。”参见《大清律例》,张荣铮等点校,天津古籍出版社 1993 年版,第 314 页。

11 《吏部处分则例·军政·私铸炮位》:“凡地方不逞之徒,如有私铸红衣等大小炮位者,将炮入官;该犯交予刑部拟罪;其失察之地方官,革职;知府降四级调用;道员降三级调用;督抚、藩臬,降二级留任。”参见故宫博物院编:《吏部处分则例》(故宫珍本丛刊第 283 册),海南出版社 2000 年版,第 246 页。

12 关于中国古代“六事法体系”的具体内容,可参见朱勇:《论中国古代的“六事法体系”》,载《中国法学》2019 年第 1 期。

13 《户部则例·田赋·开垦下·升科年限》:“各省报垦田地,水田以六年起科,旱田以十年起科……”故宫博物院编:《户部则例》(故宫珍本丛刊第 284 册),海南出版社 2000 年版,第 104 页。另,《户部则例》:“直省实在可垦荒地,无论土著、流寓,俱准报垦。一地互报,尽先报者。凡报垦,必开具界址土名,听官查勘。官勘后将有无业户示限五个月认种。限以外地付垦户,取结给照。限年升科。贫者酌借牛、种,升科后带还。每于岁底,州县将岁垦荒地及填用司颁印照各数造册申司。该司将地数汇请督抚具题。仍于升科时核实、奏销。倘垦户将实有业户之地串通捏垦、朦官给照,及有指垦户承垦之地、冒争祖业者,均依隐占他人田宅律治罪。垦户不请印照,以私垦论。官勘不实,并予议处。至承垦后或实在垦不成熟,仍准报官,勘明,销照退业。凡垦荒,值有古塚,周围四丈以内,不得开垦。”参见故宫博物院编:《户部则例》(故宫珍本丛刊第 284 册),海南出版社 2000 年版,第 99 页。

14 《吏部处分则例·户部·田宅·开垦荒地》:“如将开垦荒地不照定例年份起科、先期勒征,或过期不征,或私减地亩定额征粮者,州县官革职,道府各降三级调用,督抚布政使各降一级留任。”参见故宫博物院编:《吏部处分则例》(故宫珍本丛刊第 282 册),海南出版社 2000 年版,第 86 页。

15 《清实录·乾隆五年·九月己巳》:“谕:据河南巡抚雅尔图奏称:豫省地土。原有水田旱田二项。而现在旱田之中。可改水田者尚多。祗以旱田赋轻。水田赋重。一经改种。必须题请加赋。小民既费工本。又增粮额。是以因循观望等语。朕思水田收获。倍于旱田。若可改种。则易瘠土而为沃壤。于民间自有裨益。至加增科则。为数无几。且此系现在输粮之田亩。非新垦隐匿者可比。嗣后有情愿将旱田改作水田者。悉从其便。钱粮仍照原定科则征收。免其呈报有司、改则加赋。但各州县地形不同。土性迥别。其不便改种者。地方官不得勉强抑勒。以致功难成而事滋扰。可传谕雅尔图。令其妥协办理,以副朕体恤间阎之至意。”

16 “(乾隆)五年谕豫省地土原有水田旱田二项祗以旱田赋轻水田赋重一经改种必须题请加赋朕思水田收获倍于旱田若可改种则易瘠土而为沃壤于民间自有裨益至加增科则为数无几且此繫见在输粮田亩非新垦隐匿者可比嗣后情愿将旱田改作水田者

悉从其便钱粮仍照原定科则征收免其改则加赋但各州县地形不同土性迥别其不便改种者地方官不得勉强抑勒。钦此。”参见《会典则例》卷三十五《户部・田赋二・开垦》。

17 《户部则例・田赋・开垦下・旱田改种水田》：“民间旱地有情愿改作水田者，悉从其便。钱粮仍照原定旱田科则征收。其不便改种者，地方官不得勉强抑勒。”参见故宫博物院编：《户部则例》（故宫珍本丛刊第284册），海南出版社2000年版，第107页。

18 雅尔图：《檄示・心政录卷五・为严饬约束家人衙役以清弊窦以安民生事》，载杨一凡、刘笃才编：《中国古代地方法律文献》（乙编第11册），世界图书出版公司2009年版，第187页。

19 凌燽：《西江视臬纪事》卷四《禁临江府典铺苛勒并钱桌包当包赎示》，载杨一凡、刘笃才编：《中国古代地方法律文献》（乙编第11册），世界图书出版公司2009年版，第295页。

20 《成规拾遗》：“典当取息。浙藩富为遵批核议事。案照该县典铺取息让利月日，前于通查案内声明，按季取结，通送查核在案。但省会每十个月让利一个月；其起息总以扣定三十五日，方准取利一月。如系上月二十五六日质当，至下月初七八日取赎，为期不过数日，不得滥取两月之利。至当本一两以内，二分起息；一两以外，分半起息；十两以上，一分起息；五十两，八厘起息。当货以三十六个月为满，听民留赎。该县各当典是否照此递相减让。前经节次饬查，迄今多月，总不查覆，本即差提，姑再严催。为此仰县官吏，文到，立即遵照指饬确查，各典取息让利事宜，是否照省会成例，递相减让，即行据实详覆，出示晓谕，并令各典罗列规条，刊刻木榜，竖立各典门首，以便商民遵守，毋许暗中多索，重利剥民，务于千票内注明当银填银、当钱填钱，饬取遵依甘结，按季通送院司各衙门察核，并将竖立榜示送候核查。”参见万维翰：《成规拾遗》，载杨一凡、刘笃才编：《中国古代地方法律文献》（乙编第13册），世界图书出版公司2009年版，第159页。

21 《山东宪规》：“当铺冬月让息　东省当铺，每年冬季，奉院通饬，出示劝谕，各典自十一月起，至年底止，于常利之内让息一分，开春仍照旧例加息。嗣奉通饬，每年三分起息者，让息；二分者，不让（乾隆十二年）。”参见《乾隆朝山东宪规》，载杨一凡、刘笃才编：《中国古代地方法律文献》（乙编第15册），世界图书出版公司2009年版，第627页。

22 《会典》卷二十五《礼部・仪制清吏司・巡幸》。

23 《会典则例》卷六十《礼部・仪制清吏司・巡幸》。

24 《会典则例》卷六十二《礼部・仪制清吏司・颁诏》：“康熙二年题准：凡诏书经过地方五里以内，府州县卫文武官咸出城迎送；违者，或颁诏官指名报部，或督抚题参，皆降二级留任。五里以外者，不必迎送。”《吏部处分则例・仪制・迎送诏书》：“颁送诏书,经过五里以内官员、别无公事在城、不迎送诏书者,降二级留任;若不探听颁诏官经过实信、以致迎送路途差错者,罚俸一年。”参见故宫博物院编:《吏部处分则例》(故宫珍本丛刊第283册),海南出版社2000年版,第220页。

25 参见《会典则例》卷一百二十一《兵部·车驾清吏司·邮政下·驿程》。

26 《吏部处分则例·人命·验尸迟延》:“检验尸伤,若报到不即检验、致令尸变者,将该地方官降一级调用。”参见故宫博物院编:《吏部处分则例》(故宫珍本丛刊第283册),海南出版社2000年版,第220页。

27 参见故宫博物院编:《吏部处分则例·人命·相验迟延议处上司》(故宫珍本丛刊第283册),海南出版社2000年版,第320页。

28 《会典》卷六十九《刑部·听断》。

29 故宫博物院编:《吏部处分则例·人命·相验》(故宫珍本丛刊第283册),海南出版社2000年版,第319页。

30 参见故宫博物院编:《吏部处分则例·人命·相验》(故宫珍本丛刊第283册),海南出版社2000年版,第319页。

31 参见故宫博物院编:《吏部处分则例·人命·检验不确》(故宫珍本丛刊第283册),海南出版社2000年版,第320页。

32 参见故宫博物院编:《吏部处分则例·人命·相验》(故宫珍本丛刊第283册),海南出版社2000年版,第319页。

33 参见故宫博物院编:《吏部处分则例·人命·委令杂职验尸》(故宫珍本丛刊第283册),海南出版社2000年版,第321页。

34 清朝法律在文本结构方面,《会典》《会典则例》《大清律例》的主体部分均以六部分类;部院则例之中,涉及六部则例的篇幅和数量均占据大多数;涉及文武职官议处的《吏部处分则例》《中枢政考》等法律也以六事分类为基本结构。

朱勇代表作

肆

清朝宗族法考

一、宗族与宗族法

中华民族是一个古老的民族，在漫长的历史发展过程中逐渐形成具有独特风格的文化类型——宗法文化。宗法文化的主要特征是，强调伦常秩序，注重血缘身份，并使这种宗法因素渗透于政治、经济和思想文化各种社会关系中，进而从总体上影响民族意识、民族性格、民族习惯的形成。

宗法文化对社会的存在与发展的影响集中表现在宗法性社会秩序的确立上；而促成这种宗法性社会秩序得以巩固和发展的首功当推宗法文化的制度性体现——宗法制度。

宗法制度在我国源远流长。夏商建立国家之初即吸取原始社会末期父系氏族的血缘性组织原则。西周统治者使宗法血缘关系与国家政治关系高度结合，形成严密而完备的宗法制度。在这种制度下，家国一体，国是家的扩大，家亦即国的缩微。周天子在政治上是天下共主，在血缘上是天下大宗。小宗拱卫大宗，诸侯效忠君主，整个社会以血缘、政治二重原则相联结，构成典型的宗法国家。春秋战国，诸侯力征，地主阶级登上历史舞台。秦始皇统一六国，建立起专制主义中央集权国家，宗法因素进一步与国家制度相结合。历朝皇帝实行家天下统治，皇位世袭，品官荫亲，血缘上的亲疏嫡庶关系在国家政治生活中具有重要意义。

文景之治，轻徭薄赋，受惠者首先是各地大地主。经济实力迅速增长的地主乡绅利用宗法关系，建立自我中心的共同体组织，到西汉中后期发展成为对国家政权发生重要影响的宗法性豪强势力。汉武帝加强对地方

原载杨一凡主编：《中国法制史考证》（乙编第一卷），中国社会科学出版社 2003 年版。

的控制,派出刺史,监察各级官吏及地方豪强。武帝手订“六条”,列出六种监察和打击的对象,其中第一种即为“强宗豪右,田宅逾制,以强凌弱,以众暴寡”;第六种为“二千石违公下比,阿附豪强,通行货赂,割损正令”,[1]但宗法性豪强势力却屡裁不消。昭宣时期,涿郡“大姓西高氏、东高氏,自郡吏以下皆畏避之,莫敢与牾,咸曰:‘宁负二千石,无负豪大家’”[2]。王莽改制受到社会各界的抵制,而豪富大姓更是反对力量的中坚。此后,南阳大豪强刘秀脱颖而出,利用宗法性豪强的武装力量建立东汉政权。魏晋南朝,宗法性豪强势力继续扩张。西晋实行占田制,为增强豪强地主的经济实力提供了条件。各地豪强还通过荫户庇亲,联络同姓族人,收容异姓流民。南梁沈众,以宗法联族,口数逾万。侯景乱时,“(沈)众率宗族、义附五千余人,入援京邑”[3]。九品中正制的实行推波助澜,促成一大批门阀世家的形成。北朝时期,十六国混战,一些汉族大地主聚族而居,扩田庄,筑坞壁。北魏统治者因势而治,承认宗法性坞壁统治的合法性,确立“宗主督护制”。隋唐两代在政治、经济制度上有诸多变革。隋废九品中正制,开科取仕,堵绝了产生门阀世家的一条主要道路。隋唐继续实行北魏开始的均田制,使中央政府直接控制了全国大多数农户,保证了朝廷的财政赋税收入,从经济上削弱了豪强地主的力量。唐中后期,中央政府注意压抑、打击宗法性豪强势力,破坞壁,散田庄。唐末农民起义,藩镇割据及五代时小国征战,整个社会再次陷入极度混乱之中。从南北朝后期就已开始衰退的宗法性豪强势力屡经打击,终于在社会舞台上销声匿迹。

唐中后期,随着商品经济的发展,社会私有化程度加深,地主阶级逐渐改变剥削方式。武则天时期,部曲、佃客制基本废除,人身依附关系比较松弛的租佃制代之而起。进入宋代,租佃制普遍推行,地主阶级通过契约关系和高利贷手段剥削农民,大批获得一定程度人身自由的农民作为社会游离成分,重新寻找自己的物质依附。尤其是北宋中期以后,社会矛盾激化,个体小农不仅在财产上,而且在人身上也缺少安全感,更加需要有自己的物质依附和精神寄托。同时,造纸及雕版印刷术的推广使得理学中的纲常伦理思想作为一种大众文化在基层社会传播,激发起人体小农对于以伦理原则结合而成的宗法性群体的需求。在统治阶级看来,游离性增强的个体小农必然形成社会不安定因素,可能对国家统治造成一定的破坏性作用。因此,需要建立新的社会组织,以便将游离小农容纳于其中,从而达到稳定社会秩序、巩固国家统治的目的。适应这种社会历史条件，宗法组织改变自身形态，深入乡间基层，形成古代传统社会后期所特有的宗族共同体。从北宋开始，在地主阶级的提倡和扶持下，长江流域及华南各地地方性宗族组织迅速发展。范仲淹置义田族产，欧阳修、苏洵修谱收族，一时为各地效法。进入清代，宗族组织更是普遍建立，“天下直省各郡国，各得数百族，落落参错县邑间”。[4]乾隆二十九年，江西巡抚辅德巡查本省建有宗祠的宗族，一省之中竟达 8994 族。[5]

区别于前此宗法组织，宋代以后的宗族是民间自发组成的、以男系血统为中心的亲属集团。宗族成员同祖共宗，并出一门；同时，全体族人又是国家政权统管下的编民。宋以后的宗族既不像夏、商、周三代政治关系与血缘关系高度统一的宗法政治制度下的一级权力机构，也不像东汉以后讲究身份门第的门阀世家及割据一方的宗法豪强那样与统治阶级上层的紧密联系；它联宗收族，在政治、经济和思想、文化各个方面满足同姓族人的群体要求，进而达到在宗族内部稳定关系、维持社会秩序的目的。国家统治者借重宗族组织在维护基层社会秩序方面的积极作用，允许宗族部分地代行国家基层行政组织的某些职能，包括催办钱粮、维持治安、处理户婚田土、殴骂窃赌等民事纠纷和轻微刑事案件，实行有限度的自治。

“治家犹如治国”，“家之有规犹国之有典也，国有典则赏罚以饬臣民，家有规寓劝惩以训子弟，其事殊，其理一也”。[6]宗族首领在长期的治族过程中认识到，无法不足以统族。早在东汉时期，宗族法作为个别现象就已存在。三国时魏人田畴率族聚居，“为约束相杀伤、犯盗、诤讼立法，法重者至死，其次抵罪，二十余条”[7]。宋代开始，宗族组织在基层社会普遍建立，并相应制定宗族法，以调整宗族内部的各种社会关系。

宗族法是古代传统国家法律的重要补充形式。宗族权贵为维持宗族社会秩序的安定，同时也为保护自己的特殊利益，以国家法律、民间习惯及纲常礼教为原型，删减增补，加工整理，使其成为宗族内部具有普遍约束力的宗族法，并以宗族自身力量和国家力量作为其强制执行的保证。宗族法以维持既定的宗族秩序为直接目的，起到支持国家政权、维护统治的重要作用，与法律共同组成国家的法律体系。

宋代以后的宗族法有一个演变、发展的历史过程。宋元时期，宗族组织初步建立，对于内部社会关系的调整一般停留在以习惯与礼为准则的阶段。即使某些宗族已开始制定宗族法,其内容也极不完备,多为原则性规定,缺少对社会生活各个方面的具体规定;其文字形式缺乏法律化加工,以伦理性说教和习惯原型为主。北宋皇佑二年,吴中范氏宗族制定《义庄规矩》,全文仅13条。由于内容不完备,在具体的执行过程中常感不足,因而不断对其加以增补。从皇佑二年到政和七年的66年间,范氏宗族对《义庄规矩》先后修订11次,其条文增补到41条。[8]号称"东浙第一家"的浦江郑氏宗族于北宋期间即已建立,但一直没有制定通行本族的成文宗族法。直到元代至元四年,六世孙大和(顺卿)有感于宗族"基之难,而成之、守之者为甚不易",因而制定《家规》58条。而此58条又仅"正大严肃、总持大纲而已",后人不得不修订增补,使之"纤委周密,无微不著"。[9]

明、清两代,各地宗族法在内容和形式上都有了长足的进步,清代尤其如此。清朝统治时期,宗族组织在国家政权的特殊保护下迅速发展。宗族法也在几百年的发展基础上进一步自我完善。与前相比,清代宗族法具有自己的特点。在内容上,其调整范围由小到大、由窄到宽,几乎涉及族内生活一切领域。财产纠纷、婚姻继承、买卖租赁、窃盗赌博、祭祖祀宗、忠君孝亲、宗族机构的职责、宗族成员的身份,甚至关于森林的保护、田间茬口的安排等,各种活动在宗族法中都有相应的规定。在文字形式上,清代宗族法更加体系化、规范化。大多数宗族法皆设款分项,每一条文基本设有主体、客体、行为及后果。清代宗族法还吸取国家法律中某些内容,包括一些具体的法律制度的应用,在立法技术上有较大的进步。就宗族法本身来看,清代宗族法堪称中国古代尤其是宋代以后宗族法发展的典型形态。

二、清朝宗族法的基本内容

(一)维护血缘、经济、政治关系三重标准的等级身份制

古代传统社会以等级性著称,全体社会成员按照一定标准划分为不同等级,享受不同权利,履行不同义务。在中国古代传统制度下,有无官职及官品的高低决定了社会成员的身份和地位。与官职相联系,既有以察举、九品中正、科举考试为主要形式的官吏选拔渠道,也有荫亲世袭、捐纳拜官的辅助制度。反过来,国家官吏按照自己的品级职位,合法地占有不同数量的田亩。官品高低、财富多寡、血缘亲疏这三重标准互相联系,交叉作用,构造出金字塔式的等级社会。国家法律确认等级标准的有效性,并以

强制力量维持由等级标准形成的等级秩序。

隋唐以后,社会制度的内在矛盾不断外化,等级制度尤其受到各种力量的冲击。宋、明思想家们由血缘到政治,进一步论证了等级制度的完美性和必要性,在思想文化领域掀起一个讲究身份和名节、注重等级差别的热潮。宗族共同体吸收国家的等级性结构原则。宗族法以理学为指导,致力于在宗族内部构造一个微型金字塔社会,在等级中求稳定。

1. 族籍

宗族作为一个社会共同体,与其所有成员皆结成一定的权利义务关系。社会个体只有获得族籍,才能进入共同体,成为宗族一员。族籍的获得主要通过出生及婚姻两条途径。

宗族以血缘关系为其内部构成的联结纽带,因此,通过出生是获取族籍的最主要途径。康熙三十六年,会稽章氏宗族规定:“凡子生三日,告于宗长而书其行;弥月抱之以见于庙及宗长。”[10]光绪二年,苏州彭氏宗族制定族规,规定:“族中生产,不论男女,一体报庄注册,载明年月日时及父母名氏。”[11]宗族血统以男系为准,母亲不论为何方人氏,从其婚姻成立之日起即成为夫所在宗族成员,故婴儿父母永远处于同一宗族,所生后代自然获得相同族籍。

对于非婚生子女,宗族法给以歧视对待。无论其生父、生母一方或者双方是否共同属于本宗成员,只要没有合法的婚姻关系,该新生儿皆不得获取本宗族籍。康熙五十年,萧山来氏宗族规定:“野合于外妇与宣淫于族妇,及下乱于家人妇而有子,俱为奸生子,不得入谱。”[12]宗谱家乘是用来设定立族宗旨、展延宗族脉系、记录宗族大事的纲领性文件,隔世修订,历代相传,在宗族社会生活中具有重要意义。宗族成员只有姓氏入谱,才算真正获取族籍,生前入族,死后归宗,有着物质和精神的双重依托。宗族法禁止非婚生子女姓氏入谱,不承认其“族人”身份,以维护婚姻的严肃性。

男性婴儿出世后经宗长验证,登记入册,即取到族籍。但在此后的十几年中,由于体力和智力的限制,实际上不可能有效地行使权利,履行义务。因此,宗族法吸取古代成人冠礼的传统方法以行冠礼之时为限,以此划分成年与未成年,分别设定不同的权利与义务。各地宗族大多以 16 周岁断限。乾隆十一年,苏州范氏宗族规定:“子孙年十六岁,本房房长同亲支、父兄于春秋祭祀时,同往祠中,具申文正位验实,批仰典籍注籍。”[13]冠礼之行,盛于西周时期。清代宗族重兴旧礼决不是简单的幽情思古。子孙于成年之时接受宗族首领及尊长的教诲和恩典,不仅可增强自身的宗族意识,提高对宗族共同体的责任感,更可以进一步理解宗族首领的权威地位。有些宗族对成人冠礼还提出法定附加条件。环山余氏宗族规定:“凡子弟年十六已(以)上,许行冠礼。须能谙记四书一经,通晓大意,方许行之,否则直至二十一岁。”[14]

女性婴儿出生时,同男性一样取得本宗族籍,受宗族法的保护。但女子成年即嫁与外姓,因此,本宗女子只能以未成人身份在宗族内享受权利,承担义务。以领取赈济粮为例。道光二十一年,会稽张氏宗族规定:子孙“十六岁以上作大口,不及十六岁作小口;室女无论长幼作小口算。大口每日贴钱十文,小口每日贴钱五文”[15]。润州赵氏宗族称:“女子以夫家为内,以父族为外,故不书其生年月日。”[16]女子出嫁外姓即取得外姓族籍,同时亦丧失本宗族籍,在族法上与父姓宗族不再发生关系。

婚姻关系的成立也引起族籍问题的发生。宗族成员同姓聚居当然是指男姓族人。除了男姓子孙,真正能在宗族内长久居住、成为本宗固定成员的只能是外姓女子。各地宗族普遍实行族外婚制。国家法律禁止同姓为婚,而同宗男女源自同一祖宗,同辈之中皆有亲疏不等的兄弟姐妹关系,故族内婚更受到宗族法的严厉禁止。由于婚姻的成立,外姓女子嫁入夫家而获得夫所在宗族的族籍。宗族共同体以血缘关系为唯一的联结纽带。外姓妇女能够进入本宗并获取本宗族籍,不在于婚姻关系本身,而在于她能为本姓繁衍子孙。婚姻的背后是生儿育女,传宗接代。宗族法在婚姻之初,即已设定新妇与其尚未诞生之子孙的血缘联系,故给予入族资格。

外姓女子加入本宗必须经过一定的仪式,非婚礼所能取代,因为婚礼本身只说明该女子嫁入夫家,成为夫家的家庭一员。而获取族籍还必须得到宗族的允许。光绪十年,山阴徐氏宗族制定的《家约》规定:

> 婚嫁先期具一幅纸,遍告族人,曰:第几男与某姓议婚,今择某月某日亲迎,谨告。遇春祀之日率新婚者拜祖宗,见尊长,领宗贴。[17]

族人在定婚之前即已征得本宗同意,因此,新妇获得族籍已属顺理成章。但大多数宗族仍要求新婚夫妇入祠拜祖,接受尊长教训,了解本族法规。只有行过拜祠礼,新妇才算正式取得族籍。

古代社会,国家法律允许妻妾制。宗族组织从维系祖宗血脉、繁衍宗族子姓出发也允许妻妾并存。为了稳定宗族内的伦常秩序，宗族法明文规定妻与妾的身份性差别。光绪七年，南台刘氏宗族修订宗谱时规定：

本谱中各公妻室：凡明婚正娶者书“配”，继室为“继配”，妾为“侧室”。其余来历未明及不以礼聘者，均削去配氏、继室、侧室字样，仅书“某氏”二字而已。[18]

根据宗族法，凡是遵守一定礼节，履行一定仪式，即得到宗族承认的所纳之妾，同样取得族籍，成为本宗成员。

族人通过出生及婚姻关系获取族籍。除了本宗女子因出嫁而丧失族籍外，其他成员从宗族法上说永远保留族籍，包括死后。然而，由于某些特殊事件的发生，已获族籍者仍要受到剥夺族籍的处理。首先，族人触犯族规的某些条款，受到宗族法“黜革”的处罚，即被开除出族，不再保留族籍，而沦为“异姓人”。其次，族人出继外姓，为他姓承嗣，获得他姓族籍，同时也就丧失本宗族籍。各地宗族法皆不允许双重族籍身份的存在。另外，宗族之设固然以血缘关系为联结纽带，但由于交通工具不发达，因此也要求在地域上有一定的形体，即聚族而居。若单门独户迁徙外地，与本宗缺少联系，即作为自动放弃族籍论。萧山来氏以本宗祠堂为中心，居住50里之外即作放弃族籍论。[19]苏州彭氏以居住苏州府境内为限，境外居住则否认其族籍。[20]然而，子孙为官在外或经商异土，只要不在他乡定居，宗族法仍为其保留族籍。

宗族成员取得族籍，即获族人资格。族人与宗族共同体在血缘联系之外还存在着一定的法律关系。遵守宗族法、接受宗族首的管教是族人首先应尽义务。宗族共同体既非营利性团体，亦非具有一定政治目的的组织。它以维系子孙生存、展延祖宗血脉为立族宗旨，其目的在于稳定宗族社会关系，维持宗族秩序，以求得宗族自身的存在与发展。全体族人按照统一的规范，自行约束行为举止成为达到此目的的先决条件。一般说来，族人对于宗族没有法定的经济义务，宗族无权对族人征收常设性捐税。当然，这得视具体情况而定。年代久远的殷富宗族经过历代为官子孙的捐献及田亩自身的增置，多少具有一定的经济实力，以其租息即可维持宗族日常开支。有一些宗族因为族史短暂或因其他事变专设几种捐税，以供宗族组织开销。捐税形式多种多样，包括官品钱、中试钱、分阄钱、添口钱、置产钱等。族人必须按照宗族法规定，履行捐纳义务。另外，若宗族遭受外人攻击或者宗族成员受到外姓欺侮,全体族人皆有义务上前救护。

族人承担义务,同时也享受一定权利。男性族人年满16周岁,即获得议事权,可以参与族、户、房各级组织对宗族大事的讨论及对宗族首领的选举权和各级执事的被选举权。麻溪姚氏宗族规定:“公事聚商,房长传出知单,凡毕姻成丁之子俱须齐到。”[21]宗族妇女及未满16周岁之男性族人则无此权利。全体族人皆有权享受族产救助。宗族成员婚丧嫁娶、孤寡鳏独或者入塾应试,皆可从宗族产业中获得一定数量的无偿补助。族人受外姓欺侮,有权请求本姓宗族的保护。若族人与外人发生纠纷,在官府引起诉讼,宗族总是会利用自己的力量和影响为本姓族人胜诉而努力。清代农村社会经常出现宗族械斗以及宗族与宗族之间的诉讼,其起因往往是两姓个别族人的雀角纠纷。族人另一重要权利是祭祀权。根据宗族法,成年男子获得祭祀权。未成年男子可入祠助祭,但无正式权利。妇女能否入祠,各地规定不一。大部分宗族皆禁止妇女参与祠祭或墓祭。南方部分宗族赋予妇女与未成男子在祭祀上的同等资格,允许入祠,但不得正式参与祭祀。族人寿满而终,其祭祀权则转化为受祭权,神主入祠,按昭穆次序,分班排列。夫及其明媒正娶的元配正妻共列一牌位,接受后世子孙的岁时祭祀。

根据宗族法,获取族籍的本族成员必须履行对宗族共同体的义务,同时也享受一定的权利。宗族法中权利与义务的对应性规定,使宗族成员形成在某些社会关系中的平等性观念。这种平等性观念反过来又强化了宗族成员的宗族法意识,即在宗族成员的内心深处强化了对宗族法的服从意识。然而,深入分析宗族法对获取族籍者权利、义务关系的平等性规定以及宗族法的具体实施情况就会发现,在这种平等性外衣下掩藏着的深刻的不平等关系。以族人议事权为例,宗族法规定成年男性族人可以参加族、户、房各级组织对宗族大事的讨论,但对于决定权却只字不提。从宗族社会生活实际看,宗族事务的决定权被牢牢掌握在以族长、宗子、庄正等为首的宗族权贵集团手中。让全族成年男子参加宗族大会的主要目的在于公布宗族权贵的议事决定,并以宗族整体的名义强制族人执行该决定。另外,对于族人享受族产救助以及参与祭祀的权利,宗族法都规定了一定的附加条件,通过这种条件性限制来体现族人之间身份、地位的等级性区别。下文将具体讨论此问题。

清代社会保留奴婢制度。宗族内部既有属于殷富家庭的私人奴婢，也有属于宗族公有的佃仆。国家法律明确规定他们与主人的不同地位，宗族法亦规定，奴婢佃仆不具备族人资格，与普通族人之间存在着身份性等级差别。茗洲吴氏宗族专门制定《御仆条规》，其“引言”称：

葆和堂众仆，各家己仆，所有本身及其父母，并一切有关于祠堂正务者，家主从其宽，尔等守其分，毋犯上，毋怠慢，采山耕田，安居乐土，亦家主之所深望也。[22]

其第5条“尊家主”强调“主仆名分，古今皆严，遐迩一体”，佃仆必须服从家主。康熙二十六年，山阴吴氏宗族续订家法，规定：“工仆下人与家主名分已定，若有犯冒家主同宗之人者，量责。”[23]雍正年间还出现强宗大姓压弱小宗族全体成员为奴的现象。江西省新建县程姓宗族称皇帝上谕，贬余氏宗族全体成员世代为程氏宗族的家奴，并刻匾悬祠，对余氏族人实行“七禁”：

1. 不准有分寸土地；
2. 不准出籍为黎民；
3. 不准平等相称；
4. 不准聚居；
5. 不准通婚；
6. 不准读书；
7. 不准穿红戴绿。[24]

2. 伦常秩序

血缘关系是宗族共同体的联结纽带，也是宗族社会等级划分的重要标准。正统儒学要求尊尊亲亲，以差别性行为规范——礼对于社会成员给以不同对待。宋明理学家以消除社会动荡为己任，更是强调伦常秩序的重要。宗族组织以宗族法强制调整伦常关系，使宗族成员的伦常身份具有法律意义。

根据宗族法，尊卑长幼、嫡庶亲疏这些有着不同伦常身份的族人具有不同的地位。首先，尊长对卑幼拥有管教权，卑幼的言行举止不得与尊长意愿相违背。龙溪俞氏宗族规定：“子孙受长上诃责，不论是非，但当俯首默受，毋得分理。”[25]在宗族内部，“子孙”与“尊长”皆作广义解释。对于每一个族人来说，辈份高于己者曰尊，辈同而年龄大于己者曰长，故凡同祠共族，任何两人之中必有一定的伦常称谓。“族内绅耆、伯叔、兄辈，均属一家尊长”。[26]

依据宗族法处理族人纠纷、确立处罚程度时，纠纷双方当事人的伦常身份起到重要作用。同治八年，昆陵费氏宗族制定的《宗规罚例》规定：

伯叔皆父行也。其有诸侄孙干犯伯叔父、伯叔祖父者，责二十板，锁祠内十日；再犯责三十板，锁祠内二十日；三犯公革出祠。其或恃祖、父行欺凌卑幼者，量事缘由，重者议责，轻者议罚。兄弟有序，以弟犯兄，不恭，责三十板；以兄凌弟，不友，责十板。[27]

对于亲属相犯，国家法律根据血缘身份的不同而给以区别性处理。但国家法律同时规定，亲属关系以五服断限，“五服之外不为亲”，若有相犯，以凡人论。宗族法则扩大尊卑长幼关系的适用范围，凡属同宗族人，“纵五世亲尽，相去似远，然自祖宗视之，犹是一人之所分”，[28]皆得一体遵行宗族法规定的尊卑次序。

宗族首领统率一族之事，掌理宗族财产，执行宗族法。族有族长，房有房长，享有出任族、房长资格的，首先必须具备伦常条件。康熙五十四年，张川胡氏宗族规定，“以各房高祖以下照齿、德最尊一人为房长”，[29]辈下年低的卑幼不具有资格。

内容与形式是事物紧密相联的两个方面。宗族法在注重等级身份制内容的同时也强调在举止坐立、礼节仪式等形式上表现出主体的身份性差别。嘉庆年间，泾川万氏宗族规定：

尊卑长幼各有定分，于此不敬则伦序乖谬。故吾族凡为卑幼者，见长上无论亲疏，皆当致敬。坐则起，行则随，出而归则揖；或途遇尊长乘轿坐马，须逊避候过；或卑幼乘骑，见尊长即下行礼，毋得傲慢假作不认。[30]

等级的区别弥漫于社会生活各个方面，心理上的自尊和自卑感同时在各个等级中自然地产生、发展。尊卑长幼身份一经确立即具有绝对意义，不因双方年龄的增长而发生变化，“子侄虽年至六十者，亦不许与伯叔连坐”，“尊卑名分百世不移”。[31]

宗族法规定尊长在伦常关系中的特殊地位，其考虑因素是多方面的。首先，古代传统社会以等级性为其特征，各种社会关系无不充斥着等级的区别,宗族共同体也不例外。其次,中华民族以崇尚礼义著称于世,尊敬长者作为优秀的民族传统而历代相沿。宋元以后,传统的道德信念遭受各种力量的冲击。清代宗族以法的强制性保证道德规范的实现,自有一番良苦用心。另外,任何一个社会,长者都以其稳健的思想风格和丰富的社会经验构成社会存在与发展的核心成份,而在以耕作农业为主要生产形式的农业社会中,经验的积累尤其具有重要意义。节令的掌握、茬口的安排、气候的预测、年景的估计等农业生产的各个环节无一不与经验紧密联系。因此,具有丰富的生产和生活经验的长者普遍受到社会的尊重。

西周时期,家国一体,以区分大宗小宗、确认嫡长子继承制为主要内容的宗法制成为家与国组织形式的骨干。宗子以嫡统庶,既居本宗之正位,又掌握国家各级行政大权,所谓"大宗难翰""宗子维城"。清代宗族继承西周宗法制,以血缘关系为纽带,联宗收族,同时在组织形式上又有所变更。宗族法肯定宗子承续祖宗血脉的嫡正地位,保留宗子主持祭祀、掌管宗谱以及在经济上获取专门帮助的特权。但宗子主持宗族事务、对外交涉的一般权利则基本被剥夺。萧山管氏宗族规定:"立长支嫡孙一人为宗子,以主中元之祭。"[32]泾川万氏宗族中,族长"理一家之政",房长协助族长,"共扶族纲",宗子则"主祭祀","掌宗谱",各有所司。[33]

宗族成员从其出生之日起即在宗族伦常关系的网状结构上确定与自己身份相应的节点。伦常身份的差别导致社会地位的不平等。这种先天性不平等关系得到宗族法的确认,并受其强制力保护。随着时间的推移,网状结构的伦常关系自然更替,"二十年媳妇熬成婆",原先处于网状结构最低点的族人自然"升迁",加入尊长之列,享受与其身份相应的特权。新尊长的特权地位同样受到宗族法的强制保护。伦常之网在自然力的推动下缓慢地垂直移动;网上每一节点皆机会均等地经历由卑幼而尊长的旅程。身份性差别被机会之均等所遮掩,先天性不平等的事实被罩上一件先天性平等的外衣。宗族法维持着二重性格的宗族社会关系,在二者的自然演化中求得宗族秩序的稳定。

应该看到,在宗族社会生活中,尽管以亲疏嫡庶、尊卑长幼的血缘关系为标准而确立的伦常性身份等级具有重要意义,但对于宗族等级身份制来说,血缘标准没有也不可能起到最终的决定性作用。隐藏在血缘标准背后是扎根于社会深层的政治、经济标准。

3. 富人与乡绅

血缘关系上的尊卑长幼是宗族等级身份的一条重要标准。然而,宗族毕竟不是一个单纯的血缘共同体。在古代传统社会,"政治的权力地位是按照地产来排列的",[34]财富的增加又以政治地位的提高为充分条件。宗族是古代传统社会的缩影,在等级框架的结构原则上,宗族与国家不仅颇多相似之处,而且紧密联系。宗族成员拥有财富的多寡以及在国家政治生活中地位的高低都直接影响他们在宗族内的身份等级。

宗族内部,各家庭同居共财,独立地享有对私有财产的所有权。脉脉温情的血缘联系阻挡不住与私有制结伴而行的贫富两级分化,必然要通过法律形式形成社会地位的高下区别。光绪十二年,安阳马氏宗族规定:

庄田总理一人,名曰庄正,族中公举老成、殷实、明白事理者为之,田租、银钱、簿册俱归掌管。……庄正历久勤劳,洁己奉公,大有益于庄务,殁后附祀本身。[35]

庄正主持义庄,掌管宗族经济大权,而且区别于常人,死后入祠附祀,享有特殊身份。根据宗族法,庄正职务非殷实人家莫属,一般贫苦族人无此资格。会稽张氏宗族规定:宗族义田"归殷户房收租,族中公举数房,按年轮值。倘殷户不公及家计渐绌,即酌量另举收花,其房不得强霸。族中亦不得徇情缄默"。[36]

宗族产业一般来自祖上传留、族人捐纳及族产自身的花息繁衍。宗族法鼓励族人献产业入族归公,赋予捐献者一系列特权,包括入祠附祀、事迹入谱等。捐献者直系子孙尚可沐浴祖恩,享有特殊身份。咸丰五年,苏州陆氏宗族制定《义庄条规》,设立掌理义庄的机构:

掌庄一人,稽庄两人,主奉一人。至掌庄、稽庄永远归建庄后裔三房后各长房,每当三年,递相轮换承担。主奉则归建庄后裔之最长者,均世守勿替。[37]

宣统三年,常熟沈氏宗族区别捐产者后裔与普通族人在族规遵守上的不同责任,前者触犯族规,一般"秉公论理",后者触犯族规则"以家法治"。[38]

尊长以血缘关系的优势享受特殊待遇,而殷实富户则以经济实力得掌宗族某些权力,具有特殊身份。宗族社会以两重标准划分身份性等级,必然导致结构上的交叉矛盾。为解决这一矛盾,清代宗族法大都确立“以贤压尊”原则,使血缘关系与经济实力二重标准在构造等级框架时,可以互为转换。再以义庄管理为例。苏州程氏宗族立义田捐献者之直系子孙主持义庄,“族中虽尊长不得干预”。[39]血缘关系是人类早期社会的主要联结纽带。进入文明时代,私有制及地域性社会联系的发展、财产的多寡与政治权力的大小逐渐成为社会等级划分的主要标准。秦汉以降,宗法血缘关系在国家政治生活中仍被保留,但其作用却每况愈下。清代宗族以血缘关系为随联结纽带,但在等级身份的划分标准上,血缘以外的财产因素却起到重要作用。

清承明制,科举与学校仍是国家选拔官吏的一条重要途径。读书人皓首穷经,拥挤在通往仕宦之途那条狭窄的竖梯上。少数人中进士、得举人,因而获得一官半职。另一部分人虽然暂时没有出仕资格,但也因获取一定的功名而享有某种特殊身份。分别通过乡试、府试的举人与秀才以及加入国学、府县学的监生和生员们在地方上自成势力,再加上一些年老退任的文武官员和通过封赠、捐买的虚衔人员,共同组成一个乡绅集团。各地宗族法都赋予本族乡绅某些特权。咸丰十一年,姚江沈氏宗族制定《宗规》,其第 14 条规定:“尊贤与亲亲并重,故出仕、受封绅衿更加优待。”何为绅衿?该《宗规》专门解释:“绅衿系正途生、监、佾生及援例职名乡宾、武职正途、军功、九品以上者。”[40]南海廖氏家规设“藐视绅老罪”,犯者受“停胙一年”处罚。[41]时令祭祀后,祭主分发祭品。宗族法规定,祭品的分配按身份等级不同而区别对待,有功名者总是待遇从优。京江柳氏宗族规定:“祭华,管年者分胙。议定:进士、举人猪胙三斤、羊胙三斤;生员、贡监猪胙二斤、羊胙一斤;无职者猪羊胙各一斤。”[42]道光六年,桂林张氏宗族确定讨论重要族务的参与者身份,其中包括“罢官在籍者”及“生员以上”者。[43]

乡绅集团上达官府,下连乡里,具有较强的活动能力。对于宗族成员来说,乡绅们能够较准确地把握国家统治者的统治意图以及各级官府的具体需要,因而能够更好地融洽宗族与官府的关系,对宗族的自身建设起到积极作用。各地宗族法赋予乡绅们特殊的等级身份,其着眼点正在于此。

单纯的联结纽带与复杂的等级标准,这种宗族共同体的双重结构原则表现了血缘性社会组织自身的演化。清代宗族以三代宗法制为楷模,冯桂芬撰《复宗法议》即提出:三代之法,井田、封建皆可弃,惟宗法不可丢,“宗法以人人有所隶为主,是亿万户固已若网在纲,条分缕析”。[44]以宗族为单位将所有社会成员牢牢固定在以血缘伦理关系为标准的等级阶梯上,重新建立严格的宗法等级秩序,这是一部分思想家们的期望。然而,到清朝统治时期,中华社会已有四千年的文明史,古代传统制度也由萌芽建立、鼎盛发展而走向衰落,行将历史地完成个体演化过程。社会的发展促进了自身在组织结构上的进步。单纯的血缘关系已不可能再次成为划分社会等级的唯一标准。摩尔根说:古代社会建立在人身关系的组织基础上,近代社会则建立在地域关系、财产关系的组织基础上。[45]清代宗族法确立并保护血缘、经济、政治三重标准,规定了严格的等级身份制度。宗族所有成员皆根据其在血缘关系、经济关系、政治关系中的地位而取得等级身份。在古代传统国家的政治生活中,官僚与地主作为国家等级制度中的特权阶层受到法律的特殊保护。宗族等级身份制采纳经济标准与政治标准,既说明官僚地主对宗族社会的影响,也表明国家政策在宗族内的延伸。

(二)调整宗法性财产关系

中国古代,国家法律中的民事规范不甚发达,其原因首先在于商品经济发展不够,自给自足的自然经济始终占据社会经济的主导地位。但是,我国古代传统社会在财产关系上,尤其是在土地交换关系上又有自己的特殊性。中世纪西欧实行比较严格的土地等级占有制,各级领主通过封受关系逐级领受土地,享有对土地的用益权,但无处分权。法律不承认个体小农的土地所有权,土地也不可能作为个人财产进入流通市场。在中国,从春秋鲁国“初税亩”开始逐步确立土地私人所有制。广大自耕农对属于自己的小块土地独立地享受占有、使用和处分权。法律允许土地进入流通市场,而自然与社会双重因素又促使大批土地在集中与分散的来复线上,作循环往复的周期运转。唐中期以后,均田制崩溃,由国家授田农民的土地分配制度退出历史舞台,土地私有化程度进一步加深。[46]私有土地频繁进入流通领域,必然要求制定相应的法律规范以调整普遍存在的土地交换关系。统治者通过国家立法,对于以土地为主的财产关系给以原则性规定,同时又允许民间流行的传统习惯和部分礼的规定具备强制性约束力,作为古代传统法律体系的组成部分,共同调整社会生活中的财产关系。宋代以后,宗族法参与调整宗族内部的财产关系,并且不断吸收传统的习惯和礼,扩大自己在经济生活中的作用。清代宗族法已成为调整宗族内部财产关系的主要法律依据。

宗族共同体中有两种性质不同的财产:族人私产与宗族公产。对基于两种产业而形成的财产关系,宗族法分别加以不同形式的调整。

1. 辅助国法,对宗族内部的私人财产关系给以特殊调整

族人私产在性质上属于私有经济范畴,其运营遵循私有社会的经济规律,并接受国家法律及民事习惯的一般性调整。但族人私产又属于宗族共同体内部的私产,在整体上属于宗族产业的一部分,故必须接受宗族法的特殊调整。

族人独立地占有、使用属于自己所有的财产,一般情况下,不受同宗成员及宗族组织的干涉。但族人对于私产的处分权,则普遍受到宗族法的限制。景定张氏《家规》第4条规定:"先人手置产业,艰辛备尝。倘有不肖子弟废弃正业,荡毁家产,族人宜恺切劝导,或设法阻其典卖田宅。"[47]光绪元年,合肥邢氏宗族制定《家规》,其"正名分"条规定:

> 妻妾有定分,如宠庶妾而凌正妻、纵后妻而凌前子者,其中祸患不可胜言,户宗、族众拨其家产,令正妻、前子异居以避之。[48]

私有制度以所有权人独立地占有、使用和处分自己的财产为特征。宗族法立足于宗族共同体,授权宗族限制族人对于私产的处分权。

兄弟分家析产是私有制社会私产所有权再分配的重要形式。宗族法肯定国家法律及传统习惯所确立的"诸子均分""长孙承重"原则,并严格规定析产程序,以确保该原则的实行。善化周氏宗族规定:"族中析箸承继两事,虽隔居窎远,必经鸣族立约,始足为凭。"[49]嘉庆三年,丹阳尹氏宗族修订《祠规》,其第2条规定:兄弟分家,对于父祖遗产,"各照分关执行。如恃强侵占,以不孝论,拘祠重惩,公押清产"。[50]广东洪氏宗族则更进一步将兄弟分家的书面契约形式附于本姓宗谱,确立亲族作为分家析产的执行人。[51]

根据国家法律,分家析产后的同胞兄弟各自独立户籍,分占财产,形成新的生产经营单位。但宗族法却规定,兄弟别籍异财后仍须在生产经营上互相照顾,尤其要求兄弟在经营规模上同步发展,以避免贫富两极分化。光绪三十一年,勾吴华氏续订《家劝》,其中规定:"增拓田产、置买诸物,宜使兄弟通知,辏合收售,无力愿让方可独为。切不可彼此瞒昧而务营私。"[52]

宗族法对于族人之间的债权务关系给以特殊规定。一方面，私产在族内买卖转让常附有某些追加条件。据《民商事习惯调查报告录》[53]记载，民国初年，山西省保德县各宗族内部，“本族（人）买不死本族（人的）房、地。房、地卖与本族（人），无论契据如何写，一概不拘年限，有钱即准回赎”。[54]另一方面，古代传统社会普遍流行的“亲族先买权”在宗族法中受到特别保护。合肥邢氏《家规》第6条规定：

族中有变卖祖居产业或坟山毗连之房屋田地者，宜先尽亲房、本族，而后外人。若挟私怀隙，故卖外人、拖累本族者，勒罚赎回，仍议减价。[55]

族人出卖房屋田产，必须首先通知同姓宗亲，不得擅自卖与外人。桐陂赵氏宗族规定：

凡族人田宅如有卖者，先尽本房，次及族人。族人不买，然后卖与外姓。族人互相典买，其价比外姓稍厚，不得用强轻夺，违者具告宗子，合众处分。如偷卖外姓，不通族人知者，罚之。若有意先卖，破族人产者，以不孝不弟论。族人备价，责令赎回。[56]

民国四年，安徽泗县发生一起阻卖田地案。农民王成贵将自己的一亩三分水田卖给邻村农民郭鹏，凭中人画押立契，款田交清。事隔不久，王成贵同姓宗亲王学荣否认该水田买卖契约的有效性，要求郭鹏退还水田。双方相持不让，投告县知事，王学荣出具《王氏宗谱》，声称王成贵违反《宗约》中有关“亲族先买权”的规定，因而所立契约无效。[57]广东洪氏宗族一买卖契约的格式，其“买（卖）田契式”“卖屋地字”“卖屋连地基字人”“借银按田字”“卖谷子地”等契约皆加入“先招房亲人等，各不愿受”字样，[58]否则无效。

亲房本族不仅在田产买卖中享有优先权，在田产典当关系中也同样享受优先权。甘肃陇西各宗族普遍流行“优先抽赎”惯例。甲、乙同宗，甲将乙之所有不动产出典与丙，乙可以备原价直接向丙抽赎，甲与丙均无权阻止。[59]

公平买卖、平等交易是私有社会正常的市场交换必须遵循的原则。宗族法对于不动产买卖强调产不出族，田不外流，以确保宗族共同体的经济实力。而对于一般产品的市场交易，宗族法又要求全体族人公平持正。昆陵陈氏《家规》第8条规定：“族人凡有交易，斗秤平准，出入如一，尤戒银钱使用搀低搭假。其有轻出重入、暗侮愚弱者，初戒，再处责，三犯首官。”[60]道光二十八年，南海廖氏宗族制定族规，严禁族人欺行霸市，其中规定：

自恃血气，于街市河旁辖买、辖卖、辖借及辖收船头钱、辖收买婢步头钱、占据柴草埠、虾蟹鱼蚬埠及一切讹诈生事者，停胙一年。[61]

即使是不动产买卖，如果当事人双方无宗亲关系，宗族法也要求公平对待，并履行一定的交割程序。州山吴氏《家教》第15条规定："凡买产业，各宜平估价值，随契交完，毋以财货逋负相准。"[62]

宗族法对族人私产给以特殊规定，使族人基于私产而发生的社会关系具有浓厚的宗法性。

2. 重点保护宗族公产

宗族从其产生之日起即兼有经济共同体性质，北宋名臣范仲淹首倡在宗族内设立义田祀产，各地宗族纷纷响应，并建置名目繁多的宗族公产，包括义田、祀产、祠田、义庄、学田、墓田、尝产等。清人张永铨说：

祠堂者宗者也，义田者收族者也。祖宗之神依于主，主则依于祠堂，无祠堂则无以安亡者。子姓之生依于食，食则给于田，无义田则无以保生者。故祠堂与义田原并重而不可偏废者也。[63]

祭祀祖宗、赡济族众是族产的两大主要作用。国家统治者肯定族产对于稳定社会关系、维持社会秩序的积极意义。清政府通过国家立法对族产实行区别于其他财产的特殊制度。一方面，对族产免除一切杂派差役，只要求缴纳正赋，以鼓励宗族增设族产。另一方面，对族产所有权给予特殊保护，严厉禁止族人对宗族公产的侵犯。[64]在国家统治者的直接扶持下，清代各地宗族的公共产业迅速发展。史料记载，江南吴县在明代初年仅五姓族田，共计8078亩，至清道光年间发展为30姓，共计43772亩。[65]道光末年，广西所属各县平均有族田3万亩左右。[66]

族产来源，一为先世遗留，再则为后世增置，其设置途径主要有三：

其一，即存族产的花息收入。清初，族产一般皆已有相当规模，宗族法规定，田地房屋的租赁所得，归宗族公有。在农业社会，财富的主要表现形式是土地与房屋，不管终日辛劳仅得温饱的自耕农，还是腰缠万贯的地主官僚，都习惯于让自己的财产尽快地从其他形式转变为土地房屋。清代宗族亦如此。临海屈氏宗族规定：每年义田租息，除纳国赋、充公用之外，“再有赢余，加置义田，滋生租息，仍应立案勒石，并入义庄公产”。[67]

其二，族人为官晋品，必须向宗族捐纳一定的“喜金”，以充族产。香山何氏《族规》第1条即规定：族人为官，必须捐送田产入祠，以作公用，“四品以上送田一顷，尚书二顷，拜相三顷，五品以下谅其家业厚薄，多则一顷，少则五十亩”。[68]古代传统社会，富贵相通。国家官吏不仅可根据法律获得各项身份性特权，合法地领取优厚的俸禄，同时也可以通过法外途径，更多地享受由官职带来的物质利益。宗族组织要求为官之族人从其优厚的经济收入里取出一小部分捐献宗族，一方面可以加强外出族人与本宗的联系，另一方面可以增加宗族产业的来源。

其三，某些宗族采纳族内捐输制度，所谓“朝廷立纳粟之条，以充国用；而私家亦可开捐输之例，以为祠需”。[69]宗族法规定，族内家庭出现某些重大事务，尤其是家庭内部财产关系发生某种变动时，当事人必须向宗族缴纳一定税金。该税金即充公，列入族产。光绪五年，昆陵承氏宗族制定《祠墓规》，规文提到，本族“遵凡族大例”，对继嗣之产征税，“继嗣之产，九归嗣子，一分入祠”。[70]桂林张氏宗族对族人征收“析产税”，“族人析产，以产二十之一作家祭产”。[71]平越杨氏宗族对全体族人直接征收“人头税”，其《原刊条规》第10条规定：“以咸丰元年为始，凡我祠中子孙，不拘男妇老幼，该得应行捐助，其男丁每年各捐银一两，女口每年各捐银五钱。”[72]

“进主税”的征收在各地宗族也较为普遍。宗祠内设立神龛，各房先祖的神主牌位按昭穆次序分列龛内。子孙欲使本房、本家先祖之神主牌位入龛，必须缴纳一定的银钱。京江杨氏《宗规》规定：“日后开例进主，准照嘉庆六年例，上户出钱三千文，次二千文，又次一千文。如欲立‘长生主’者，加半。”[73]安昌徐氏则规定：“族内神主入祠，向章，每进一主，其子孙捐入宗祠足钱五百文……今后务宜遵照旧章。”[74]

所有这些宗族收入皆列入宗族公产，用于购置田地房屋以及祭祀、赡济和其他日常费用。

根据宗族法的规定，族产所有权人是先世祖宗，“田亩既捐在宗祠，即系祖宗之产”。[75]祖宗通过遗训遗规将族产的占有、使用和收益权授予子孙后代，同时委托宗族机构代行管理职能。宗族权贵利用手中的管理权常常是上下其手，中饱私囊。清代地方政府所受理的族产纠纷中，由族人出面控告族内尊长侵渔族产的案件占相当数量。聂尔康在冈州知府任内就先后处理十几起涉及尊长侵渔族产的案件。[76]

从宗族法的条文可以看到，族产所有权人——先世祖宗没有将族产处分权授予子孙，因而宗族机构也无权代行处分。先世祖宗携族产处分权回归天国，使现世族产永远处于半冻结状态。吴江施氏宗族规定："义庄房屋田亩以及器具物件，施氏子孙世世永当保守，不得有变卖损坏等事。"[77]乾隆四十五年，南昌魏氏宗族制定《宗式》，专设"禁侵食醮产"条，"如有将醮产自肥者，一经发觉，具赴祠重责三十，追价。"[78]嘉庆姚宗族规定：

世守族产，不准变卖、抵押，倘有不肖后人私自盗卖或抵押者，阖族之人先请族长到庄，将此不肖徒严责，罚速着赎回。[79]

常州"族人某者，以攘义田租为众所疾，遂群击之，丧所而死"。[80]

为保护族产所有权，家族法除利用自身的强制性之外，还借重国家法律。乾隆二十一年定例：

凡子孙盗卖祖遗祀产，至五十亩者，照投献、捏卖祖坟山地例，发边远充军……其盗卖历久宗祠，一间以下杖七十，每三间加一等，罪止杖一百徒三年。[81]

此条例颁行后，各地宗族在修订宗族法时皆增立专条，要求将本族族产的数量、种类、分布等情况报官备案，以求得官府的保护。江夏陈氏宗族规定，每有捐田入族，"庄正等将所捐之田赴县呈明立案"。[82]同治初年，冈州知府聂尔康处理本州多起族产诉讼案，宗族呈官立案、介绍族产的文书材料常常是重要书证。[83]

族产买卖是一条单向流动渠道。宗族法确定族产的流动原则：买进而不卖出。宗族机构可以买进田地房屋，列入宗族公产；但不得用任何借口卖出族产。海宁查氏宗族规定："不准将义庄田亩及所存银钱擅自变卖、妄废，如有犯者，听合族公举惩罚。"[84]

宗族法绝对禁止卖出族产，同时对于族产的买进也给以一定的条件限制。首先，宗族不得购买本宗族人私产。族产的功用之一是赡济族内贫急者。族人将私产卖给宗族，成为宗族公产，而失去生活保障的族人必然进一步需要宗族公产的接济，这种财产的循环对于宗族自身建设毫无意义。同时，无论是宗族公产还是族人私产，总体上皆属于宗族产业，代表着宗族整体的经济实力。宗族欲加强自身的经济力量,只能将财产扩张的矛头伸向宗族以外。

其次,宗族法规定,买进族产,只准绝买,不准活买。清代社会,商品经济进一步发展,买卖关系也更加活跃。在不动产买卖中,卖主对于卖出的田地房屋,可能由于自己经济状况的好转而有能力回赎,因此,不动产典押形式较为流行。宗族法禁止以典押形式收纳族产,以确保族产所有权的稳定。道光四年,太原王氏宗族规定:"凡田俱买绝产,不准擅买典产。"[85]苏州彭氏宗族也规定:"凡置田,只许买绝,不得典押,以断葛藤。"[86]

最后,族产中土地田亩的经营方式以出租为主。大多数宗族实行族外租,本族成员不得承租本族土地。山阴徐氏宗族规定,"佃户勿使族人"。[87]苏州程氏宗族也规定,"族中不准租种庄田"。[88]族外租方式的确立可追溯至苏州范氏义庄。北元丰六年,范氏宗族续订《义庄规矩》,其增补第二为"族人不得租佃义田,诈立名字同"。[89]范氏宗族为何确立此原则,后人有很好的解释。《陈龙正家矩》称:"义田本赡亲友,然亲友不得承种,恐他日有擅行侵扣者,纵则非义,惩则伤恩,谨之于初,可以无弊。"[90]防止本宗成员利用血缘身份吞租夺息,同时避免由于催逼田租引起族内矛盾,这是实行公田族外租制度的目的所在。

(三)保护宗法性婚姻、家庭和继承制度

婚姻、家庭和继承制度是国家法律制度的重要内容。清朝国家立足于维系宗法性社会关系,从法律上确立了较为完备的婚姻、家庭和继承制度。宗族法则具体而微,进一步从细节上对于婚姻、家庭和继承关系加以规定,并且重点突出其宗法性,起到补充国家法律的作用。

1. 婚姻

《礼记》说:"婚礼者,将合二姓之好,上以事宗庙,而下以继后世也。"[91]婚姻之目的首先在于传宗接代,其次则沟通异姓间联系,这一观念为宗族普遍接受。为此目的,各地宗族皆严格实行族外婚制。族内通婚会直接影响下一代的体格和智力,"同姓为婚,其生不蕃",早已为古人所注意。而异族之间通婚联姻可以由个别成员之间的婚姻关系推而广之,发展成两姓之间多方面的社会交往,从而各自加强本宗族的力量。明、清两代,浙江嘉兴出现一批名门望族,其中联姻异族是大多数望族扩充自身势力的重要途径之一。嘉兴平湖沈氏宗族与21个异姓宗族联姻,使本族力量大为加强,世系绵延18世,前后延续400多年。[92]

关于婚姻当事人的年龄条件,国家法律没有明文规定,各地宗族一般遵行传统习惯。某些宗族将婚龄习惯引入宗族法,因而有强制约束力。道光年间,归安嵇氏宗族重修宗谱,其"遵祖训"第3条规定:"男子二十以上皆可婚,女子十六以上皆可嫁。"[93]对于婚姻对象的选择,宗族法力倡"重门第、轻财富"的原则。泾川万氏《家规》第12条规定:

嫁娶不拘贫富,惟择阀阅相当。若贪财贿以淆良贱,有玷门户多矣。吾族除以往不究,今后凡议婚纳配须鸣族商议,果系名门,方许缔姻。如不鸣众或门户不相当者,合族共斥,谱削不书。[94]

高田龚氏设《戒例》:"子孙结婚,不拘贫富,惟择阀阅。"[95]清代社会,商品经济进一步发展,私有制内容充分展开,经济因素在社会生活中的作用日益增强。反映在婚姻关系上,出现重财产、轻身份的变化趋势。乾隆二年,古歙许氏宗族总结说:"上世以来,(婚姻)专尚阀阅。阀阅相宜,贫可也……惟求其富不论阀阅,今时之弊也。"[96]各地宗族抱怨人心不古,得用宗族法强制推行重门第的婚姻原则。

媒妁牵线在宗族婚姻中被当作必经程序。即使是双方父母已当面谈妥或者指腹婚、襁褓婚,[97]也必须通过媒妁说合程序。合肥邢氏宗族规定:婚姻"不因媒妁而私合,未成者责令退免,已成者送官请离"。[98]

经过媒妁之言、签订婚约并举行婚礼,婚姻关系即告成立。国家法律规定,婚姻关系成立后,妻犯"七出"之条,夫有权"出妻",解除婚姻关系;妻若犯"义绝",夫则必须与其离异。宗族法对于夫的"出妻权"作了一定的程序限制。道光十一年,新市李氏宗族制定《宗规》,其第8条规定:族人出妻,"本房房长、户首即宜苦谏力阻,或该妻实系犯出,亦必经鸣房长、户首,会同查议。公论无饰,方许从权,否则断乎不可"。[99]

2. 家与家长

家是古代传统社会构成的基本单元。一方面,家是宗法血缘关系中的基本亲属团体;另一方面,它又是社会生活中男耕女织、自给自足的生产经营和生活消费基本单位。以同一现世祖为中心,所有子孙与其同居共财,共同生产,共同生活,这就是家的基本含义。在宗族内部,家同样具有经济上和血缘上相对独立的二重属性。同一家庭成员在经济上负有连带责任。咸丰时,福清郭氏宗族制定《家矩》,其第2条第6项规定,族产经理人若身故，而生前在财产数量上“有亏短，着其子孙公同摊赔”。[100]送神主入祠、祭扫祖墓等祭祀活动一般以血缘家庭为单位。[101]

国家法律规定，家庭以家长为其代表，所谓“一户人口，家长为主”。[102]家长在家庭中享有教令权、掌财权、主婚权、立嗣权等。与其相应，在某些法律关系中，家长也单独承担整个家庭应向国家负担的义务，如果家内某成员触犯法律，其行为者本人不负法律责任，而由家长承担。[103]宗族法仿效国家法律，对家长的权利与义务给以特殊规定。首先，家长拥有对家内财产的支配权。《礼记·内则》说：“子妇无私货、无私蓄，不敢私假，不敢私予。”为各地宗族推崇为家范楷模的浦江郑氏《义门规范》第 17 条明文规定：“子孙倘有私置田业，私积货泉，事迹显然彰著，众得言之家长。家长率众告于祠堂，击鼓声罪。”家长主持家庭的生产经营，全权处理经营所得。家庭成员无权支配共同劳动所得，即使是单独外出经营，其收入也必须交由家长处理。

家庭所有成员皆处于家长监护之下。康熙四十一年，会稽顾氏宗族制定《家范》，其“重家长”条规定：“凡为家长，所以总治一家之务……其下有事，事无大小必先禀，无得专行。”[104]云阳涂氏宗族申明家长“教令权”，“子孙不听祖父母、父母教训，或奉养有差，应令入祠重责”。[105]

家长制是人类社会处于较低级阶段时维系社会秩序稳定的一种辅助性制度。国家将自己的一部分权力下放家长，利用家长与家庭成员的血缘关系实行对国民的间接控制。古罗马社会盛行绝对家长权的家庭制，摩尔根说：

> 处于父母权支配之下的罗马家庭……的核心及其得名的来由在于父亲具有生杀其子女、后裔和奴仆的权力，以及对于由他们创造的一切财富的绝对所有权。[106]

这种绝对家长权得到罗马国家法律强制保护，《十二表法》规定：

> 家属终身在家长权的支配下。家长得监禁之、殴打之、使作苦役，甚至出卖之或杀死之；纵使子孙担任了国家高级公职的亦同。[107]

中国古代传统社会，国家法律所允许的家长权在强度上不及罗马奴隶制时代家父权，但宗法统治仍不失为中国古代传统政治的重要特点。清代宗族法对家长权的扩充性规定正是这种社会现实的反映。

宗族法中的“家长”是一广义概念。相对于子孙,它代表父母、祖父母;相对于奴婢佃仆,它代表主人;而相对妻妾,它则代表丈夫。[108]“在家从父,适人从夫,夫死从子”,这是女子必须遵循的基本行为准则。《顾氏家范》分设“示女教”“示妇教”条目,规定:“大凡女子立身异乎男子,有屈伏之道,无专制之义,正如阴之从阳,无敢得以擅成”;“妇人者,人家之内助也……奉舅姑以孝,事夫主以礼。”[109]

家长对家庭成员的监护既是权利,也是义务。宗族法保护家长的监护权;反过来,如果家庭成员违规触法,干扰正常的宗族秩序,不仅行为者本人要受到宗族法的惩罚,家长还会因其监护不力而受牵连。同治九年,翔凤朱氏宗族规定:

> 子孙贤否,关于父兄教训……其有不肖子孙入于非类者,皆由父兄不能预禁之故。被族长觉察实情,赴祠禀告祖先,公议,将父兄议罚,其不肖者重责。[110]

某些宗族甚至规定,家庭成员触犯族规,单独处罚其家长,行为者本人反而免受追究。梁津孙氏宗族规定:“祖、父不规教子孙及家长不约束奴仆、雇工,纵其非为,干犯尊长,凌侮众人,《祠规》议定责三十。”[111]柳峰朱氏宗族称:子弟“越礼犯分,皆由父兄,如不安分守己者,即以父兄是究”。[112]麻城鲍氏宗族规定:“父兄不能禁约子弟为盗者,杖一百。”[113]

家长身份基于血缘或婚姻关系而确立。[114]同居共财的家庭中,男性直系尊亲自然成为家长。“家无二主”,同一家庭之内,只能有一人享有家长身份,但家长权的某些内却可以分散。某一家庭三世同堂,祖父为该家庭的家长,对所有家庭成员拥有家长权。但父亲对于母亲及己身仍享有被限制的家长权,主要是监护权。至于财产权、主婚权、立嗣权等,由于父亲本人仍处于祖父的家长权控制之下,不得独立行使,即使对于卑亲属行使监护权,必须在原则上接受祖父家长权的制约。

3. 宗祧继承与财产继承

宗族内的家庭继承包括包括宗祧继承和财产继承。宗是近祖之庙,祧是远祖之庙,联称表示祖庙祭祀,引伸为对宗血脉的延续,对宗统的继承。一家之中,每一世系只能有一人享受宗祧继承权。宗族法根据国家法律严格规定了宗祧权的继承顺序。在方法上,宗祧继承又分为两种:承继与立继。承继是对祖宗血脉的正宗继承。宗族法规定了宗祧继承中的承继顺序：嫡长子、嫡长孙、嫡次子、嫡次孙、庶长子、庶长孙、庶次子、庶次孙，挨次承继。如果嫡庶子孙全无，则进行第二种宗祧继承——立继。立继是对祖宗血统继承的法律拟制，但又是一种不彻底的法律拟制。在立继中，继承人与被继承人之间仍具有一定的血缘关系，只是从血缘上说，继承人不具备继承宗祧的正宗身份。法律正是对这种身份进行拟制，授权继承人继承宗祧。立继又分为两种：应继（序立）与爱继（爱立）。在应继阶段，按照由亲及疏的原则从五服亲属中选择昭穆相当之子孙继承宗祧。服内亲属中仍然选立不到合适的继承人，则进入最后一轮——爱继，从五服之外同宗亲属中选立昭穆相当之子孙作为宗祧继承人。应继程序必须遵循由亲及疏原则；而在爱继程序中，只要昭穆相当，可自由选择中意的继承人。无论是应继还是爱继，独皆不得出继。康熙二十八年，大港赵氏宗族规定：

继嗣有应继，有爱继。先应继而后爱继，礼也。故立继之道，自应继始。除一子不宜继与应继子不肖外，而爱继之例始通。[115]

康熙三十九年，潜阳吴氏宗族规定："凡立继者，立本宗昭穆之子，或序立，或爱立。"[116]归安嵇氏宗族也规定："子孙有无嗣者，择应继者嗣之，否则听其立爱。"[117]承继、应继与爱继三种顺序既为宗祧继承人的选立提供了较宽松的余地，也尽可能近地保证了继承人与被继承人间的血缘关系。

被继承人死亡，宗祧继承即开始。继承人在被继承人所有直系子孙中获得宗祧权，以宗子身份主持家祭，并代表本家参加祠祭和宗祠其他祭祀活动。在本家内，宗祧继承人有权代祖宗立言。即使同胞兄弟分家析产，各自独立户业，宗祧继承人还是兄弟群中的当然精神领袖。

财产继承是一种概括继承，继承人不仅从被继承人那里获得对财产的权利，包括所有权和债权，同时也必须承担财产义务，履行被继承人的债务。我国古代社会，在财产继承上历来实行"诸子均分"制，[118]宗族法采纳此制。"诸子均分"制较大程度地限制了被继承人对遗产的处分权。尽管被继承人可以通过"遗命"或者直接分割遗产，既不能破坏继承顺序，也不能过度地违背"诸子均分"制。

女子没有继承权。女儿外嫁他姓，法律上获取他姓族籍，不得回父家继承。外姓女子嫁入本家，即处于夫权监护之下，没有独立的法律人格，不能成为独立的所有权人。即使丈夫死亡，妻也不能以自己的身份继承夫的遗产，而只能作为家庭成员，接受新家长——一般由长子承当——的监护，生活上也受其供养。夫亡无子而能守志者,作为例外,妇女可以独立地占有原属于夫或子的财产,但若改嫁外姓,则丧失该项财产权。

财产继承的发生时间一般在被继承人死后,[119]但也有被继承人生前直接划分遗产,让子孙分居异财,独立家业。在多子家庭中,财产继承与分家析产实际上是同一过程。继承人各自取得一份遗产后,原来以被继承人为中心的"家"在法律上即告消失。每一继承人以自己为中心,组建新的"家",形成新的"家长权"。

子孙在家长权监护下,不允许独立地享有财产所有权。因此,家内财产的继承关系具有不可逆性。只有子孙对父祖财产的继承,不可能出现父祖继承子孙财产的现象。

宗祧继承与财产继承紧密联系,是宗族内家庭继承的主要内容。宗族法规定,继承宗祧的嫡长子在其取得均分的遗产以外,还可以另外获得一份以作家祭之用。嫡长孙日后有承祧大任,一般也可获得份财产,由嫡长子暂时代管。嫡庶子孙承继无人时即进入立继程序。"立继"不仅具有宗祧继承意义,也有财产继承意义。通过"应继"和"爱继"选定的继承人对于被继承人享有宗祧与财产的双重继承权。

宗族法既规定了继承必须遵循的原则,又从程序上规定了宗族机构对继承的监督权。乾隆六年,萧山沈氏宗族规定:"子孙立继,非应继者,务请族长并各支房长、宗正齐集家庙,公议承立昭穆相当者,不得私相授受,违者议罚,改正。"[120]光绪年间,江苏句容县民余人俊为其3个儿子(分别为二妻一妾所生)分割遗产。余人俊之妻弟主张将全部遗产分为9份,两嫡子各取3份,一庶子取2份,余人俊本人留1份作"养赡之资"。房长余人龙出面干涉,主张三子均分。最后经县衙审理,同意房长余人龙的处理意见。[121]道光六年,河南渑池县民赵振德让其侄孙赵福元为己已亡之子承嗣。道光八年,赵振德亡故,赵福元即为其料理丧事,但下葬时,族众出面干涉,不让赵福元为赵振德之子承嗣,逐其回本门。[122]

私有社会中,继承制度是法律制度的一项重要内容,而继承本身,尤其是财产继承,极易引起社会个体之间的各种纠纷。清代国家法律对宗祧继承与财产继承均作了原则性规定,并授权族长,由族长监督处理。宗族法确立宗族继承制度,在实体程序上对两种继承分别给以较为细致的规定,在稳定宗族社会秩序方面起到积极作用。

(四)维持宗法性社会秩序

清承前制,地方实行保甲制度,由保正、甲长及牌头催索钱粮,并协助官府维持地方治安。但各地农村,尤其在南方,农民多聚族而居,保甲组织实际上常常是形同虚设。维持地方治安的任务多由宗族组织承担。宗族法立足本族,在行为方式上对全体族人给以细密的限制性规定。

1. 维持宗族秩序

清代统治者非常重视宗族成员的和睦相处。家和则国安。《康熙圣谕》第2条即为"笃宗族以昭雍睦"。[123]雍正七年又颁布"上谕",要求民人自保身家,以安定社会。[124]宗族内支房分立,脉系展延,尽管是同祖共宗,然而,"五服之外不为亲",其血缘关系越来越疏远。因此,单纯的宗法伦理已不能适应联络族众、和睦共处的需要,得有强制性处罚作为最后防线。光绪时馆田李氏宗族规定:"同姓之亲操入室之戈,是祖宗之罪人也,被害者果有明证,投之祠堂,量其轻重,或责或罚,毋得宽贷。"[125]同治九年,桐城刘氏宗族制定《家规》,其"睦家族"条规定:

> 凡我同宗务要彼此相维,情义相孚,有无相济,患难相周,毋得尊凌卑、幼辱长、富欺贫、贫害富、知弄愚、刁害良,以致怨恫祖宗。被害者果有明证,投祠,公较轻重,责罚。[126]

南昌魏氏宗族要求全体族人无论贫富,皆当和睦相处,富户不可恃势辱贫,贫者尤宜保护富户。[127]

"有恒产者有恒心",宗族权贵深谙此道。宗族法要求族人安守本分,立业谋生。同治九年,萧山朱氏制定《家则》,其第6条为"务职业以安本分","士农工商,四者各务一业,大则显亲扬名,小则成家立业……其有不习正业、游手好闲者,议罚"。[128]道光二十九年,龙河李氏宗族规定:

> 士农工商,各务本业,所谓有恒产者斯有恒心。倘有不务正业而放僻邪侈、无所不为,家规重处。怙恶不悛,送案究办。[129]

族人有了自己的生业就会安分守己,将主要精力和大部分时间注入其中,有益于宗族秩序的安定。

宗族内不仅以血缘标准区划等级身份,而且还人为地划分等级职业。桐城刘氏划分职业为四等:读书为上,次则农工商贾,再次医卜技艺,最后为隶卒优儒。前三等"皆可治生",宗放法允许本族成员依次选择,而隶卒优儒属于低贱职业，从事者“足玷宗辱族”，故以罚相随。[130]浙江沈氏宗族进一步具体规定：“子孙日后有甘为下流娼优、隶卒并管家、长随、剃头、剔脚者，概不准入祠。”[131]1983年，笔者在安徽寿县炎刘地区作实地调查，当地三户大姓对前清传统保留甚多，直到今天仍视剃头、剔脚为低等职业。据当地人解释，剃头者站立他人身旁，剔脚者对别人弯腰曲背，皆有损本姓宗族的声誉。等级职业制与等级身份制交互作用，强化了宗族社会结构的等级性，一定程度上与古代传统社会“以等级求稳定”的构成原则相吻合。同时，等级职业制也使宗族绝大多数成员保有心理上的优越感，由自我满足到自我稳定，从而达到整个宗族的稳定。

全体族人同祖共宗，源出一门，但互相之间的血缘关系却有亲疏差异。实际上，族人之间的联系已不限于单纯的血缘关系，而是各自作为社会成员，在更广的范围内结成复杂的社会关系。私有制度下的各种社会问题无不在宗族内存在。赌博、盗窃、斗殴、诈骗等危害社会秩序的活动在宗族内不时发生。宗族法以大量篇幅规定了各种罪名以及处罚。其中，对于危害宗族秩序最直接、发生程度最频繁的所谓“乡里双恶”，即赌博与窃盗行为给以最详细规定。“赌为盗源，最坏风俗”，[132]“倾家荡产由是而起”。[133]魏氏《宗式》“禁赌博”条规定，族内子弟参与赌博者，责三十板；引诱教唆者同罚；父兄参与赌博者，“每赌一夜罚银二两，入祠修理；再犯呈官”。[134]黟县叶氏宗族规定：“族中邪僻之禁至详，而所尤严者赌博。赌博之禁业经百余年，间有犯者，宗祠内板责三十。士庶老弱概不宽贷。”[135]

宗族法严厉禁止盗窃行为。明经胡氏宗族称：

天地之间，物各有主，乃有不轨之徒，临财起意，纳履瓜田，见利生心；整冠李下，鼠窃狗偷，此等匪人宜加惩戒。如盗瓜、菜、稻草、麦杆之属，罚银五钱；盗五谷、薪木、塘鱼之属，罚银三两，入公堂演戏示禁。其穿窬夜窃者，捉获有据，即行黜革。[136]

南海廖氏宗族也区别情节，对窃盗者给以不同处罚：第一，入室偷窃财物、罟刮鱼塘、偷盗猪、牛、田禾，赃数逾贯者，允事主禀官究治；第二，赃数不及一贯或虽超过一贯但已退赔者，不告官府，族内罚停胙3年；第三，偷窃园中瓜果、圈内鸡狗、晒晾衣物、池塘鱼虾等，罚停胙1年。[137]窃盗行为破坏了宗族秩序的稳定，尤其是对受宗族重点保护的殷富人家威胁最大，因此，宗族法给以详细的禁止性规定。

男女有别是古代社会传统礼教的基本原则之一,各地宗族都对于男女交往严加防范。环山余氏宗族禁止本族妇女出外观会、看戏、游山、谒庙等,规定:

男不言内,女不言外,礼也。凡男子言辩有议及闺内、妇人有出堂言及外之事,议罚。本族男妇接见自有常礼,但居室密迩,而道路往来仓卒相遇,务照旧规,各宜回避,毋许道问玩狎,违者重罚。[138]

南海廖氏《家规》"禁淫秽"条分列三款,第一,服属内乖戾失伦,送官按律罪,当事人永远革籍;第二,言语调戏妇女而生出事端,小则停胙3年,大则送官惩治;第三,夜入人家,妄思无礼,或隐匿窥探,或恃酒胡闹,本人停胙10年。[139]宗族法一般设有"奸淫罪"。奸淫罪的成立与当事人双方的意愿无关,即使是双方自愿,没有任何强迫行为,只要男女双方没有正当的婚姻关系而发生性交行为,奸淫罪即告成立。《刑案汇览》载,族人徐某与其远房侄女通奸事发,族长令将徐某"推溺毙命"。[140]安徽寿县佛徒寺王姓于清中期数次用软绢勒死族内通奸之人。渑池曹氏宗族规定:

女子有所作非为、犯淫狎者,与之刀绳,闭之牛驴房,听其自死。其母不容者,出之;其父不容者,陈于官而放绝之,仍告于祠堂,于宗图上削其名,生不许入祠堂。既放而悔改容死其女者,复之。[141]

宗族法对于奸淫罪的处罚遵循"越亲越重""不同辈加重"的原则。五服之外的男女发生不正当关系,只作为一般奸淫罪加以处罚,五服之内则加重处罚。亲属关系越近,处罚越重。辈份不同的男女之间发生性关系,如子与父祖之妾相奸,伯侄翁媳相奸,也加重处罚。五服之内的亲属日常接触较多;而不同辈份的男女相奸,不仅一般地属于淫乱行为,它同时还破坏了尊卑长幼的伦常秩序,因此,对于此二种奸淫行为实行加重处罚。

儒家思想是古代传统社会的正统思想。宗族法要求宗族成员以儒家学说所主张的处世原则作为自己的立身之道,所谓"立身以孝悌为本,以忠义为主,以廉洁为先,以诚实为要"。[142]为了让宗族成员接受儒家思想,宗族法首先从教育入手。科举中试被视作仕宦正途。清代宗族注意培养子弟参加科举考试,以求得功名宦绩,光宗耀祖。但同时,宗族法也强调,族内教育非仅为求取功名,更重要的任务在于造就知书识礼、忠孝双全的人本身。光绪十八年，华亭顾氏宗族规定：子弟入塾就学，“以孝悌忠信、礼义廉耻培植本根、实行为重，非欲其专攻举业、求取科名”。[143]至于教育内容，宗族法要求对宗族成员从童蒙时期开始，即由浅入深、由简而繁，逐渐授儒家思想的基本原则。“子孙知章句便教之以爱亲、敬长、忠君，信友之道。”[144]咸丰五年，昆陵居氏宗族设立恤孤家塾，并规定了入塾学童的读书顺序：8岁幼童入塾后，首先接受“孝”的教育，听塾师授讲孝道，并熟读《二十四孝》；其次则接受“善”的教育，主读以劝善惩恶为主要内容的莲刻《千家诗》《神童诗》；最后，进入系统接受儒家思想阶段，先后习读《朱子小学》及四书五经等书。[145]

自力救济是宗族共同体一项重要的社会功能。宗族自力救济包括暴力和经济两个方面。在暴力方面，宗族法要求全体族人同仇敌忾，步调一致，共同对付族外力量对本族利益的侵蚀。同治十三年，东阳潘氏宗族规定：

族属同气，休戚与共，凡遇水火、盗贼、诬枉(等)一切患难，须协力相助……族人果系长弱为势豪侵陷，或为横事连累者，宗族长酌议资助，代为申雪。[146]

清代各地宗族常因鼠牙雀角小事而终年结怨，广东、福建两省更是频繁出现宗族械斗，酿成人命大案。

在古代传统制度下，国家很少采取社会性福利措施，不过多是对于重大自然灾害地区短时间减轻或者免除赋税。至于处在社会底层的平民百姓个人，即使是社会或自然的原因而破家荡产，生活无着落，也必须照例交粮纳税，很难通过政府获得经济救助。清代宗族一定程度上承担起经济上自力救济的任务。宗族公产除了支付祭祀费用及日常事务性开支以外，抽取一部分用于宗族内部的福利事业，包括开办义学，提供考试补助，对于族内孤寡幼弱难于维持生计或者由于天灾人祸而一时陷于贫窘者，宗族给予适当的救济。宗族权贵懂得，仓禀实则知荣辱，他们认为：“盗贼多为饥寒所迫故耳，使族人以时赈济，必不至此。”[147]因此，他们将一部分公产用作赈济之用，既可联宗收族，又可消弭盗贼，多利而少害。宗族法中的“赡济法”部分主要规定各种赡济原则及具体方法。江夏陈氏宗族在《义庄规条》中的“赈恤”条规定：

天行无常，间有水旱，如遇大祲之年或连年被灾，虽素丰之家亦不免饥寒。族中如有因实贫乏、不能自为存活者,十五岁以男妇(日)给米一升,十五岁以下日给米三合,未三岁者不给。[148]

宗族法规定,本宗成员无力婚娶、丧祭、就学、入试、营生等皆可获得一定数量的经济救助。当然,这种救助一般都附带某项条件。光绪七年,洞庭席氏《义庄规条》规定了不得享受宗族赡济的几种人:作奸犯者、崇奉异端者、本有恒产因游荡破家者、出嗣他姓及乞养异姓者、不遵家规者等。[149]

宗族法作为在宗族内具有普遍约束力的行为规范,其中不少内容反映了劳动人民在长期的生产、生活中形成的优秀传统和善良习俗。不少宗族皆规定:禁酗酒、禁溺女婴、禁指腹为婚、禁吃洋烟、禁入异教、禁婚娶贪财、禁浪费侈奢、禁私宰耕牛、入林以时、和睦乡里等。其制定宗旨固然在于维持宗族的传统秩序,但条文本身对于培养民族感情、革除社会陋习、促成整个社会的进步仍起到重要的积极作用。

2. 维护国家统治

宗族法要求宗族成员作为国家编户齐民,自觉履行国家法律所规定的各项义务,首先是完粮纳税、应役出差。赋税是国家财政收入的重要来源之一,也是国家机器得以正常运转的物质保证。历代统治者对此国家生命线都极为重视,以严刑峻法保证其畅通。作为国家法律的补充,宗族法也把保障这条生命线作为自己的任务。各地宗族法大都设"急征课""供赋税""重国课""尽输纳"等专条,要求族人按照国家规定的期限、品种、数量和质量完成课税差役任务。道光二十一年,香山戴氏宗族规定:

钱漕乃天庾正供,凡族中有田亩者,每年夏税秋粮,早为完纳,毋得逋欠致干差追,如敢违抗,概治以家法,并速令清完。[150]

湘潭《陈氏家规》列"尽输纳"为首条:"每岁国课尤宜及时早完,毋俟催科追迫,致累多金。如有故违拖欠,该亲房严查,饬令输纳。"[151]

一族之中既有祖辈从事耕织的农民百姓,也有累世登科入仕的官宦人家。宗族法对入仕之族人也严加训教:"居官者当靖共(供)尔位",[152]克忠克敬,报效皇君。谯国曹氏宗族诫其族人曰:

君臣之义通于天地。凡我族有登科第、跻膴仕者,无论资格,但有一命之托寄,务为忠良,上不负天子,下则不负庶民。[153]

官吏为国效力,胜职尽忠而受朝廷谕奖,其宗族也看作是本门户的荣誉。各地宗谱家乘皆尽数收入族内成员为官而受到皇帝谕奖的内容。六安《潘氏宗谱》设有“录行”篇，专门记载潘氏族人为历朝服务，躬行尽职的事迹，多加溢美之词。反之，官吏有过而受到国法惩处，其本宗亦受牵连或者声望大减。因此，各地宗族法皆强制入仕的族人尽臣职、守国法，违者处罚。乾隆年间，仙源崔氏宗族规定：“吾族世事诗书，必有间出而为当时录用者，当以不爱财为先……若犯赃滥者，则不得复归本家。”[154]

对于基层平民来说，服从国家统治的重要表现形式之一是对国家法律的遵守。恪遵国法，无犯科条，也是宗族法对族人的基本要求。谯国曹氏《家训》“守法度”条规定：“朝廷法度，是人宜守。吾族幸赖祖宗训教，颇有一个忠厚家声，倘或违法，不惟身家难保，抑且玷辱先人。”[155]

对于违反国家法律、受到刑事制裁的族人，宗族法一般都再次给以处罚或者在身份上区别对待。不少宗族都规定，受国法徒、流处罚者，不得继续享受宗族公产的经济赡助，甚至谱上除名，生不入祠，死不与祭。南海廖氏宗族规定：“族内有犯军、流、出罪者，照例革胙。”[156]

维持宗族秩序与维护国家统治是宗族法的两大任务，但此二者不是平列的。大多数宗族权不可能像地主阶级思想家那样充分认识到统治阶级整体利益与自身利益休戚与共的连襟关系，他们所看重的是周围的田庄屋宇、祖宗的烟火血食以及子孙的财产地位，其联宗收族、立规制训的目的也正在于此。宗族法中设立维护国家统治条文的直接目的在于，要求族人安守本业，避国法之追究，以维护宗族自身的生存和发展。

（五）推行尊祖教

《礼记》说：“凡治人之道，莫急于礼。礼有五经，莫重于祭。”[157]祭祀祖宗是早期人类社会普遍存在的一种宗教形式。梅因认为，无论是古罗马还是古印度，都存在“对某荒诞无稽的祖先的崇拜”的家族祭祀制度，其目的在于“誓证家族关系的神圣性”。[158]祖先崇拜作为一种宗教，在奴隶制时代即初具规模。《礼记》记载：

> 有虞氏禘黄帝而郊喾，祖颛顼而宗尧；夏后氏亦禘黄帝而郊鲧，祖颛顼而宗禹；殷人禘喾而郊冥，祖契而宗汤；周人禘喾而郊稷，祖文王而宗武王。[159]

殷商“周祭”对祖先轮流祭祀，[160]周朝祭祖形成严格的家庙制度：天子七庙，诸侯五庙，大夫三庙，士一庙，庶人无庙，祭于寝。[161]秦汉以后，崇拜祖宗的祭祀传统为整个社会所保留。宋代开始,宗法制度在基层社会重新确立,尊祖教也进一步为社会平民,尤其是广大农民所接受。安徽黟县乡村,无论大户小族,“家崇祭祀,木主列于祠堂,值岁时吉凶大事,不论贵贱贫富,集众子孙,广备牲醴,得以展其孝敬”。[162]

尊祖教本身尚未形成严格的组织和系统的教义,因而并不构成一种成熟的宗教。尊祖教强调通过对先祖过对先祖亡灵的崇拜,求得先祖亡灵对于现世子孙赐福禳灾,并以先祖作为子孙现世生活的楷模。尊祖教中已初步确立自己的信条戒律、祭祀礼仪以及专职祭祀人员。因此,这种以祖先崇拜为主要内容的尊祖教实际上又是一种具有宗教性质的社会意识形态,在一定程度上可以说是一种不同于一般迷信的、不成熟的宗教。

尊祖教赋予先世祖宗以“善”“贤”“功”等优秀属性,要求后世子孙效法先祖,以祖宗在天之灵作为自己的精神本体,通过仿效性现世生活,体会并认识精神本体的真谛,最终使自己整个身心精神本体化,加入祖宗的行列之中。古代传统社会中自给自足的自然经济及定住农业的生活方式使广大农民缺乏必要的精神文化生活。尊祖教为同姓子孙提供了一个天然的精神寄托,而尊祖教活动本身又能够低限度地满足农民对文化生活的需要。由于尊祖教能起到联宗收族、稳定人心的积极作用,各地宗族都强力推行尊祖教,并在宗族法中对尊祖教的具体活动方式给以相应的限制性规定。

在尊祖教中,所有入教成员只对与自己有血缘关系的先世祖宗表示崇拜。[163]反过来,享有本宗尊祖教入教资格的也只限于出自被崇拜祖宗的现世子孙。入族承祧之异性及出族继嗣之同姓,皆不得在本宗入教。生前不许入祠参与祭祀,死后不得列入祠内神主牌位。本宗男性子孙当然获得入教资格,但必待行冠礼、立成人之道,方可正式参加祖教活动,直接面临先世祖宗,参与祭祀,享受祭饮,并领取份胙。[164]

已正式入教的族人可因其不端行为而受到革出教门的处罚。子孙对祖宗的崇拜首先表现在行为上对祖宗的效仿。尊祖教认为:先世祖宗集“善”“贤”“功”三品性于一身,善以待人,贤以理事,并对宗族建设作出重大贡献。后世子孙应以祖宗为楷模,规范自己的现世生活。各地宗族法都规定,子孙有恶行、违背祖宗意旨者,剥夺其入教资格。道光二十一年,登荣张氏宗族规定:子孙不孝不悌、奸淫赌盗、抱异姓为嗣及从事低贱职业者，一概不许入祠参与祭祀。[165]在宗族法看来，祖宗尽善尽美，而族人中有不轨行为的不肖子孙再无颜入祠与祭来面对祖宗。宗族法还规定，对于族人行为不轨情节较轻者，部分地限制入教资格。香山黄氏宗族规定：子弟为盗窃者，革胙；倡言不修宗谱者，永远革胙。[166]廖氏宗族则规定有 1 年到 10 年共十等停胙处罚，限内不许入祠参与祭祀，不许领取份胙，限满以后重新恢复入教资格。[167]

在行为上效法祖宗以外，尊祖教对入教者基本要求是参加各项祭祀活动。商周时期，“凡祭有四时，春祭曰礿，夏祭曰禘，秋祭曰尝，冬祭曰烝”。[168]宋以后的宗族尊祖教规定了更加频繁的祭祀活动，除了春秋大祭，每月朔望节令及各族忌日，皆举行内容大同小异的祭祀活动。白沙陈氏宗族规定：“秋祭始祖，春祭先祖，季秋祭弥，忌日迁主，祭于正寝。”[169]

对于族人来说，参加祭祀既是权利，也是义务。不具备入教资格者无权参加祭祀，已入教门由于不肖祖宗，亦可被革出教门而被剥夺祭祀权。与此同时，族人应参加祭祀而无故不参加者，也要受到宗族法的处罚。桐陂赵氏宗族规定：祭祀之日，成年田丁皆入祠堂与祭。家中有事而不能脱身者，得先期告诉宗子，并具香烛请代祭，“若不先告，查出，不至者，富者罚银一钱，贫者罚五分，仍记录示戒”。[170]各地宗族大都规定：春秋二祭，除做官在外、经商异土或卧病不起者，都得如期参加，否则给予处罚。

祭祀活动中，与祭人员必须严格遵守礼节仪式。光绪年间江阴六氏宗族规定：“祭必有仪节，凡降神至辞神，其中奠献酒帛、登降跪拜之仪，当遵《朱子家训》……有失者议罚。”[171]同治四年，洪洞刘氏宗族规定：“祀祖之日必须跪拜整肃，昭穆秩然，盖祖考严临，子孙当生如在之诚。”[172]族人参与祭祀，预先得斋戒沐浴，整齐衣冠。着便服小冠入祭者，罚；着“草鞋毡笠赤胫短襦者……分别严处”。[173]祭祀过程中，族人必须竭尽诚意，“精诚上达，方可格列祖在天之灵”，[174]“失却诚敬而喧哗怠慢者，痛责二十板”。[175]对于祭祀本身，宗族法也详尽规定。麻城鲍氏宗族每次祭祖，自入祠“序立”到“礼毕”“退班”，共经历 93 道程序，宗族法皆一一注明。另外，祭器的种类、牺牲以及“具馔”的数量、司祭的分工等都列入族法。[176]

宗族公产之中，专门用于尊祖教祭祀活动的部分名之祀产、尝产或祠产，主要包括祀田、祠屋及祭具。作为祭祀活动的物质保证，所有祀产都受到宗族法的特殊保护。对于毁祠、砸碑、伐荫树、擅用祭器、不按规定备办祭祀酒席、缴纳祀田租税不及时等，皆区别于一般侵害而治以不孝重罪。

宗族祭祀是尊祖教的重要活动。此时，子孙“面对”祖宗，反省自身的所作所为，并进一步在意念中体会祖宗的属托和期望，以不断修正自己的现世行为，在现实生活中、在自己的躯体上再现祖宗之光。宗族祭祀同时又是全体族人聚会的盛大节日。小户农民日出而作，日落而息，独立从事自己的耕织生产。通过祭祀聚会，他们不仅能交流信息，沟通感情，而且也为他们宣泄各自的群体意识提供了方便。对于宗族领袖们来说，通过宗族祭祀可以强化自己代祖宗立言、代祖宗治族的特权地位，要求族人对先世祖宗的崇拜实质上是强制族人对现世权贵们的服从。另外，在宗族领袖们看来，祭祀也是检阅自身权力的极好机会。在宗族日常活动中，宗子、族长、族耆等宗族领袖们各有分工，主持族务，排难解纷。但他们作为一个整体，在全体族人面前表现自己的权力和地位仍然没有多少机会。通过对祭祀活动的组织和主持，宗族领袖们充分表现自己的权力，抬高自己的地位。全体族人在祭祀活动中各得其所，因此，每次祭祀皆得到全族上下的通力重视。在祭祀祖宗的典礼上，个别族人的违礼越分行为不仅是对祖宗的不尊，也是对全体族人的挑衅、对宗族领袖权力的藐视，因此，各地宗族法均对此严惩不贷。

（六）宗族机构的产生及其职责

各宗族户众人杂，事务纷繁，一般皆设有独立的管理机构。按照级别高低与事务分类，宗族机构分作两套管理系统。首先，族与房二级机构分别行使大小不同的宗族事务管理权，[177]互相之间存在上下级的统辖关系。族由同一始祖之下所有成员组成。房是同宗之下的血脉分支，各房最高祖是出自同一始祖的同胞兄弟，房的组成以五服亲属为主。房下有家，但家是宗族社会的最小血缘单位，不构成一级管理机构。一族常包括数房，各房有自己的一级管理组织，统归族机构领导。族房二级机构之外，根据族内事务性质，还设立不同的单项机构，以分别处理各种具体事务：宗子主持祭祀，庄正管理族产，族长通管全族事务，兼管宗族司法等。单项机构直属族机构领导。光绪元年，萧山管氏宗族重建各级机构：家长一人，统掌全族事务；宗子一人，主持中元之祭；每房设立一房长，辅佐家长行事；总理一人，执掌宗祠事务；通纠二人，察一族之是非。[178]同治八年，昆陵费氏宗族设立八大员:宗长、宗统、宗辅、宗察、宗理、宗书、宗贮、宗干等,分别掌理宗族不同事务。[179]

宗子承祭统,由长房长门嫡长子继承,他人一般不得僭越。而族长、房长、庄正等则根据一定标准由全体族人公推众举。合肥《邢氏家规》规定:"户长者,一户之人尊之为长,必才德兼优始克胜任……房长者,分理各房之事,乃一房之领袖也,须廉洁有能干者方可议。"[180]桐城刘氏宗族要求"齿德尊隆、持公正者"方可出任户长。[181]安阳马氏宗族规定:"族中公举老成、殷实、明白事理者"为庄正,总理庄田。[182]品德、辈份、齿数、能力、财力及文化水平是大多数宗族选择本族机构成员的六项标准。此六项标准又可归为德与才两大类。在宗族社会,老者被认为具有丰富的生产经验和社会经验,而且在品德上,老者优于幼者。东门许氏宗族规定族长选择标准:"年弥高则德弥邵(昭)"。[183]因此,辈分、齿数与品德三标准常合而为一。某些宗族考虑到社会的复杂性,在宗族法中规定:如果齿德脱节,遴选宗族领袖则舍齿而求德。能力高下也是宗族法所规定的族、房长人选标准之一。宗族共同体处在复杂的社会环境之中,与官府的周旋、与地方的交涉以及宗族内部全体成员之间关系的平衡都需要一个老成、干练的领袖集团出面处理。因此,宗族法要求族长、房长必得"明白事理",通晓人情世故,所谓"才足以断事,德足以服众"。[184]

在私有社会,财产富有者总是可以使自己的经济实力直接或间接地以非经济形式表现出来,诸如政治权力、社会地位、特殊身份等。国家生活中如此,宗族社会中亦然。尽管宗族以血缘关系为联结纽带,但财产因素在宗族活动中起到重要作用,并且首先表现在宗族机构的人选上。清末及民国初年,南方各省宗族对族、房长的选择都重视财产标准。在湖南地方宗族,"凡族内之人品行端正、身家殷富、办事干练者",均有被举为族长的资格;在福建,享有入选族长资格的,"或属族中殷实,或厕身庠序,或属明白事理"。[185]

宗族机构的产生采取公推众举的方式。民国初年,湖南地方宗族推举族长,"于冬至,清明等祭日,族人咸集合宗祠,询谋佥同书牌,悬挂祠中,载明公举某某为族长,某某为副族长,即生效力"。[186]在清朝国家法律中,族长具有一定的特殊身份,享受一部分法定权力。因此,族长产生以后,一般要报官府备案。乾隆年间,郑氏宗族规定:选任族长,"择合族所共服者公举之,以闻于官,告于祖”。[187]

族长、房长及庄正各有一定的任期,各地宗族法一般限定任期为3年至5年不等。期满即由全族成员按原定标准和程序另行择举,亦可连选连任,但不得私相授受。

对于庄正的选择,各宗族不尽相同,既有从族人之中公推众举,也有以族产主要捐献者后裔的嫡长子孙世袭。在南方,一些宗族还流行推举外姓人充当义庄经理人的习惯。华亭《顾氏义庄规条》规定:经理义庄,要在得人,“不用族人而延请外人,既有宾、东之分,又有众东稽察,俾免侵蚀,并可杜族众觊觎”。[188]当然,即使由异姓经理庄务,宗族财产权仍操于宗族机构本身。起用外姓人只是为避免本姓成员通过经营管理而侵渔族产的手段。

应该看到,宗族法关于宗族机构人选标准和产生程序的规定带有一定的理想主义色彩,或者说具有一定的欺骗性。在私有制度下,“德才兼备”“公推众举”只能给以扭曲性解释。宗族法在强调“德才兼备”“公推众举”的同时,又规定族内富有者及有一定身份者出任族、房长和庄正等职的有利地位。在实际生活中,宗族内部的既得利益者总是利用自己有利的社会地位,攫取担任宗族公职的权利;反过来,又通过手中所掌握的宗族权力,串通官府,鱼肉乡里,欺压平民。此类事件,各地宗族中不乏其例。

从理论上来说,宗族机构由全体族人推举,因而对宗族机构的监督权也由全体族人享有。各地宗族法皆规定,宗族机构的所有成员,包括族长、房长、宗子、庄正及其他执事都必须接受全体族人的监督。康熙三十八年,萧山来氏补充制定宗族法,其中规定:宗子与宗长各司其职,“如有错误、私曲等情弊,凡属六房子孙咸得纠举”。[189]

宗族机构成员必须遵行宗族法,履行自己的职责。庄正经理庄务,管理宗族公产,必须量入为出,收租积贮,同时合理分配族产收入在祭祀、赡济、日常事务等项的开销。宗子为本宗尊祖教教主,主持祭祀,代祖宗立言,并审定族人祭祀资格,督察祭祀仪式和礼节。族长通管全族,尤其是对外代表宗族,主办交涉,对内兼理司法,保证宗族法的执行。宗族公职人员如果在任内行动不力,致使本管事务出现重大差错,要受到宗族法的处罚。

宗族领袖利用权力,营私舞弊,尤其要受到宗族法的严惩。宗族毕竟是基于民间自发性组织而发展起来,其内部机构不甚严密,掌管某方面权力的公职人员容易利用自己在族内的地位以及与官府的联系，高下其手，侵渔宗族公产。对此，大部分宗族都在宗族法中增添了具有针对性的条文。馆田《李氏家法》“立族长”条规定：族长处理族务，“若有挟私受贿、故意武断者，众共非之”；对于阖族产业，族长等“倘敢侵蚀，加倍议罚归公，如有不遵议者，即作不孝论”。[190]麻溪姚氏宗族也规定：房长“倘公事怠惰，处事徇情，族众查确，会齐公所，将房长革退；若更有受贿之弊，加之责罚”。[191]族长、房长为宗族执法之人，以宗族法处罚族长、房长或其他执事实际上存在着诸多不便。如果族内不易解决，一般即由族人投诉官府，依靠国法给以最后处断。例如，同治元年，广东冈州县令曾数次处理族人联名具控族长、房长侵吞宗族祀产的案件。[192]

三、清朝宗族法的制定与执行

（一）宗族法的指导思想

唐以后，传统的经济关系与政治关系发生明显变化。租佃的人身依附关系有所削弱。两税法施行，国家进一步明确承认私有土地的合法性，并在更广阔的范围内允许土地自由买卖。地权的频转移使庶族地主的力量迅速扩展，并通过科举考试，参与国家政权，从经济上和政治上完全取代豪族地主，构成后期社会统治阶级的主体。面对新形势，统治阶级迫切需要一种新的意识形态，以重新稳定社会地位有所变化的各阶层，建立古代传统社会新秩序。适应这种时代的需要，正统儒家学说稍作打扮，即以理学形式粉墨登场。

宋明理学家以儒学的内容为主，吸取魏晋玄学、隋唐佛学以及道教的某些思想，从哲学、政治、道德、教育、宗教各个角度集中讨论了“性与天道”的问题。理学中关于人生哲学与政治哲学高度统一的命题引起统治阶级极大兴趣，并被广泛宣传。以程颐、程颢、朱熹为代表的宋代理学家抬高《礼记》中“大学”与“中庸”的地位，使之与《论语》《孟子》平列，共同组成“四书”，作为“六经的阶梯”。[193]《大学》的中心论题在于论证治国、平天下与诚意、正心、修身、齐家的一致性。朱熹说：

天下之本在国，故欲平天下者必先有以治其国。国之本在家，故欲治国者必先有以齐其家。家之本在身，故欲齐其家者必先有以修其身。至于身之主则心……故欲修身者必先有以正其心。[194]

根据《大学》所提出的个人政治品性与道德修养相结合的理论，理学家强调“修身齐家”，而后“治国平天下”。在这种思想指导下，宋元以后，宗族组织纷纷建立，宗族规训也逐渐完备。清代宗族法的制定和执行和前代一样，以理学为基本的指导思想。

理学家关于人生哲学的一个重要观点是“存天理，灭人欲”。朱熹强调“人之一心，天理存则人欲亡，人欲胜则天理灭”，“学者须是革尽人欲，复尽天理”。[195]人们只有泯灭一切物质欲望，才能在道德修养上达到尽善尽美的境界，进而实现治国平天下。这种宗教性禁欲主义思想为宗族法所吸收，作为一项指导原则贯穿在宗族法的条文之中。倪氏宗族告诫子孙：“衣服不必华美，饮食不必肥甘，俭朴二字是儒者本色，不特省费，且可绝非分之求。”[196]望江刘氏宗族要求族人“不求华饰，不慕丰腴，布衣蔬食，乘蹇策羸”。[197]宗族法要求宗族成员将自己的物质生活维持在最低水平上，既有俭朴持家、立业永久的目的，同时也希望通过压抑物质欲望，在思想上达到清心寡欲、无所追求的境地。

先秦时期，义利之辨兴，各学术大家纷纷阐发对义利关系的看法。孔子称“君子喻于义，小人喻于利”，墨子倡“兼相爱，交相利”，杨朱“为我”，“拔一毛而利天下，不为也”。[198]儒学被奉为正统官学之后，孔孟“重义轻利”观点遂成为义利关系的标准答案。宋明时期，在新的社会历史条件下，义利之辨再次在思想界兴起，出现一批重功利、讲实效的进步思想家，但恪守正统儒学“正其义不谋其利、明其道不计其功”原则的轻利理学家，在统治阶级的支持下对功利主义思潮发动强大攻势。理学的主流仍是崇道义，抑功利。宗族法以理学为指导思想，特别重视在实际生活中约束族人的行为方式，使其符合理学家崇道义、抑功利的主张。同治六年，桐城余氏宗族训谕族人：“惟利是视，古人所鄙。自天子以至于庶人均戒趋利。”[199]泾口刘氏宗族强调：“吾族世事诗书，子孙当以仁义立身，勿趋小利而忘本根。”[200]天理与义相通，人欲与功利连接，宗族法从“存天理，灭人欲”出发，必然导致“崇道义，抑功利”的逻辑结果。只有从日常进退应答、执事谋生等具体的活动中戒利去欲，才能在思想上光大“天理”，从而完成理欲关系上“正心诚意、修身齐家”的道德修养过程。

孔孟儒学重视以礼治天下。礼是差别性行为规范，不同身份享受不同的礼，这是传统等级制的重要特征。以礼治国，要求臣忠民从；以礼主家，则要求子孝妇顺。孔孟所主张的礼主要是一种制度,一种治国治民的社会政治蓝图。中国古代思想在思辨性发展方面出现过两次高峰:第一次是先秦,以名辩学者为主要代表;第二次即以魏晋玄学与西土传入的佛学理论为主。宋明思想家一改玄学与佛学的思辨风格,再次重视对现实的人生与制度的理论探究。传统礼制成为他们的主要研究内容。理学家们认为,不能简单地把礼看作一种外在的制度和治国治民的政治方案,礼实际上是世界的本体——天理的具体化,是天理的表现方式。人生目的在于光大天理,故遵守礼教就成为人生最完美的生活方式。

宗族法重视对礼的维持,不仅强制推行等级身份制,还强调宗族成员应在整体上把握礼的内容,全面遵守礼的规定。会稽顾氏宗族强调:“礼者,人之大端也,得之则为君子,失之则为小人。有礼则安处善、乐循礼,无礼则失常度、陷危机。此皆出于自然。”[201]礼的精神广泛渗透于宗族法的条文之中。有些宗族直接引用礼的内容,包括著名理学家对礼的教条性阐发。朱熹的《朱子家礼》在各地宗族受到普遍推崇,很多宗族赋予其强制性约束力,要求宗族成员一体遵行。道光八年,灵石何氏“采文公《家礼》,兼随时欲,设立仪节,合族遵行”。[202]顾氏宗族称“《家礼》一书实立身之正道,正家之大法”,子孙应“知而好之,准而行之”。[203]

根据礼的精神,在等级性社会框架中,每一个人都有一个与自己身份、地位和财产相对应的节点。安分守己、不越等次是礼的基本要求,也是宗族法的基本要求。番禺简氏宗族声称:“人生自有定分,尽其在我,俟命于天,苟不安分循礼而曲意求盈,欺人欺天有所不顾,为非至此,则利未得而害且随之。”因此,该族规定:“子弟营生,必须安分循礼,不可为非。”[204]

宋明理学家并不直接宣扬神学目的论的宗教学说,即使在“二程”、朱熹的客观唯心主义思想体系中,“天理”也只是作为世界的本体,而不是在冥冥之中主宰人类社会的人格神。但在宗族内部,尊祖教流行,佛教与道教等宗教意识充斥于人们头脑,普遍存在对超自然力量的崇拜。实际上,既然相信先世祖宗的灵魂能够存在于人间以外的场所并暗中监视和保佑后世子孙,那么由灵魂、鬼怪与天神共同组成的天国即顺理成章地存在。在宗族法中,这种相信人格神的天命论与理学家世界本体学说的天理观相结合,强调服从天命、光大天理、遵守礼教三者的统一性。新州叶氏宗族认为:

贫富在天，非人所能也。故富者不可骄奢自足，当好义好礼，以处其富；贫者不可贪求自污，当安分安命，以守其贫。能处富则富可久，能守贫则不终贫，毋失志以取辱。[205]

会稽顾氏宗族宣称："人生贫富、贵贱、寿夭、通塞皆禀命于有生之初，人固不可以毫厘致力也。"[206]等级身份制是宗族礼制的重要内容。宗族法不仅以政治、经济、血缘三重标准划分宗族成员的身份等级，还将这种划分结果赋予"命"的含义，其目的在于论证宗族礼制既合于"天理"，又合于"天命"，神圣不可侵犯。

法律的重要作用之一是"以罚示惩"，宗族法反复强调这一原则。山阴胡氏宗族声称："未有规制不善而能流传永久，亦未有立法不严而能摄服人心"，要求严家罚，惩顽梗。[207]泾口刘氏宗族《祖训》首条即提出："国法以治其国，家教以齐其家。家之所以不齐，由教之不立、罚之不严也。"[208]惩罚犯者，威摄余众，起到特殊预防与一般预防相结合的作用。

另外，正统儒学历来提倡"明刑弼教"，重视教育感化作用。宋明理学家更是以教化天下为己任，力图通过对传统礼教的哲理化探索和通俗性宣传，"教天下之士，使之知所以修身齐家治国平天下之道"。[209]各地宗族法也在严惩罚的同时主张"罚教并用""以罚辅教"。《余氏家规》明确宗旨："家规之设专主于教，宜无事于法，然不能不借法以行教。"[210]太平李氏宗族"拟定《家法》一篇，以示后人，犯者惩之，且能改者，恕焉，亦明刑弼教之意也"。该《家法》制定者于"引言"内，系统阐发"明刑弼教"的指导原则，提出："情以宽君子，法以惩小人……寓情于法之中，法不苛而情不滥，弱者怀德，暴者畏刑。"[211]

宗族权贵懂得，宗族不同于国家，不能过多地依赖强力维持社会秩序维持自己的统治地位，要利用宗族内部同祖共宗、一脉相传的血缘关系使统治与被统治关系披上一层温情脉脉的宗法关系面纱，惩罚与教化两手并用，迫使族人就范。同时，宗族权也认识到，"破山中贼易，破心中贼难"，只有在惩罚违规触法行为的同时，对族人实施教化以消除产生这种行为的思想根源，才能更有效地维持宗族秩序的稳定。

（二）宗族法的制定

自宗族组织普遍建立的宋代算起，到清初已有六百多年的历史。在这六百多年中，宗族法在内容和形式上都经历了一个由简单到复杂、由不完备到较为完备的过程。清代宗族法在制定程序及修改方式上进一步严格化,并且确立某些专门制度,表现出宗族法在制定技术上明显的提高。

多数情况下,宗族法的制定机构即全体族民大会。顺治十六年,梁津孙氏宗族“合众通议,严立规条,使知戒忌”。[212]景定张氏宗族制定《族规》10条,并附加说明:“以上各条系参酌族中情形而定,经全族议决,即当视为家族公法,不可违犯。”[213]新市李氏宗族制定的《宗规》尾署:“资仁堂支下嗣孙公订。”[214]有些宗族法还在名称上强调其“公共”性,如所谓“同宗公约”“阖族公约”“乳全宗公约”等。

宗族法的起草常由族内号称“贤达”“族望”们组成临时机构来主持,族长与族副是其当然成员。大榄《梁氏族规》13条,“经合族绅耆、宗子、值理酌议妥决,集祠订立”。[215]桂林《张氏族规》参与制定者为族长、罢官在籍者、生员等。[216]

族长为一族之领袖,在宗族法的制定上,族长拥有较大权力。即使是“合族议决”,宗族法也必须经族长签署,方能生效。因为族长的产生经过“公推众举”,故族长无论是对外还是对内,皆代表全体族人。族长的意志即被视作全族意志。麻溪姚氏宗族《计开》尾署:“顺治十四年二月初一日,户长姚孙枢率合族姚孙棐等立约。”[217]张川胡氏宗族《大宗祠祭祀规例》结尾也署有“康熙五十四年岁次乙未桂秋谷旦宗长升俊、协理祠事升雍暨通族人等公议”字样。[218]古歙许氏宗族则自明洪武十四年至清同治年间,宗族法制定、增补皆由族长一人全权处理。[219]

宗族已不是那种无私产、无纷争的不同世界,阶级的对立与等级的区别渗透在宗族社会生活各个方面。宗族内部,以政治、经济、血缘三重标准完成身份性等级划分。所谓“公推”的族长、“共举”的“贤达、族望”只能是由此三标准而划分出的权贵阶层。他们掌握着族内行政、经济大权,并进一步需要使自己的意志上升为全宗族意志,以法的形式表现出来,以宗族组织的强制力量,巩固自己的权贵地位,保护自己的特殊身份。因此,他们必然要牢牢抓住立法权,把持宗族法的制定机构。血缘关系上的尊长地位为宗族权贵掌握立法权提供了极便利的条件。正是由于血缘、政治、经济三重优势的存在,宗族权贵才有可能在“公议立规”的原始性部落民主制名义下制定出对自身利益给以特殊保护的宗族法。

宗族法本身有一个由不成文到成文的演变过程。早期宗族一般没有成文族法,但是调整族内社会关系、具有强制性约束力的宗族法仍以不成文形式存在。进入成文法阶段,原有的不成文法常以"祖宗遗训"形式,录入成文法之中。康熙五十四年,张川胡氏宗族制定 18 条《族规》,文内附加说明:

以上规例不出前人遗辙,诚恐年深月久,渐致舛错,后世漠无成法,败坏前规,故特重行整饬议定,立牌悬示,各宜遵守毋违。[220]

归安嵇氏宗族也有族法中说明:"今将先世所遗家训录于谱,以期世世凛遵勿替。"[221]乾隆年间,南屏叶氏宗族将《祖训家风》"敬录于谱,以垂不朽"。[222]

在宗族大会上,拟定的宗族法草案向全体族众宣读即通过生效。这种仪式照例必须于祭祖之日在祠堂大厅内举行,借祖宗之名,立现世之法。宗族法一读通过即付诸一定的文字形式。常见的宗族法文字形式有以下三种:第一,大字书于木牌上,并将木牌悬于祠堂入口的醒目处。例如,前引张川胡氏宗族将其族规 18 条,"立牌悬示"。第二,将宗族法条文雕刻在石碑上,石碑亦立于祠堂之中。这种形式一般为人口较多或者有二级分支祠堂的巨户大族所采纳,"勒石刻碑,以垂永久"。第三,刊刷入谱。宗谱家乘是宗族共同体存在的文字表现。宗谱中关于族人血系、辈份的记载直接决定了该族人在等级血缘关系中的伦理身份。宗谱中对于本族田土疆界、房屋祠庙及祖茔方位皆有详细记载。一旦与外族发生疆界纠纷,宗谱可作为重要书证,供官府裁断之用。各地宗族极端重视宗谱的编纂和保护。宗谱中专设"宗族法"一栏,收录本族各项单行法,并作为遵守、执行的原始依据。"刊刷入谱"是成文宗族法最普遍的表现形式。大多数宗族在将宗族法"立牌悬示"或"勒石刻碑"的同时仍将其收录入谱。

各地宗族法中常有一些成案记载。宗族法制定机构认为某些成案具有一定的代表性或者具有某种特殊意义,则将该成案录入谱中,作为宗族法附件,或直接写于条文之中。同治四年,洪洞刘氏宗族制定《阖族公约》,其第 3 条规定:每年正月初二,全体族人入祠,先拜祖,后互拜,违罚。该条末尾录一成案:"(明)天启丙寅,承鼐等五人不到,曾各罚银五两,置买祭田。"[223]民国八年,尚义董氏宗族制定《规约》,也转录本族成案:"基嘉于民国三年违背族规,擅坏金鸡岭坟荫,由合族公议,从轻黜名。"[224]宗族法录入成案的用意有二:一是以生动的处罚实例表明自身的严肃性,如若再犯,严惩不贷。二是作为一种先例加以援引。对于某些违法行为,宗族法并没有规定具体的处罚幅度。而成案中的处罚可以作为先世祖宗执法典范,加以效仿。

宗族内部或者宗族之间常发生一些重大纠纷,由于内部权贵阶层意见不一致或者由于宗族法管辖所不及,必须投诉官府。而官府对于此类案件的判决会直接影响宗族共同体的整体利益,对宗族自身建设具有重要意义,因此,宗族法制定机构也将这一类成案录入宗谱以作后世遵循的依据。同治四年,桐城齐氏宗族于《宗谱凡例》中规定:"坟山或者与人争讼,经府县审结卷案,以及亲友和息立有议约合同者,俱载谱中,义为铁案。"[225]乾隆五十六年,高塘王氏宗族筹修宗谱,族人之间对于该族前世一支派的源流发生意见分歧。同年十二月,诉讼入官。次年九月,县衙最后裁决。王氏宗族将该案件的处理过程记录文件,包括原诉状、再诉状、各次禀文、书证、证人证言以及前后两任县令韩某与吴某共11份批文。尽数纳入新修宗谱之中。[226]雍正十三年,麻城鲍氏宗族与分居罗田县的同宗长房为盗葬祖坟事涉讼入官。直到宣统三年,该族续修宗谱,仍全部保留旧谱所载关于此案的诉讼文件12份,包括三方当事人的原控状和原诉状以及官府所作的"勘明山形票稿"、"遵照审断判语"、历次批文和"结案总判"。[227]

发生效力的宗族法一般皆刊刷入谱以作为执行依据。因此,对宗族法的增补或修改,只能在重新编纂、刊刻宗谱时进行。按清代地方习惯,30年为一世。所以,各地宗族多以30年为谱牒重修期。晋陵奚氏宗族规定:

古人以三十年为一世,盖时过三十年,子又生孙,孙又生子。年日远,丁日蕃,若不重修谱牒,必致多所遗漏。嗣后续修宜以三十年为定例。[228]

有些宗族在重修宗谱时,根据社会状况的某些变化对原定宗族法加以相应变动。民国六年,阜平陈氏宗族重修宗谱,同时对原谱所载宗族法做了一些变动,保留原法3条,增补新法10条。[229]光绪二十四年,鄞城华氏宗族重修宗谱,同时于旧谱《家训》25条之外增补《续训》10条。[230]

由于宗族法的制定常以祖宗名义,而在宗法性伦理教条的约束下,先世祖宗无论是在品德上还是在智力上,皆是后世孙崇奉的楷模,因此,变动祖宗成法在宗族内是一桩极为严肃、极为重要的大事。在很多宗族中,先人制定宗族法时即于法内注明,后世子孙应以守成为主,变易为辅,非不得已不许变更成法。萧山管氏宗族制定祠规19条,其中规定:

《祠规》既成，子孙各宜遵守，不许擅自改易。如有不合事宜，不妨邀请宗族斟酌损益，或增定，或删去，务须尽善方可。但有妄生异议、违背家规者，祖宗谴之，宗族弃之。[231]

苏州彭氏宗族规定："我族后有读书明理、老成谨慎之人，原可与时增损（族法），惟增损之间或无大益，不如谨守成规较为持重。"[232]正因为如此，很多宗族法皆代代相传，少有变动，以致于显然不合时宜、无法执行的条文在宗族法中也继续保留。光绪三十四年，嘉兴姚氏宗族纂修家乘，其《义庄赡族规条》第23条具体规定了本宗子弟参加县试、府试、院试、乡试、会试各级考试的贴补费用及入泮、补廪、拔贡、中举、中进士、赴朝考的优奖钱数目。[233]然而，科举考试作为一种制度，在此三年以前即已经政府明令废止。更有甚者，太原王氏宗族于民国八年修谱，其《义庄规条》中仍规定：对于参加科举考试、获取功名的本宗子弟给予一定数量的补助和奖励。[234]显然，这些内容是对前代宗族法的保留，未作任何删修。

另外，修订宗族法一般与重修宗谱在时间上同步，而宗族内外的社会状况经常发生变化，隔30年修谱一次的先例常难以执行，很多宗族甚至三世、四世才修谱一次。这样，宗族法的修订在客观上也缺乏条件。

（三）宗族法制定技术的发展

清代宗族组织根据自身特点吸收国家法律的某些规定，确立一些专门制度，不仅丰富了宗族法的内容，也使宗族法在制定技术上有明显的提高。

宗族法确立以"不孝罪"为核心的罪名体系。古代社会重伦理、倡孝道，国家法律历来重视对不孝罪的处罚。北齐定"重罪十条"，将不孝罪列入其中；隋唐定不赦之"十恶"，包括不教罪；宋、元、明、清各代承沿唐制。《清律》解释"不孝"：

谓告言、咒骂祖父母、父母、夫之祖父母、父母，及祖父母、父母在别籍、异财，若奉养有缺，居父母丧身自嫁娶，若作乐、释服从吉，闻祖父母、父母丧匿不举哀，诈称祖父母、父母死。[235]

《唐律疏议》称："善事父母曰孝。"[236]反之，不能善事父母则是不孝。从《清律》的规定也可看出，不孝罪的成立必须是子孙对父母、祖父母的直接侵害以及对待父母、祖父母丧事的忤逆行为。而子孙的其他犯罪行为，包括一些对家长权的侵犯，如子孙违犯教令、同居卑幼私擅用财等，皆作为一般犯罪处理，不属于"不孝罪"。[237]

宗族法中,“不孝罪”在构成上具有特殊性。一方面,“不孝罪”的客体范围被扩大。根据国家法律,只有直系五代的亲属关系才能成为不孝罪的客体。而根据宗族法,宗族共同体内部的所有尊卑关系都可成为不孝罪的客体。豫章魏氏宗族法规定:族人对于父母、伯叔及尊长的侵害,皆可构成不孝罪。[238]南海廖氏宗族法设罪名八种,分别为:忤逆(不孝)、淫秽、强盗、凶暴、赌赙、窝赃、打架、诬扳,其中“忤逆罪”的侵害对象包括父母(祖父母)、胞伯叔、服伯叔。同时,“族内绅耆、伯叔兄辈均属一家尊长”,与前者一样亦可成为忤逆罪的侵害对象。[239]另一方面,构成不孝罪的行为本身也被作广义解释。不仅直接侵害尊卑关系的行为被定性为不孝罪,很多宗族对于并不直接侵害尊卑关系的愆过行为也以不孝罪定性。谯国曹氏宗族法规定:子孙博奕、酗酒,皆属不孝,须严惩。[240]临川孔氏《家规》设“诛不孝”条,规定:“游惰、博弈、好酒、私爱妻子货财与好勇斗狠纵欲,皆不孝之大。一经父母喊出,族长察出,重责,革饼。”[241]

宗族法对于不孝罪的扩张解释在理论上扎根于宗族共同体的结构原则。宗族共同体以血缘关系为联结纽带,全体族人同源一祖。尊祖教奉祖宗为“贤”“善”“功”的楷模,要求后世子孙仿效祖宗,安排现世生活。宗族法则赋予这种要求以强制性,子孙“不肖”祖宗,即构成“不孝罪”。同时,尊祖教认为,现世宗族的一切,包括族、族祠、族法、族制度、家庭,甚至包括人本身,皆为先代祖宗所创。先代祖宗在冥冥之中仍主宰并监督子孙们的现世活动。因此,族人破坏宗族秩序的任何行为都被视作对祖宗意志的违背,故宗族法以不孝论罪。澄源江氏宗族说:“人知重乎宗祖,则所存惟仁,而匪仁不存;所行惟义。而匪义不行。何也,恐得罪于宗祖也。”[242]子孙不仁不义,即属得罪祖宗,进而构成不孝罪。

“孝”是一道德伦理概念。“不孝”成为一种罪名,体现了法律规范与道德原则的结合。宗族法对不孝罪给以扩张解释、确立以不孝罪为核心的罪名体系使宗族法自身带有更浓郁的道德伦理色彩。宗族法规范深深扎根于宗族社会的道德评价之中,因此,以宗族法为根据的各种强制处罚不仅合法,而且合“情”合“理”,从而能产生更大的约束效果。

同时,宗族法采用了以特别法补充普通法的制度。宗族法体系包括族规、祠规、学规、庄规等具体的部门,分别对某一方面的社会关系加以调整。宗族共同体是一个复杂的社会有机体,各种社会现象、社会关系皆不同程度地存在。宗族内部常出现一些特殊的社会关系，对于整个宗族来说，它不具备普遍性，因而不能以宗族法的一般规定对之加以直接调整。但同时，这些特殊的社会关系又可能对一部分族人的利害关系发生重要影响，必须通过法的形式加以规定。缘此，某些宗族在具有一般意义的宗族法之外，制定具有特定调整范围、特定效力的特别法，专门调整特定的社会关系。元至正十八年，朱元璋攻克安徽的徽州与池州，就地招募民兵守城，歙县吴氏宗族不少人毕应募为兵。至正二十六年，吴氏宗族续纂宗谱，将所有应募入兵、充"红巾贼"的族人于谱上削名。明朝统治确立以后，划分民人为军、民、匠、灶四户，吴氏宗族于元末投奔朱元璋为民兵的人皆被列为军户。自明初至清中期的四百多年以来，削名及军籍两问题在吴氏宗族内一直未形成统一的处理意见，直接影响到有关者后世子孙在宗族内的身份及其他权利。嘉庆十二年，吴氏宗族终于对此二事达成一致的处理意见，以特别法的形式书入宗谱，[243]并规定子孙后代必须遵行，不得持有异议。

安徽桐城祝氏宗族下分七房，其中大房、二房及四房合有一处公共坟地。康熙初年，本族个别族人侵占坟地大树，"致构讼，浪费公赀"。为防止此类事件再发生，康熙三十七年清明节前，各房房长会同户长（族长）、户尊及户众，"酹酒立禁，永行严禁"，对于侵犯祖墓、盗葬盗伐者，"缴死不赦"，"恐后无凭，立此议约，请行刊石，永垂不朽"。[244]祝氏宗族共有七房，宗族立有通行全族的《计开规条》，但此"禁约"只于大房、二房及四房内有效，而且该禁约内容只涉及三房共有之特定的坟地，因此不具备普遍约束力。

咸丰六年，安徽王氏宗族重修宗谱。王氏族法规定："义子异姓不得紊乱宗支，婚姻不缔于不重之门。"但该族王清池抱养异姓，王际易等娶于张、汤二姓，皆已触犯族法。因此，宗族议决：王清池之异姓子，王际易等本身，各削名，不载入谱。为防止被削名者不服处理，扰事生非，该族又另立《同心合文》：

> 诚恐伊等狼心莫测，事后生波，凡我同人不得不预立章程。伊等如有恃强逞凶等事，大家俱要入局，不得退缩。推重一人，其费用尽系中秋神会出备，不得累及出身之人。禀案者务要同心协力，不得临事退缩。敷合者务要费用随时，不得推故短见。[245]

根据规定，只有在王清池、王际易等或其后世子孙企图修改宗谱、恃强逞凶时,此《同心合文》方才生效。

在效力上,特别法优于普通法。以桐城祝氏宗族为例。该族立有《计开规条》,其中"保坟墓"条规定:"坟境内荫树务宜栽培,冢圹务宜修理,倘有盗伐者,除家规惩治外,仍须偿价、祭坟。"[246]而大房、二房和四房会同制定的"议禁合同"则规定:对盗伐荫树者,"缴死不赦"。尽管没有发现记载此项规定具体执行情况的史料,但可以推论:如果大房、二房或者四房之族人盗伐荫树,该族人必然要受到"议禁合同"所规定的处罚。否则,已具有普遍约束力的《计开规条》就没有必要再制定在特定范围内具有约束力的"议禁合同"。

通过特别法制度,宗族组织可根据宗族内部不同范围的不情况实行区别性统治,更有效地稳定社会关系,维持秩序。但同时,由于特别法制度会直接造成族人在伦理性等级身份制以外的不平等,不符合"祖宗子孙,一体对待"的血缘原则,因此,各宗族对特别法制度的具体实行皆取慎重态度。

宗族法之效力基本上采取属人主义。凡属同族之人,无论是经商异土,还是为官于府衙,都得遵守宗族法。桐陂赵氏宗族规定:"凡出仕在外者,每春:由科甲者寄祭分一两,不由科甲者(寄祭分)五钱。不寄者,鸣其不孝,罚之。"[247]香山何氏宗族规定:"祠内不许打禾放秆,不许放牛畜马,不许赌赙宿娼。外人犯者送官,子孙犯者责罚。"[248]本族子姓侵犯外族利益,一般由外族送官或交本族处理。豫章魏氏宗族规定:"嗣后如有乱砍本族及外姓竹木松梓茶柳等树及田野草者,山主佃人指名投众,即赴祖堂,重责三十板,验价赔还。"[249]如果外族既不送官,也不通知本族,擅自根据外族规训处罚犯者,本族则视此为侵犯主权,常可引起族际纠纷。当然,宗族势力之强弱在这种情况下起到重要作用。

宗族法管辖上的属人主义与宗族共同体的构成原则相适应。宗族共同体所有成员皆因其血缘身份而联结成族。[250]这种血缘身份与尊祖教及宗族公产等因素共同作用,促成宗族成员在观念上对宗族法的无条件服从。

(四)宗族法的执行

宗族成员必须将自己的言行举止限制在宗族法允许的范围以内,否则要受到处罚。监督宗族成员及时将违规触法者投入宗族法的处理程序是保证宗族法施行、维持宗族社会秩序的一项重措施。各地宗族皆根据本族实际情形设立监督机构,执掌宗族监督权。

宗族监督机构可分为两类:专职监督机构与兼职监督机构。专职监督机构的名称,各地宗族不一,有称“监视”“通纠”“宗纠”,也有称“司正”“司直”,其人数一般在三人以下。在遴选标准上,宗族法规定,必“刚方正直、果毅干练”方可为之。萧山管氏宗族规定:族中“立通纠二人,以察一族之是非,必选刚方正直、遇事能干者为之。凡族人有过,通纠举鸣于家长”。[251]光绪九年,临海屈氏宗族“于族中遴择品行端方者,公聘为司正,专司申明约束”[252]。环山余氏宗族规定:

监视纠一家之是非,所以齐一家之则,务秉性公正,无所顾忌、容忍。在上者有过则当反颜直谏,求其必改;在下者有过则责以大义;其有凶狠不奉规教及有凭借而故肆梗者,必当行之勇决,毋得涣涊巽懦,阻畏而止。[253]

一般情况下,只有户众人繁、事务驳杂的姓宗族方才设立专门监督机构。在大多数宗族内一般由宗族行政机构兼掌监督权。新市李氏宗族规定:“如有不肖子弟私地打牌赌钱及淫人妻女者,族、房长宜据所见闻会议责罚。”[254]白沙陈氏宗族要求各房房长“时行查访”,严禁本房子弟违规触法。善化周氏《族规》规定:“凡我族中有不顺父母者,亲房送至宗祠”,投族处理。[255]

在职能上,专职监督机构专司监督权,若发现族人违法,必须投告宗族行政机构,自身没有独立的处理权。而兼职监督机构即行政机构本身集行政权、司法处理权、监督权于一身,发现族人违法,可当即决定给予处罚,只是在形式上必须履行“集祠众议”程序。

族人违法,除了宗族监督机构有权力、有义务投告宗族领袖外,受到该违法行为侵害的被害人也直接投告宗族,要求依据宗族法给以处理。泾口刘氏宗族规定:“子弟窃人财物,事主投之祠堂,罚其父兄。”[256]族人之间发生纠纷,当事人亦可投告宗族,由宗族首领裁决。对于五服之内亲属相犯案件,由于当事人血缘关系较近,宗族法常规定实行“亲告乃坐”制度,监督机构不直接投告宗族。根据桐陂赵氏《家约》第22条,“亲属相盗……须被盗之亲具告方坐”。[257]

根据国家法律,民人在受到不法侵害或发生重大纠纷时,受害者或当事人应入官府提起诉讼,由国家司法机关作出判决或裁定。但各地宗族法皆要求本族成员在发生侵害行为或纠纷时,首先必须投告本族,由宗族出面处理。馆田李氏《家法》规定：

倘族人有家务相争，投明族长。族长议论是非，从公处分，必合于天理，当于人心。轻则晓谕，重则责罚，财产为之分析，伦理为之整顿。[258]

根据黄城魏氏《宗式》，凡涉及户婚田土、买卖继承、犯奸窃盗、伤害斗殴等方面的轻微案件，均得先经宗族处断，"不得径往府县诳告滋蔓，如不经投族而妄告官府者，先罚银一两入祠，方依理公断"。[259]

我国古代社会普遍流行"诉讼入官为耻"的观念。清代宗族几乎千篇一律地对投诉官府持鄙视态度，要求族人非万不得已，不得向官府提起诉讼，以求"不劳官府而自治"。[260]巨族大户标榜自己族睦事简，皆以"无字纸入官府"自夸。南屏叶氏《祖训家风》称：

族内偶有争端，必先凭劝谕处理，毋得遽兴词讼。前此我族无一字入公门者，历有年……族中士庶以舞弄刀笔、出入公门为耻，非公事不见官长。或语及呈词、讼事则忸怩而不安，诚恐开罪祖宗，有忝家风。[261]

江南丰氏宗族更于《家规》"息讼"条宣传诉讼入官有百害而无一利，[262]要求丰氏子姓远离官府，有事投族处理。

族内发生民事纠纷和轻微刑事案件，当事人乎先投告本房，一般情况下不得越房而投族。[263]六安潘氏宗族规定："各房有事先向本房房长说明，如不能结方可投鸣户长，不得越房长而投户长。"[264]这种逐级投告只适用于一般纠纷。对于较大的违规触法行为已有监督机构稽察，宗族法也允许受害者或当事人直接投告宗族。黄城魏氏《宗式》设"禁小事妄投"条，区别大事与小事，规定了级别不同的管辖权限：

如犯规大事，必须通鸣族众绅衿。至于小事，先当经本房至亲、房长剖决，不可遽遍投多人。如本房房长决断不开，然后通投可也。嗣后如有混帐小事轻事妄报，希图借势压服懦弱者，公罚。[265]

民事纠纷及其他触法行为经当事人或监督机构投告到族，如果在程序上不违反"由房而族"的规定，宗族首领都必须受理。根据宗族法，对于性质不同的纠纷和案件，其处理方法也有区别。凡属分家析产、买卖租赁、田界屋址等民事纠纷及一些轻微的口角争斗，其处理以调解为主。由宗族首领及公认为"正直""明理"的族耆绅衿会同当事人协商解决。蒋湾桥周氏宗族规定："族内昆仲叔侄或因财产争论，应听族长及公正者调处，不得偏执己见。”[266]江都卞氏宗族内部，“族有争忿，告知族长，随当传唤该分长、房长，谕令调处”。[267]在某些地方，调解方法还适用族际纠纷的解决。光绪十四年，西林岑氏宗族确立与外姓争执的解决途径，“若与他姓有争，除事情重大始禀官公断，倘止户婚田土、闲气小忿，无论屈在本族、屈在他姓，亦以延请族党委曲调停于和息”。[268]调解意见一旦成立，即具有强制性效力。调解主持人中，族长代表权力，族耆代表“公正”。如果当事人对于由“权力”和“公正”二者结合所作出的处理意见仍不接受，其行为本身即已触犯宗族法。至此，事件性质发生转化，顽梗不遵“公议”者将要直接受到宗族法的处罚，不论其在原纠纷中是否有理。

各种触规违法案件投告到族并由宗族受理后，即进入审理程序。宗族审理不设专职机构，由宗族行政机构兼理。谯国曹氏宗族每逢族人触法，投告到族，即由“宗子、宗相及各分长并以家法治之”。[269]对于审理机构与审理程序，各地宗族法多有具体而细致的规定。下面摘引三例。

例一，全城章氏宗族（道光五年）：

有事诉祠，用全柬一个，上书“禀启”二字，内诉原因。启到三日，值年即传唤族众到祠，户长上坐，户评旁列。其伸理不平者各陈实情，或是或非，悉听处分。务必从公起见，断不偏护徇情。倘不经祠处断竟自讦讼者，公具一呈，鸣鼓攻之，虽有理亦不予之分剖也。[270]

例二，合肥邢氏宗族（光绪元年）：

凡族中有事，必具呈禀于户长，户长协同宗正批示：某日讯审。原被两造及词证先至祠伺候。至日原告设公案笔砚，户长同宗正上座，各房长左右座。两造对质毕，静听户长宗正剖决，或罚或责，各宜凛遵，违者公究。[271]

例三，州山吴氏宗族（康熙二十六年）：

各支卑幼因事争辩者，本支之长即为处分，如有不明，词禀祠中，帖付宗使唤知。至朔望，行香坐家，二人立阶下各言其情，公议曲直，白于宗长，质之宗正。是非一定，不得再争，其曲者量轻重以中责罚。[272]

审理时间一般皆由宗族首领自行确定，不少宗族于朔望日例行开祠，因此，审理时间就近定于朔望日较为普遍。微州婺源流行“三八会”，“每遇初三、十八日，聚子弟于祠，申以孝悌姻睦之义，有不法者惩之”。[273]届时，宗族机构传出知单，着当事人入祠。如果被告数传不到，宗族机构除了实行缺席判决、依原告人提供的情况审断外，对不到之被告可以“藐视族法”之名给以处罚。[274]

对于重要案件或纠纷的审理和执行，常召集全体族人参加，其目的不仅在于提高审断规格，造成对被审、被罚者心理上的压力，同时还在于以生动的实例向全体族人宣传宗族法，重申宗族法的严肃性。无论是重要案件的审理、执行，还是细小纠纷的调解，一般皆于祠堂内进行。祠堂为祖宗神灵栖息之地，在笃信尊祖教的族人看来，现世子孙的一言一行在祠堂内都受到先世祖宗的直接监视。而以“祖宗规训”名制定的宗族法正是在祖宗神灵的授意下，由宗族首领代为执行。宗教教条和道德伦理的精神约束力使强制性宗族法在适用过程中，更加合“情”合“理”。

宗族首领根据宗族法，对案件作出判决即发生效力，应责应罚，立时执行。如果当事人不服判决，无论是原诉人还是被诉人，宗族法皆允许其诉诸国法，到官府提起诉讼。但实际上，宗族法仍采取措施，竭力避免诉讼入官。宗族法规定，如果当事人不服宗族判决、向官府提起诉讼时，宗族首领代表宗族共同体，也直接参与诉讼。一方面，可以证人身份向官府提供不利于诉讼提起人的证据，以争取官府对宗族原判的支持，进而“掷纸”销案。东阳潘氏宗族对于不服宗、房长判决的族人，“听告理到官。干证必须知会宗、房长，一遵私下公议，不许徇私偏证，以起讼端”。[275]另一方面，宗族也可向官府提起反诉，要求官府对不服宗族判决的族人治以违反教令或对尊长不尊罪。而地方政府追求辖区内的低发案率，以标榜“治邑有方”，也乐意默认或支持宗族处理意见，对不服宗族判决之族人所告事项常不予受理。聂尔康任冈州县令时，对于族内纠纷案件多次批示：由族处理，“所控不准，词掷还”。这样，如果族人不服从宗族判决而投诉官府，实际上就使自己陷入极不利的地位，不仅被诉之人，甚至全体族人及官府皆有可能站到自己的对立面。可能众叛亲离的结局迫使该族人不得不放弃诉诸国法的打算，无条件接受宗族判决。

对于已发生效力的判决，当事人必须遵守，其他族人也必须支持，不得提出异议。梁津氏宗族以严罚维持宗族判决的严肃性，“尊长公议已定，而族中有恃舌剑唇枪、淆乱是非、颠倒成案者，责三十，罚银两入祠祀祖”。[276]

在处罚方法上，各宗族不尽相同，一般较常见的处罚方法自轻及重有以下11种:(1)训斥——由族长或其他宗族首领对犯者当众训诫、斥责,令其悔过。(2)罚跪——令犯者跪于祠堂内祖宗牌位前,向祖宗请罪,罚跪时间以燃香计算,一柱香至三柱香不等。(3)记过——于宗族"功过簿"上记录,并用大字书其名于祠内照壁或特制木牌上,知晓族众。屡被记过者则给予较重处罚。(4)锁禁——令犯者居祠内专设之黑屋,限制自由,时间由两个时辰至六个时辰不等,个别宗族锁禁时间高达十日。(5)罚银——犯者交纳银两,充作公用,数额从五钱至三两不等,无力出银者易以劳役,修葺祠屋祖坟。(6)革胙——剥夺犯者领取祭品的资格,一年起算,高至十年、终身,严重者永远革胙。[277](7)鞭板——以特制竹鞭或木条抽打犯者臀腿部,十次起算,每五次一等,高止四十。(8)鸣官——由族众扭送官府,族长族望出面,既作为家长要求官府办罪,又作为证人提供证言。(9)不许入祠——犯者生前不许入祠参与祭祀及其他公共活动,死后不准入祖宗之神主牌位。(10)出族——对犯者于谱上除名,族内削籍,不准同姓,不准居住族属土地。(11)处死——有些宗族规定,对于乱伦、奸淫、不孝、忤逆等犯者直接处以活埋、勒死、令其自尽等极刑。

这十一种常见处罚方法中,以"革胙""鸣官""出族"三种出现率最高。某些宗族法所规定的整个处罚体系甚至只包括此三种。

春祀、夏褕、秋尝、冬烝,各宗族每年照例要进行几次比较大的祭祖活动,怀念祖宗,联络后代。祭祀活动中,宗族机构拿出大笔公产,奉各类食物供祖宗享用,再以祖宗名义,恩赐族众,分而食之,以表示先世祖宗在冥冥之中仍保佑后世子孙营谋生计。族人在祭祀后所分得的酒肉祭品被称作"胙"。有些宗族以聚餐会饮形式"分胙"。"革胙"是在一定期限内,剥夺违犯族法的族人领取份胙或参与祭后聚餐会饮的资格。"革胙"的着重点不在于经济处罚而于一种精神处罚,一种宗教处罚。族人被革胙实际上是部分地剥夺了祭祀权。被罚之人不但在生计上得不到祖宗的保佑,而且作为不肖子孙在感情上也受祖宗的歧视。因此,宗族成员对于享受祭胙权非常看重,一旦受革,总是想方设法争取恢复,甚至不惜诉讼入官,要求政府出面,帮助复胙。[278]

"鸣官治罪"不仅具有程序意义,同时也是一种实体意义的处罚。对于某些既违族规又犯国法的重要犯罪,若当事人不服族内判决,宗族组织无力解决,则处以"鸣官"之罚。宗族首领以家长名义将犯者送交官府,由官府办罪。宗族首领则运用自己的势力影响官府,包括支用宗族公产作讼费、送礼等项开支,要求给以严罚。作为宗族处罚的最终手段之一,鸣官治罪保证了宗族法的严肃性,同时也使宗族法与国家两套处罚系统互相衔接,互相利用。

大多数宗族法皆以"出族"作为最重处罚。被罚者谱上除名,族内削籍,其房屋被没收作为宗族公产,所有与宗族有关的各项权利,包括选举权、被选举权、祭祀权、赡济权等尽被被剥夺。在宗族的处罚中,无论是"鸣官""不许入祠",甚至包括"处死",都是对犯者本人的处罚,唯有"出族"不仅罪罚本人,还涉及同居共财的家庭成员。在宗族制度盛行的清代农村,异姓人是极端受歧视的。一般情况下,被"出族"的族人携其妻子儿女,流落异乡,投靠他族,从事守坟、看祠、剃头、修脚等所谓"贱役"。

为强化对人民的控制,传统的国家法律对于某些重大犯罪实行连带性处罚制度。唐、明、清律皆规定:谋反、谋叛、谋大逆等罪,犯者本人及其家庭其他成员一并受罚。宗族法也吸收这种制度。新市李氏宗族严格禁止族人充任皂快门隶、娼优吹手等各种贱役,违者,"除公处本人父兄外,咎归各房长、户首"。[279]宗族成员按户、房合居,朝夕相处,关系较为密切。宗族法要求全体族人互相监视,对于某些宗族监督机构不易察觉的触犯族法行为,犯者之左右亲邻负有向宗族举告责任。知而不举,与犯者同时受罚。在连带性处罚的另一面,宗族还实行以后世之功补先世之过的制度。据宗法观念,五服之内,同出一祖,所有成员在精神、财产及血统上都具有紧密的一体关系。而直系亲属中的父祖与子孙更是在人格与道义上高度一体化。从这种观念出发,宗族法允许子孙以自己的贤良品性和丰硕功绩为由触犯族法而受"不许入祠"处罚的直系父祖赎罪补过,撤案销罚。光绪三年,古冈宋氏《祠款》允许"推恩","犯黜者,革出,不入于族,不登于谱,若其子孙贤良,为祖宗光,以二世、三世为率,明究其世系,许宗族推恩,收复谱图"。[280]

宗法社会,重男轻女。妇女不具备独立的人格,必须依附于男子。在族内部,妇女由生至死始终处于家长权监护之下,在某些社会关系中既不独立地享受权利,也不独立地承担义务。宗族法的处罚一般不直接及于妇女本身。山阴徐氏宗族对"妇人得罪尊长者,罚其夫男"。[281]江都孙氏宗族严禁妇女烧香、看戏,"犯者罚其夫,寡妇则罚其子,如夫男俱无罚其房长”。[282]

宗族法对族人施行处罚具有自身独立性,一般情况下不受外界干扰。即使族人之行为因违反国家法律已受到国法的处罚,如果其行为同时也触犯宗族法,宗族机构不会由于其已受国罚而免予族罚。各地宗族都规定,本宗子弟外出为官,若因贪赃枉法、徇情失职而玷辱祖宗者,予以“出族”或者“不许入祠”的处罚。昆陵费氏宗族对于“赌博打降、犯官究处者,再责四十板”。[283]

四、宗族法的地方特色

中华大地,幅员辽阔。复杂的地理环境、多变的政治历史使统一的中华民族在社会生活及其他文传统上呈现出纷繁的地方特色。这种地方特色不但直接影响宗族共同体的存在与发展,而且使各地宗族在内部制度上表现出不同的地方风格。

黄河流域是中华民族的摇蓝。在漫长的历史过程中,统一的多民族之间以持续的军事碰撞表现中华民族内部的激烈竞争。公元3世纪以后,这种军事碰撞以更激烈的形式在更广的范围内更频繁地展开。间断性军事混战导致社会局势的不安定。以平原为主的中原大地一方面为武装冲突局面的扩大提供了条件;另一方面也迅速把广大平民直接投入战场之中,强化了社会混乱的程度。中原大地的每次混乱都不同程度地造成社会大流动。平民百姓择地移居,四方流散;衣冠士族则渡江南下,以长期避乱。明嘉靖三十所编纂的《新安名族志》说,“(徽州)大族,多自北方迁来。举其时,则晋、宋及唐末黄巢之乱,此三朝为最盛”。[284]

伴随着社会大迁移,民族文化的发展也出现一定的变化。黄河流域既是中华民族的摇蓝,也是中华文化的发源地。北方社会连年混战,尤其是公元4世纪初至公元6世纪末近三百年的时间中,少数民族在北中国建立了统治政权。即使边远少数民族实现了对中原汉族的军事征服,后者对前者在文化上的反征服仍不可避免。然而,军事征服过程本身总是首先表现为对文化的直接摧残。因此,避难南下的衣冠土族作为文化活载体,带着中原文化定居南方,并结合南方的自然地理、政治社会条件使民族文化进一步光大、发展。

人口迁徙与文化重心的南移造成南北宗族迥然不同的三种风格。

第一,北方战乱期间,有实力的名门大户皆举族南迁,继续留在北方的宗族力量较弱。平坦的地势使宗族共同体无险可据,容易受到外部力量的攻击。而在南方,复杂的地理条件使很多宗族能避乱却扰,即使在动荡的社会条件下,处于深山僻壤的宗族亦可据险自保。这样,南方宗族多有较长历史,祖宗血脉数十辈不斩。北方宗族则气势不盛,常历数辈即散;一部分能绵延下来的宗族也力量较弱。顾炎武描述明末宗族说:“今日中原北方虽号甲族,无有至千丁者。户口之寡,族姓之衰,与江南相去夐绝。”[285]

第二,宗族共同体存在历史的长短及其力量强弱,直接影响共同体自身的制度建设。宋代以后,南方宗族置族产,建祠堂,修宗谱,产生组织机构,制定宗族法。各项制度的建设使宗族的实体化程度加强。作为结构性社会单元,宗族在社会生活中起到较重要的作用。而北方宗族多限于简单的同姓聚居,在制度建设及物质设施上远不及南方宗族的完备。据笔者所见,北京图书馆、北京大学图书馆以及美国国会图书馆、日本东京图书馆等图书馆所藏明清宗谱中,属于北方宗族的宗谱数量占极小比例。而能见到的北方宗谱中,又有相当一部分根本没有宗族法的成文记载。由此推论,绝大多数北方宗族尚处于以地方习惯或不成文习惯法维持宗族秩序的阶段。

第三,南北宗族力量的强弱不同影响人们宗法观念的形成。南方社会普遍流行重血缘、明宗统的宗法意识。嘉靖《徽州府志》说:“家乡故旧,自唐宋来数百年世系比比皆是。重宗义,讲世好,上下六亲之施,无不秩然有序。”[286]康熙《徽州府志》于此条后附注:“此俗至今犹然。”[287]“同树百枝出一根,同族千子源一祖”,这种大家庭意识一方面使宗族共同体具有较强的内聚力和排外力,另一方面也使同宗成员之间形成一定的互助互济关系。而在北方社会,宗法观念不及南方流行。五方杂处,同族散居,人们的血缘、宗统意识较为淡薄。顾炎武说北方人不重宗亲,“其一登科第则为一方之雄长,而同谱之人为仆役”。[288]以赡贫济急为目的之一的宗族义产多见于南方,而北方较少,这种现象在某种意义上也可说明南北方宗法观念的差别。

南北宗族存在方式上的区别决定了南北宗族法的不同。总体说来,南方宗族法内容较完备,其调整范围涉及社会生活各方面。同时,南方宗族法在技术上达到较高水平,不仅吸收国家法律的某些制度,还结合宗族自身特点创建了一些宗族法特别制度。在罪名设置、处罚种类、诉讼程序及审理制度上，南方宗族法多有较细致的规定。另外，由于宗族共同体的存在南方较为普遍且具有较强的地方势力，因此，南方宗族法在实际的社会生活中，尤其在稳定社会秩序、调整社会关系方面起到较大的作用。凡此种种，北方宗族法皆略逊一筹。

我国南方，山峦起伏，湖泊众多。复杂的地理环境使南方社会形成一个个与外界保持相对独立性的小区域。在长期的历史发展过程中，各区域在与外部世界发生联系的同时，逐渐形成本区域特有的传统习惯，从而进一步使南方区别于北方，具有社会习性多样化的明显特征。[289]江、浙、皖尚文，闽、粤尚武，可以说是南方社会习性的重要区别。

江苏、浙江、安徽地处中原与南方的中间地带，公元3世纪以后的人口迁徙与文化转移，江、浙、皖地区首先受惠，容纳北方人口，接受中原文化。六朝古都南京以及南宋偏安之地——杭州，分别作为历史不同时期政治、文化中心，使附近地区得到较大程度的开发。明清时期，江、浙、皖地区的文化水准居全国之首。弘治《徽州府志》称：徽州“益尚文雅，宋名臣辈出，多为御史、谏官者。自朱子而后，为士者多明义理，称为‘东南邹鲁’”。[290]康熙二十八年，皇帝第二次南巡时说：“政治所先在崇文教。江南、[291]浙江为人文萃集之地。”[292]清代历年科举考试，全国各直省获中会元、三鼎甲和传胪的人数中，江苏、浙江与安徽三省分列前三名。[293]乾隆元年，开博学鸿词科，全国共取19名，江、浙、皖三省即占14名。[294]

受尚文风气的影响，同时也作为促进尚文风气存续与发展的条件，江、浙、皖地区的宗族共同体也表现出尚文风格。设学田、办私塾，从精神和物质两方面鼓励宗族子弟读书习儒。宗族法条文贯着尚文精神：弟子入泮中举，获取功名，即于宗族内具有一定的身份，依宗族法而享受一定的特权；子弟童蒙之时，即开始识字读书，接受儒家文化；行冠礼，入成年，必须熟记儒家一经，否则为“不谙成人之道”，因而推迟冠礼。茗州《吴氏家典》称：“我新安为朱子桑梓之邦，则宜读朱子之书，取朱子之教，秉朱子之礼，以邹鲁之风自待，而以邹鲁之风传之子若孙也。”[295]

作为古代传统文化主体的儒家文化既包括阐释人生、社会与国家的本质及其相互关系的儒家思想，也包括这种思想的具体化、规范化——礼的规定。江、浙、皖地区的宗族要求族人接受儒家思想，同时要求他们尊崇礼教，属守礼的仪式，正说明尚文与尚礼的统一性。

与江、浙、皖地区尚文风气相对应，福建、广东两地盛行尚武习惯。嘉庆时福建平和县令姚莹说：

> 平和地界闽、广，其地溪岭深阻，掺篑丛密，无三里五里之平；岩壑蔽亏，彼此阻碍。民皆依山阻水，家自为堡，人自为兵，聚族公疆，世相仇夺。故强凌弱，众暴寡，风气顽犷亦地气使之然也。[296]

张船山也说："闽省漳、泉两府，地处海滨，风气野蛮，往往一言不合，白刃相交。"[297]广东的尚武习性似乎较福建有过之而无不及。丁杰说："斗之风创于闽，延于粤，盛于潮。"[298]道光二十年，刑部左侍郎黄爵滋奏称："闽省漳、泉械斗之风与粤东惠、潮相仿，历经各督抚奏奉谕旨，明立科条，从严究办，而争斗未息，狱讼繁兴。"[299]

闽、粤两省民风尚武，常使社会秩序处于紊乱之中，清统治者对此非常重视。雍正七年，国家为"化导训饬，令人心渐归醇厚"，于广东特别增设观风整俗使。[300]道光二年及三年，国家制定械斗案处理条例三条，区别省份，不同对待。[301]薛允升说：根据此三条例，对于械斗案的处理，"六省严于他省，福建、广东严于六省，广东尤严于福建"。[302]

与江、浙、皖地区情况相似，闽、粤两省的宗族法既受到尚武风气的影响，也促进了尚武风气的进一步流行。闽、粤两省宗族亦设族产，但多用于修寨筑堡，打造兵器，甚至明文规定以族产支持械斗。乾隆三十一年，广东巡抚奏称当地械斗情况：

> 凡系大族之人，资财丰厚，无不恃强凌弱，恃众暴寡。如遇势均力敌之户，恐其不能取胜，则聚族于宗祠之内，纠约出斗，先行定议：凡族中斗伤之人，原给尝租，以供药饵；因伤身故，令其木主入祠，分给尝田以养妻孥；如毙伤他姓，有肯顶凶认抵者，亦照因伤之人入祠给田。因而亡命奸徒视此械斗之风为牟利之具，遇有雀角，各攘臂争先，连毙多命。[303]

一些宗族法设"共御侮"条，要求全体族人同仇敌忾，共拒外姓。本族与外姓发生争斗，族人必须齐必协力，勇敢上前者给赏，躲避退缩者受罚。广东新会张氏宗族将本族与外姓几次大的械斗缘由、经过及结果登录入谱。在"戊辰之斗"中，张氏宗族因力量较弱而受重创。从该案的文字记载中可明显感觉到其希望后世子孙报仇的情绪。[304]广东云步李氏宗族于同治十年与地方政府发生摩擦，遭到镇压。该族以“七堡辛未之难”为题，将此次摩擦发生经过及遭镇压的结果登录入谱。文内点名痛斥主持镇压的3名官吏：右营把总梁天爵、参将双达及右营守备李荣光；叙述族人遭镇压的场面用词悲愤，要求后世子孙对镇压者施加报复的用意溢于言表。[305]

宗谱是宗族共同体存在的文字形式。在内容上，宗谱包括本族源流世系、族籍登记、先贤礼赞、界址墓图及各类规训，各地大同小异。而由于地方习惯不同，各宗谱在体例上常表现出不同风格。明、清两代，安徽桐城一带的地方宗谱与山东曲阜孔氏宗族及其南北分支的宗谱区别于其他宗谱，形成具有鲜明特色的“桐城谱系”与“孔氏谱系”。此两大谱系的宗族法在形式上也各有特点。

清代中叶，桐城一批散文学家发起古文运动，形成文学史上著名的桐城派，享有“冠盖蒲京华，文章甲天下”盛誉。桐城派主张：文章应兼有“义、法”，“义以为经，而法纬之”，义则神、理、气、味，法则格、律、声、色，强调文章既要济世教民，也必须重视音节字句。在同一社会环境形成的桐城谱系于“崇人伦、倡教化”的同时，注重宗族法的文字形式。桐城宗族法一般皆分设条款，每条款以三字题名，提纲擎领，易于记忆。[306]各宗族于制定宗族法时常互相参照，因此，无论是条款内容，还是条款名称，各宗族法有很多相似。同时，每一条款涉及某一方面内容，其文字较为精致，琅琅上口。且录《刘氏家规》“禁刁讼”条全文：

> 同室燕秦、比邻楚越者，皆因刁唆之徒恃其口舌机诈，藐视三尺，罔恤身家。间有小隙，遂构大讼，经年不绝，以致倾家殒命。今后不可恃刁执梗。事有不平，先投鸣宗长，集祠核论情实，从公劝释，毋许图害善良，欺侮寡弱。如有强梁不服、刁唆构衅，宗长即将情实送官惩治。[307]

另外，属于桐城谱系的宗族法中，较大部分没有明确规定处罚的种类与程度。清代中期，江苏、浙江、江西、广东及安徽大部分地区宗族法一般皆确立处罚体系，对于不同罪名，根据情节轻重，分别规定相对应的处罚程度，如“革胙十年”“罚银五钱”“板责三十”等。而桐城宗族法的处罚规定较含糊。《唐氏家规》条文中，凡有族禁，皆规定：“违者以不孝论罪”；“违者，支长鸣同户长处治”。[308]《齐氏家规》对于违反族禁者，分别规定：“轻则斥其子弟，重则罚其父兄”；“轻则以家法惩，重则以国法黜”；“族长惩治”；等等。[309]处罚规定不具体，说明桐城宗族法尚处于较低级的发展阶段。而聚族而居、互结宗族共同体的现象在桐城地区不但甚为普遍,而且历史悠久,因此,我们可进一步推论:桐城地区的宗族内部,宗族血缘关系的凝聚力较其他地区更为强盛[310]——宗族首领可以凭借自己血缘之尊、身份之长的地位,对全体族人实行任意性成份较多的直接管理。族内民事纠纷和轻微刑事案件发生后,族长可根据宗族法的原则性规定予以变通性处理。

古代传统统治者奉儒学、尊孔子。汉朝以来,孔门嫡长子孙即获得各种贵族封号,从北宋开始更以“衍圣公”历代相袭。孔氏宗族号称“天下第一族”,其内部各种社会关系以及与政府的关系皆具特殊性。这种特殊性也反映在孔氏宗族法中。

山东曲阜是孔子的故乡,亦为孔氏后裔聚居之地。北宋以后,衍圣公府第一支设于曲阜,号称孔氏正宗,形成孔氏总族,同时于浙江衢州形成孔氏南支。随着人口流动与社会变迁,孔氏后裔也移居全国各地。到清代中期,经曲阜孔府确认为圣人后裔的孔氏宗族已遍布山东、浙江、福建、广东、江苏、安徽、四川、直隶等14个省份。清代别姓宗族一般也有总族与支族之分,但支族有自己的组织机构及田产、族法,具有较强的独立性,尤其是迁居异地的分支宗族,更与总族不多联系,只是于修谱或吉凶大祭之时,才有礼节性往来,一般不存在直接的隶属关系。但孔氏宗族则不同。清政府授衍圣公一品顶戴,并给予其他一系列特权。在孔氏族人眼中,衍圣公不仅是孔门正宗嫡传,也是官府的化身。由衍圣公直接控制的曲阜孔氏总族与分布全国各地的孔氏支族保持较紧密的主属关系。一方面,由先朝衍圣公制定的《祖训箴规》于各地支族皆有约束力,族人必须遵行,而支族机构有责任保证《祖训箴规》的实施。另一方面,各地支族可根据本地具体的社会状况制定于本支族内部有效的宗族法,但必须经曲阜总族审批钤印,方可生效。另外,居住孔府附近的孔氏60户之户首与户举以及各地支族长,无论是死后继任,还是因不称职而改选,均须报经总族,由衍圣公批准任命。

孔氏宗族法非常重视小宗大宗、真孔伪孔血缘性身份鉴别。历朝政府对孔氏后代“恩渥备加”。嘉庆十五年上谕:各省孔、颜、曾、孟四圣嫡系后裔,有山东印谱移宗图准其优免。凡遇军需差役船户行铺、运丁夫役、团总区首、社长保长,除行正外及一切杂派差徭,概行蠲免。[311]孔氏子孙入学会考亦享受一定优先权。[312]孔氏后裔这一身份本身即代表一定的特权。因此,孔氏宗族法以较多篇幅规定真孔伪孔之辨。通行各地孔氏支族的《祖训箴规》10条,[313]其中近一半条目涉及身份问题。第7条强调"孔氏嗣孔非常人也",第6条规定:"谱牒、家规,正所以别外孔而正宗派者,子孙勿得勾相眷换,以混来历宗枝。"第2条与第5条则说明理由,"朝廷追念先圣,优免差役",族人不可隐占他姓,冒为"圣裔"。[314]各地另外制定本支族规训时仍再次严明冒宗之禁。一旦出现冒宗事件,各支族皆严肃处理。遇有因年代久远、辨识不清时,皆禀报曲阜总族,由孔府定夺。[315]

在司法管辖上,孔氏宗族拥有较大权力。居于孔府之外的孔氏60户族人若触犯国法,或者于户内发生纠纷,本户处理不了,一般即由地方政府出面解决。但曲阜孔氏总族仍有权直接行文府、州、县,要求地方政府将所受理的案件移送孔府,由孔府自行解决。而地方政府受理此类案件时,多具文孔府,或征求处理意见,或随时通报处理情况。乾隆三十九年,迁居山东汶上县的孔氏族人发生闹丧争继事件,孔府派员处理,并将处理结果通知汶上县衙,该移文称:

> 文到,希即就近严禁所有广懋等抢夺物件,照单追取,给还广锟收领。倘广懋弟兄仍然滋事,即就近拘拿,严加惩处,一面移知,以便通咨照例严惩。[316]

这完全是一种上级政府向下级政府发号施令的口吻。雍正六年,居山东滕县的孔氏族人发生纠纷,告至县衙。但滕县并未直接处理,而移文孔府,称:"此案系贵府审断……为此移送贵府,烦为查照施行。"[317]

清代二百多年间,国家统治者对于宗族力量的迅速发展一度表现出深深的忧虑,并曾大刀阔斧压抑和裁削宗族力量。[318]但对于已凌驾于地方政府之上的孔氏宗族,国家统治者却"代增隆重",采取特殊的扶持政策。清朝统治者以道统自居,崇奉中原文化,尤其注重以儒家君臣关系学说作为维系统治的理论工具,在尊孔崇儒方面,较前朝政府有过之而无不及。孔氏宗族成为"天下第一族",孔氏宗族法区别其他宗族法具有更强的约束力,与清政府尊孔政策直接相关。

清代宗族法的地方特色还表现为,各地宗族制定宗族法时一般皆选定某一种或数种其他宗族成法作为楷模,取其内容,仿其形式。国家统治者亦较注意将那些更准确地反映统治阶级利益、能更有效地稳定社会关系、维持古代传统秩序的宗族成法向全社会推荐。康熙、雍正时钦命编修的

《古今图书集成》专设“明伦汇编”“家范典”，其中既引证《易经》《礼记》《尔雅》《白虎通》等典籍中关于君臣父子宗亲关系的论证，也直接抄录前代著名家范中的条文，包括北齐颜之推的《颜氏家训》、北宋司马光的《居家杂仪》、南宋袁采的《袁氏世范》以及叶梦得的《石林家训》、金华的《郑氏家范》等。乾隆七年，江西巡抚陈宏谋采集诸家成法，刊刷成册，命名《训俗贵规》，该书汇集36种家训家语，包括司马光《居家杂仪》、朱子《增损吕氏乡约》、《袁氏世范》、王孟箕《讲宗约会规》、王士晋《宗规》、朱伯庐《劝言》、华贞固《家劝》、高忠宪《家训》和《白公家训》等。各宗族制定族规多参考上述成法。某些宗族法为强调自身的合情合理性，直接说明制定时所参考的蓝本。安阳马氏《家庙条规》即称：“仿陈榕门相国[319]《宗规》、于清端公《治家规范》、汪龙庄双节堂《庸训》、阎丹初祖国《祠禁》，辑《家庙禁约》三十条。”[320]南湾张氏宗族称：“湾内设立家规，以为持守之具，必参以东里杨氏、江浦郑氏之成法，著为定式，为子孙永鉴。”[321]

某宗族成法能成为宗族法楷模、为他族制定规训时参考，并非仅靠官府一纸推荐。《古今图书集成》及《训俗遗规》开列了四十多种家规家训，但真正被一部分宗族奉为成法楷模的亦只数家。此数家规训之所以成为楷模，其自身的内容及形式起到了重要作用。江浦郑氏《义门规范》在江苏、浙江和安徽一带较有影响，不少宗族皆推其为家法典范。《义门规范》初定于元至元四年（1338年），后几次增修删并，条文总数达169条。[322]《义门规范》条文繁多，规定细密，涉及面广，这就为其他宗族制定规训提供较宽的选择余地。一般说来，其他宗族在制定或修改规训时，从《义门规范》中可获得各种相关内容的参考。另外，浙江蓝田《吕氏乡约》亦为各地宗族所推崇。经朱熹增损的《吕氏乡约》的重要特点在于其条目皆为原则性规定，对于每条规定可根据不同需要作多种具体解释。《吕氏乡约》总条仅4条：德业相劝、过失相规、礼俗相交、患难相恤。《吕氏乡约》本身将此4条扩展为44条。而这44条在实际的社会生活中又可作多重规定，如“过失相规”条所列“行止逾违”“行不恭逊”“营私太甚”等过失行为皆包含较多内容。《吕氏乡约》以其原则性规定同样可以满足各地宗族制定规训时在内容上作为参考，再加上理学大家朱熹的解释与宣传，《吕氏乡约》也为各地宗族所推崇。[323]

中国是一个统一的多民族国家。各少数民族也不同程度地存在着宗法性社会组织，并以具有强制约束力的规训予以维系。在传统社会末期，尤其是清朝统治时期，中央政府注重对边疆地区的开发，各少数民族进一步接受中原文化。但少数民族毕竟有自己独特的传统习惯和社会环境，其宗法组织以及相应的规训也具有独特的民族风格。清王朝建立后，关外满人仿效汉人，改进同姓聚居的宗族组织，[324]推选"为乡望素孚者"为"穆昆达"（满语译音，即族长）。各宗族亦制定于本族内有效的宗族法，其内容包括祭祀、公产、治安及纠纷处理等方面，如黑龙江三家子唐氏（他嗒喇氏）[325]《家训》规定：

族中有事或犯禁戒，必先由佐近穆昆达评议是非，以期了息。若不先请穆昆达及总穆昆达评论而遽讼之于官者，总穆昆达即令佐近穆昆达至本支祖坟或祠堂前责后，再论是非，照家法办理。[326]

满人宗族不论在内容上还是在形式上，皆直接效仿汉人宗族法。其文字多用汉文，或者满汉两种文字并用。但在宗族法的某些条文上又可看到与汉人宗族法的区别。例如，在管辖上，汉人宗族法皆规定外姓女子嫁入本族，即处于本族宗族法约束之下，犯有愆过，即受本族处罚。但在满人宗族，则常将有愆过行为之妇女发回其母家，由母家自行处理或由母家送官。三家子唐氏《家训》规定：

忤逆不孝，男则送官，由伊父母、祖父母酌定；女则通知伊母家，送官究办。妇人不尊丈夫约束，被丈夫投诉，实系不敬，即通知伊母家，令其重处。[327]

三从四德是妇女必须遵循的道德准则。"在家从父，出嫁从夫，夫死从子"，在生命的不同阶段，妇女处于不同的家长权控制之下，国家法律及汉人宗族法皆将这种家长权法律化、固定化。妻必须服从夫及夫之家长，遵守夫所处宗族的宗族法，并脱离本身父母的直接控制。而满人宗族让出嫁女处于以本身父母为主、夫及夫之父母为辅的双重控制之下，形成不完整、不严格的家长权，[328]从一个侧面表明满人宗族法的特殊性。

注释

1 《汉书·百官公卿表》注，引《汉官典职仪》。

2 《汉书·酷吏严延年传》。
3 《陈书·沈众传》。
4 《皇朝经世文编》卷五八《庐江章氏义庄记》。
5 辅德:《复奏查办江西祠宇疏》,载《皇清奏议》卷五五。
6 安徽《仙源东溪项氏族谱》卷一《祠规引》。
7 《三国志》、《魏书》卷一一《田畴传》。
8 参见《范文正公全集·义庄规矩》。
9 浦江郑氏《义门规范》。
10 浙江会稽《章氏家乘》卷首《书法》。
11 江苏苏州《彭氏宗谱》卷一二《庄规》。
12 浙江萧山《来氏家谱》卷九《赈米条款》。另,舒城余氏宗族也规定:“奸生、妓生……者不书(于宗谱)。”参见安徽舒城《龙舒余氏宗谱》卷二。
13 江苏苏州《范氏家乘》卷一五《主奉能浒增定规矩》。
14 安徽黟县《环山余氏宗谱·家规》。
15 浙江会稽《重修登荣张氏族谱》卷一九《义田条规》。
16 江苏润州《大港赵氏族谱·凡例》。
17 浙江山阴《安昌徐氏宗谱》卷二《家约》。另,泾川万氏宗族也规定:“凡议婚纳配,须鸣族商议。”参见安徽泾川《万氏宗谱·家规》。
18 福建南台《刘氏桂枝房支谱·凡例》。
19 参见浙江萧山《来氏家谱》卷九《赈米条款》。
20 参见江苏苏州《彭氏宗谱》卷一二《庄规》。
21 安徽桐城《麻溪姚氏宗谱》卷首《家规》。
22 光绪休宁茗洲吴氏《葆和堂冠婚丧祭及扫墓差遣各仆条规》。转引自叶显恩:《明清徽州农村社会与佃仆制》,安徽人民出版社 1983 年版,第 329 页。
23 浙江山阴《州山吴氏族谱·家法》。
24 中南区土地改革展览会编:《中南土地改革的伟大胜利》,中南人民文学艺术出版社 1954 年版。
25 安徽《龙溪俞氏宗谱·家规》。
26 广东《南海廖维则堂家谱》卷一《家规》。
27 江苏昆陵《费氏重修宗谱》卷一《宗规罚例》。
28 山西灵石《何氏族谱》卷七《家训》。
29 浙江山阴《张川胡氏宗谱》卷二〇《祭祀规例》。
30 安徽《泾川万氏宗谱·家规》。
31 湖南善化《周氏三续族谱》卷二《族规》。
32 浙江萧山《管氏宗谱》卷四《祠规》。

33 安徽《泾川万氏宗谱·家规》。

34 [德]恩格斯:《家庭、私有制和国家的起源》,载《马克思恩格斯全集》(第二十一卷),人民出版社1965年版,第196页。

35 河南安阳《西蒋马氏宗谱》卷二《义庄条规》。

36 浙江会稽《登荣张氏族谱》卷一九《义庄收放章程》。

37 江苏苏州《陆氏葑门支谱》卷一三《义庄条规》。另,庄正人选,各宗族规定不一,既有族内推举,亦有由义庄捐置者后裔世袭。一般来说,义庄财产全部或其大部分捐自一人,其后裔可根据宗族法世袭庄正职位。若义庄财产为多人捐置,或积于历年花息,庄正人选则多采取推举办法。

38 江苏常熟《虞山沈氏宗谱》卷一一《计开》。

39 江苏苏州《程氏支谱·资敬义庄规条》。

40 浙江姚江《梅川沈氏宗谱》卷六《宗规》。

41 广东《南海廖维则堂家谱》卷一《家规》。

42 江苏丹徒《京江柳氏宗谱》卷一〇《宗祠条例》。

43 广西桂林《张氏家乘》卷六《族规》。

44 《皇朝经世文编》卷五五《礼政六》。

45 [美]摩尔根:《古代社会》,杨东莼等译,商务印书馆1981年版,第218页。

46 宋人叶适说:“自汉至唐,犹有授田之制……至于今,授田制亡矣。民自以私相贸易,而官反为之司契卷而取其直(值)。而民又有于法不得占田者,谓之户绝而没官;其出以与民者,谓之官自卖田,其价与私买等,或反贵之。”(《叶适集·水心别集》卷二《进卷·民事上》)

47 河北景定《张氏族谱·家规》。

48 安徽合肥《邢氏宗谱》卷一《家规》。

49 湖南善化《周氏三续族谱》卷二《族规》。

50 江苏丹阳《云阳尹氏重修族谱》卷一四《祠规》。

51 《洪氏宗谱》附“兄弟分家写分单”,全文为:

“立分关兄弟△△等,今因家务纷纭,势难总理,兄弟相商,已议妥当。爰请族老亲戚将祖、父遗下产品、田地△处搭云(匀)均分,拈阄为定,已极公平,各宜和合,照依关书永远管业。如敢违抗,又起争端,即鸣亲族共同攻讦。恐口无凭,立此关书,同样各执一本存据。

△△

立分单兄弟△△。

△△”

52 江苏《勾吴华氏本书·家劝》。

53 1930年5月,中华民国司法行政部根据各地司法机关在司法审判活动中涉及的地方民、商事习惯，调查了解，汇编成册，其习惯内容绝大部分皆为清代所遗留。

54 《民商事习惯调查报告录》，民国十九年中华民国司法行政部印行，第309页。

55 安徽合肥《邢氏宗谱》卷一《家规》。

56 安徽桐城《桐陂赵氏宗谱》卷首《家约》。

57 参见《民商事习惯调查报告录》，民国十九年中华民国司法行政部印行，第395页。

58 参见广东《洪氏宗谱》。

59 参见《民商事习惯调查报告录》，民国十九年中华民国司法行政部印行，第694页。

60 江苏昆陵《陈氏宗谱》卷一《家规》。

61 广东南海《廖维则堂家谱》卷一《家规》。

62 浙江山阴《州山吴氏族谱·家教》。

63 张永铨：《先祠记》，《皇朝经世文编》卷六六。

64 参见《大清律例汇集便览》中《户律·田宅·盗卖田宅》条附条例。

65 参见潘光旦、全慰天：《苏南土地改革访问记》，三联书店1952年版。

66 参见梁任葆：《金田起义前广西的土地问题》，载《历史教学》1956年第7期。

67 江苏常熟《临海屈氏世谱·义庄规条》。

68 广东香山《何写环堂重修族谱》卷一《族规》。另，乾隆四十四年，大港赵氏宗族确定出仕、升品者捐纳银钱的数量：

“贡士出仕输银三两，科出仕输银二十两，甲出仕输银五十两；文武出仕者每升一级送祠俸银拾两；锦旋之日，一品者出银百两，二品者出银九十两。”（江苏润州《大港赵氏宗谱》卷六《祠规》）

69 安徽《许氏宗谱》卷一八《议捐配飨》。

70 江苏昆陵《承氏宗谱》卷首《祠墓规》。

71 广西桂林《张氏家乘》卷七《族规》。

72 贵州平越《重修杨氏小宗祠谱》卷一《原刊条规》。

73 江苏京江《杨氏族谱》卷一《宗规》。

74 浙江山阴《安昌徐氏宗谱》卷二《家礼》。

75 浙江《续修山阴张川胡氏宗谱·祭祀规则》。

76 参见《冈州公牍》“张升批”“黄永龄批”“陈廷龙批”“同治元年八月七日通禀”等判词、公文。

77 江苏吴江《施氏义庄汇录·赡族规条》。

78 江西南昌《豫章黄城魏氏宗谱》卷一一《宗式》。

79 浙江嘉兴《姚氏家乘·赡族规条》。

80 康熙《常州府志》卷二五《义行》。

81 《大清律例汇集便览·户律·田宅·盗卖田宅》。

82 《江夏陈氏义庄条规》。

83 参见聂尔康:《冈州公牍》,同治六年高凉官廨刻本。

84 浙江海宁《查氏族谱》卷一六《酌定规条》。

85 江苏常熟《太原王氏家乘》卷七《王氏怀义堂义庄规条》。

86 江苏苏州《彭氏宗谱》卷一二《庄规》。

87 浙江山阴《安昌徐氏宗谱》卷二《义仓规条》。

88 江苏苏州《程氏支谱》卷一《成训义庄规条》。

89 《范氏义庄规矩》。转引自《古今图书集成·明伦汇编·家范典》卷一〇〇,《宗族部》。

90 《陈龙正家矩》。转引自《古今图书集成·明伦汇编·家范典》卷一〇一,《宗族部》。

91 《礼记·婚义》。

92 参见潘光旦撰:《明清两代嘉兴的望族》,商务印书馆 1947 年版。

93 浙江归安《嵇氏宗谱·条规》。

94 安徽《泾川万氏宗谱·家规》。

95 江西《高田龚氏族谱》卷首《戒例》。

96 安徽歙县《古歙东门许氏宗谱》。

97 指腹、襁褓婚,是我国古代传统社会民间流行的两种婚姻习俗。指腹婚为母亲怀孕期间,即与他人达成协议,若所产婴儿性别符合条件,待其长大成人,即与对方缔结婚姻。襁褓婚与指腹婚同,但达成协议的时间在婴儿襁褓时。

98 安徽合肥《邢氏宗谱》卷一《家规》。

99 湖南新市《李氏宗谱》卷二《家规》。

100 福建福清《郭氏支谱》卷七《家矩》。

101 当然,宗族已不是单纯的血缘相识,在政治上它同样具有一定的存在理由。因此,宗族法的效力决不仅仅达于血缘家庭而止步。家庭内部每一成员,作为族籍保有者,都必须接受宗族法的强制约束。

102 《大清律例汇集便览》,《户律·田宅·欺隐田粮》"辑注"。

103 清律规定:嫁娶违律,罪坐主婚之家长,当事人无罪;家人共同犯罪,不论谁为首谋,独坐家长,卑幼无罪;脱漏户口,完粮纳税违限,罪坐家长;服舍违式,丧葬违律,皆罪坐家长。

104 浙江会稽《顾氏族谱》卷二《家范》。

105 《云阳涂氏族谱》卷一一《族范志》。

106 [美]摩尔根:《古代社会》,杨东莼等译,商务印书馆 1981 年版,第 469 页。

107 《十二表法》。转引自周枏等编写:《罗马法》,群众出版社 1983 年版,第 365 页。

108 宗族法对于"家长"的解释,从国家法律。

109 浙江会稽《顾氏族谱》卷二《家范》。

110 浙江萧山《翔凤朱氏宗谱》卷二《家则》。
111 江苏梁津《孙氏家乘》卷一《祠堂条规》。
112 安徽《柳峰朱氏宗谱》卷一《计开条规》。
113 湖北麻城《鲍氏宗谱·户规》。
114 收养和雇佣关系以及购买奴婢,也导致家长身份确立。
115 江苏《大港赵氏族谱·凡例》。
116 安徽《潜阳吴氏宗谱》卷一,《凡例》。
117 浙江归安《嵇氏宗谱·条规》。
118 《大清律例·户律·户役·卑幼私擅用财》规定:"其分析家田财产,不问妻妾婢生,止以子数均分";"若同居尊长应分家财不均平者","十两笞二十,每两加一等,罪止杖一百"。
119 父母死亡,兄弟必须居丧期满方许继承。
120 浙江萧山《长春沈氏续修宗谱》卷三四《宗约》。
121 参见许文浚:《塔景亭案牍》卷五《余人俊》。
122 参见梦昭:《判语存录》卷一,《钻继架讼事》。
123 《古今图书集成·明伦汇编·交谊典·乡里部》。
124 该"上谕"原文为:"从来家国一理,若富户能自保其身家,贫民知其卫夫富,一乡如此则一乡永靖,一邑如此则一邑永宁。是富户之自保其家,犹富户宣力于国也。"参见《清实录》,雍正七年三月初四日。
125 安徽《馆田李氏宗谱·家法》。
126 安徽桐城《刘氏宗谱》卷一《家规》。
127 参见江西南昌《豫章黄城魏氏宗谱》卷一一《宗式》第五条"禁戕害有身家者"。
128 浙江萧山《翔凤朱氏宗谱》卷二《家则》。
129 安徽桐城《龙河李氏宗谱》卷一《计开条规》。
130 参见安徽桐城《刘氏宗谱》卷一《家规》。
131 浙江姚江《梅川沈氏宗谱》卷六《宗规》。
132 广东南海《廖维则堂家谱》卷一《家规》。
133 浙江归安《嵇氏宗谱·条规》。
134 江西南昌《豫章黄城魏氏宗谱》卷一一《宗式》。
135 安徽黟县《南屏叶氏族谱·祖训家风》。
136 安徽《明经胡氏龙井派宗谱·祠规》。
137 参见广东南海《廖维则堂家谱》卷一《家规》"强盗"条。
138 安徽黟县《环山余氏宗谱·家规》。
139 参见广东南海《廖维则堂家谱》卷一《家规》。
140 《刑案汇览》卷二七《刑律·人命》。

141 河南渑池《曹氏宗谱·家规》。

142 江苏晋陵《高氏世谱》卷五《忠宪公家训》。

143 江苏华亭《顾氏族谱》卷七《义庄规条》。

144 浙江萧山《朱家坛朱氏族谱》卷二《先哲遗训》。

145 参见江苏昆陵《屠氏支谱》卷一《恤孤家塾规条》。

146 浙江东阳《潘氏宗谱》卷一《家规》。

147 安徽桐城《桐陂赵氏宗谱》卷首《家约》。

148 江西《江夏陈氏义庄规条》。

149 参见江苏洞庭《席氏世谱》卷一二《义庄规条》。

150 安徽桐城《香山戴氏宗谱》卷首《计开条规》。

151 湖南湘潭《白沙陈氏支谱》卷首《家规》。

152 湖北新州《叶氏家谱·修省斋公家规》。

153 安徽《谯国曹氏族谱·家训》。

154 安徽《仙源崔氏支谱·族规》。

155 安徽《谯国曹氏族谱·家训》。另,光绪十六年,安阳马氏宗族规定:"庶民得安田里,皆官法有以镇抚保护者也,宜何如遵敬奉守。若拖欠钱粮、躲避差徭、匿漏契税,以及贩卖硝磺、私钱、私盐等类,皆为犯规。"(河南安阳《马氏祠堂条规》)

156 广东南海《廖维则堂家谱》卷一《家规》。

157 《礼记·祭统》。

158 [英]梅因:《古代法》,沈景一译,商务印书馆1959年版,第六章"遗嘱继承的早期史"。

159 《礼记·祭法》。

160 参见陈梦家:《殷虚卜辞综述》,中华书局1956年版,第385页。

161 参见《礼记·王制》。

162 康熙《黟县志》卷四《箴佑论》。

163 某些宗族将个别神话传说人物或其他历史名人作为本宗尊祖教的崇拜对象。在源流上,宗族机构都进行过一番"考证",其考证结果记录在谱,认为该人物与本姓宗族存在着一定的血缘联系。

164 祭饮、份胙,皆是祭祀活动后以祖宗名义分发给与祭成员的食品,类似基督教中的"圣餐"。

165 参见浙江会稽《重修登荣张氏族谱》卷一三《宗祠条规》。

166 参见广东香山《黄氏家乘·族规》。

167 参见广东南海《廖维则堂家谱》卷一《家规》。

168 《礼记·祭统》。

169 湖南湘潭《白沙陈氏支谱》卷首《家训》。

170 参见安徽桐城《桐陂赵氏宗谱》卷首《家约》。
171 江苏江阴《六氏宗谱》卷二《宗规》。
172 山西洪洞《刘氏宗谱》卷七《阖族公约》。
173 江苏晋陵《蒋湾桥周氏续修宗谱》卷一《家规》。
174 湖南善化《周氏三续族谱》卷二《族规》。
175 浙江萧山《长巷沈氏续修宗谱》卷三四《宗约》。
176 参见湖北麻城《鲍氏宗谱》卷首《祭仪》。
177 族房二级机构的名称,因地而异,有称族、户,家、户,户、房,户、支的,但分级原则基本相同。
178 参见浙江萧山《管氏宗谱》卷四《祠规》。
179 参见江苏昆陵《费氏重修宗谱》卷一《宗规》。
180 安徽合肥《邢氏宗谱》卷一《家规》。
181 参见安徽桐城《刘氏宗谱》卷一《家规》。
182 河南安阳《马氏义庄规条》。
183 安徽古歙《东门许氏宗谱·家规》。
184 安徽古歙《东门许氏宗谱·家规》。
185 《民商事习惯调查报告》,民国十九年中华民国司法行政部印行,第1427页。
186 《民商事习惯调查报告》,民国十九年中华民国司法行政部印行,第1676页。
187 《郑氏家谱》。转自叶显恩:《明清徽州农村社会与佃仆制》,安徽人民出版社1983年版,第158页。
188 江苏华亭《顾氏宗谱》卷七《义庄规条》。
189 浙江萧山《来氏宗谱》卷九《续增出入执掌条例》。
190 安徽《馆田李氏宗谱·家法》。
191 安徽桐城《麻溪姚氏家谱·家规》。
192 参见聂尔康:《冈州公牍》第八册“陈廷龙批”、第九册“黄永龄批”等。
193 《朱子语类》卷一〇五。
194 朱熹:《经筵讲义》,载《四部丛刊·朱文公文集》卷一五。
195 《朱子语类》卷一二。
196 《读易楼合刻·倪氏家规》。
197 安徽望江《刘氏族谱》卷二《家训》。
198 《孟子·尽心下》。
199 安徽桐城《余氏宗谱》卷二《谕族》。
200 安徽泾口《刘氏宗谱·祖训》。
201 浙江会稽《顾氏族谱》卷二《家范》。
202 山西灵石《何氏族谱》卷七《家训》。

203 浙江会稽《顾氏族谱》卷二《家范》。
204 广东番禺《简氏大同谱》卷八《训言》。
205 湖北新州《叶氏家谱·家规》。
206 浙江会稽《顾氏族谱》卷二《家范》。
207 浙江山阴《胡氏宗谱》卷二〇《大宗祠祭祀规例》。
208 安徽泾口《刘氏宗谱·祖训》。
209 《朱文公文集》卷七五《送李伯谏序》。
210 安徽环山《余氏宗谱·家规》。
211 安徽太平馆田《李氏宗谱·家法引》。
212 江苏梁津《孙氏家乘》卷一《祠堂条规》。
213 河北景定《张氏族谱·家规》。
214 湖南新市《李氏宗谱》卷二《宗规》。
215 广东大榄《梁氏宗谱·族规》。
216 参见广西桂林《张氏家乘》卷七《族规》。
217 安徽桐城《麻溪姚氏宗谱·计开》。
218 浙江山阴《张川胡氏宗谱》卷二〇《大宗祠祭祀规例》。
219 参见安徽《古歙东门许氏宗谱》。
220 浙江山阴《张川胡氏宗谱》卷二〇《大宗祠祭祀规例》。
221 浙江归安《嵇氏宗谱·条规》。
222 安徽黟县《南屏叶氏族谱·祖训家风》。
223 山西洪洞《刘氏宗谱》卷七《阖族公约》。
224 浙江余杭《尚义董氏家乘》卷首《规约》。
225 安徽桐城《齐氏宗谱》卷二《重修宗谱凡例》。
226 参见安徽高塘《鸿村王氏家谱·附录案卷》。
227 参见湖北麻城《鲍氏宗谱》卷首《案件》。
228 江苏晋陵《奚氏宗谱》卷一《义例志》。
229 参见河北阜平《陈氏宗谱·宗约》。
230 参见浙江鄞城《华氏宗谱》卷首《明德堂家训》与《明德堂续训》。
231 浙江萧山《管氏宗谱》卷四《祠规》。
232 江苏苏州《彭氏宗谱》卷一二《庄规》。
233 浙江嘉兴《姚氏家乘·义庄赡族规条》。
234 参见江苏常熟《太原王氏家乘》卷七《怀义堂义庄条规》。
235 《大清律例》卷四《名例》。
236 《唐律疏议》卷一《名例》。
237 司法实践中，各级官吏常以“不孝”之名重惩忤逆子孙，其中涉及一些一般意义上对家长权的侵害行为。但据法律规定,这些行为仍不属于十恶之中的“不孝罪”。

238 参见江西南昌《豫章黄城魏氏宗谱》卷一一《宗式》,第一条“禁不孝不悌”。

239 参见广东南海《廖维则堂家谱》卷一《家规》。

240 安徽谯国《曹氏宗谱·家训》。

241 江西临川《孔氏支谱·家规条例》。转引自《曲阜孔府档案史料选编》(第三编第一册)。

242 江苏澄源《江氏宗谱》卷一《集谱说》。

243 该特别法最后说:“元末扰攘之际,不妨避讳其名,及前明既定之余,须与复通其谱,保身之智与亲族之仁两全无憾,识者所当详查而明辨焉。”参见《歙县吴氏永墓集》卷末《继沅叔军籍辨》。

244 安徽桐城《祝氏宗谱》卷六《戊寅年议禁合同》。

245 《同心合文契》,原件藏于安徽师大图书馆。转引自张海鹏、王廷元主编:《明清徽商资料选编》,黄山书社 1985 年版,第 32 页。

246 安徽桐城《祝氏宗谱》卷六。

247 安徽桐城《赵氏宗谱》卷首《家约》。

248 广东香山《何写环堂重修族谱》卷一《族规》。

249 江西南昌《豫章黄城魏氏宗谱》卷一一《宗式》。

250 巨大户大族内,通常有一些从事各种所谓低贱职业(如看坟、守祠、打更等)的异姓人。对于这些异姓,宗族组织一般制定有专门的规训,令其遵守,普通的宗族法对他们不具有效力。

251 浙江萧山《管氏宗谱》卷四《祠规》。

252 临海《屈氏宗谱》卷四《义庄规条》。

253 安徽《环山余氏宗谱·家规》。

254 湖南新市《李氏宗谱》卷二《宗规》。

255 湖南善化《周氏三续族谱》卷二《族规》。

256 安徽《泾口刘氏宗谱》卷六《族规》。

257 安徽桐城《桐陂赵氏宗谱》卷首《家约》。

258 安徽太平《馆田李氏宗谱·家法》。

259 江西南昌《豫章黄城魏氏族谱》卷一一《宗式》。

260 安徽古歙《东门许氏宗谱·家规》。

261 安徽黟县《南屏叶氏族谱·祖训家风》。

262 《丰氏家规》“息讼”条说:“盖讼有害无利,要盘缠,要奔走,遣机关又坏心术。且无论官府廉明如何,到城市便由歇保把持,到衙门便受胥吏呵叱。伺候几朝夕,方得见官。理直犹可,理曲到底吃亏,受笞杖,甚至被(破)家身亡,冤冤相报,遗害后人。”

263 有些宗族不设房一级机构，故不存在分级投告的问题。

264 安徽六安《潘氏宗谱·祖训遗规》。

265 江西南昌《豫章黄城魏氏宗谱》卷一一《宗式》。

266 江苏晋陵《蒋湾桥周氏续修宗谱》卷一《家规》。

267 江苏江都《卞氏族谱》卷一《祠堂条约》。

268 广西西林《岑氏族谱》卷三《祖训》。

269 安徽谯国《曹氏宗谱·家训》。

270 江苏润城全城《章氏宗谱》卷一《祠规》。

271 安徽合肥《邢氏族谱》卷一《家规》。

272 浙江山阴州山《吴氏宗谱·家法》。

273 《婺源县志稿》抄本。转引自张海鹏、王廷元主编：《明清徽商资料选编》，安徽人民出版社 1985 年版，第 85 页。

274 南海廖氏《家规》第十六条："被人到祠投称，自应一唤即到。若实有事外出，推下次祭日分处。若仍唤不到，显系情虚，藐视族法，将该人停胙一年，即照原人投称情节公断，不得以被投未到为言。"（广东《南海廖维则堂家谱》卷一，《家规》）

275 浙江东阳《潘氏宗谱》卷一《家规》。

276 江苏梁津《孙氏家乘》卷一《祠堂条规》。

277 终身革胙，止于己身；永远革胙，罚及子孙后世。

278 同治年间，冈州陈氏族人陈如彬被处革胙之罚，多次要求复胙，皆未同意。不得已，陈如彬投诉县衙。该县回批："革胙、复胙，系由合族公议，非陈兆半一人所能自专。现在该生丁胙日久未复，可见事非无因……"（《冈州公牍·陈如彬批》）

279 湖南新市《李氏宗谱》卷二《宗规》。

280 广东古冈《宋氏族谱》卷一《祠款》。

281 浙江山阴安昌《徐氏宗谱》卷二《家法》。

282 江苏江都《孙氏宗谱》卷一《祠规》。

283 江苏昆陵《费氏重修宗谱》卷一《宗规》。

284 程尚宽：《新安名族志》"序言"。

285 顾炎武：《日知录集释》卷二三《北方门族》。

286 嘉靖《徽州府志·风俗》，嘉靖四十五年刊本。

287 康熙《徽州府志·风俗》，康熙三十八年万青阁刊本。

288 顾炎武：《日知录集释》卷二三《北方门族》。

289 直至今天，南方社会在生活习惯上的相互独立性仍甚于北方。以语言为例，在南方，常相隔数十里路，即出现不同风格的方言：一县之内常有几种方言。而在北方，这种情况较少见。

290 弘治《徽州府志》卷一《风俗》。

291 康熙六年，江南省已为江苏、安徽二省取代。此处，康熙帝沿用旧的说法，所指"江南"，包括江苏、安徽二省。

292 《清实录》(第五册)，中华书局影印本 1985 年版，第 519 页。

293 清代会试与殿试获中会元、状元、榜眼、探花及传胪的人数，以江苏为最，共 184 人；浙江次之，为 137 人；安徽第三，共 41 人。参见商衍鎏：《清代科举考试述略》载《近代中国史料丛刊续编》第二十二辑，文海出版社 1975 年版，第 169 页。

294 福格：《听雨丛谈》卷四，载《丙辰宏词科征士录》，中华书局 1959 年版，第 94 页。

295 安徽徽州《吴氏家典·序》。

296 姚莹：《上汪制军书》，载《清朝经世文编》卷二三。

297 《张船山判牍》尾评，"顶凶卖命之妙判"，襟霞阁编。

298 丁杰：《止斗论》，载《广东文征》(第五册)，广东文征编印委员会 1974 年发行。

299 黄爵滋：《会议查禁械斗章程疏》，载《黄爵滋、许乃济奏议合刊》，中华书局 1959 年版，第 118 页。另，闽、粤两省民风何以尚武，史家有多种解释。或称："地气使之然"，或称"人多田少"，或称"粤民嗜利轻生"。

300 雍正七年上谕："广东盗案繁多、民俗犷悍，应设观风整俗使一员，化导训饬，令人心渐归醇厚"。(《大清会典事例》卷三六六《礼部·学校》)

301 此三条例：第一条针对广东、福建、广西、江西、湖南、浙江六省；第二条针对广东、福建二省；第三条针对广东省。

302 薛允升：《读例存疑·刑律·斗殴及故杀人》。

303 王检：《请除尝租锢弊疏》，载《皇清奏议》卷五六。

304 参见广东新会《清河族谱·戊辰之斗》。

305 参见广东云步《李氏宗谱·七堡辛未之难》。

306 以《朱氏家规》为例。该家规共 24 条，各条标题为：立宗子，举户长《宗相附》，修祖庙，谨茔墓，积公租，设义田，教子弟，敦孝友，笃忠义，睦家族，重婚姻，肃闺阃，治生理，积阴德，奖节烈，尚德行，习文艺，勤耕织，崇俭约，戒游荡，禁刁讼，戒嫖赌，禁奸盗，禁贱役。(安徽桐城《柳峰朱氏宗谱》卷一《家规》)

307 安徽桐城《刘氏宗谱》卷一《家规》。

308 安徽桐城《唐氏宗谱》卷首《家规》。

309 安徽桐城《齐氏宗谱》卷二《家规》。

310 造成这种情况的原因是多方面的。例如，桐城地区的商业贸易不甚发达，农业资本主义萌芽产生较晚，抑或有一些地区性传统习惯。

311 参见江苏《孟氏族谱》卷一《谱序》。

312 同治十二年，邹县孔氏林西户具禀曲阜孔府，控孔永年等假冒圣裔，声称"文武应入四氏学考"，要求宗主"严为查办"。参见《曲阜孔府档案史料选编》(第三编第一册)，齐鲁书社 1988 年版，第 351 页、第 375 页。

313 《祖训箴规》之内容,各地孔氏支族基本相同,但条目之分,尚有11条、12条两种。

314 参见孔氏《祖训箴规》,载《曲阜孔府档案史料选编》(第三编第一册),齐鲁书社1988年版,第47页。

315 参见《曲阜孔府档案史料选编》(第三编第一册),"冒宗归宗"各案。

316 《曲阜孔府档案资料选编》(第三编第一册),"移汶上县为孔广懋等闹丧争继希就近严禁事"。

317 《曲阜孔府档案资料选编》(第三编第一册),"移滕县为孔兴材捏控逐嗣业已惩处事"。

318 详见第五章。

319 即陈宏谋。

320 河南安阳《马氏家庙条规》。

321 安徽南湾《张氏重修宗谱》卷一三《凡例》。

322 明朝宋濂序称总数为168条,误。

323 《吕氏乡约》最初是同约乡人互相约束、共同遵守的规范,因其内容多直接涉及宗姓亲属关系,故为宗族法所吸收。

324 乾隆五年,国家设满人族长,作为管理旗人基层官吏,与一般意义的"族长"不同。例如,《清律》规定:"挑选秀女,先取具族长确实保结,参佐领等再行详查,咨送户部。如有隐瞒不报,将该家长革职(私罪),族长知情者降二级调用(私罪),不知情者罚俸一年(公罪)。"(《大清律例汇集便览·户律·户役·脱漏户口》)

325 满人宗族常借汉人姓氏,如辽宁岫岩有满人蔡氏、汪氏、其真实姓氏分别为萨嘛喇氏、完颜氏。

326 转引自张其卓:《满族在岫岩》,辽宁人民出版社1984年版,第56页。

327 张其卓:《满族在岫岩》,辽宁人民出版社1984年版,第59页。

328 曹魏以前,国家法律规定:女子出嫁后,一身负生身父母及夫家双重法律连带责任。魏高贵乡公正元二年(255年),改定律令:"在室之女从父母之诛,既醮之妇从夫家之罚"(《晋书·刑法志》),改变出嫁女内外受牵连的状况。此后,国家法律循此制度,汉人宗族法亦效仿。

朱勇代表作

伍

中国古代社会基于人文精神的道德法律共同治理

国家治理与社会管理既需要行为规制，也需要精神引导。历史上的世界各国由于其社会环境、文化背景的不同以及由此而形成的民族传统的区别，导致在以行为规制、精神引导为主要内容的国家治理模式方面的重大差异。与中世纪西欧基督教国家相比，中国古代注重以人类自身的智慧与力量解决人类所面临的问题，在治国理政方式上选择了充分体现人文精神的道德法律共同治理模式。这一模式在古代官吏制约、基层社会治理两个方面有集中表现，并取得良好效果。道德法律共同治理模式展示了中国古代社会的人文情怀，体现了中华民族的文化自信，也对中国传统法律发展产生诸多影响。

一、宗教信仰与人文精神：法律规制社会的基础差异

古代社会的国家治理关键在于针对社会成员规范其行为，引导其思想。一个良好的国家治理体系包括既能有效规制个体行为，将个体行为限制在规范体系之内，又能在一定程度上保持个体思想自主的同时凝聚个体的思想情感。

历史上诸多国家依靠宗教实施国家治理与社会管理，引导人们的思想，填充人们的精神世界。中世纪以来，一些国家或保持政教合一的管理模式，或依靠一种宗教发挥引导思想、稳定社会的功能。在这些国家，人类具体问题的解决依靠政治、经济、法律、科技等社会手段，而终极问题的解

原载《中国社会科学》2017 年第 12 期。

决则依赖超自然、超人类的力量。作为一种文化传统，这种模式有与其国情的适应性，并在构建社会秩序方面取得良好效果。

恩格斯认为，在西欧中世纪，“在僧侣手中，政治和法学同其他一切科学一样，不过是神学的分支。一切都按照神学中适用的原则来处理。教会的教条同时就是政治信条，圣经词句在各个法庭都具有法律效力。甚至在法学家已经形成一个等级的时候，法学还久久处于神学控制之下”。[1]

罗马帝国时期的思想家圣奥古斯丁基于基督教教义，在吸收柏拉图、亚里士多德学说的基础上创建了系统的神学法律理论体系。他将法律分作神法和人法。“神法”是“上帝的法律”，体现了上帝的意志和智慧，至善完美，永恒不变；“人法”则是世俗的法律，以实现社会公正和秩序为目标。奥古斯丁提出，就地位而言，“神法”高于“人法”，世俗之法，其终极依据在于上帝的意志与智慧；就功能而言，人法能够规制人的行为，但不能影响人的观念与精神；只有神法，才能既规制行为，又引导思想。人法与神法相结合就能实现对于人类社会关系的全覆盖，全面发挥调整社会关系、规制个体行为的作用。[2]奥古斯丁的思想体系从理论上解决了理性与信仰的联通、法律与宗教的结合问题。

公元5世纪，随着日耳曼人的大规模入侵，西罗马帝国四分五裂，走向衰亡。此后几个世纪，罗马天主教会基于从世俗社会获取更多权力的目的，加强与世俗王权的合作，提升基督教以及教会地位；同时，沿着奥古斯丁的思想脉络，糅合古希腊罗马的法治思想与与基督教教义，在宗教世界和世俗社会宣传、推广。[3]富含理性内容的法治思想通过与基督教教义的结合，在教会的支持下逐步获得了被信仰的神圣地位。

“天主十诫”作为基督教的主要教规之一，其主要内容包括：孝敬父母，不得杀人，不行邪淫，不得偷盗，不说假话，不得贪婪等。从内容上看，“天主十诫”既涉及法律的调整范围，也涉及道德所关注的领域。从效力上看，不论是涉及法律所禁止的杀人、盗窃等犯罪行为，还是涉及道德所禁止的不孝、说谎、贪婪等失德行为，都是出自“神圣”的“天主”之口，因而在基督教世界具有毋容置疑的至上效力，必须无条件遵循。这一效力的产生不仅因为这些规定内容合理，更是因为它们出自“天主”之口。[4]

与此同时，各日耳曼王国在构建国家治理体系过程中也注重结合基督教教义与古希腊罗马的法律传统。在罗马帝国废墟上建立起来的日耳曼王国，作为刚刚脱胎于原始部落的新兴国家，为辉煌灿烂的罗马文化、基督教文化所折服。为了在自己版图上建立能对包括罗马帝国原居民在内的整个社会的有效统治，唯一可行的办法是在一定程度上保留罗马、基督教文化中关于治国理政的观念和制度。另外，各日耳曼王国之间为争夺人口、扩充版图的征战也促使他们必须寻找能够有效维系秩序、提升国力的观念与制度。已包含古希腊罗马政治法律思想的基督教教义及神学法律理论，通过天主教会一大批作为知识和文化传播者的神职人员，帮助各日耳曼王国建立国家机构，构建法律体系。公元780年左右颁布的《查理大帝关于萨克森地区的敕令》提出，法律的规定来自"上帝的意旨"，必须严格遵行。[5]公元843年，法兰克王国一分为三，西欧社会进入新的割据分裂时期。随着统一的中央集权法兰克王国的分裂，天主教会乘机提升自身实力，强化对于世俗政权的进一步渗透与控制，并扩大对于整个西欧社会的统治与管理。天主教会直接以神学法律思想更加深入、广泛地影响各日耳曼王国的立法与司法。[6]

中世纪晚期经院哲学家托马斯·阿奎那毕生致力于以理性的方式论证基督教信仰，以服务于宗教神学，服务于国家政治。阿奎那将法律分为永恒法、自然法、人法和神法四种类型。不论是作为上帝启示的神法，还是规范世俗社会的人法，都是万能上帝管理整个宇宙的神圣统治体系的组成部分。即便是人法也体现了上帝的启示，并受上帝启示的指导。[7]经院哲学家认为："人法存在的意义是帮助而不是阻挠人获得拯救。"[8]由此而言，信仰上帝就必须信仰法律，并以信仰为基础，遵守法律。[9]

从罗马帝国到中世纪西欧，世俗法律与宗教信仰密切结合；法律借助宗教的作用，与宗教教义相融合，被提升到信仰的高度。

中国古代，作为国家主流思想的正统儒学，关注人与社会，关注现实现世。人类一切活动均以人类自身的存在与人类社会的完善为目标；而实现这一目标，只能依赖人类自己。正统儒家否定对于超自然力量的依赖、崇拜或信仰，坚持依靠人类自身的智慧与力量解决人类所面临的问题，体现出"为了人""依靠人"的人文精神。

《易传》提出："观乎天文，以察时变；观乎人文，以化成天下。"（《周易·贲卦·彖传》）华夏祖先在早期文明中就已经明确区分自然规律与社会规律，强调以发乎人性的品质与特征治理国家、管理社会。西周时周公提出

“皇天无亲，惟德是辅”（《尚书·蔡仲之命》），将国家治理的终极依据从天神领域转向人类社会自身，完成从“神治”到“人治”的升华。[10]此后，在中国历史上，超自然的宗教神始终未再取得国家治理、社会管理方面的核心地位。

先秦诸子学说中有形而上的思辨分析，但更注重国家治理、社会管理以及个人教化的内容与方法。经过西汉中期汉武帝、董仲舒改造后的正统儒学，采集各家学说中有关治国理政的理论元素与方法元素，形成以大一统、天人合一、独尊儒术为核心的主流意识形态。正统儒学作为一种思想体系，其最鲜明的特色不在于其思辨性，而在于理论与实践高度结合，在于为当时的国家政治提供系统的理论学说与有效的统治方法。

在儒家那里，没有不证自明的社会公理。一切制度、一切理论、一切原则都需要经过理性的论证，以确定其是否有必要采用，是否值得实施。即便是经过包括孔子在内的历代“圣人”所肯定并与社会主流价值联系最为密切的道德原则本身，其合理性也必须经过充分论证。

皇帝有“天子”之称，“普天之下，莫非王土；率土之滨，莫非王臣”（《诗经·小雅》），朝廷百官、天下万民对皇帝必须秉持绝对的“忠”德。为何要向皇帝尽忠，主要原因不在于皇帝是人格神，也不在于皇帝是天神在地上国家的代言人，而是在于皇帝的“圣明”“仁慈”以及皇帝身体中所流淌的皇家血脉。孟子提出的“民贵君轻”说使中国古代最高的道德准则被打上深深的人文烙印。唐太宗在国家治理过程中，实施德政，重用贤臣，并“以史为镜”“以人为镜”；在阐述自己对于国家治理的态度时提出：“战战兢兢，若临深渊而驭朽；日慎一日，思善始而令终。”[11]古代贤明君主把自己的统治构建在坚实的人文主义基础之上。

基于人的自然本性而形成的“孝”德不仅在早期儒家经典中即被坚定地主张，而在其后的国家治理过程中，历朝政治家、思想家仍反复论证“孝”的正当性、合理性。对于子孙为何要孝父母，南宋名臣真德秀在任地方官时，上任之初即颁布告示：“古者教民，必以孝弟为本，其制刑亦以不孝不弟为先。盖人之为人，异乎禽兽者，以其有父子之恩，长幼之义也。《诗》云：‘父兮生我，母兮鞠我，继之曰欲报之德，昊天罔极。’此言父母之恩，与天同大，为人子者，虽竭其力未足以报也。”[12]

在人文精神引导之下，排除超自然力在国家治理、社会管理过程中的作用，必然走向道德与法律相结合的道路：以道德实现对人的思想情感的引导，以法律实现对人的行为举止的规制。中国古代构建国家治理体系紧紧抓住人的思想情感与行为举止两大着力点，既坚持道德治理，强调端正人心，抚慰情感，导民向善；又坚持法律治理，调整人际关系，规制个体行为，加强对于官府官员的严格限制，加强对于犯罪及重大失德行为的刑事处罚。同时，特别注重道德法律相互配合，相向而行，共同构筑和谐的社会秩序。

道德法律共同治理的政治实践体现了中华文化的人文情怀，体现了中华民族的文化自信。在这一原则之下，个体通过道德实践，既能解决个人物质需求、人际关系处理等具体问题，还能从根本上解决人生价值、生活目标、心灵归宿等终极问题。可以说，道德成为柔化人际关系、调适民众心情、降低个人私欲、抚慰个体心灵的重要依托。同时，法律作为国家治理的重要手段，充分发挥在调整社会关系、规范社会秩序方面的强制性作用。道德与法律两大规范体系相互配合、相辅相成、共同作用，造就了不依赖人类外部力量而能有效治理国家的独具特色的中华政治文明。

二、法律正当性的道德支撑

制度是一把“双刃剑”。它在调整社会关系、构建社会秩序的同时也给人们带来不便，使人们的自由和权利受到诸多限制。在制度框架之下，自由和权利受到限制的人不仅包括被统治者，也包括统治者自身。因此，制度的存在必须有其充分的正当性、合理性。法律作为制度之一，以严厉而残酷的手段限制自由、剥夺权利。法律本身是否具有正当性、合理性是不同文明国家在法律发展早期首先面对并需要解决的重要问题。

在中世纪基督教国家，法律借助宗教的作用与宗教教义相融合，在教会的推动下提升到被信仰的高度，因而解决了自身的正当性、合理性问题，并获得权威性。伯尔曼基于西方基督教传统并以西方社会为背景深入分析了法律与宗教的关系。他的基本结论是：“法律与宗教一荣俱荣，一损俱损”，“没有宗教的法律，会退化成一种机械的法条主义”，“法律必须被信仰，否则它将形同虚设”。[13]

中国古代对于法律的正当性、合理性论证及支撑主要通过其与道德的关系。作为中国古代主流意识形态的正统儒学认为：国家治理，首重道德，但也需要法律；道德与法律，不可或缺。法律之所以为国家治理所必需，或者说在国家治理方面,法律之所以取得其存在的正当性,其理由有二:其一,国家治理,道德有所不济;其二,法律符合道德。

孔子参加鲁国蜡祭,而有“仲尼之叹”。“仲尼之叹”是关于鲁国现状的感慨,其实质是关于春秋之时礼崩乐坏的评价。孔子在感慨之余,提出理想“大同”世界与现实“小康”社会的差别。“小康”社会,“大道既隐,天下为家”,“货力为己”。个人私欲的发展导致社会之恶的形成,而道德的功能,长于扬善,短于惩恶。因此,单纯的道德手段在国家治理方面已力不从心,有所不济。面对礼崩乐坏的小康社会,需要借助制度,借助法律。[14]孔子主张德治,孟子坚持仁政,董仲舒推行“春秋大一统”,朱熹强调“存天理,去人欲”,他们都注重道德在国家治理中的核心作用,但也都没有排斥法律,没有否定法律。其根本原因在于:他们所面对的是现实中的“小康”,而非理想化的“大同”。无法律,不足以治小康。儒家通过区分“大同”与“小康”的差别,提出单纯道德治理的不足以及法律辅助治理的必要。

法律成为国家治理重要手段的第二个理由是:法律符合道德。先秦儒家认为,法律的作用在于惩恶。而先秦法家等学派还看到法律在驾驭百官、统辖万民以及定分止争、提高管理效率等方面的有效作用。汉中期形成的正统儒学坚持道德优先、法律辅助原则,主张“德主刑辅”“礼法合一”,体现了儒法合流、外儒内法的理论特征。

在中国古代,法律的性质、功能及其作用方式与儒家所倡导的治国理政原则存在一定的冲突。第一,法律的实施,要求公平划一、一体对待的身份环境,而这种身份环境与儒家所主张并维护的等级身份制相冲突。第二,法律的定分止争功能,要求在财产方面明确权利界限,并要求官府对于民众的财产所有权加以确认和保护,而这种财产权利意识与儒家所强调的“重义轻利”义利观相冲突。第三,法律实现其“禁暴止奸”功能,需要采取强制劳役、断毁肢体器官,甚至剥夺生命等残酷手段,而这一点又与儒家所主张的“仁政”“王道”不相容。

正统儒学通过对法律治理的目标设计以及对法律制定与实施一定程度的限制,降低法律与儒家原则的冲突,提升法律与道德的一致性。在目标设计方面,正统儒学提出:道德立国,需要法律;没有法律的强制性作用,没有惩治恶势力的雷霆手段,不可能实现对于恶的有效抑制,也就不可能构建道德秩序。

作为儒家经典之一的《尚书》，其《吕刑》篇述及德与刑的关系："士制百姓于刑之中，以教祇德"，"惟敬五刑，以成三德"，明确刑罚的目的在于弘扬道德教化。唐朝贞观名臣魏徵提出，道德以扬善，法律以惩恶，二者方法各异，但目标一致。[15]明初制定《大明律》，修律大臣刘惟谦等阐释法律制定的目的，特别强调：通过法律的制定与实施，惩罚罪恶，保护善良，最终实现社会秩序的稳定和谐。[16]法律不但通过强制性处罚为道德秩序构建扫清恶的障碍，而且也确保道德规范、善的作用长期保持。《汉书·刑法志》称："明仁爱德让，王道之本也。爱待敬而不败，德须威而久立。故制礼以崇敬，作刑以明威也。"

正统儒家除了为法律治理设计了构建并维系道德秩序这一目标之外，还基于法律制定与实施可能与道德产生重大冲突而设定了对于法律原则的一些限制。

第一，在价值导向上，法律受道德的指导、约束。无论是法律的制定，还是法律的实施，都须与道德方向相一致，法律必须符合道德的基本原则。北宋王安石提出："立善法于天下，则天下治；立善法于一国，则一国治。"[17]王安石所称"善法"，就是要符合"天理""人情"，符合自然社会规律，符合道德伦理。清朝乾隆初年制定《大清律例》，律例馆总裁官徐本在奏疏中说：钦恤之仁，好生之德，始终是制定法律的基本宗旨。[18]而在法律实施方面，董仲舒提出，听讼断案必须重点考虑行为人的道德动机。[19]这一原则对于汉以后历朝司法产生重大影响。

第二，在实施原则上，道德优先。法律作为一种特殊的行为规范，在运作过程中需要遵循自身的一些规则。但是，如果其运行规则与道德准则发生冲突，法律必须作出适当的让步，以优先保证道德的实施。对于人身伤害、财产侵害等案件，历朝法律都明确规定了相应的处罚。但亲属关系、家庭伦理属于传统道德重点维护的对象。西汉以后，这一道德原则逐渐渗入法律条款之中。唐、宋、明、清各朝法律均规定，对于亲属之间发生的人身伤害、财产侵犯等案件，当事人承担与非亲属关系当事人不同的法律责任。[20]这种法律责任的差别性规定，体现了法律对于伦理道德的让步。另外，对于已经判决的罪犯，因其亲属的特定状况，可以调整处罚方式，以满足其履行伦理责任的特殊要求。唐律规定：犯徒、流、死罪者，如果其祖父母、父母年过80岁,或者患笃疾重病,而家中无其他成年男子侍奉,可通过改变处罚方式,或者专案上报朝廷以求皇帝特旨的方式,以使罪犯能够留待家中侍奉祖父母、父母。[21]

第三,在作用范围上,对法律作必要的限制。无论是人身伤害,还是财产纠纷,法律都已作出相应的规定。但对于普通伤害行为或者一般财产纠纷,从官府到民间都鼓励当事人通过法律之外的其他途径解决。一方面,"息讼""贱讼"观念在民间广为流行。曲阜孔庙石碑上的《忍讼歌》,对于诉讼程序所涉及的各环节有着生动的描述:"听人挑唆到衙前,告也要钱诉也要钱";"自古官廉吏不廉,打也要钱枷也要钱。唆讼本来是奸贪,赢也要钱输也要钱"。[22]另一方面,在制度层面,法律为诉讼提起人设置了艰难的诉讼程序。法律规定,在案件审理过程中可合法拷讯被告,但如果被告在法定拷讯之后仍不招供,可对原告进行拷讯。[23]无论是观念舆论,还是制度设计,其目的都在于阻碍意图通过法律渠道解决纠纷、维护权益的当事人,从而将法律的作用限定在狭小的范围。

实际上,在中国古代,法律除了从道德那里获得存在的正当性之外,还通过其他渠道获取其理论正当性。董仲舒基于大一统政治思想的需要,以儒家学说为核心,吸收战国时期各家思想,特别是阴阳家、道家思想,提出"天人合一"理论。董仲舒认为,人类社会与天地宇宙是一个整体。人,无论是身体结构,还是道德情感以及由人所构成的社会,都以"天"为原型所塑造,所谓"人副天数"。董仲舒说:"天地之常,一阴一阳。阳者天之德也,阴者天之刑也。"(《春秋繁露·阴阳义》)四时之中,代表万物生长的春夏与人类社会的道德相类,代表凋敝肃杀的秋冬则与法律相关。有春夏无秋冬,不能构成完整的四季;同样,有道德无法律,则不能构成完整的社会。通过董仲舒关于"天人合一""人副天数"理论,法律获得了存在的正当理由。

东汉和帝时,朝廷讨论从轻处罚为报父仇而杀人的案件,并准备将其作为一条原则,正式规定在法律之中。支持这一规定的大臣们提出,法律不宜过多设置死刑罪,否则有损朝廷仁政与道德形象。朝臣张敏对此提出异议。张敏认为,如果从轻处罚为复父仇而杀人的案件,会起到鼓励复仇的作用,反而导致杀人案件增多,引起社会混乱。张敏为论证保留复仇杀人的死刑罪,引用董仲舒关于"人副天数"的理论:"春生秋杀,天道之常。"[24]

此外,在中国古代民间普遍存在的天帝鬼神信仰也在一定程度上影响到法律的正当性和权威性。北宋时,宋太宗为整顿吏治,将后蜀孟昶的“颁令箴”改写成十六字《戒石铭》:“尔俸尔禄,民膏民脂,下民易虐,上天难欺。”南宋时,宋高宗诏令天下,各府州县以《戒石铭》十六字为祖训,刻石勒碑,立于大堂前。明清沿用。《戒石铭》时刻告诫州县正印官,处理公务,审断案件,必须出以公心,如果徇私枉法,自有“上天”明鉴。

大唐盛世,中国古代政治家与思想家们从前哲先贤所倡导的人文精神出发,全面总结国家治理社会管理的经验教训,正式确定“德礼为政教之本,刑罚为政教之用”的道德法律共同治理原则,并通过道德原理赋予法律以存在、实施的正当性、合理性。而在此时的西欧,当年古希腊罗马人提出的充满理性色彩的法治原则已通过罗马天主教会及基督教教义,在教会权力与世俗权力的较量和博弈中逐步取得被信仰的神圣地位,并因而取得正当性、权威性。

三、官吏制约与基层管理:道德法律共同治理的实际运作

中国古代社会重视法律的作用。先秦法家充分论述了法律在国家治理社会管理方面的重要作用。西汉罢黜百家、独尊儒术,形成内法外儒的正统儒学。汉唐明清各朝,既重视构建法律体系,以调整社会关系、维系社会秩序,还将基本法典作为政权合法性的重要依据。秦汉以后,历朝政权均重视制定颁布基本法典,包括汉朝《九章律》,隋朝《开皇律》《大业律》,唐朝《武德律》《贞观律》《永徽律》,以及《宋刑统》《大明律》《大清律例》等。唐宋以后,各朝还制定大量的行政法律,以确定各级政府的机构职责、行政程序以及各级官吏的权利义务。

历代王朝在构建以基本法典为核心的法律体系同时,还特别重视道德在国家治理中的作用。无论是履行管理职责的官吏,还是基层社会的乡民,都必须同时遵守相应的道德规范与法律规范。

国家管理首先要加强管理队伍建设。中国古代极为重视对于官吏的治理。韩非说:“明主治吏不治民。”中国古代法律特征之一在于,涉及公权力运作的法律较为发达,其中包括较为发达的行政法律体系,全面规制国家管理机构的权限、程序以及管理人员的职责、义务。

各朝基本法典有诸多内容专门规制各级官吏。第一,《唐律》502 条,

涉及各级官吏的条款多达260条;唐律设有《职制》专章为官吏立规设矩。对官员违制、僭越、擅兴、不奏、旷职、出界、纵囚、故出故入人罪等作出全面规定。第二,法律设置专门的犯赃罪名,重点惩治官吏的财产犯罪。明清两朝在制定《大明律》《大清律例》时,将“赃罪”的内容及处罚规定制成图表放在法典的最前面,以突出警示各级官吏。第三,为了防止各级官吏以权谋私,古代法律甚至剥夺了官员作为普通人享有的一般私权利。明清律规定,各级官员不得在任职地区置办产业、娶妻纳妾。[25]

在加强法律规制的同时,历代王朝还特别重视对于国家管理者的道德治理。对于官员任职条件以及对于官员的考课考绩、监察巡视,无不突出有关道德方面的要求。

推进道德治理,提升国家管理者的道德素质,首先是对于皇帝的道德要求。中国古代在国家管理体制设计上,作为一国之君的皇帝不受以资历、能力、业绩等为衡量标准的行政考核,也超脱于以基本法典为核心的制定法体系的约束,但对于皇帝的道德要求是明确的。儒家强调“以德配位”。孟子说:“是以惟仁者宜在高位。不仁而在高位,是播其恶于众也。”(《孟子·离娄上》)唐太宗提出作为君王应具备基本品性:“抚九族以仁,接大臣以礼。奉先思孝,处位思恭,倾己勤劳,以行德义。此乃君之体也”[26],“君天下者,惟须正身修德而已”[27]。历代王朝重视对于太子储君的教育,设太傅、少傅、少师、少保等官,专司对于太子的教导、辅佐职责。根据规定,教导辅佐的重要内容之一就是道德教化。[28]

从皇帝的庙号设计可以看到古代统治集团以及所构建的政治文化对于皇帝道德素质的要求与期待。古代皇帝庙号用的最多的字是“祖”与“宗”二字。一般开国皇帝称“祖”,为王朝建立了特殊的功业的皇帝也可称“祖”,后续皇帝多称“宗”。汉景帝说,“祖有功而宗有德”(《汉书·景帝纪》)。开国皇帝驰骋疆场,南征北战,运筹帷幄,出生入死,建立王朝基业,这是打天下之功。而继嗣之君在和平环境之中的重要任务在于驾驭群臣,统辖万民,更在于仁慈圣明,德被天下,保持社会稳定,国祚延续。因此,我们看到,古代皇帝最多的是“宗”,即有德之君。这是一种评价,更是古代政治家、思想家对于皇帝个人道德素质的期待。

在官吏治理方面,管子将礼、义、廉、耻称作为“国之四维”,强调国家管理者必须坚持礼义廉耻,否则政权就可能倾、危、覆、灭。[29]汉朝思想家刘向从君臣关系角度，谈为臣者的基本素质，并区分六种为臣者：圣臣、良臣、忠臣、智臣、贞臣、直臣。唐朝名臣魏徵向太宗进言，专门提起刘向关于六种正臣的德行。[30]明朝理学家薛瑄提出“居官七要”：“正以处心，廉以律己，忠以事君，恭以事长，信以接物，宽以待下，敬以处事。”[31]无论是刘向、魏徵关于六臣素质的界定阐释，还是薛瑄提出的居官准则，都将道德标准放在重要位置。

从皇帝到大臣，从封疆大吏到州县官及士子文人，都首先强调为官亲民的道德标准，甚至民间自发形成的宗族也要求本族子弟为官者，必须坚持道德要求。清朝安徽谯国曹氏宗族制定本宗族内部通用的《曹氏家训》，其中规定：“君臣之义通于天地。凡我族有登科第、跻膴仕者，无论资格，但有一命之托寄，务为忠良，上不负天子，下则不负庶民。”[32]

中国古代对于官吏的管理有两个重要的制度性环节：监察与考课。在这两个环节中，个人品德与职业道德均是评价官吏的重要指标。

《秦简·为吏之道》规定：“凡为吏之道，必精洁正直，慎谨坚固，审悉毋私，微密纤察，安静毋苛，审当赏罚。”[33]西汉惠帝针对京畿三辅地区吏治存在的诸多问题，专门颁行《监御史九条》，加强对于该地区的官吏管理。据《唐六典》记载，《监御史九条》内容包括：“辞讼者，盗贼者，铸伪钱者，狱不直者，繇赋不平者，吏不廉者，吏苛刻者，逾侈及弩力十石以上者，非所当服者，凡九条。”[34]监御史的监察对象为郡县官吏，而监察的重点在于渎职、风纪、违制三方面。[35]隋朝也根据监察需要，制定《刺史巡察六条》，专司对于地方官的监察。[36]无论是汉朝《监御史九条》，还是隋朝《刺史巡察六条》，对官员巡视监察的重点之一在于道德素质。

唐朝制定了较为完备的官吏考课体系，以“四善二十七最”为代表。一方面，将各级官员按照职责不同划分为二十七种岗位，明确界定不同岗位官员的优秀标准，即“二十七最”。除了对各岗位官员业务素质的要求之外，唐朝考课还有对于各类岗位官员的通用标准考核，即“四善”：“一曰德义有闻，二曰清慎明著，三曰公平可称，四曰恪勤匪懈”。[37]“四善”主要涉及官员的道德品行。清朝对于官员考课分作京察、大计。京察考核京官，重点考核各级京官的能力、操守、政绩、年资。大计考核地方官，同样重点考核官员的能力、操守。[38]

中国古代道德法律共同治理还集中体现在基层社会治理方面。传统中国,以农为本。农业生产既影响政府是否能够通过赋税劳役的征发保障国家机器的正常运转,也决定着是否能够将广大农民栓系于土地而防止因流民过多可能导致的社会不稳定。基层社会的有效治理为历代统治者所特别关注。上自皇帝,下至州县官,都将基层社会治理当作国家政治中的重要问题。

唐中期以后,随着均田制、租庸调制废止以及两税法的实施,魏晋以来盛行的世族地主经济逐渐瓦解,原有的伴随一定程度人身依附性质的土地租佃关系转变为契约租佃关系。[39]商品经济发展,土地买卖活跃,人口流动性增加,基层治理的重要性进一步提升。传统的道德教化不仅更加深入基层,而且在治理形式上也有新的发展。此前注重引民向善、道德说教方式逐步朝着道德要求的规范化、具体化、可操作的方向发展。从宋朝开始,面向基层社会的道德要求逐步规范化。张载、程颐、朱熹等理学家均主张通过宗法家族组织的构建,特别是家族内部适用的族规家训的制定与实施,融合道德伦理要求,强化基层社会管理。[40]

历朝皇帝都重视对于基层乡里的治理。明太祖朱元璋制定《圣谕六言》,并于洪武三十年(1397 年)以诏令形式,颁行天下,其内容为:“孝顺父母,尊敬长上,和睦乡里,教训子孙,各安生理,毋作非为。”明太祖要求全国各地的乡里街坊,设置专人,每月向乡民宣讲《圣谕六言》。清朝康熙皇帝为强化基层社会管理,于康熙九年(1670 年)颁行《圣谕十六条》,其内容涉及基层民众生活与生产的方方面面,从家庭宗族到保甲乡党,从崇农务本到完钱纳粮,从崇文重教到人际和谐,实际上是官府为基层民众制定的行为守则。[41]就《圣谕十六条》所涉及社会关系而言,真正需要通过法律规制的不足四分之一,绝大多数社会关系主要通过道德伦理规范加以调整。

州县官为亲民之官,直接面对天下万民,具体落实朝廷所定各项政策,并履行下情上达职责。作为亲民之官,施政效果直接关乎国家治乱与统治基础。按照职责划分,州县官的主要任务有三项:刑名、钱谷、教化。与处理各类诉讼、征发赋税劳役两项任务相比较,以培育民风、构建秩序为目标的道德教化任务,更加难以把握,更加难以在确定的时间内取得可见的成效。

南宋真德秀于嘉定十五年(1222 年)任湖南潭州太守,就任之初,颁布告示,强调道德法律共同治理。真德秀在告示中提出,自己作为太守,职责在于“布宣德化,导迪人心”,为履行职责,向百姓提出三条行为准则:第一,家庭之内,以孝悌为本;第二,乡里之中,崇宗族之爱,厚邻里之欢;第三,官民之间,“休戚利害,合相体恤。为有司者,不当以非法扰民;为百姓者,不当以非理扰官”。[42]清朝乾隆进士左辅先后任知县、知州、知府、巡抚等地方官,每任之初,均布告所辖,阐释施政方针。嘉庆四年,左辅任合肥知县,即布告全县,要求百姓遵循五条准则:第一,勤俭当务;第二,刑罚当畏;第三,争讼当止;第四,嫌怨当释;第五,保甲当遵。[43]不久,左辅迁任泗州知州,到任之后又告示全州,提出新的五条规则:敦伦纪,谨礼节,习退让,端士习,靖奸匪。[44]

从宋朝真德秀、清朝左辅的履职重点可以看到,他们都将对于基层社会的道德教化作为自己亲民官的重要任务。中国古代在基层社会治理方面还充分利用基层社会自身的力量,发挥乡贤的作用,在某些领域实施一定程度的自治。北宋开始,统治者更加重视乡规民约在社会治理方面的作用,并取得了良好的效果。

北宋陕西蓝田吕氏宗族制定《吕氏乡约》,为吕氏族人设置行为规矩,民风大改。《吕氏乡约》包括四大条款:“德业相劝,过失相规,礼俗相交,患难相恤”,每一条款又包括诸多具体内容。[45]南宋理学大师朱熹对于《吕氏乡约》倍加赞赏,并亲自修改,形成更加符合统治阶级整体要求的《增损吕氏乡约》。心学大师王守仁吸收《吕氏乡约》的基本精神,颁行《南赣乡约》,要求同约之民孝悌和谐,相助相恤,诚信向善。

从皇帝到州县亲民官以及乡约保甲,以不同方式形成以道德伦理为核心的行为规范。这些规范的内容以及体现在这些规范之中的价值导向,也直接影响各级官员对于案件的司法处理。

清朝袁枚为沭阳县令时审判一案。秀才孙文定,腹有诗书,备考科举,但家境贫寒。曾向一名马夫陈春春借钱 30 千,未按时归还。陈春春索债未得,将孙文定暴打一顿。马夫打秀才在当时属于严重辱没斯文之事。陈春春被告到县衙。袁枚经调查、审理,做出判决。判决要点有二:第一,陈春春殴打孙文定,构成斗殴罪,依律应处笞刑。但考虑到孙文定欠债不还在先,而陈春春一时兴起,且所殴伤势不重,因此从宽处理,罚钱 30 千。第二,孙文定被殴,作为受害人,免除此前所欠殴打人之债务 30 千钱。袁枚还在判决书中特别提出，在自己辖区内，一名秀才竟然穷困潦倒到如此境地，自己作为县令，作为父母官，深感有责。因此，从自己的薪俸之中捐出100千钱，资助孙文定，希望孙文定专心读书，力争科举考试中脱颖而出。[46]袁枚个人资助孙文定继续读书备考属于其个人义举，无关乎法律。但本案判决的主要内容却基本脱离了法律环境，[47]而是营造了一个道德氛围。这一道德氛围的前提是：秀才作为读书人，不应该如此穷困；马夫作为一介粗人，不应该辱没斯文。正是在这一道德氛围之下，袁枚脱离法律条款，仅仅依据道德要求与价值导向作出判决。袁枚此判，妥善处理了秀才与马夫、刑事犯罪与债务纠纷等关涉道德与法律的诸多复杂关系，因而成为优秀判决，在官府与民间广为流传，并得到普遍肯定。

从古代对于基层社会治理的情况来看，在国家法律之外，从皇帝到州县亲民官，从保甲乡贤到宗族首领，无不忠实地履行着以道德伦理调整社会关系、构建社会秩序的职责。而皇帝、州县官又作为国家管理体制的核心和主要成员，同时履行着道德规制与法律调整的双重责任，因而出现州县官在浓郁的道德氛围中审理判决案件的现象。这种道德为主、法律为辅的管理方式正是统治者所刻意构建的基层社会治理模式。

四、道德法律共同治理模式的作用与影响

中国古代基于人文精神而形成的国家治理理念注重道德与法律的结合，形成道德法律共治天下的治国模式。中国古代社会地域广阔，民族多元，在漫长的历史发展过程中，大多数时期保持国家统一，国力强盛，秩序稳定。在这一过程中，适应国情、符合人性的道德法律共同治理模式发挥着重要的积极作用。这一治国模式之下所形成的对法律本身的负面定性以及法律对道德的依附性，也对法律的权威性及其在治国理政过程中的作用产生消极影响。

历代王朝所实施的道德法律共同治理模式中，道德始终是国家治理的主要手段，“德治”成为历代统治者所弘扬、追求的政治理想。在官吏治理、基层社会治理方面，道德规范所涉及社会关系比重，道德治理的社会覆盖面以及实施效果，都充分展示了“德治”的生命力和有效性。

中国古代注重对于国家管理者的道德法律共同治理，重视通过道德教化，培育官员的家国情怀，激发官员的浩然正气；通过法律规范，规制机构

的职责程序，约束官吏的行为举止，取得良好效果。正是在道德与法律双重规制下，我国古代官僚系统中涌现了一些怀抱治国平天下理想和“先天下之忧而忧，后天下之乐而乐”崇高人格的官员。他们既为国家治理贡献了才能，也因立功、立德、立言而为社会树立了道德楷模。

道德法律相结合在基层社会治理方面更起到直接有效作用。宋、元、明、清在基层社会治理方面体现了三个特点。其一，整个社会对于德法共治理念的高度认同。为了构建和谐的基层秩序，从皇帝、宰执大臣到地方各级政府，直至乡里宗族，分别以圣谕、奏折、布告、乡约、族规等方式弘扬国家与社会的治理理念，规制具体的言行举止。贯穿于其中的主线就是道德法律共同治理。其二，德法共治原则对于基层社会关系实现全覆盖。从皇帝圣谕、官府布告以及地方乡约，我们看到，上述规范几乎覆盖了基层社会关系的所有方面。从为国尽忠到居家持孝，从赋税劳役到务农经商，从人际关系到纠纷解决，无所不包。其三，德法共治原则中，道德治理始终占据主导地位。古代道德已不限于单纯的道德说教，而是已经具体化为行为规范，既有对于行为人言行举止的规范性要求，也有对于行为人可能产生重要影响的道德后果。从皇帝圣谕、官员规范、乡约族规来看，多数内容涉及道德伦理。法律作为最后手段，不仅从道德那里获得自身存在的正当性、合理性，而且其作用也重在辅佐道德，支持道德，实现国家治理和社会秩序。传统中国，安土重迁，聚族而居，父母在不远游，在这样一种注重家族荣誉的熟人社会，道德规范所起作用是巨大的。

在人文精神基础之上形成的道德法律共同治理模式为解决人类自身的问题提供了坚实的理性基础。就文化类别而言，道德与法律的有效结合，满足了国家治理方式的基本需求，并排除了法律与其他文化现象相结合的可能，因而造就了独特的以理性为基础的中华文化。这一文化体系中注重依靠人的智慧与力量，解决人所面临的一切问题；在这一文化体系中，没有不证自明的社会公理，任何一种理论、思想、制度都必须经过理性的论证；在这一文化体系中，对于自然与社会，重在秉持诚挚的敬畏和尊重，而较少迷信或漠视。

在人文精神基础之上形成的道德法律共同治理模式还造就了和谐包容、务实平和的民族心态。民族文化中关于人生价值、人生追求、生活目标等内容融入道德原则与道德规范之中，并通过道德原则影响着法律的制定与执行。在体现这一价值追求的道德与法律共同作用下,营造出和谐、包容、务实、平和、不走极端的民族性格。古代思想家基于人文精神从自然运行与社会生活中总结出一些基本的规律。《尚书》说:“允执厥中。”老子提出:“祸兮福之所倚,福兮祸之所伏。”(《道德经》第五十八章)《礼记》则强调“执两用中”。人们注重现实现世,以平静的心态规划人生,以务实的态度安排生活。一般情况下,古代民众既不会设计明显超出自身能力的生活目标,也不会因为执着一种信念而升华为狂热。和谐的文化背景催生了平和的民族心态;而平和的民族心态进一步强化了社会和谐。

在道德法律共同治理模式下所形成的对法律本身的负面定性,也对法律发展产生消极影响。法律虽然通过道德获得了正当性,但法律本身毕竟代表着“恶”的力量,只是通过“惩恶”的方式展示自己“行善”的目标和价值。法律作为一种规范,其价值在起点上与道德规范截然不同。同时,法律的终极作用在于“刑以止刑”“法以无法”,通过道德与法律的共同作用,最终实现“止刑”“无讼”“无法”的理想目标。法律作为一种规范,其价值在终点上也与道德大相径庭。在道德与法律两大规范体系之中,法律只是作为必要的“恶”,不得已而实施。在中国古代,“鄙法”“息讼”观念流行。法律设置了艰难的诉讼程序,阻止民众提起诉讼。不仅如此,法律设立专门罪名,以惩罚为诉讼当事人提供诉讼程序或者法律知识方面帮助的人。[48]州县衙门以“政简刑轻”、讼案减少为政绩,民众以“无字纸入官府”“不入公门”[49]为家族声誉。法律始终具有负面定性。这一性质直接影响到法律在古代社会治国理政中的地位、作用,也影响到民众法律意识、法律观念的养成。

法律对于道德的依附性更直接影响到法律的权威。就实质而言,法律的权威来自国家强制力。但在中国古代,法律的正当性以及通过正当性而形成的权威首先与道德相关联。法律与道德目标的一致性使自身获得存在的理由。法律的制定与执行均以道德原则为依归。董仲舒开创“《春秋》决狱”原则,虽然后世注重审案断罪具引律令,但由于道德原则的作用,具体的司法活动中仍频频出现的“缘情执法”。重大案件的审理,在依据律令条款的同时,引入道德、情理等因素。而在基层司法中,道德情理更发挥主要作用,甚至出现以道德为依据、以法律条款为参照的司法现象。一方面,法律不能直接从国家权力那里获得权威,而必须依附道德,经由道德的论证、认可;另一方面,道德规范的弹性,也使法律的权威具有一定的不确定性。在这一曲折的传递关系中,法律虽然获得了正当性,但其权威性却大打折扣。

基于差异性文化背景与民族传统,历史上的世界各国在国家治理、社会管理方面采用了不同的基本模式。无论是道德与法律结合,还是宗教与法律联接,在引导思想、规制行为方面,在调整社会关系、构建社会秩序方面,都曾经发挥积极、有效的历史作用。随着科技的发展、文明的演进,人类社会的人文精神越来越浓郁,越来越显现其内在的价值。实际上,人类社会近五百年的发展充分展示了人文精神在国家治理、社会管理过程中全面提升的趋势和规律。中国社会的人文精神、中华民族的文化自信将会在法律道德共同治理方面进一步体现其价值和优势。

注释

1 《马克思恩格斯文集》(第 2 卷),人民出版社 2009 年版,第 235 页。

2 奥古斯丁认为:“不按照信仰生活的地上之城希求地上的和平,形成公民间和谐的命令与遵从,为的是在这必朽中维持必朽的生命,保障人们的意志之间的平衡。天上之城,或更确切地说,天上之城的一部分,在这必朽中旅行,按照信仰生活,也有必要利用这种和平,因为在这必朽的生命结束之前,这种和平也是必要的;虽然他获得了救赎的应许和灵性的赐予,就在他在地上之城中旅行时,他还接受了地上之城的法律。因为,维护必朽的生命的物品,是靠这些法律管理的,他无疑要服从。”参见[古罗马]奥古斯丁:《上帝之城》(下册),吴飞译,上海三联书店 2009 年版,第 153 页。奥古斯丁还认为:“在那里,在所有属于那个城、遵从上帝的人那里,心灵统治身体,理性依照法律秩序充满信仰地统治罪过。”(同前第 164 页)

3 中世纪早期的法兰克王国,从墨洛温王朝到加洛林王朝,教会均以支持王权的方式,扩大基督教的影响,提升教会的地位和作用。“在查理曼帝国时代,教会与国家权力紧密结合起来。皇帝以他的物质力量帮助教会,强迫异教徒皈依天主教,臣民服从教会的教规。教士则以精神力量支持皇帝,强迫信徒服从皇帝命令,恪守对皇帝的誓约。臣民的义务与信徒的义务合而为一,教会的法规和教士的命令以国家的强制权力为后盾,国家的法律和政府的命令得到教会精神权力的支持”。(丛日云:《西方政治文化传统》,黑龙江人民出版社 2002 年版,第 446 页。)

4 参见尹大贻:《基督教哲学》,四川人民出版社 1988 年版,第 15 ~ 16 页。

5 参见郭守田主编:《世界通史资料选辑 · 中古部分》,商务印书馆 1981 年版,第34 页。

6 中世纪日耳曼国家法律制度的建立与发展,深受基督教教义以及古希腊罗马法律传统的影响。“对于日耳曼法影响最大的是基督教和罗马法,这种影响贯穿于其存在的整个时期,表现在其制度的各个方面。”一方面,基督教为日耳曼人带来了立法理念、司法原则,并协助提升王权的地位和作用;另一方面,罗马法中的私法原则,逐步为日耳曼法广泛吸收,而日耳曼国家中行政体制、诉讼制度等,也不同程度受到罗马法的影响。参见李秀清:《日耳曼法研究》,商务印书馆 2005 年版,第 466 ~ 488 页。

7 “永恒法就是上帝心中关于受造界的观念、理念或蓝图。其他的法都是上帝心中蓝图的实施、是它的衍生物和落实。自然法是人类理性对永恒法的分有,是永恒法在人类理性上的烙印。人法又称人定法、实定法或实证法。……神法指上帝直接干预和指导人的生活,这是通过《圣经》中所颁布的新旧诫命办到的。”参见刘玮主编:《西方政治哲学史》(第一卷),中国人民大学出版社 2017 年版,第 303 页。

8 彭小瑜:《教会法研究》,商务印书馆 2003 年版,第 94 页。

9 出于提升天主教会地位、贬抑世俗权力的目的,托马斯·阿奎那强调法治优于人治、国王也必须遵守法律、国家治理应采取分权体制等原则。这些原则为此后西欧资产阶级夺取政权、构建近代政治法律体系所吸收,并对近现代欧美国家治理模式的确立产生重要影响。

10 中国古代也存在一个依靠超自然力量实施国家治理与社会管理的历史时期。商朝尊崇神鬼,国家统治者处理国家大事,平民百姓处理日常大事,常询问神鬼之意,然后决定是否行动、如何行动。《礼记·表记》:“殷人尊神,率民以事神,先鬼而后礼。”询问的方式就是占卜。从河南安阳殷墟等地出土的甲骨,详细记载了殷商及西周早期官府、民间占卜的内容。殷商统治者“恃天命”“信鬼神”,依赖于敬神占卜活动。希望通过敬神、占卜,了解“天”的意愿,再根据“天意”实施统治。这是一种国家治理中的“神治”原则。武王伐纣,商朝灭亡,导致人们重新思考商朝统治者所宣扬的“其命在天”的神佑理论。周公提出“敬天保民”“明德慎罚”,开启了中国传统政治思想通向人文主义的新路。

11 (唐)李世民:《帝范》,唐政释译,新世界出版社 2009 年版,第 90 页。

12 杨一凡、王旭编:《古代榜文告示汇存》(第一册),社会科学文献出版社 2006 年版,第 118 页。

13 [美]伯尔曼:《法律与宗教》,梁治平译,中国政法大学出版社 2003 年版,第 1 页、第 3 页、第 27 页。

14 《礼记·礼运》:“孔子曰:‘大道之行也,天下为公:选贤与能,讲信修睦。故人不独亲其亲,不独子其子;使老有所终,壮有所用,幼有所长,矜寡孤独废疾者皆有所养;男有分,女有归。货,恶其弃于地也,不必藏于己;恶其不出于身也,不必为己。是故谋闭而不兴,盗窃乱贼而不作,故外户而不闭。是谓大同’。‘今大道既隐,天下为家:各亲其亲,各子其子;货力为己;大人世及以为礼,城郭沟池以为固;礼义以为纪——以正君臣,以笃父子,以睦兄弟,以和夫妇;以设制度,以立田里;以贤勇知,以功为己。故谋用是作,而兵由此起。禹、汤、文、武、成王、周公,由此其选也。此六君子者,未有不谨于礼者也。以著其义,以考其信,著有过,刑仁讲让,示民有常。如有不由此者,在執者去,众以为殃。是谓小康'。"

15 魏徵认为,"立法者,非以司民短而诛过误也,乃以防奸恶而救祸患,检淫邪而内正道"。参见(唐)吴兢撰:《贞观政要·公平第十六》,线装书局 2014 年版,第 306 页。

16 刘惟谦等《进大明律表》:"故圣人者出,因时制治,设刑宪以为之防,欲使恶者知惧而善者获宁。《传》所谓狱者万民之命,所以禁暴之邪、养育群生者也。"参见《皇明制书》(第三册),杨一凡等点校,社会科学文献出版社 2013 年版,第 812 页。

17 《王安石全集》卷六四《周公》,刘丽华、张中良点校,吉林人民出版社 1996 年版,第 690 页。

18 乾隆礼部尚书、律例馆总裁官徐本关于《大清律例》奏疏说:"帝德好生,玉律重慈祥之义;皇心敕法,丹书昭钦恤之仁";"寓春温于秋肃","化民成俗,只期执两而用中;载德载行仁,将使回心而向道"。参见《大清律例》,张荣铮等点校,天津古籍出版社 1993 年版,第 29 页。

19 "《春秋》之听狱也,必本其事而原其志。志邪者,不待成;首恶者,罪特重;本直者,其论轻。"参见董仲舒:《春秋繁露·精华第五》,周桂钿等注,山东友谊出版社 2001 年版,第 103 页。

20 这种差别主要体现为两类。第一,在人身伤害案件中,实施尊长优先原则。尊长对卑幼伤害,减等处罚;相反,卑幼对尊长伤害,加重处罚。这一原则的家庭哲理在于:卑幼对于尊长,在人身方面必须给予更多的关切和尊重。第二,在财产纠纷案件中,实施亲属对冲原则。由于亲属关系的存在,亲属之间如果发生财产侵权,则比照普通人之间财产案件处理标准,减等处罚。就处理结果而言,同样的财产侵权行为,亲属关系越近,处罚越轻。这一原则的家庭哲理在于:亲属关系越亲近,越需要在财产方面相互扶持,相互资助。

21 《唐律疏议·名例》规定:"诸犯死罪非十恶,而祖父母父母老疾应侍,家无期亲成丁者,上请;犯流罪者,权留养亲。……诸犯徒应役而家无兼丁者,徒一年,加杖一百二十,不居作。一等加二十。"参见《唐律疏议》,岳纯之点校,上海古籍出版社 2013 年版,第 53 页。

22 山东曲阜孔庙前的《忍讼歌》全文为:"世宜忍耐莫经官,人也安然己也安然。听人挑唆到衙前,告也要钱诉也要钱。差人奉票又奉签,锁也要钱开也要钱。行到州县细盘旋,走也要钱睡也要钱。约邻中证日三餐,茶也要钱烟也要钱。三班人役最难言,审也要钱和也要钱。自古官廉吏不廉,打也要钱枷也要钱。唆讼本来是奸贪,赢也要钱输也要钱。听人诉讼官司缠,田也卖完屋也卖完。食不充足衣不全,妻也艰难子也艰难。始知讼害非浅鲜,骂也枉然悔也枉然。"

23 《唐律疏议·断狱》规定:“诸拷囚限满而不首者,反拷告人。”参见《唐律疏议》,岳纯之点校,上海古籍出版社 2013 年版,第 471 页。

24 《后汉书·张敏传》:“敏驳议曰:……‘臣愚以为,天地之性,唯人为贵。杀人者死,三代通制。今欲趣生,反开杀路。一人不死,天下受敝。记曰:利一害百,人去城郭。夫春生秋杀,天道之常。春一物枯即为灾,秋一物华即为异。王者承天地,顺四时,法圣人,从经律。愿陛下留意下民,考寻利害,广令平议,天下幸甚’。和帝从之。”

25 《大明律》设“任所置买田宅罪”,规定:“有司官吏不得于见任处所置买田宅。违者,笞五十,解任,田宅入官。”参见《皇明制书》(第三册),杨一凡点校,社会科学文献出版社 2013 年版,第 891 页。《大清律例》设“娶部民妇女为妻妾罪”,规定:“凡府州县亲民官,任内娶部民妇女为妻妾者,杖八十……若为子孙、弟侄、家人娶者,罪亦如之。男女不坐。”参见《大清律例》,张荣铮等点校,天津古籍出版社 1993 年版,第 222 页。

26 (唐)李世民:《帝范》,唐政释译,新世界出版社 2009 年版,第 90 页。

27 (唐)吴兢:《贞观政要·慎所好第二十一》,第 348 页。

28 “太傅、少傅以养之,欲其知父子君臣之道也……师者也,教之以事,而谕诸德者也,保者也,慎其身以辅翼之,而归诸道者也。”参见(唐)杜佑:《通典》卷三〇,载《东宫官》,浙江古籍出版社 1988 年版,第 171 页。

29 《管子·牧民》:“国之四维”,礼义廉耻,“一维绝则倾,二维绝则危,三维绝则覆,四维绝则灭。倾,可正也;危,可安也;覆,可起也;灭,不可复错也”。

30 “何谓六正?一曰萌芽未动,形兆未见,昭然独见存亡之机,得失之要,预禁乎未然之前,使主超然立乎显荣之处,如此者,圣臣也。二曰虚心尽意,日进善道,勉主以礼义,谕主以长策,将顺其美,匡救其恶,如此者,良臣也。三曰夙兴夜寐,进贤不懈,数称往古之行事,以厉主意,如此者,忠臣也。四曰明察成败,早防而救之,塞其间,绝其源,转祸以为福,使君终以无忧,如此者,智臣也。五曰守文奉法,任官职事,不受赠遗,辞禄让赐,饮食节俭,如此者,贞臣也。六曰国家昏乱,所为不谀,敢犯主之严颜,面言主之过失,如此者,直臣也。是为六正。”参见(唐)吴兢撰:《贞观政要·择官第七》,线装书局 2014 年版,第 169 页。

31 《薛瑄全集》,孙立常等点校,三晋出版社 2015 年版,第 135 页。

32 安徽《谯国曹氏族谱·家训》,安徽省博物馆藏。

33 《睡虎地秦墓竹简》,文物出版社 1978 年版,第 281 页。

34 (唐)李林甫等撰:《唐六典》卷一三《御史台》,陈仲夫点校,中华书局 1992 年版,第 379 页。

35 参见张晋藩主编:《中国古代监察法制史》,江苏人民出版社 2007 年版,第 107 页。

36 《隋书·百官志下》:“一察品官以上理政能不。二察官人贪残害政。三察豪强奸猾，侵害下人，及田宅逾制，官司不能禁止者。四察水旱虫灾，不以实言，枉征赋役，及无灾妄蠲免者。五察部内贼盗，不能穷逐，隐而不申。六察德行孝悌，茂才异行，隐不贡者。”

37 （唐）李林甫等撰：《唐六典》卷二《吏部》，陈仲夫点校，中华书局1992年版，第42页。

38 “京察以子卯午酉岁，部院司员由长官考核，校以四格，悬‘才、守、政、年’为鹄，分称职、勤职、供职三等。……大计以寅巳申亥岁，先期藩、臬、道、府递察其属贤否，申之督、抚；督、抚核其事状，注考缮册送部复核。才守俱优者，举以卓异。”参见《清史稿》卷一一一《选举志六》，中华书局1976年版，第3221～3222页。

39 参见白寿彝主编：《中国通史》第六卷《隋唐时期上》，上海人民出版社·江西教育出版社2013年版，第580页。

40 参见费成康主编：《中国的家法族规》，上海社会科学院出版社1998年版，第15页。

41 康熙《圣谕十六条》的内容为：“敦孝弟以重人伦，笃宗族以昭雍穆。和乡党以息争讼，重农桑以足衣食。尚节俭以惜财用，隆学校以端士习。黜异端以崇正学，讲法律以儆愚顽。明礼让以厚风俗，务本业以定民志。训子弟以禁非为，息诬告以全善良。诫匿逃以免株连，完钱粮以省催科。联保甲以弭盗贼，解雠忿以重身命。”雍正二年（1724年），雍正皇帝又对《圣谕十六条》进行解读阐释，并将《圣谕十六条》与解释文字合并，形成《圣谕广训》，颁令全国宣讲、实施。参见周振鹤撰集《圣谕广训：集解与研究》，顾美华点校，上海书店出版社2006年版，第6～12页。

42 杨一凡、王旭编：《古代榜文告示汇存》（第一册），社会科学文献出版社2006年版，第117页。

43 杨一凡、王旭编：《古代榜文告示汇存》（第八册），社会科学文献出版社2006年版，第113页。

44 杨一凡、王旭编：《古代榜文告示汇存》（第八册），社会科学文献出版社2006年版，第139页。

45 例如，“过失相规”条，包括三类过失：犯义之过六条，犯约之过四条，不修之过五条。第一，“犯义之过”：酗酒赌博、斗殴告诬；逾礼违法；行为不恭；为人谋事不忠，与人相约不信；无事生非，诋毁他人，言行不一，揭人之短；过于追逐一己私利等。第二，“犯约之过”：德业不相劝，过失不相规，礼俗不相成，患难不相恤。第三，“不修之过”：交往非人，游戏懒惰，进退失仪，忘事怠慢，奢靡浪费等。参见《吕氏乡约》，载一凡藏书馆文献编委会编：《古代乡约及乡治法律文献十种》，黑龙江人民出版社2005年版，第5～32页。

46 “审得陈春春殴辱生员孙文定一案，据供孙曾欠陈春春钱三十千，屡索无着，反被辱詈，一时愤急，遂奋拳相殴等语。询诸孙生，供亦相同。孙生学富五车，历拥皋比，乃时运不济，寒毡难暖，致门前有债主之逼，户内无隔宿之粮。一寒至此，为之三叹。陈春春殴辱斯文,本当加杖。姑念出自情急,实非得已。且衅非彼开,伤不甚重。从宽罚钱三十千,聊当杖责。孙生所欠陈春春债款三十千,即以陈春春罚款抵消,不必再偿。本县怜才有志,养士无方。心劳致绌,言誇力薄。邦有宿学,竟令潦倒至此。一夫不获,时予之辜。是真为民父母之责。捐俸百千,用助膏火。青灯黄卷,墨榜锦标。脱颖有时,毋堕厥志。明年丹桂飘香,当贺子于鹿鸣宴上也。仰尔努力,勿负吾意。此判。"参见《袁枚全集新编》(第 19 册),王英志编纂校点,浙江古籍出版社 2015 年版,第 34 ~ 35 页。

47 如果严格依据法律规定,应该对陈春春定斗殴罪,处笞二十刑;对孙文定,则应判处返还所欠三十千钱。

48 《大清律例》专门设置"教唆词讼罪",对于"讼棍""讼师"以及未取得"代书"资格者为他人代写诉状,一律严厉禁止。参见《大清律例》,张荣铮等点校,天津古籍出版社 1993 年版,第 525 页。

49 明清时期地方宗族标榜自己族睦事简,常以"无字纸入公门"自夸,说明自己治理有方,族人没有进衙门诉讼。安徽黟县南屏叶氏宗族说:"族内偶有争端,必先凭劝谕处理,毋得遽兴词讼。前此我族无一字入公门者,历有年……族中士庶以舞弄刀笔、出入公门为耻,非公事不见官长。或语及呈词、讼事则忸怩而不安,诚恐开罪祖宗,有忝家风。"参见安徽黟县《南屏叶氏族谱·祖训家风》,安徽省博物馆藏。

朱勇

代表作

陆

权利换和谐：中国传统法律的秩序路径

在传统社会，法律的重要功能在于实现国家统治和社会控制。法律通过何种方式或路径实现这一功能，受不同的环境、文化及历史传统的影响，东西方社会各具特色。传统中国，在以儒家学说为核心的主流价值观作用下，个体通过放弃和让渡某些权利而获得特定共同体的身份和资格，并因而享受共同体提供的利益或利益期待；由于利益或利益期待的存在，共同体促使个体之间形成有利于共同体存在和发展的和谐关系。[1]放弃权利，获得利益，实现和谐，是中国传统社会的价值追求，也是中国传统法律实现国家统治和社会控制、构建稳定的社会秩序的主要路径。

一

人类从野蛮进入文明的标志之一是建立并置身于一定的社会共同体；通过共同体的公共职能建立并维持某种秩序。进入文明社会以后，个体仍然需要以共同体成员的身份参与社会活动。个体进入共同体的前提条件是必须放弃、让渡自己在自然状态中所享有的某些权利，放弃那些不进入特定共同体可以继续享受的权利。

就个体而言，人类权利的鼎盛时期或者说最充分享受权利的时期是自然状态。在自然状态中，没有共同体的要求，没有法律、纪律的约束，没有上级的指令。个体作为人类种系延续的一个阶段，作为自然生物链的一个环节，独自享受自然权利的欢乐，也独立承受自然惩罚的痛苦。进入文明

原载《中国法学》2008 年第 1 期。

社会，人类享受文明社会的秩序，享受文明社会带来的安全、利益。但同时，个体首先必须接受文明社会的准入条件，接受道德与法律，并放弃自然状态下当然拥有的某些权利。通过权利让渡，实现秩序，这是人类文明的重要内容，也是包括国家、村社、政党在内的所有共同体建立的基本原则。对于这一点，卢梭在其《社会契约论》中有经典性论述：

由自然状态进入社会状态，人类便产生了一场最堪注目的变化；在他们的行为中，正义代替了本能，而他们的行动也就被赋予了前此所未有的道德性。惟有当义务的呼声代替了生理的冲动，权利代替了嗜欲的时候，此前只知道关怀一己的人类才发现自己不得不按照另外的原则行事，并且在听从自己的欲望之前，先要请教自己的理性。

人类由于社会契约而丧失的，乃是他的天然的自由以及对于他所企图的和所能得到的一切东西的那种无限权利；而他所获得的，乃是社会的自由以及对于他所享有的一切东西的所有权。[2]

上至国家、社会，下至村社、家庭，权利的让渡和集合是共同体组成的基本要求。个体让渡部分权利，共同体集中这些由个体所放弃的权利而转化为公共职能的权力，并作为一个独立的实体行使公共权力，履行公共职能。与此同时，共同体能够为个体提供其生存和发展所需要的秩序，为其提供较高质量生活的条件和保障。个体通过放弃部分权利而置换共同体成员的身份，并因身份而获得共同体提供的利益和待遇。

无论是作为民族国家的国民，还是加入某一城市、行会、村社，个体都必须接受该共同体业已形成的纪律和规则，必须承担遵守纪律和规则的义务，必须放弃或抑制与纪律、规则相冲突的自己原有的习惯和行为。个体也获得共同体所提供的其他利益，这些利益能够抵消个体因失去某些习惯或不能从事某些行为而造成的利益损失，而且更有利于个体的生存、发展。

个体在同等条件下进入共同体，大家均等地放弃、让渡部分权利，因而组成共同体的个体之间基本处于相同的权利义务地位。但同时，共同体的存在与发展需要构建内部组织结构，需要在共同体内部形成不同的层级，甚至形成具有特殊地位、履行特殊职权的特殊层级。为了适应个体以同等身份进入共同体这一原生特征，与特殊层级相关的各项制度必须符合两项基本条件。第一，特殊层级的形成应有合理的基础，包括人类自身不能选择的自然基础。第二，层级之间应有合理的流动渠道。根据公开、统一的标准,不同层级的个体能够机会均等地在层级之间流动,排除特权层级的身份性垄断。这就意味着,作为一种结果,认可特权层级的存在,但前提是:进入特权层级的入口是开放的,对于所有个体,拥有均等的机会进入这一层级;特权层级与其他层级之间是流动的,只要符合某种统一标准,个体可以在不同层级之间正常流动。将不平等的结果建立在合理的入口和正常的流动之中,以入口的机会均等和层级之间的合理流动,抵消由于特殊层级的存在而导致的结果不平等。

在文明社会内部,由于发展环境的不同和文化传统的差异,共同体的组成原则和运作方式各具特色,并影响到个体通过权利置换进入共同体的条件和方式。

在中世纪的欧洲,对资源的追求促使各国以外部竞争为基本国策,各项制度也以有利于提高自身竞争力、扩大对外竞争为重点,形成典型的以外部扩张为特色的文明传统。这样的竞争型社会需要社会整体的活力,需要个体潜力和能量的发挥,需要个性的独立和张扬。而要做到这些,通过制度充分规制并保护个体的权利是必要的。在这里,鼓励强者的地位出人头地,放任财富的占有两极分化。通过对个体权利的维护和伸张,首先营造内部竞争的氛围和格局,通过竞争,激发个体的活力,发展经济和技术,进而激发社会的活力,提升国家对外竞争力,实现外部竞争的目标。

自足而封闭的自然环境促使中国社会的制度建设以追求"大一统"与内部和谐为主要目标。传统的中国政治在维持稳定的社会秩序、营造和谐的人际关系、实现人格的自我完善等方面极具创造力和想象力,形成卓有成效的制度体系,并构成以内部完善为特色的文明传统。在这种稳定性社会,首先需要的是社会整体的秩序,需要个体能量的平抑和个性的内敛,需要建立个体之间的谦让和宽容。通过制度淡化权利意识,强化义务责任,营造内部谦让、宽容的人际关系,实现社会从局部到整体的和谐;在和谐的环境中,兼顾有限的发展,实现政权的稳固和社会的稳定,实现人生的目标。

在以稳定、和谐为目标的传统中国,制度以和谐为第一任务。为了实现和谐,其他任务皆让位于对和谐的追求。在传统法律中,一方面,基于政治家、思想家对于公平、正义、国家、社会的理解,设置并规定了个体的各项权利,包括人身权、财产权、家长权、继承权、科举入仕权等;另一方面,基于和谐秩序的目标,又对相关权利进行了一系列的限制,个体必须放弃或让渡其中某些权利。由于这种限制,个体不能继续享受原本应有的权利全部。作为一种回报,个体的部分权利受到限制以后,个体与个体、个体与社会、以及社会整体实现了一定程度上的和谐。放弃个体权利,实现社会和谐,这就是中国传统社会的价值追求,也是传统法律实现社会控制、构建社会秩序的主要路径。

二

传统社会要求个体放弃部分权利,以获得共同体的身份和资格,并因而享受共同体的利益。传统法律对于不同个体,实行不同的权利限制。权利限制所涉及群体范围包括家庭亲属关系、官民关系、上下级关系,也涉及邻居、师生等其他关系,而限制所涉及的权利范围则涵盖人身关系、财产关系以及在某些公权关系中的主体资格。限制的方式既包括对于行为主体某些权利的直接限制,也包括对于行为相对人实施特殊保护的间接限制。

(一)人身关系

除了对于皇帝及皇帝亲属人身进行特别保护外,法律对于涉及亲属、官民、师生关系的行为主体,设置了特殊保护的规定;或者说,对于此类关系当事人设置了诸多的权利限制。

首先是家庭及亲属关系。由于家庭关系的存在,家庭成员之间与普通人之间相比,很多权利受到限制。在人身侵害方面,尊长受到更完备、更具强制性的保护,而卑幼受到的法律保护就相对较弱。换句话说,在人身关系中,卑幼的部分权利被强制性让渡。在伤害关系中,加重卑幼的义务和责任,以确保尊卑长幼亲疏嫡庶的亲属等级关系。

亲属关系中的尊卑长幼及家庭中的夫妻之间在法律上具有明显的不平等地位。这种不平等地位集中反映在区别对待尊卑长幼之间及夫妻之间相互侵犯行为的处理规定中。汉、唐、明、清各朝法律都规定:尊长与卑幼之间发生相互骂、殴、伤、杀等行为时,作为卑幼一方总是要承担更多的刑事责任,受到更重的法律制裁。同样,夫的地位高于妻,夫享有较之于妻更多的法律特权。夫与妻之间发生相互骂、殴、伤、杀等行为时,妻承担较多的刑事责任,并要承受较重的法律制裁。

唐律规定,凡人斗殴,笞四十。[3]如果殴兄、姐,则徒二年,与凡人相犯相比,加重九等。[4]如果殴祖父母、父母,则构成十恶重罪:"恶逆";骂祖父母、父母,也构成十恶重罪"不孝"。唐律规定:殴祖父母、父母者,斩。[5]妻殴夫,徒一年。[6]相反,祖父母、父母殴打、殴伤子孙,均不构成犯罪;夫殴妻,未伤,无罪;折伤以上,减凡人二等。[7]按照唐律,普通人之间骂詈,不构成犯罪;但如果子孙骂詈祖父母、父母,则构成重罪,处绞刑。[8]

对行为相对人进行的特殊保护方式还包括赋予当事人特别权利。为维持家庭关系的和谐而授予当事人一系列普通人不能享受的权利。法律注重家庭关系的和谐,注重对于父母、祖父母年老、有病家庭的特殊关照。个体犯罪本应依法惩处,但如果家庭之中父母、祖父母年老或有病,可以依法享受一定权利。《唐律疏议·名例》规定:"诸犯死罪非十恶,而祖父母、父母老疾应侍,家无期亲成丁者,上请。犯流罪者,权留养亲。"[9]唐律规定:"诸犯徒应役而家无兼丁者,徒一年,加杖一百二十,不居作;一等加二十。若徒年限内无兼丁者,总计应役日及应加杖数,准折决放。"《疏议》解释:"家无兼丁,免徒加杖者,矜其粮饷乏绝,又恐家内困穷。"[10]如果家有二丁均犯徒刑,应加杖、释放一人,在二人中释放谁,也体现本制度的设立宗旨。第一,首先看年限,从当下算起,释放应役时间少者;第二,如果应役时间同,则考虑相互关系,首先考虑释放尊长;第三,如果是夫妻同犯徒刑,且应役时间同,则释放妻。虽然夫尊妻卑,但男强女弱,基于弱者优先原则,首先释放弱者。[11]

其次是官民、上下级关系。相对于本属民众以及本属下级,主管官享有更多的权利,居于受法律重点保护的地位。在官民、上下级关系中,法律强调直接的辖属关系。民众对于主管官、下级官对于上级官以及吏卒对于主管官均承担特殊义务;如果对其人身侵害,将受到加重处罚。传统观念认为,民众对于主管官、下级对于上级、吏卒对于主管官应是"以义相从",应给以特别尊重。如果侵犯,则构成十恶之"不义"重罪。[12]在具体处罚上,唐律规定,凡人相殴,笞四十,但殴本管辖官,包括殴打本属府主、刺史、县令,吏卒殴打本部五品以上官长,徒三年。两相比较,相差十一等。[13]对于上述辖官和主管官,法律甚至保护其家庭成员。[14]

另外,中国古代尊师重教,法律对于受业师也给予特殊保护。对于受业师有人身侵害行为,将受到严厉惩处。[15]

(二)财产关系

因特定关系的存在,法律要求当事人放弃部分权利,而这些权利作为无特定关系者则可正常享受。家庭之内,法律要求所有成员必须“同居共财”。典型的家庭之中,包括几代共居的大家庭之中,实行统一的财产权。同时,亲属之间全面淡化财产权利,模糊财产权界限。亲属之间盗窃财产,比照凡人减等处理。[16]需要注意的是,此处亲属相盗,专指异财亲属,即非共财家庭。相盗的亲属之间原本即无共同财产关系,因此,盗窃者所侵犯的是所有人完整的财产权。[17]亲属之间淡化财产权界限在对杀死马牛行为的处理中有更典型的表现。在农业社会,马与牛在军事征战、货物运输、农田耕作方面起到重要作用,因而受到社会的普遍重视,法律也对其给予特殊保护。唐律规定:故意杀死他人马牛,徒一年半;主人故意杀死属于自己的马牛也同样构成犯罪,处刑徒一年。[18]同样是故意杀死马牛,处刑有一年半、一年之区别,主要考虑马牛的财产属性。法律还规定,故意杀死缌麻以上亲的马牛,与主人自杀同。[19]在这里,杀死所有权属于亲属的马牛与杀死属于自己的马牛同样处理;财产权的界限被完全取消。

传统社会的主流价值观要求,基于血缘和婚姻纽带联结而成的亲属之间以情相联,以义相结,而情义的延伸则是生活上的相互扶持。个体之间的财产权利界限因亲属关系的存在而被模糊,并受到限制,而模糊、限制的目的就在于营造亲属关系的和谐。

不仅亲属关系,中国古代关于财产流转,尤其是房屋、土地等不动产买卖,还优先考虑近邻关系和原主关系,形成“亲邻先买权”和“产动归原”习俗。[20]房屋居住和土地耕种既是财产功能的发挥,也对人际关系的构建产生重大影响。因此,法律对于不动产的买卖流通给予特别限制。

在不动产流通中还实行典、卖并存的方式。在典中,所有人将其田地房屋等不动产在一定期限内转让其使用权,获得典价;待典期满,出典人可按价回赎;出典人也可不回赎,而是找贴,由典权人补交部分价款,以使典转变成绝卖;出典期间,如果价格上涨,出典人也可以要求找贴。

典关系是买卖关系的一种特殊形态。典权实际上是一种使用、收益权。典关系双方与买卖关系中双方有诸多类似之处,包括均是价格支付、权利转移。但相对于买卖关系中的买方,典关系中的典权人又有不同,他所获得对于标的的权利是不完整的,或者说,典权人放弃了普通买卖关系中买方的部分权利,即并未获得完整的所有权;同时,出典人也放弃了普通买卖关系中卖方的部分权利,主要是并未获得完整的市场价格。但双方的权利让渡获得了一种更加富有弹性的交换关系:在一定期限内,附加一定条件,双方既可以恢复到典行为产生之初的状态,也能够向前迈进一步,进入绝卖状态。典关系的设立在一定程度上限制了比照买卖关系中买方的权利,保护了作为弱者的出典人权利,既防止了卖方因绝卖家产而可能招致的道德谴责,也防止了卖方因土地房屋的失去而导致的社会不安定。

(三)公权关系

国民参与国家管理,在政府部门任职也受到其家庭关系的影响。国家任官设职以提高管理能力,强化社会管理。为了选拔、任用德才兼备的人才,让他们在国家管理方面承担职务,行使管理职责,中国传统社会确立了各种选官制度和完备的任官制度,并鼓励符合条件之人发挥自身的能力,加入到官吏队伍之中,履行职责。但由于家庭关系的存在,国民参与国家管理受到一些限制。首先,子孙为官,不得担任与父祖姓名用字相同的职务,不得在与父祖姓名用字相同的府衙任职。唐律禁止官员"冒荣居官":"诸府号、官称犯父祖名,而冒荣居之……免所居官。"[21]"诸府号、官称犯父祖名,而冒荣居之……徒一年。"[22]其次,父母年老有病,在外任官的子孙必须回家尽孝,服侍身边。《礼记·王制》提出:父母"八十者,一子不从政;九十者,其家不从政;废疾非人不养者,一人不从政"。唐律禁止官员"委亲之官":"祖父母、父母老疾无侍,委亲之官……免所居官。"[23]"祖父母、父母老疾无侍,委亲之官……徒一年。"[24]另外,父母去世,子孙必须辞官回家,服丧尽孝。唐律禁止官员"冒哀求仕":"在父母丧……冒哀求仕……免所居官。"[25]唐律解释:"'冒哀求仕',谓父母丧,谭(示)制未除及在心丧内者。""冒哀求仕者,徒一年。"[26]

传统社会,安土重迁,但随着经济社会的发展,仍然有一些异地谋生者。匠人客居他乡,商贩行贾天下。传统道德和社会习俗也要求他们守护父母、尽孝服丧,但法律并不向对待官员那样,要求其必须脱离岗位而专门履行守护、尽孝的强制性义务。传统政治体制要求为官从政者既是管理骨干,也是道德楷模。一方面,在忠君孝亲方面身体力行,率先垂范;另一方面,通过个人努力营造和谐家庭,构建稳定的社会秩序。在这一方面,与普通社会成员相比,国家各级官员承担着更重的责任。换句话说,法律强制要求官员放弃这部分其他职业者拥有的权利。

(四)诉权关系

国民个体受到国家法律的保护。个体人身受到不法侵害,同时也是对国家法律秩序的侵害。一般情况下,不论受害者的意见如何,国家权力皆介入,依法处理侵害人。也就是说,在人身、财产等合法权益方面,国民享受国家法律主动保护的权利。但中国传统法律还规定,由于某些特殊关系的存在,国民在受到这些特定关系人的侵害时不再享受这种普通人享受的主动保护权,而是必须由受害人提出要求,法律才启动相关诉讼程序,实施国家法律的保护手段。

唐、宋、明、清律皆设“亲告乃坐”制度。在这一制度下,受害人受到关系相对人的侵害时,必须由受害人亲自向官府提起诉讼,提出诉讼请求,否则官府不主动启动诉讼程序。唐律规定:夫殴伤妻妾,妻殴伤妾,皆可能构成犯罪,可能受到法律的惩处。而是否构成犯罪或者是否受到惩处则取决于妻或妾是否向官府提起诉讼。[27]同样,妻殴伤夫,妻的行为是否构成犯罪,是否惩处妻,也取决于夫是否向官府提起诉讼。[28]传统社会重视孝道,要求子孙必须侍奉祖父母、父母,必须有所供养,否则也可能构成犯罪,可能受到法律的惩处。而是否犯罪、是否惩处也同样取决于祖父母、父母是否向官府提起诉讼,是否要求官府惩处该子孙。[29]

中国传统法律在人身关系、财产关系、公权关系等方面对于处于特定共同体的成员,或者采取权利限制的直接方式,或者采取对于相对人权利实施特殊保护的间接限制方式,其共同结果是迫使特定关系人放弃、让渡部分权利,因而保持其特定共同体的身份和资格,实现共同体本身的和谐。

三

加强社会管理,实现社会秩序,就社会控制的着力点而言,可以在人与物两个方面确定不同的基点。

在西方文明中,思想家重视对于自然的探讨,重视对于自然背后以及自然之中作为物的终极原理的根究。加强对于物的界定和管理也成为国家统治、社会控制的主要手段。物作为一种静态的存在,其核心在于其价值的体现和功能的实现。而对于物而言,无论是体现其价值,还是实现其功能,都离不开与物相关行为的主体——人。因此,通过对于物的管理可以实现秩序的构建,实现对于人的控制。这是一条“由物而人”的社会控制方式。在这种体制下,社会控制与法律调整的直接目标首先是物,需要通过法律详细划分物的种类以及与物相关,或者由物衍生的权利义务关系。正是在这种社会需要和文化背景下产生了系统描绘物—产品—商品演变轨迹并将其功能神圣化的罗马法,形成重视物权关系并通过物的关系设定人与物的关系以及人际关系的西方法律传统。

东方文化的起点在于广泛而深刻的人文关怀。在这样一片文化土壤上产生的儒家学说以人为出发点,也以人为目标,关注人格完善,重视人文关怀。作为以儒家思想为主体的中国传统社会主流意识形态,形成了一整套人格养成、人际关系的理论体系,强调修身齐家治国平天下内修外治之道。受主流意识形态影响,传统中国在实现社会控制的手段方面主要不是通过对于物的管理,而是直接通过对于人的管理,对于人与人关系的设定。[30]这是一条“由人而物”的社会控制方式。人作为一种动态的存在,尤其作为一种具有情感、思想的存在,作为一种个体之间具有复杂关系的存在,既是管理的客体,又是管理的主体。对于制度、法律,人作为一种具有主观意识的存在,既可能服从管理,实现管理的目标,也可能对管理持异议,甚至反对管理和控制,并构成对于制度和秩序的破坏性力量。在这种体制下,需要以法律途径详细划分人的身份、等级,确定相应的差别性权利义务关系。通过迫使其放弃、让渡部分权利,以加强共同体的实体性,加强共同体的控制力,最终实现国家统治与社会控制,实现秩序与和谐。

权利换和谐成为中国古代实现社会控制与国家统治的主要路径。一方面,法律较为详尽地规定了个体应该拥有的各项权利;另一方面,法律又根据一定标准,设置不同的共同体,并确定特殊共同体内部的特殊权利、义务关系以及涉及特殊群体的特殊地位。就特殊共同体而言,中国古代有多重设置,包括亲属、官僚、师生、邻里、皇室、僧道、特殊职业[31]、奴婢贱民等。但在整个社会具有典型性、普遍性的共同体主要体现在两种关系之中:亲属与官僚。以家庭为核心形成的亲属关系以及基于官僚集团为核心形成的官民关系涵盖社会每一个成员,而且涉及个体生活的诸多方面。

在家庭关系中,个体放弃了部分人身权、财产权,其参与、从事国家管理权也受到一定影响。那么,对于放弃了部分权利的个体而言,他是否获得了某种补偿(某些如果他不加入这一群体而得不到的补偿)?制度的理性在于实现一定的平衡。虽然家庭关系中父母与子女关系主要由生育而形成,后者无权选择,但就制度设计而言,规定部分个体放弃部分权利,因而在较长时间内处于相对不利的位置,那么,为保持一定的平衡,它一定同时又赋予其某些其他利益,或者赋予其某种利益期待。

在家庭中,个体放弃其相关权利,即获得家庭成员资格。这一资格对于个体而言将意味着某些利益。第一,他将置身于家长权的保护之中,这种保护既是基于亲情的呵护,也是基于法律的免责。法律确认家庭的特殊地位,确认家长权的存在。在某些法律关系中,将由家长代表家庭承担社会责任,承担法律义务,而不论实际行为是谁以及实际收益者是谁。第二,在个体行为构成犯罪的情况下,如果他符合某种法定条件,可以享受家庭成员的特殊待遇,包括相互容隐、免予居作、免于服刑、减免处罚等。第三,他将在财产方面获得家庭乃至全体亲属的关怀,不仅享有法定的财产继承权,在父母去世后获得部分财产,而且在日常活动中,即使是侵犯家庭成员乃至五服亲属的财产也享有法定的特殊减免处理。第四,也是最重要的,他将在家庭演变过程中有一个重要的权利期待:在可预期的未来,他将完成从卑幼到尊长、从成员到家长的蜕变,他将自动获得家长身份,因而享有家长权,成为家庭中的特殊成员。除去前三项利益之外,仅第四项利益,也许就可以彻底地平衡他长期作为家庭成员而承担的过多的义务,或者说,补偿他作为家庭成员期间放弃的部分权利。

个体以放弃部分权利为代价取得家庭成员的资格,因而造成家庭等级制度。作为一种补偿,个体通过家庭成员资格的渠道获得一定的利益和利益期待。这种利益和利益期待冲淡了家庭等级制度的不合理性、不公正性。[32]家庭之中,既有融洽的亲情,又有严格的等级,这是一个温情与秩序并存的和谐群体。而和谐的形成首先基于个体权利的让渡;正是个体以自己的权利置换出和谐的家庭共同体。

特殊共同体的另一典型是基于官僚集团为核心形成的官民关系、上下级关系。官民关系、上下级关系的基本原则是等级身份。从人类社会的价值追求而言,等级制度,尤其是与管理相关的政治等级、官民等级,违背了人类矢志不渝追求的自由、平等目标,保护了特权阶层,保护了既得利益者,而且限制了人的创造性和积极性,极大地迟滞了人类的进步和社会的发展。但等级制度作为一种工具,作为一种统治方式,在人类社会阶段性发展过程中具有其存在并发挥作用的理由。

第一,官僚等级制度的重要作用在于提高工作效率、减少管理成本。在官民关系中,民的部分权利被剥夺,因而处于相对于官更加不利的地位。

但这种官民关系的定位使官民之间形成明确的等级关系,因而构成稳定的群体秩序。明确的等级关系和稳定的群体秩序既减少了管理过程中各种矛盾的发生,也提高了解决问题、化解矛盾的工作效率,从而保证了各级官员有效行使社会管理职能。等级制度既涉及等级体制下各类人员的人身,也涉及高等级行使职权的便利。钦差大臣代表皇帝行使职权,如果没有特殊保护,国家最高指令可能不会得到有效遵行,国家统治意图可能会落空,因而可能导致重大社会危机。高级官吏承担着更加重要的国家管理责任,其履行职责如果受到影响,就可能导致较大损失。另一方面,传统中国,幅员辽阔,人口众多,较低的生产力水平使社会难以承受庞大的管理队伍。这种社会背景使国家管理更多考虑“效率优先,兼顾公平”的价值取向。历朝政府都注重以较少的管理队伍实现对于国家的有效统治和管理。据记载,唐高宗时“内外文武官一品以下、九品以上一万三千四百六十五员”。[33]这已超过了隋朝全国官员的总编制。[34]清朝,中央六部掌管全国行政事务,但根据国家编制,六部包括各部尚书在内,共有1676名官员。其中,掌管全国疆土、田亩、户口、财产、赋税等项事务的户部仅有正式编制362员。[35]县作为国家政权最低一级行政管理机构,也是亲民之府,每县仅设品官4—5名,包括正七品知县1名,正八品县丞1名,正九品主簿1名,另外还设主管监狱、囚犯的不入流官典史1名。[36]在人口众多、事务繁杂的条件下,强化行政权威,明确等级权限是减少官员编制、降低管理成本的重要途径。

第二,官僚等级制度通过平衡支点的设置,以弱化自身的等级、不公平性。在中国传统的等级制度中,两个重要的平衡支点:外部开放性入口与内部流动性通道。享受等级制度中优势地位的个体通过何种方式获得其原始身份。中国古代自隋唐以后,各级官员产生的最主要渠道是科举考试。据统计,隋唐以后朝廷各机构、地方各级衙门的主要官员,其80%来自入仕正途:科举考试。而通过其他渠道,包括袭荫、捐纳、封赏等方式进入文官队伍者,只占极少数。非科举入仕的官员通常被认为非正途出身,而受到歧视性区别对待。一般而言,科举考试是一种组织严密、管理严谨的考试,从命题到主考,从阅卷到评定成绩,有一整套严密的程序和普适性标准,从而保证考试结果的公正性。而考试本身向全社会开放,无论是豪门后代,还是贫家子弟,在科举考试方面,回答同一试卷,经历同一过程。

一旦高中，则正式获得官员身份，进入高等级的社会阶层。正是等级产生渠道的开放性、平等性在很大程度上平衡了等级身份的差别性。官民关系的身份落差和权利不对等，被官僚群体机会均等的入口设置所抵消。另外，官僚体制内部设置了品级、职务、功爵的晋升标准。整体而言，传统中国的官员考绩、晋升标准具有较强的合理性、科学性。官员的考绩重点在于考察其品德、业绩、声誉、出身、年资等，具一定的公平性、公开性。官僚队伍内部所有成员均根据统一标准进行考核，以确定升降黜陟。内部身份流动合理渠道的构建也在一定程度上淡化了等级制度身份性差别的不合理性。在涉及官民关系、上下级关系的官僚等级制度中，民、下级官员放弃、让渡部分权利，以形成官、上级官员的优势地位和特权身份。通过这种放弃、让渡，实现传统政治所追求的社会控制和价值导向：高效率、低成本的管理模式与稳定、和谐的管理秩序。

传统社会在存在与发展的过程中需要特殊的共同体，需要享有一定特权的等级，否则难以保持较高的管理效率，难以建立稳定和谐的社会秩序。即便现代阶段，国家与社会也常常体现对于高等级社会成员的特殊保护。在任何一个国家，对于国家元首以及政府首脑的保护必然要比对于普通人的保护更为周到，而且保护甚至可能延伸到其家庭成员。我们既可以将此理解为其身份更加重要，也可以理解为更有利于行使职权、更有利于国家机器正常运转。

让个体放弃部分权利，尤其是强制家庭成员在很大程度上放弃个体的权利，通过家庭和谐实现社会整体和谐，这是传统中国实现社会控制的重要方式。这一方式的实施对于中国社会产生了深重的影响。

一方面，权利换和谐的秩序路径有效提高了传统中国的社会管理水平，同时也促进了主流价值观的弘扬和传承。权利换和谐符合中国古代维持国家秩序、实现社会控制的基本要求。家庭成员放弃部分权利，确立家庭作为社会控制的基本单元，有利于在较低生产力水平、较低社会管理水平状态下建立社会控制的有效网络。在官民关系中，要求民以及下级官吏放弃更多的权利，同时通过科举制度建立等级体制下身份变迁入口的机会均等，能够在提高社会管理效率、降低社会管理成本方面起到积极作用，也有利于民族文化的普及和传承。另外，权利换和谐符合主流意识形态关于和谐关系的基本价值观。重义轻利的义利观、重伦理亲情的家庭观、重责任与义务的集体观、德治天下的道德观等均是以儒家学说为主导的主流价值观。权利换和谐的秩序路径既是主流价值观的产物,也促进义利观、家庭观、集体观、道德观等主流意识在全社会的普及和落实。

另一方面,权利换和谐的秩序路径也在典章制度、思想文化等方面对于传统社会产生重大消极影响。传统的和谐制度使等级身份制合法化,造成了现实的身份差别和特权群体,导致社会公正在实质上的重大缺失。同时,这一路径的存在也使管理者在社会管理过程中歧义理解该制度的设计初衷,在制度规定之外更广的范围内侵害个体权利。传统的家庭观念、集体意识也极大影响个体的创造精神,消弭了个体的独立意识。在家庭这一充满温情的制度、观念双重约束之下,作为家庭成员的社会个体既缺乏进取、创新的思想意识,也没有进取、创新的利益驱动,更没有进取、创新的法律环境。个体的创造力绝大部分消耗在传统中国实现社会控制的主要基点——人际关系——之中。

个体放弃或让渡部分权利,以置换共同体的整体和谐,并在和谐之中实现自己的利益和利益期待,这种"权利换和谐"的方式作为中国传统法律实现秩序的主要路径深深扎根于具有鲜明特色的中华传统文化之中,符合传统中国的国情民俗。作为一项制度,它包含了传统中国政治家、思想家、法律家们对国家、社会、民族的深刻思考和精致设计。它的实施确保了在较低社会管理成本的前提下有效提高社会管理效率,并为中国古代社会长期统一、稳定、繁荣提供了制度与思想的支撑。

注释

1 中国传统意义上的"和谐"是一种以等级为内涵、以息讼少争为目标的秩序。传统中国在制度设计和价值观确定方面均围绕这一目标。在制度设计上,设置不同的权利义务关系主体,构成等级制度;通过等级身份,既定分止争,又提高管理效率。在价值观上,倡导重义轻利的义利观和谦让宽容的人际观,并通过法律形式,模糊财产界限。在争端解决机制方面,重视争端解决对于人际关系的影响以及争端解决后人际关系的重建,而不是重视争端解决本身。

2 [法]卢梭:《社会契约论》,何兆武译,商务印书馆1994年版,第29页。

3 《唐律疏议·斗讼》:"诸斗殴人者,笞四十;伤及以他物殴人者,杖六十;伤及拔发方寸以上,杖八十。"参见(唐)长孙无忌等撰,《唐律疏议》,刘俊文点校,中华书局1983

年版,第383页。

4 唐律规定:"诸殴兄姊者,徒二年半;伤者,徒三年;折伤者,流三千里;刃伤及折支、若瞎一目者,绞;死者,皆斩;詈者,杖一百。伯叔父母、姑、外祖父母,各加一等。即过失杀伤者,各减本杀伤罪二等。"参见(唐)长孙无忌等撰,《唐律疏议》,刘俊文点校,中华书局1983年版,第413页。

5 《唐律疏议·斗讼》:"诸詈祖父母、父母者,绞;殴者,斩;过失杀者,流三千里;伤者,徒三年。若子孙违犯教令,而祖父母、父母殴杀者,徒一年半;以刃杀者,徒二年;故杀者,各加一等。即嫡、继、慈、养杀者,又加一等。过失杀者,各勿论。"

6 唐律规定:"诸妻殴夫,徒一年;若殴伤重者,加凡斗伤三等。(须夫告,乃坐。)死者,斩。"参见(唐)长孙无忌等撰,《唐律疏议》,刘俊文点校,中华书局1983年版,第410页。

7 《唐律疏议·斗讼》:"诸殴伤妻者,减凡人二等;死者,以凡人论。殴妾折伤以上,减妻二等。疏议曰:妻之言齐,与夫齐礼,义同于幼,故得'减凡人二等'。'死者,以凡人论',和绞。以刃及故杀者,斩。殴妾,非折伤无罪;折伤以上,减妻罪二等,即是减凡人四等。若杀妾者,止减凡人二等。若妻殴伤杀妾,与夫殴伤杀妻同。(皆须妻妾告乃坐。即至死者,听余人告。杀妻,仍为'不睦'。)过失杀者,各勿论。"

8 《唐律疏议·斗讼》:"诸詈祖父母、父母者,绞……【疏】议曰:子孙于祖父母、父母,情有不顺而辄詈者,合绞。"

9 参见(唐)长孙无忌等撰《唐律疏议》,刘俊文点校,中华书局1983年版,第69页。

10 参见(唐)长孙无忌等撰《唐律疏议》,刘俊文点校。中华书局1983年版,第72页。

11 参见(唐)长孙无忌等撰《唐律疏议》,刘俊文点校,中华书局1983年版,第72页。

12 唐律规定:"九曰不义。谓杀本属府主、刺史、县令、见受业师,吏、卒杀本部五品以上官长……【疏】议曰:礼之所尊,尊其义也。此条元非血属,本止以义相从,背义乖仁,故曰'不义'。注:谓杀本属府主、刺史、县令、见受业师,【疏】议曰:府主者,依令'职事五品以上,带勋官三品以上,得亲事、帐内',于所事之主,名为'府主'。国官、邑官于其所属之主,亦与府主同。其都督、刺史,皆据制书出日;六品以下,皆据画讫始是。……若杀讫,入'不义';谋而未杀,自从杂犯。注:吏、卒杀本部五品以上官长;【疏】议曰:'吏',谓流外官以下。'卒',谓庶士、卫士之类。此等色人,类例不少,有杀本部五品以上官长,并入'不义'。官长者,依令:'诸司尚书,同长官之例'。"参见(唐)长孙无忌等撰《唐律疏议》,刘俊文点校,中华书局1983年版,第15页。

13 《唐律疏议·斗讼》:"诸殴制使、本属府主、刺史、县令及吏卒殴本部五品以上官长,徒二年;伤者,流二千里;折伤者,绞。折伤,谓折齿以上。【疏】议曰:有因忿而殴制使、本属府主、刺史、县令及吏卒殴本部五品以上官长,其吏、卒等并于名例解讫,殴者,合徒三年;伤者,流二千里;折伤者,绞。注云'折伤,谓折齿以上',依上条:'斗殴人折齿、毁缺耳鼻、眇一目及折手足指，若破骨及汤火伤人者，各徒一年。’此云‘折伤’者，折齿以上得徒一年以上，皆是。”

14 《唐律疏议·斗讼》：“诸殴本属府主、刺史、县令之祖父母、父母及妻、子者，徒一年；伤重者，加凡斗伤一等。【疏】议曰：殴本属府主、刺史、县令之祖父母、父母及妻、子者，徒一年。‘伤重者，加凡斗伤一等’，谓折一指或折一齿，凡殴亦徒一年，比凡斗为轻，加凡斗伤一等，合徒一年半之类。府主等祖父母、父母若是议贵，凡殴得徒二年，为是本属府主之祖父母、父母，加一等，得徒二年半。伤重以上，并准例加一等。”

15 《唐律疏议·斗讼》：“九曰不义。谓杀……见受业师……【疏】议曰：礼之所尊，尊其义也。此条元非血属，本止以义相从，背义乖仁，故曰‘不义’……‘见受业师’，谓伏膺儒业，而非私学者。若杀讫，入‘不义’。”唐律又规定：“即殴伤见受业师者，加凡人二等。死者，各斩。疏议曰：礼云：‘凡教学之道，严师为难。师严道尊，方知敬学’。如有亲承儒教，伏膺函丈，而殴师者，加凡人二等。‘死者，各斩’。……注云‘谓伏膺儒业，而非私学者’，儒业，谓经业。非私学者，谓弘文、国子、州县等学。私学者，即礼云‘家有塾，遂有序’之类。如有相犯，并同凡人。”

16 《唐律疏议·贼盗》：“诸盗缌麻、小功亲财物者，减凡人一等；大功，减二等；期亲，减三等。杀伤者，各依本杀伤论。疏议曰：缌麻以上相盗，皆据别居。卑幼于尊长家强盗，已于‘恐喝’条释讫。其尊长于卑幼家窃盗若强盗，及卑幼于尊长家行窃盗者，缌麻、小功减凡人一等，大功减二等，期亲减三等。”

17 若是共财家庭成员，则涉及“同居卑幼私辙财罪”。参见（唐）长孙无忌等撰：《唐律疏议》，刘俊文点校，中华书局1983年版，第241页。

18 《唐律疏议·厩库》：“诸故杀官私马牛者，徒一年半……主自杀马牛者，徒一年。”

19 《唐律疏议·厩库》：“诸杀缌麻以上亲马牛者，与主自杀同。”

20 《大清律例·户律·典买田宅》条例：“产动归原”，“先尽亲邻”。参见《大清律例》，张荣铮等点校，天津古籍出版社1993年版，第212页。

21 《唐律疏议·名例》。

22 《唐律疏议·职制》。

23 《唐律疏议·名例》。

24 《唐律疏议·职制》。

25 《唐律疏议·名例》。

26 《唐律疏议·职制》。

27 《唐律疏议·斗讼》：“诸殴伤妻者，减凡人二等；死者，以凡人论。殴妾折伤以上，减妻二等。若妻殴伤杀妾，与夫殴伤杀妻同（皆须妻、妾告，乃坐。即至死者，听余人告）。”

28 《唐律疏议·斗讼》：“诸妻殴伤夫，徒一年；若殴伤重者，加凡斗伤三等（须夫告乃坐）。”

29 《唐律疏议·斗讼》:"诸子孙违犯教令及供养有阙者,徒二年(谓可从而违,堪供而阙者。须祖父母、父母告乃坐)。"

30 日本学者西岛定生说:"在中国土地史上,并不能说是中央集权制的君主统治的出现伴随了国家的土地立法;君主对于人民的统治并不是通过土地作为媒介来掌握人民的,而是通过直接掌握人民得以实现的。"([日]西鸣定生:《中国经济史研究》,冯佐哲等译,农业出版社 1984 年版,第 201 页。转引自金尚理:《礼宜乐和的文化理想》,巴蜀书店 2002 年版,第 223 页。)金尚理博士据此分析说:"在传统的社会关系中,人与人之间的关系不需要借助于人对于物的权利与义务关系来实现,因为儒家伦理首先关怀的是人与人之间的关系,而且始终以人与人之间的关系作为其关怀的核心内容。"参见金尚理:《礼宜乐和的文化理想》,巴蜀书店 2002 年版,第 223 页。

31 例如,天文生、太常音声人等。

32 家庭共同体的构建还有一个重要的自然因素。人的生长经历决定了他必然在父母的呵护之下成长。直至成人之际,他在智力、体力上的欠缺决定了他必须在父母的监护、照顾之下。这一背景决定了子女对父母的服从,以及扩而言之,家庭成员对于家长的服从,建立在自然、合理的基础之上。

33 《唐会要》卷七四《选部上·论选事》。

34 袁刚:《中国古代政府机构设置沿革》,黑龙江人民出版社 2003 年版,第 405 页。

35 袁刚:《中国古代政府机构设置沿革》,黑龙江人民出版社 2003 年版,第 651 页。

36 袁刚:《中国古代政府机构设置沿革》,黑龙江人民出版社 2003 年版,第 663 页。

柒

朱勇

代表作

冲突与统一

——中国古代情与法的关系

父慈子孝,天经地义。以血缘关系与婚姻关系为纽带联结而成的亲属团体内部自然形成包括权利与义务等内容的伦理亲情关系。相对于团体内部其他亲属成员,每一个体依其血缘身份享受不同权利,并承担不同义务。伦理规范的作用在于维持血缘、婚姻关系中具有自身特征的伦理秩序。与伦理规范不同,法律则专注于人的社会性,调整普遍存在的一般性社会关系。由于直接目的的不同,伦理与法律在履行自身功能过程中不可避免地产生冲突。伦理与法律的冲突最集中地体现在义务方面,体现在基于伦理关系而形成的亲情义务和以国家统治为基础的法律义务之间的冲突。在伦理关系中,关系人被赋予一种超社会的亲情义务。子女孝顺父母,卑幼侍奉尊长,不需要任何涉及社会关系的理由,前者因其自然身份,必须承担其相应的义务。而与此同时,由其社会地位所决定,任何一个社会个体必须承担相对于国家、组织或其他社会个体的法律义务。法律义务的履行受到国家强制力的驱动。而每一个社会个体均一身二任,既是特定的家庭成员,又是一般意义上的社会成员;既具有伦理身份,又具有社会身份。这两种身份要求他必须同时履行两种义务。

如何协调伦理亲情与法律的关系,减少二者之间的冲突,使它们更有效地维系社会的存续,是不同的社会文明一直在探寻的问题。在主宗法、重伦理的东方社会,伦理亲情与法律的冲突表现得尤其激烈。为化解这一冲突,传统的中国文明确立了一条复杂的、具有典型东方色彩的情法关系

原载《中国社会科学》1996 年第 1 期,由朱勇、成亚平合作撰写。

原则:情法并立、互为轻重,既不以法伤情,又不以情淹法,情法并重,共同为治。其具体方法是,伦理入于法,亲情义务法律化;区别不同情况,分别采取法就于情、情让于法或情法互避的解决模式。

中国古代关于情与法的冲突以及为这一冲突而确立的解决模式对中国社会的影响是深重的。中国古代统治者在制度建设方面不乏立法者的机智。他们使与中国传统社会格格不入的法律为人们所接受,尽管与生俱有“恶法”的性质和“息讼”的要求;在礼入于律、情入于法的前提下,立法者通过“情法并立”这一模式解决了就其性质而言难以解决的矛盾,表明了在立法技术上的较高水平。但同时,这一模式的确立也使法律的发展始终未能摆脱伦理道德的限制和约束;从制度到观念,法律都未能达到独立发展的阶段。尤其是由于亲情义务与法律义务并行,甚至在履行保障的力度方面,前者优于后者,使社会个体在国家政治生活和社会生活中未能获得独立的法律人格,个体独立性的发展在法律上受到极大的限制。

一

法律是一种具有普遍约束力的行为规范。法律自身的性质决定了它要求全体社会成员,不论其社会地位、血缘身份、自然性别等,均得无条件地遵守法律。关于这一点,不仅先秦法家从理论上加以论证,并竭力提倡,统一的中央集权帝国建立以后的历朝皇帝、官吏也多有认识。[1]然而,由于宗法亲情对整个社会的深重影响,即便是在思想家与君臣对于法律必须一体遵行、划一标准基本达到共识的情况下,中国古代法律仍然在很大程度上向宗法伦理倾斜:法律规范就靠于亲情关系,因为法律关系人的亲情身份而改变法律自身所具有的内在标准。

首先,亲属关系中的尊卑长幼及家庭中的夫妻之间在法律上具有明显的不平等地位。这种不平等地位集中反映在区别对待尊卑长幼之间及夫妻之间相互侵犯行为的处理规定中。汉、唐、明、清各朝法律都规定:尊长与卑幼之间发生相互骂、殴、伤、杀等行为时,作为卑幼一方总是要承担更多的刑事责任,受到更重的法律制裁。同样,夫的地位高于妻,夫享有较之于妻更多的法律特权。夫与妻之间发生相互骂、殴、伤、杀等行为时,妻承担较多的刑事责任,并要承受较重的法律制裁。在维系婚姻关系方面,妻必须承担更多的义务。妻如果不履行法律所规定的特定义务,夫则有权依据“七出”的规定,解除婚姻关系。而法律则没有授予妻这一权力。另外,相对于子女而言,父亲也拥有较母亲更多的权力。

尊卑长幼身份不平等在中国古代法律中极其明确,其等级落差也极为悬殊,并超出其他一般性社会关系和身份差别。[2]这种有悬殊落差的身份性不平等的法律关系何以历朝相沿,并未受到重大冲击,其原因不仅来自社会,也来自法律本身。尊卑长幼的亲情关系是一种相对关系。尊长并非永远是尊长,卑幼也并非永远是卑幼。在宗法血缘的网状结构上,每一个人都具有与其血缘身份相对应的位置。随着时间的推移,网状结构的血缘伦理关系自然更替,“先为人子,后为人父”,原先处于卑幼地位的人由于自然原因而获得尊长身份。伦常之网在自然力的推动下,缓慢地垂直移动。网上每一节点皆机会均等地经历由卑幼而尊长的旅程。法律承认血缘伦理关系的自然演变,并同样保护新尊长的特权地位。这样,每一名家庭成员在法律上皆受到完全等同的对待:先卑幼,后尊长。某一时刻上身份性差别被一段时间内的机会均等所替代。法律所强调的一体对待原则虽然不在现实的亲情关系中体现,但完整而真实地反映在由自然力所推动的血缘伦理之网上。因此,法律本身仍然是公正的——它并没有袒护任何一种具体的人,只是保护着一种含有社会内容的自然关系;而在自然关系中,人人机会均等。体现等级身份制的法律扎根于人人机会均等的自然关系基础之上,法律以另一种方式表现其内在的平等性,因而也长期并广泛地获得为社会所接受的理由。

社会制度会导致一定程度的不公平,这是难以避免的。如果将这种引起社会不公正的制度建立于一定的自然基础上,那么,这一制度仍然能为社会所接受;或者说,在具体的实施过程中能有效地减少来自社会的阻力。尊卑长幼身份不平等及男女地位的区别均在一定程度上体现了社会制度与自然因素相联结,并以自然差别为基础确立社会不平等的特征。现代法律中的继承制度也不乏不平等因素,但由于建立在自然基础之上,因此,它也为注重社会公正、讲究社会平等的现代人以及现代法律所接受。

其次,法律确认家庭作为国家统治下的基本单元,并强制保护家庭内部的伦理凝聚力。家庭是社会的细胞,而不是国家的细胞。家庭作为社会组成的单位,主要体现在狭义的社会活动领域和经济领域。在理论上,国家不是家庭的组合,而是国民的组合。每一个个人都是国家统辖下的活动主体，都必须以自己的行为直接向国家负责。但在中国古代，家庭却具有较强的凝聚力。国家统治未能在各个方面均延伸到家庭内的每一个成员。法律确认这种状况，在某些方面将家庭作为一个整体看待，使其内部成员承担一定的连带责任，并授予家长一定的治理权。

在经济上，法律确认家庭是一个整体。家长代表家庭，对外参与经济交往和财产交换；在家庭内部，依法独自享有对家庭财产的所有权。家庭其他成员在财产关系上不具备独立的主体资格，也不得以个人名义从事经济活动，否则构成犯罪。唐律规定："诸同居卑幼，私辄用财者，十匹笞十，十匹加一等，罪止杖一百……疏议曰：凡是同居之内，必有尊长。尊长既在，子孙无所自专。"[3]家庭的存续以家长的存在为前提。原家长去世，以其为核心的家庭随之解体，并同时形成新的家庭。但若原家长在世，其子孙即便长大成人，也不得分别财产，自立为家，否则构成犯罪。法律设立"别籍异财"罪，严刑惩处在祖父母、父母尚在的家庭中实施分家析产的子孙。[4]

在某些刑事法律关系中，法律视家庭为一个独立的责任主体。法律授予家长在家庭范围内一定程度上的监管权，包括对子孙的教令权、惩戒权等。与家长权相联系，家长相对于家庭成员，也向国家承担更多的法律义务。家庭内部成员犯罪，法律不考虑具体的行为人是谁，而只是将家庭作为一个整体来处罚。其具体的方式是追究家庭法定代表人——家长的法律责任，而不追究实际行为人的责任。既然法律已经授予家长在家庭内部一定的管理权，其责任包括维持家庭秩序和监管家庭成员，因此家庭成员犯罪，首先是家长失于监管职责，当然应追究其法律责任。唐、宋、明、清律皆规定：家庭成员共同犯罪，由尊长独立承担刑事责任，其他成员无罪；[5]婚嫁活动违反法律规定构成犯罪且由祖父母或父母主婚者，由祖父母、父母独立承担刑事责任，婚姻当事人无罪。[6]罪犯家庭的特定状况，甚至能改变已生效的法律判决，对罪犯本人的刑事处罚采取一种特殊的方式。法律规定：犯徒、流罪者因其祖父母、父母疾病，而家中无其他成年男子侍奉，可免除执行依法应得的刑罚，或改易其他刑罚，以便该罪犯能返家侍养祖父母、父母；即使所犯为死罪，也可通过特别程序改易其他刑罚。[7]清代对监候死刑犯的处理方式之一即留养承祀，案犯犯罪情节较重、依法应执行死刑，但由于其为独子，或者其父母、祖父母年老，无人奉养，可免于处死，改判他刑，以便于其侍奉亲老，承继血脉。

法律强调以家庭为社会构成的基本单位，加强对家长权的确认和保护，加强家庭成员之间的伦理凝聚力，在某些方面甚至不惜违反法律的一般原则，以一定程度上损害国家司法权为代价。

财产所有权以同居共财的家庭为基本单位。一个家庭以本家庭财产权的所有者身份与其他财产权所有者均是各自独立、相互平等的所有权主体。如果相互之间发生对财产权的侵害，自应依照法律保护所有权的一般规定加以处理。但古代法律在确定保护所有权一般原则的同时，当特定伦理关系的人群中发生财产侵权行为时，则采取另外一种特殊原则。法律规定，非家庭成员、但属于五服之内、具有亲属伦常关系的成员之间窃盗财产，构成犯罪；但对行为人不得依照一般窃盗罪处理，而应在普通窃盗罪法定刑罚基础上减等处罚。[8]

八议制度的实施从立法上给予贵族、官僚一系列司法特权。这一特权的受惠者既有皇亲、国戚、贵族、官僚，也包括他们一定范围内的亲属。这样，部分社会成员基于他们特定的亲属身份，则可享受八议特权。即便犯罪，也可因此在实体上或程序上享受超出法律一般原则之外的特权。[9]

法律保护人身权不受侵犯。非法殴打他人，构成犯罪，要受到法律制裁。唐律规定：斗殴人者，笞四十；若因斗殴而致人伤，则加重处罚。司法机关在法律允许范围内对于囚犯实施拷讯，家长对于卑幼实施法定教令权，除此之外，其他任何机关或个人都不得以殴打方式侵犯他人人身权，否则构成犯罪。但法律同时授予子孙一种救护权。在特定情况下，允许子孙对他人实施殴打行为。这种特定情况专指祖父母、父母被他人殴打。唐律规定：祖父母、父母被他人所殴打，子孙当即殴击对方，子孙无罪；即便殴对方致伤，也较普通殴伤罪减等处罚。[10]他人殴打自己的父祖，其行为已构成犯罪，自应由司法机关依法处理；但此时允许被打者的子孙为救护其父祖而还殴对方，以牺牲国家司法权为代价，强化家庭中的伦理凝聚力。

尽职国家、服务社会是文明时代对社会个体的基本要求之一。中国传统社会也确立了一套鼓励社会个体为官入仕、为国尽职，并对官吏给以优厚礼遇的机制。但在为父、母尽孝与为君、国尽忠发生冲突之时，法律又区别不同情况，分别处理。一般情况下，尽忠之职应让位于尽孝之情。《礼记·王制》规定：父母“八十者，一子不从政；九十者，其家不从政；废疾非人不养者，一人不从政”。父母年老或有疾病，必须有儿子弃官离职，以侍奉父母身边。为尊崇父祖的名字,子孙在日常生活中应注意“为亲者讳”;如果某一机构或官职的名称中有与其父、祖姓名相同的字,该子孙则不得在此机构中任职,不得就任该官职。父母去世,子女应为其服丧。服丧期内,子女不仅不得嫁娶,不得作乐,也不得继续在官府任职,而必须“丁忧”回家,为父母服丧守孝。与上述制度相适应,法律设立了“委亲之官”“弃亲之任”“犯父祖名讳”“冒哀从仕”等罪名,[11]对于贪图官职、眷恋富贵而丢弃尽孝之情、不履行亲情义务的官吏严加惩处。

加强伦理凝聚力的原则不仅体现在立法上,也贯穿于司法活动中。历朝司法官吏,从州、县正印官乃至朝廷大臣、皇帝,在具体的审案过程中常以“执法原情”“为孝子屈法”为由直接改变对法律的正常适用,“屈法伸情”。

当然,伦理关系、血缘亲情是一个有广泛内涵的概念,其表现方式也多种多样。法律作为维持国家统治与社会存续的最后准则,不可能处处顾及血缘亲情。即便在极端重视伦理关系、法律向宗法伦理倾斜的中国古代亦然。法律由其自身性质所决定,必须将其基本点落在国家政治方面,而不是血缘伦理。这就使得在很多法律关系中,伦理亲情的影响作用很小,甚至不复存在。例如,在亲属容隐制度中,历朝法律皆严格限定了适用范围,小功以下亲属,不得容隐。在亲属之间的赡养方面,法律规定,兄弟伯侄之间相互不承担此义务。

二

在情与法发生冲突的情况下,或者法就于情,或者情让于法,其基本依据是各自所反映的社会关系在社会政治生活中的地位。然而,社会生活是复杂的,法律关系与伦理关系的冲突有时会出现势均力敌的状况,即它们所体现的政治、伦理准则在社会政治生活中受到大体相等的重视。对于此种冲突的解决,既不能法就于情,也不能情让于法,否则社会生活中的情法关系比重会失调,其结果必然是或者伤情,或者伤法,均不利于社会秩序的规范化。中国古代法律在解决这类问题方面规定了一种相互避让的基本原则。

在情与法发生冲突并通过相互避让的方式以实现化解冲突目的的情形,首先表现在复仇制度及复仇观方面。“父母之仇不共天。”血亲复仇原本是人类的一项权利,也是义务。人类进入文明社会后的很长一个时期,这种复仇权利仍然为人们所享有。随着国家作用的扩大、地缘政治的加强,生杀之权越来越多地受控于国家手中,复仇权也逐渐受到种种限制。《周礼》主张区别不同的杀人行为而给以区别对待,并为报仇行为确定了一定的程序。“凡报仇仇者,书于士,杀之无罪”,“凡杀人而义者,令勿仇。仇之则死”。[12]《春秋公羊传》则进一步明确:“父不受诛,子复仇,可也。”[13]父母被他人所杀,子女若不能为其复仇,而苟且偷生,则于情于理不容,不孝之名难以摆脱。但若复仇杀人,一方面,势必由世代仇杀引起社会混乱,危及国家政权;另一方面,也直接侵损国家主权的重要体现——司法权。在中国这样一个极端重视宗法伦理的国度里,国家法律对私人复仇从认可、允许到限制、禁止,经历了一个漫长而艰难的过程。直到包括法律制度在内的各项制度健全、完备的唐代,社会对于复仇的禁止问题仍然存在很大阻力。唐朝统治者有关于加强国家统一司法权的总体设想,因而需要在更广的范围内加强法律的强制性,禁止在一定程度上破坏国家司法权的民间复仇行为。但这一点又与唐代重礼法、重伦理的基本国策不相吻合。因此,从官府到民间围绕着是否允许复仇展开了一次较为广泛的大讨论。上起皇帝大臣,下至平民百姓,相当一部分人参与了这次讨论。其观点多有不同,有赞同者,有反对者,也有从中调和者。

唐武则天时,同州人徐元庆因其父为县吏赵师韫所杀而杀赵报仇,并自投官府服罪。如何处置徐元庆,一时朝廷上下议论纷纷,意见不一。谏官陈子昂建议:一方面,对徐元庆杀人行为依照法律定罪量刑,处死徐元庆;另一方面,对徐的舍身尽孝行为据情据礼给以表彰,由朝廷出面,为其立碑设匾,旌表其门。陈子昂还建议,将此种处理方式“编之于令,永为国典”。[14]陈子昂的立论基础在于,肯定法律与亲情之间的冲突;但同时认为,冲突并不表明法律与亲情之间任何一方的不公正、不合理。二者的基点不同,因而有不同的评判标准。而社会对于此二标准,不能采取简单的取此舍彼的方法,而应该分别情况,同时采用。陈子昂的意见在很大程度上得到君臣上下的认可。

唐顺宗时,礼部员外郎柳宗元对陈子昂的观点提出反对意见。他引用《春秋》之语:“父不受诛,子复仇,可也;父受诛,子复仇,此推刃之道,复仇不除害。”[15]如果徐元庆的父亲有罪当杀,那么,县吏赵师韫杀死徐元庆之父只不过是依法办事,是代天子执法。徐元庆杀赵则是仇视法律,仇视天子。对于这样的人怎么能再旌表其门呢?反过来,如果徐元庆的父亲是无辜被杀,赵师韫纯粹是报私怨,而且各级司法机关又不为徐元庆洗刷冤情,那么,徐元庆的行为就符合经义,"是守礼而行义也",又怎么能对徐元庆定罪量刑呢(在后一个假设中,柳宗元立论的依据仍然是经义)?柳宗元将法律与经义放在一个统一的框架内,否认法律与经义、法律与亲情的冲突。他认为,违法则不得旌表其门,因为它同时也不合经义;符合经义则不得处以刑罚,因为它不违反法律。"旌与诛莫得而并焉。诛其可旌,兹谓乱,黩刑甚矣。旌其可诛,兹谓僭,坏礼甚矣。果以是示于天下,传于后代,趋义者不知所向,违害者不知所立,以是为典,可乎?"柳宗元提出,应严格限定"仇"的含义,通过排除对与法律发生直接冲突的那部分复仇行为的合"理"性,达到法律与亲情、与礼的一致。"礼之所谓仇者,盖以冤抑沈痛而号无告也;非谓抵罪触法陷于大戮。"[16]

公元 811 年(唐元和六年)九月,富平人梁悦为报父仇而杀死秦果,并至县衙投罪自首。对于如何处置杀人者梁悦,当时社会又引起议论。案件上报至朝廷,宪宗对这种涉及礼法之争的案件处理仍拿不定主意,于是,颁下诏书,命尚书省评议。宪宗在诏书中再次提及此案处理的难点,也就是礼与法的冲突,"复仇之事,据礼经,则义不同天;征法令,则杀人者死。礼法二事,皆王教之端,有此异同!"职方员外郎韩愈在其给皇帝的上书中分析了对复仇行为难以处置的缘由和法律回避复仇之事,以及对此既不加以禁止又不规定允许的原因,他提出:

伏以子复父仇,见于《春秋》,见于《礼记》,又见《周官》,又见诸子史,不可胜数,未有非之、罪之者也。最宜详于律,而律无其条,非阙之也。盖以为不许复仇,则伤孝子之心,而乖先王之训;许复仇,则人将恃法专杀,无以禁其端也。

韩愈提出的解决方案是:"宜定制曰:凡有复父仇者,事先具其事申尚书省,尚书省集议奏闻,酌其宜而处之,则经、律无失其指矣。"[17]

唐朝是中国古代在礼法关系、情法关系方面矛盾较为突出的时代。一方面,儒家德治、礼治思想作为治国治民的基本方针,对政治、经济、法律制度产生深重的影响;另一方面,统一的中央集权确立,各项制度趋于完备,国力较为强盛,更需要强化国家政治统治对社会的渗透。司法制度上的国家主义成为统治者规范社会的第一目标。这样,重亲情的礼与以维系政治统治为目的的法律之间的冲突无可避免,且愈演愈烈,很难找到解决的办法。唯一可取的方法也只能是折中其义,相互避让。从陈子昂的诛其罪、旌其情,到韩愈的"尚书省集议奏闻,酌其宜而处之"的方法,都体现了这一相互避让的精神。

以相互避让的方式解决情法冲突尤其明显地表现在移乡避仇制上。杀人者依律应处死刑,但若遇赦,则能免罪。被赦者回居故里,极有可能与原被杀者的子孙同处一地。如果被杀者的子孙为报父祖之仇而再与被赦的杀人者发生仇杀行为,于情,孝子之心不可泯;据礼,"父母之仇不共天"。而就法律本身当然不能容忍新的仇杀行为。这样,亲情的要求、礼的评价与法律的标准之间又发生直接的冲突。基于国家司法主义的立场,法律尽可以以其强制力,严格禁止任何形式的杀人行为,而无论其有何种理由。但反过来,如果实行这种纯粹的国家司法主义政策又必然形成对于亲情和礼的直接侵害。因此,唐律再次采取了一种相互避让的立场。杀人者遇赦免刑,而被杀者家中尚有期亲以上亲属,为执行赦令,又防止仇杀,被赦的杀人者不得再回居故乡,而要移居千里之外落户,[18]造成空间上的距离。其目的在于:一则淡化复仇的情绪;二则为复仇造成一定的难度。法律关于移乡避仇的规定并不是表明,被杀者的子孙或其期亲有权仇杀遇赦回乡的杀人者,如果发生这种仇杀,法律仍然要处罚实施报仇行为的人。一方面回避、另一方面禁止的双重规定皆为防止仇杀的恶性循环。应该说,移乡避仇是一种消极的防范措施,而且其实际功效也不会显著。但在既重法又顾情的原则下,以这种相互避让的方式处理亲情与法律的冲突也不失为一种理智的选择。

唐律未规定允许复仇,因而可以理解:从立法上,复仇不作为一项特殊的行为,而只看作为一般意义上的伤害行为,依法处断。这表明,国家司法主义在唐律有关复仇问题上已有明确的体现。但同时,从唐律的一些相关条款中仍可看到法律对复仇行为在态度上的一些微妙之处。《唐律疏议·斗讼》规定:祖父母、父母被别人殴击,子孙可以帮助还击,只要未将殴击其父母者致伤,不构成犯罪。即使打伤,也较普通斗伤罪减三等处罚。[19]对于适用此项规定,唐律还作了一些情节上的限制。第一,实施还击行为的子孙,应是未与父祖同行者;第二,子孙还击,应在其父祖被殴之时即刻进行。前者的立法意图在于子孙应力劝双方,阻止争端;或者选择较温和的方式,救护其父祖,而不应施以激烈的还殴行为。后者的立法意图则在于,子孙还击是一种急切的自救方式,只是在危急情况下进行。如果事过境迁,则危急不复存在,对事件的处理则应纳入正常的法律程序。对于即刻还击这一限制,明、清律规定得更为具体、明确。清律规定,祖父母、父母为人所殴,子孙即时还殴,非折伤勿论;至折伤以上,减凡斗三等。若祖父母、父母为人所杀,而子孙即时杀死行凶者,勿论。何为"即时",清律附加说明:"少迟即以斗殴论","少迟即以擅杀论"。[20]

子孙为救护父祖而还殴行凶人,尤其是明、清律允许子孙殴杀行凶人均是一种类似于复仇的行为。唐、明、清律在附加限制性条件的基础上允许还殴从另一方面体现了法律与亲情相互避让的原则。

中国古代法律确立了亲属相容隐的制度。家庭内部有人犯罪,其他成员可以向官府隐匿其罪行;甚至可以向其透露消息,使其逃逸,以免受法律制裁。对于子孙来说,为亲者隐,既是权利,也是义务。法律不允许子孙向官府告发祖父母、父母。唐律规定,父母、祖父母犯罪,子孙若向官府举报,即构成"干名犯义"罪。问题在于,子孙告发父祖,侵害了法律所保护的亲情关系,应受法律处罚;但在这种情况下,被告发的父祖应作何种处理。从理论上说,既然被举报的情况属实,则说明被举报人的行为侵害了受法律保护的社会关系,触犯了法律,因而,不论举报人是谁,不论举报人的动机如何,也不论对举报人作何种处理,应该由被举报人承担依据法律应承担的刑事责任。《唐律疏议·斗讼》规定,子孙告祖父母、父母,子孙处绞刑;而被告之父祖,则不论所告是否属实,均视作自首而免于处罚。这就是说,同样是犯罪,若被外人举报,应依据法律承担责任;但若被子孙举报,罪犯即可免于处罚。如何解释这一规定,其理论依据如何?清代学者即注意到法律中这一非同寻常的制度并分析说,古代法律之所以作如此有悖常理的规定,只是为了让子孙在父祖犯罪的情况下能够以极端的方式舍身救父祖,以自己犯罪受罚为代价,换取父祖免于处罚。在特定的情况下,法律再次作出退让,允许以连环犯罪的方式,后罪排除前罪,惩处后罪,而免罚前罪,以实现对亲情的肯定和保护。法律自身则是以一种曲折的方法适用罪有所罚的原则,在形式上保持国法的严肃性。这种法律与亲情相互避让的原则,除了体现于父祖与子孙之间的关系之外,在其他亲属关系中也有所体现。[21]

另外,父祖告子孙,即使为诬告,也不构成犯罪。若所告属实,告者当然无罪,但如何处理被告者?唐律规定:被告亦同自首法,即免于处罚。这里与子孙告父祖又有不同。在子孙告父祖情况下,虽然父祖被免罪,但子孙仍得处罚,父祖应承担的法律责任通过子孙违法举告的方式转移到子孙身上。但在父祖告子孙的情况下,双方均依据法律取得免罚的处理。这一制度的实施对于社会的危害性是显而易见的。对于其立法宗旨,我们只能从法律与亲情的相互避让方面来理解。

三

伦理关系本身有亲疏远近之分,表现在亲情义务上有轻重程度的不同,而在法律上则表现为法律义务的区别。在不同的法律关系中,当事人基于应负亲情义务的不同而必须承担不同的法律义务。这样,在某些法律关系中,由于涉及两名以上互相具有交叉伦理关系的当事人而产生法律关系中的情与情自身的冲突。

为处理情情冲突,中国古代法律引入丧服制度,使伦理关系的亲疏程度数量化。对情情冲突当事人之间的伦理关系及亲情义务进行量的比较,适用"重情压轻情"的原则:法律关系当事人只对与其有较亲伦理关系的当事人承担由亲情义务而演变出的法律义务,而对与其有较疏伦理关系的当事人则不再承担这种义务。

唐律规定,民人犯罪,一定范围内的亲属之间可互为容隐,不承担向官府举报的义务。显然,这一规定是基于对亲情关系的保护而确立的。但就某些案件而言,自己与加害人及被害人均有一定的亲属关系,二者均承担一定的亲情义务。在法律的基础上,两种亲情义务发生直接的冲突。子女应为犯罪的父母隐匿罪行。但如果是母亲杀害父亲,子女则处于两难境地。为母容隐是子女应尽的基本的亲情义务之一,既为礼所规定,也为法律所确认。"杀父之仇不共天",仇人之中,其可恶的程度没有在杀父仇人之上。此时的子女在履行亲情义务方面再难两全。如何解决这一冲突,唐律采取了重情压轻情的原则。唐律规定,母亲杀死父亲,不论是嫡母、继母,还是慈母,作子女的皆不再受子孙不得告祖父母、父母禁令的约束,也不再履行为母容隐的义务,可以而且必须向官府告发。[22]唐律"亲属为人杀私和”条则有更明确的规定：

其有五服内亲自相杀者，疏杀亲，合告；亲杀疏，不合告；亲疏等者，卑幼杀尊长得告，尊长杀卑幼不得告。其应相隐者，疏杀亲，义服杀正服，卑幼杀尊长，亦得论告；其不告者，亦无罪。[23]

根据杀者、被杀者与自己的亲疏程度来确定完全不相同的举告义务，这是唐代法律解决亲情义务与亲情义务之间冲突的一项基本原则。

清嘉庆二十五年，江苏农民胡觐尧强奸其儿媳黄氏未成，被其子胡成琳殴伤致死。依据法律，胡成琳之行为构成“十恶”重罪，应凌迟处死。被害人胡觐尧之妻，亦即罪犯胡成琳之母胡姜氏，爱子心切，担心在丈夫已死的情况下，再失去儿子，故其与胡成琳之妻、胡成琳之岳父等共谋隐匿罪犯之罪行。案发后，胡成琳被处凌迟刑。清律规定，胡姜氏及胡成琳之妻、胡成琳之岳父等与胡成琳本人属可容隐范围，相互可隐匿犯罪。但此案涉及交叉伦理关系，且原罪所侵害的亲情关系重于容隐关系当事人之间的亲情关系。依据情情冲突中重情压轻情的原则，司法机关对于为被告隐匿罪行的胡姜氏及胡成琳之妻、胡成琳之岳父等分别治罪。[24]

同样，在子孙救护父祖而还殴殴击者的规定中也体现了这一原则。法律允许子孙在父祖被他人殴击之时为救护父祖而还殴行凶之人，只要符合法律规定，还殴之子孙不承担法律责任。但在亲属之间相殴的案件中，子孙的救护还殴行为又产生了亲情义务自身的冲突。祖父母、父母之尊长殴击祖父母、父母，作子孙的能否还殴，显然，无论是否还殴，子孙均有悖亲情。在这里不宜简单地适用重情压轻情的原则。为解决这一难题，唐律又确定了一条原则：对于有权殴打者的行为，不得还殴，否则构成犯罪。“依律殴之者无罪，止可解救，不得殴之，辄即殴者，自依斗殴常法。”[25]另外，“若夫之祖父母、父母，共妻之祖父母、父母相殴，子孙之妇亦不合即殴夫之祖父母、父母，如当殴者，即依常律”。[26]

解决亲亲冲突的关键在于，使亲疏程度数量化，便于具体地比较亲疏关系，从而确定具体亲情义务的轻重程度，再适用重情压轻情的一般性原则，使亲亲冲突的解决模式能够更贴近于伦理之情，更为社会所接受。

四

社会个体的一身二任——既作为家庭成员，又作为国家公民——决定了在个体行为及人际关系中亲情与法律的必然冲突。不同的文明、不同的国家均设定了不同的方式以解决这一冲突,而这些各有特色的解决方式又不同程度地决定了各自法律制度的内容及功能,甚至影响着各自文化的发展走向。

子孙基于家庭伦理关系而向家长承担特殊的亲情义务,这在各国早期立法均有体现。在子孙接受家长监管及惩戒义务方面,罗马法确立了“家父权”。早期家父权在内容上极为广泛。家子在家父权之下,没有独立的人格,没有独立的民事权利能力。家长对家子行使监护权、惩戒权,甚至有权杀死家子;家子无权以自己的身份对外订立契约。但在性质上,家父权却有着严格的限制。“家父权不触及公法”这一基本原则在早期罗马法中即已确立。家父对家子的权力仅限于私法领域。一旦涉及国家或团体的政治行为、社会行为,纯粹的法律关系完全排斥家庭的亲情关系,家子则不再向家父承担基于“家父权”而产生的义务。随着国家司法主义原则的逐渐加强,法律对家父权的作用进一步加以限制,并延伸至私法领域,家子基于家庭关系而应向家父承担的亲情义务也在很大范围内让位于受国家强制力驱动的法律义务。康士坦丁大帝时,家父对家子的生杀权被废除。如果家父杀死家子,即依法以弑亲罪将该家父处以极刑。在《十二铜表法》中即已明确规定的“卖子三次即解放”[27]原则也在更严格意义上得以执行。除此之外,由于某些纯粹与国家和社会相关的原因,以家父、家子关系为核心的家父权必须依法解除,家子不再承担基于家父权的亲情义务。[28]在描述家父权的演变时,梅因在《古代法》中写道:

> 在帝政时期,我们还可以发现所有这些权利的遗迹,但已经宿小在极狭小的范围内。家内惩罚的无限制的权利已变成为把家庭犯罪移归民事高级官吏审判的权利;主宰婚姻的特权已下降为一种有条件的否定权;出卖的自由已在实际上被废止,至于收养在查斯丁尼安的改良制度中几乎全部失去了它在古代的重要性,如果没有子女的同意,移转给养父母就不能生效。总之,我们已十分接近最后流行于现代世界的各种观念的边缘。[29]

在日耳曼法中,儿子在财产关系方面拥有更大的自主性,甚至超出罗马法的相关规定。根据日耳曼法,处于父权之下的儿子可以拥有自己独立的财产;对于儿子的财产,父亲享有管理权、收益权以及对动产的处分权,但对于属于儿子财产中的不动产,父亲则不得擅自处理;若要处理,则必须征得儿子同意,否则构成违法。也就是说,儿子在属于自己的独立财产方面不承担基于家庭伦理关系而相对于父亲乃至相对于家庭整体的亲情义务。

通过淡化亲情义务、强化法律义务或者重法律义务而排斥亲情义务的方式解决亲情与法律的冲突,既是加强国家政治统治、注重社会个体独立性的结果,同时又成为推动其发展的新动力。随着国家政治统治的不断加强,国家法律透过家庭的防线,深入家庭内的每一个体,把个体从家长权之下解放出来,使之成为国家统治下的独立个体,使其以国家公民的名义独立地享受法律权利,承担法律义务。

在中国夏、商、周三代,家国一体,国是家的扩大,家即国的缩微。宗法血缘关系与国家政治关系高度结合。整个社会以血缘、政治二重原则相联结,构成典型的宗法国家。秦帝国建立起单一的官僚政治体制,但宗法血缘因素却以新的方式与古代传统政治相联系,在国家政治生活中继续起到重要作用。具有较强内在凝聚力的家庭在某些方面排斥国家政治因素的渗透。法律确认这一现状,并规定家庭成员作为法律义务和亲情义务的双重义务承担者。在中国传统法律发展、演变的两千多年中,家长对子孙的各项权力基本上维持在同一水平。子孙对于家长基于家庭伦理关系而应承担的亲情义务很少因社会政治原因而得以免除。

中国古代在思想意识方面形成以儒家学说为核心、糅合法家、道家等学说的主流意识形态。在政治、法律领域,儒法结合的主流意识形态表现为礼法并用的基本原则。在长期的历史演变过程中,在中国这一特定的文化土壤上形成的具有鲜明民族特色的主流意识形态逐渐为整个社会所接受,并深深地扎根于民众的意识及民族性之中,以致在中国建立任何一种制度,只有与这一主流意识形态相吻合,才能为社会所认可。古代立法者所确立的解决亲情与法律冲突的特殊模式直接根基于这一主流意识形态中礼法并用的基本原则,因而也在很大程度上符合了古代中国的国情民俗。从这一意义上来说,解决亲情冲突的特殊模式促成了中国社会对于法律的接受。

法律由其自身的价值标准及内在的逻辑结构所决定,要求所指向的对象具有同等的身份。而这一点又恰恰与倡宗法、重等级的中国传统社会格格不入。就社会个体而言,由于法律义务与亲情义务之间在性质、功能及调整手段等方面的不同,在具体的履行过程中也难以避免冲突的发生。为了适应重宗法亲情、法律义务和亲情义务并存的的国情民风,维护特殊的宗法等级制,古代统治者又在一般意义上通过对社会成员的一体对待来维系社会的稳定,引礼入律,引亲情入律,在对待亲情与法律的冲突方面确立了一条情法并立、共同为治的解决方式,既不以法伤情,又不以情掩法。从近两千年的社会现实及司法实践来看,古代立法者所确立的这一化解冲突的特殊模式在一定程度上解决了就其性质而言原本难以解决的矛盾,并为社会的稳定和秩序的建立起到了积极、有效的作用,在立法技术方面表现出较高的水准,成为古代立法的杰出成果。

法律与道德分属于两个完全不相同的领域,各自具有不同的评价标准。将基于国家统治而形成的法律义务与基于道德伦理而产生的亲情义务硬性结合,必然对法律的实施及法律观念的发展产生消极影响。其一,由于结合本身以及由结合而引起的冲突,法律不能完整地遵从自身性质及自身逻辑结构来对事件作出评价和处理,不能自圆其说,并且必然形成处理标准的混乱。其二,对全民法律观念的形成产生消极影响。一方面,法律观念受制于道德观念,难以独立发展。相比较而言,道德标准更易为人们所接受。在道德与法律相冲突的情况下,无论采取哪种解决方式,人们都更容易从道德的角度去理解已受道德原则影响的法律关系,从而影响法律意识的展开,影响法律观念的形成。另一方面,法律与道德相联系,导致二者相互对立观念的发生。以道德标准理解法律,从道德的反面认识法律,必然形成对法律在价值观上的否定性评价。中国传统社会“恶法”“息讼”观念深入人心,法律与“公平”“正义”无缘,人们在观念上难以重视法律在维持社会秩序、维护社会安定方面积极而有效的功能。

情法并立的化解冲突模式还直接影响社会个体独立性的形成和发展。作为法律义务与亲情义务的双重义务承担者,社会个体在两种规范体系、两种价值标准的共同作用下展开自己的社会实践。个体在其行为方式上必须综合双重标准,常常作出艰难的选择。而亲情义务法律化则使伦理关系在对人的行为约束力方面,具有相对于法律更优先的地位。法律的实施依靠国家强制力;而道德伦理的实现则依靠社会舆论和人们内在的良心准则。亲情义务法律化与亲情义务的履行具有内在动力,以国家政权作为最终保障的外在强制力则在于保证亲情关系的切实体现。社会个体在履行法律义务的同时，必须履行与其生活密切相关的亲情义务；而后者由其性质所定，也由于在传统的农业社会中，人们安土重迁，多生活在大家族范围之内，亲情义务对人们的要求几乎无所不在。生活于其中的社会个体在很大程度上处于具有双重约束力的家庭伦理关系之中，是作为家庭内部的一分子、作为家长的附属物而存在，在与国家政治、社会生活密切相关的法律关系中未能取得完全独立的法律人格。

注释

1 不仅秦始皇"事皆决于法"，即便汉文帝、隋文帝、唐太宗、明太祖、清康熙帝以及各代官吏、思想家等均从不同角度提出"法须划一""一断于律""以律从事"等公平执法的思想。

2 在中国古代，官与民，师与徒、政府中的上下级之间，其法律身份均有不同。但相比较而言，亲属关系中尊卑长幼的身份性不平等更为显著。

3 《唐律疏议·户婚·同居卑幼私辄用财》。

4 唐、宋、明、清各朝法律皆设有"别籍异财"罪。

5 《唐律疏议·名例·共犯罪造意为首》："诸共犯罪者，以造意为首，随从者减一等。若家人共犯，止坐尊长。"

6 《唐律疏议·户婚·嫁娶违律》："诸嫁娶违律，祖父母、父母主婚者，独坐主婚。"

7 《大清律例·名例》："凡犯死罪非常赦不原者，而祖父母、父母老疾应侍，家无以次成丁者，开具所犯罪名，奏闻，取自上裁。若犯徒、流者，止杖一百，余罪收赎，存留养亲。"

8 《唐律疏议·贼盗·盗缌麻小功亲财物》："诸盗缌麻、小功亲财物者，减凡人一等；大功，减二等；期亲，减三等。"

9 唐、宋、明、清法律皆规定：亲、故、贤、能、功、贵、勤、宾等八种人及其一定范围的亲属，犯流以下罪，减一等处罚；即便犯死罪，司法机关也不得径自处理，而须专门上报皇帝，由皇帝作特别裁断。

10 《唐律疏议·斗讼》："诸祖父母、父母为人所殴击，子孙即殴击之，非所折伤者，勿论；折伤者，减凡斗折伤三等。"

11 《唐律疏议·职制·府号官称犯父祖名》规定："诸府号、官称犯父祖名，而冒荣居之；祖父母、父母老疾无侍，委亲之官；即妄增年状，以求入侍及冒哀求仕者，徒一年。"《大清律例·礼律·弃亲之任》："凡祖父母、父母年八十以上，及笃疾，别无以次侍丁，而弃亲之任……杖八十。"《大清律例·礼律·匿父母夫丧》："若官吏父母死,应丁忧。诈称祖父母、伯叔、姑兄姊之丧,不丁忧者,杖一百,罢职役不叙……若丧制未终,冒哀从仕者,杖八十。”

12 《周公·调人》。

13 《春秋公羊传·定公四年》。

14 《旧唐书·孝义传》:“如臣(陈子昂)等所见,谓宜正国之法,置之以刑;然后旌其闾墓,嘉其徽烈,可使天下直道而行。编之于令,永为国典。”

15 《公羊传·定公四年》。

16 《柳河东集》卷四《驳“复仇议”》。

17 《旧唐书·刑法志》。

18 《唐律·贼盗·杀人移乡》:“诸杀人应死、会赦免者,移乡千里外……疏议曰:杀人应死,会赦免罪,而死家有期以上亲者,移乡千里外为户。其有特敕免死者,亦依会赦例移乡。”《唐律疏议·贼盗·亲属为人杀私和》:“若杀祖父母、父母应偿死者,虽会赦,仍移乡避仇。以其与子孙为仇,故令移配。”

19 《唐律疏议·斗讼》:“诸祖父母、父母为人所殴击,子孙即殴击之,非所折伤者,勿论;折伤者,减凡斗折伤三等;至死者,依常律。”

20 《大清律例·刑律·父祖被殴》。

21 《唐律疏议·斗讼》:“诸告期亲尊长、外祖父母、夫、夫之祖父母,虽得实,徒二年。其告事重者,减所告罪一等。即诬告重者,加所诬罪三等。告大功尊长,各减一等,小功、缌麻减二等。诬告重者,各加所诬罪一等。”

22 《唐律疏议·斗讼》:“诸告祖父母、父母者,绞。即嫡、继、慈母杀其父,及所养者杀其本生,并听告。”

23 《唐律疏议·贼盗·亲属为人杀私和》。

24 《比引成案新编·两歧成案新编》卷上“子杀父而母容隐”。

25 《唐律疏议·斗讼》。

26 《唐律疏议·斗讼》。

27 《十二铜表法》第四表《父权法》第二条:父如三卖其子,子则可以由父权之下解放出来。

28 法律规定:由于家父沦为奴隶而导致家父的人格大减等;或者家父因触犯刑法被处流刑而导致家父的人格中减等;或者由于家子出任国家某种特定的职务等,家父权皆自动解除,家父和家子之间基于家父权而形成的亲情方面的权利和义务随之消失。

29 [英]梅因:《古代法》,沈景一译,商务印书馆 1959 年版,第五章“原始社会与古代法”。

朱勇代表作

捌

论中国古代法律的自然主义特征

法律的自然主义特征是指将法律与客观世界中的某些自然现象相联系，指认法律具有与自然现象相同的性质和功能，并以自然现象的变化来阐释法律制度的发展走向。中国古代法律在其漫长的历史发展过程中不仅具有法律的一般性社会特征，而且还体现出典型的、带有东方神秘主义色彩的自然主义特征。

一

在中国古代，法律的制定遵循"则天立法"原则，以"天"为制定法律的最终依据；在法律的实施方面，实行"刑狱时令""灾异赦宥"制度；对于人命案件的处理，适用"以命抵命"原则，均从不同角度体现了法律的自然主义特征。

汉代是中国古代政治思想和法律思想趋于成熟的时代。"则天立法"的思想在汉代已经形成。汉人班固在总结当时的立法理论时写道："圣人既躬明哲之性，必通天地之心，制礼作教，立法设刑，动缘民情，而则天象地……故圣人因天秩而制五礼，因天讨而作五刑。"[1]这就是说，法律制定的根本依据在于"天"。圣人依照天地之象，制定法律，确立刑罚，所谓"则天"而"立法"。标志着中国古代法律完全成熟的《唐律》在其首篇《名例》中就立法依据问题作了如下说明："《易》曰：'天垂象，圣人则之'。观雷电而制威刑，睹秋霜而有肃杀。"[2]

明清统治者承袭了汉唐"则天立法"的理论，同时受宋明理学影响，强调以天为本，顺应"天理"而制定法律。明初刑部尚书刘维谦等奉诏起草

原载《中国社会科学》1991 年第 5 期。

《大明律》，在《进〈大明律〉表》中称："陛下圣虑渊深，上稽天理，下揆人情，成此百代之准绳。"[3]清乾隆五年（1740年）《大清律例》修成颁布，乾隆皇帝在"御制序"中谈及律典的制定原则时也说："揆诸天理，准诸人情，一本于至公而归于至当。"[4]

"则天立法"要求以"天"为根据来制定法律，而中国古代关于"天"的理论认为"天"具有"德"和"威"两个基本属性，法律的制定与执行所直接体现的只是"天"的严威属性。《汉书·刑法志》称："刑罚威狱，以类天之震曜杀戮也；温慈惠和，以效天之生殖长育也。"《隋书·刑法志》则称："夫刑者，制死生之命，详善恶之源，翦乱诛暴，禁人为非者也。圣王仰视法星，旁观习坎，弥缝五气，取则四时，莫不先春以播恩，后秋霜而动宪。是以宣慈惠爱，导其萌芽，刑罚威努，随其肃杀。"

中国古代往往引进"天"的某些运行规律，将其作为法律的实施原则，这典型地表现在"刑狱时令"制及"灾异赦宥"制上。

刑狱时令是指审案断狱、执行刑罚要受到一定的时间限制，即在某些规定的时间内不准断狱行刑。刑狱时令作为一项原则，在西汉就已基本形成，只是具体的时间限制尚未最终确定。东汉时期，关于如何在时间断限上体现刑狱时令这一原则出现过反复，并在朝廷上下引起争论。据《后汉书》记载，东汉初年，定每年冬天的十月、十一月、十二月[5]为断狱行刑时间；汉章帝时改为每年冬十月断狱行刑。元和二年（公元85年）发生旱灾，长水校尉贾宗等人根据阴阳五行理论，认为旱灾是因为不在冬天的三个月中断狱行刑、阴衰阳盛而致。汉章帝命朝廷公卿讨论此事。尚书陈宠也以阴阳五行理论为据，强调每年十一月为冬至月，"阳气始萌"，十二月立春，"阳气上通"，故不宜刑杀。[6]汉章帝采纳陈宠言，下诏曰："王者生杀，宜顺时气。其定律：无以十一月、十二月报囚。"[7]这场争论以皇帝支持陈宠的意见而告结束。从争论双方的持论根据都是以阴阳五行理论为基础的刑狱时令说这一点看来，刑狱时令理论在当时已为统治者所普遍接受。

刑狱时令制度至唐代已完备、定型，并正式写入法典。《唐律》规定："诸立春以后、秋分以前决死刑者，徒一年。"根据"疏义"的解释，除了立春以后、和分以前不得春天决死刑外，每年的大祭祀、致斋，每月的朔望、上下弦、二十四节气及雨未晴、夜未明、断屠月日、假日等，均不得奏决死刑。清代则进一步规定"停审制"与"停刑制"。根据清代法律，每年正月、六月、十月及元旦令节7日、上元令节3日，端午、中秋、重阳各1日，万寿圣节7日，各坛庙祭享、斋戒以及忌辰素服等日，并封印日期（四月初八日、每月初一、初二日），各司法机关均停止审判，并且不得受理诉讼案件；每年正月、六月及冬至以前10日、夏至以前5日，各司法机关均停止执行死刑。[8]

从唐代的停刑日与清代关于停审、停刑日的规定可以看到，其停审、停刑的理由涉及宗教祭祀、喜庆节日、农忙季节等方面，但其中最重的则是阴阳五行说这种朴素的自然观。根据阴阳理论，每年冬十月为"纯阴月"，阴气最盛，故为执行死刑的时间；而每月的朔望、上下弦及二十四节气，尤其是冬至与夏至，都是阴阳两种力量处于交替变化的转折时刻，人类应保持宁静，禁绝刑杀，以保证阴阳力量顺利完成交替变化，维持自然秩序的和谐。

当然，停审、停刑日的规定并不是在任何情况下都有效力。一方面，各代法律都规定，对于谋反、大逆等重大犯罪应处死刑者，"决不待时"，不受停审、停刑日的限制。[9]另一方面，在某些情况下，皇帝也可能基于各种理由而不顾这种限制。宋真宗即位之初，殿中待御史赵湘即上春天要求仿汉制，死刑"尽冬月乃断"，但真宗以"行之虑有淹滞，或因缘为奸"为由，并未采纳。直至天熹四年（1020年），方才下诏：春夏两季及冬十二月不得决断死囚，即便是犯"十恶"等重大犯罪，也不得在冬十二月决断。[10]隋文帝在位时常于夏六月杀人。大理大卿赵绰谏曰："季夏之月，天地成长庶类，不可以此时诛杀。"但隋文帝则辩曰："六月虽曰生长，此时必有雷霆；天道既于炎阳之时震其威怒，我则天而行，有何不可？"[11]

赦宥作为一种特殊情况下的定罪量刑手段，为世界各国法律所采纳。但中国古代的赦宥制度[12]有它的特殊性。在赦宥的名目上，除了与国家重大事件、重要庆典以及个别案件的特殊情节相关的赦宥之外，还有很大一部分与自然景观变化相联系。在中国古代统治者看来，自然景观的变化往往包含着特定的社会人事意义，因此，出现灾害性天气、地震、日食、彗星和流行性疾病，获得珍禽异兽、粮食丰收等，都可能促使他们反省自身的刑事政策。一方面，审查各级司法机关审断案件的质量有无冤狱；另一方面，在对押囚犯普遍给予宽免刑罚、改善服刑条件等恤悯处理。例如，东汉建武五年（公元29年），因久旱无雨，皇帝下诏："其令中都官、三辅、郡国出系囚，罪非犯殊死一切勿案，见徒免为庶人。"[13]唐开元十六年（728年），"以久雨降囚罪,徒以下原之"。[14]宋至道元年(995 年),因久旱而下诏虑囚,流罪以下减等处理,并"遣使分决诸路刑狱"。[15]明成化六年(1470 年),因水涝、旱灾,下诏宽恤,"除真犯死罪不宥,军、徒以上降等发落,杖以下悉宽宥"。[16]不仅如此,如果因灾害性天气而赦宥,若赦宥行后适逢天空变化,统治者则更坚信自然与人事紧密联系,互为沟通。东汉永元六年(公元 94 年),京师大旱,皇帝下诏宽免在押囚犯。皇帝还认为,此次大旱与洛阳长官断狱失当有直接关系,便亲自至洛阳,从宽处理在押犯,将洛阳令陈歆治罪,并对司隶校尉及河南尹降职处分。而时隔不久,"即大雨三日",[17]似乎成为自然与人事相互关联的佐证。

既然自然现象对社会政治具有如此重要的意义,那么,对自然现象的定性以及确定某种自然现象发生与否也同样不可忽略。唐代《礼部式》具体规定何种自然现象为"瑞应",即祥瑞,并将不同瑞应分为四等:大瑞、上瑞、中瑞、下瑞。朝廷史官具有向皇帝如实秉报各种灾异或祥瑞的职责,若将灾异报成祥瑞,或将祥瑞说成是灾异,均要受到处罚。[18]

人的自然属性这一因素在中国古代法律的自然主义特征中占有重要位置。从世界范围来看,孝父母、尊长辈、杀人偿命、血亲复仇等所体现的人的自然属性的内容,各国古代法律均有所见。而中国古代法律素有"伦理法"之称,尊卑长幼、亲疏嫡庶等自然性质的亲属关系直接影响作为社会主体的人在法律上的地位。对杀人罪的处理则突出体现了这种极端重视人的自然属性的特征。古代法律对杀人罪的量刑,实施严格"以命抵命"原则。各代法律对于杀人罪以及因斗殴、威逼等而致人死亡的犯罪均规定处以死刑。

清代法律对于"同谋、共殴人致死"罪的处刑规定在体现"杀人抵命"这一原则上较有代表性。《大清律例 · 刑律》"斗殴及故杀人"条规定:数人同谋、共殴他人致死案件中,致命伤下手者处死刑(绞监侯),原谋者处杖一百、流三千里刑;但如果本应处杖一百、流三千里刑的原谋者在监狱内,或在押解途中因病死亡,则因被殴致死的人已由在监、在途病故的囚犯"以命抵命",而对致命伤下手者就应减等处刑,以免出现以二命抵一命的现象。

为了保证"抵命"原则的实施,中国古代法律还规定了独特的"保辜"制度。《唐律 · 斗讼》规定:"诸保辜者,手足殴伤人,限十日;以他物殴伤人者,二十日;以刃及汤火伤人者,三十日;折跌支体及破骨者,五十日。限内死者,各依杀人论;其在限外及虽在限内,以他故死者,各依本殴伤法。”依此,若被害人在被殴后因伤而死,则不至于出现只以殴伤来给加害人定罪量刑而未要求其抵命的情况发生。所以,立法确立“保辜”制度,规定一定期限来观察被害人的伤势以及是否会导致死亡。若被害人在期限内因殴伤而死亡,即对加害人以杀人罪论处,以命抵命;若被害人在期限内未死,即对加害人以殴伤罪论处。当然,如果被害人在法定期限内死亡,却并非因加害人殴伤所致,则对加害人仍按殴伤罪论处,不需抵命。这同样也是“抵命”原则的反映。

此外,当“抵命”原则与其他原则发生冲突时,一般也是贯彻“抵命”原则。比如,在夫妻法律关系中,古代法律奉行夫之地位优于妻的原则。对于家庭财产的支配、对于子女的教令及主婚等问题,夫享有法定优先权。发生斗殴案件时,依据《唐律》,夫殴妻,无伤则无罪;即使有伤,也仅参照普通人同类犯罪,对夫减二等处罚。但如果出现人命,即夫殴妻致其死亡,在对夫定罪量刑时就不再适用上述减等原则。《唐律》规定:夫殴妻致死者,“以凡人论”。[19]再如诬告反坐,这是古代法律处理诬告罪普遍遵循的原则,但若诬告他人罪至死刑,而该死刑尚未执行,即该诬告行为尚未导致他人生命的丧失时,法律则对“诬告反坐”原则作出变通:对诬告者减所诬罪一等处罚,即诬告者亦可免受死刑,唐、明、清律均有此规定。

法律的自然主义特征还表现在古代司法机构地理位置的安排上。明初定都南京,中央司法机关“三法司”,即刑部、大理寺与都察院,均建于南京城太平门外钟山之北。因为根据阴阳五行理论,北方属阴,而“阴主刑”。不仅如此,明统治者还将三法司所在地名之为“贯城”,以附天空“贯索”星座之名。明太祖还专门颁布诏书:“贯索七星如贯珠,环而成象名天牢。中虚则刑平,官无邪私,故狱无囚人;贯内空中有星或数枚者即刑繁,刑官非其人;有星而明,为贵人无罪而狱。今法天道置法司,尔诸司其各慎乃事,法天道行之,令贯索中虚,庶不负朕肇建之意。”[20]清代则更加明显,取“西方属金,主刑杀”之意,将中央六部中的吏、户、礼、兵、工五部设于北京天安门—正阳门中轴线东侧,而将刑部与都察院、大理寺等司法机关设于中轴线西侧。

自然主义特征在中国古代法律中的表现是多方面的。在刑罚方面,曾长期作为处罚犯奸淫罪者的宫刑——男子去势，女子幽闭——类似于一种自然性制裁。斩刑与绞刑作为死刑的不同法定等级，其区别的重点不在于行刑方式，而在于被刑后果：是身首分离，还是保全完尸。在行政机构及职官设置方面，《周礼》设定了以天地四时为名的六官体制：天官冢宰，地官司徒，春官宗伯，夏官司马，秋官司寇，冬官司空。自然现象与法律在不同角度、不同层次上相互联系，法律借重自然，自然阐释法律，构成中国古代法律的一个重要特征。

二

中国古代法律的自然主义特征直接决定于古代统治者奉为正统的哲学思想和政治、法律理论；同时，它也受到古代国家统治方式及其他社会因素的影响。

"天人合一"是中国古代哲学的一个重要命题。根据对"天"的不同解释，"天人合一"理论又分成不同的派别。殷商及西周时期流行的天命观认为，"天"是人格化的至上神，世间万物，包括人类社会，无不由其直接主宰。先秦道家则认为，"天"是自然之天，与人类有目的的活动相对立，不包含任何人格意义的内容。所谓"牛马四足，是谓天；落马首，穿牛鼻，是谓人"。[21]儒家从其现实的社会政治主张出发，赋予"天"以新的内容。在儒学理论中，"天"在具有自然属性的同时，更具有社会政治、道德伦理属性。天与人，同道合德；天道是人类道德伦理的最高境界。孟子明确提出："尽其心者，知其性也；知其性则知天矣。"[22]西汉名儒董仲舒总结前此各派思想，提出以"以人副天数"为主要内容的神学目的论的"天人感应"理论。在董仲舒那里，"天"是有意志的人类主宰，天按照自己的特征创造了人。"为人者，天也……人之形体，化天数而成；人之血气，化天志而仁；人之德行，化天理而义；人之好恶，化天之暖清；人之喜怒，化天之寒暑；人之受命，化天之四时；人生有喜怒哀乐之答，春秋冬夏之类也。"[23]不仅如此，董仲舒还认为，"副天之所行以为政"，[24]人类社会必须按照"天"的运行规律存在与发展。

自汉代开始，董仲舒的"人副天数""天人感应"理论成为回答天人关系这一问题的官方答案。但实际上，随着科学技术的发展以及王充、范缜等唯物主义思想家对于宗教神学理论的批判，同时也由于中国传统思想中重人世、重现实等因素的影响，正统官学“天人合一”论中的神学目的论色彩在东汉以后即逐渐减弱。除了在两汉之际曾出现过谶纬神学及东汉初年的《白虎通》宗教神学理论之外，魏晋以后，关于“天”是具有人格意义的至上神的观念已很难在正统官学“天人合一”理论中觅得席位。魏晋玄学家就“名教”与“自然”的关系展开的激烈争论，无论是王弼的“名教出于自然”，还是嵇康“越名教而任自然”及郭象的“名教即自然”等理论，都试图从各自的立场来解释社会人事与自然世界之间的关系。在他们那里，与社会人事（“名教”）相对应的已不是神学目的论中具有人格意义的至上神，而是包括天地万物及其运行规律的“自然”。宋明理学家在天人关系方面则提出“天命、人性、物理”“天者，理也”“心即天”等命题，认为天与人本为一体，无所谓“分”“合”。天既是宇宙万物的本根，又是道德伦理的最终依据，因此也是人类心性的本原。

由此可见，在传统正统思想关于天人合一的理论中，起主流派作用的并不是董仲舒将天看作具有人格意义至上神的神学目的论，而是自然之天与人世关系的理论。根据这一理论，自然之天具有伦理的和政治的属性，是人类伦理道德和社会政治的本根，人类社会只是自然之天的派生物，并最终地依附于自然之天。这种依附性主要表现在三个方面：其一，在构成方式上，自然之天是人类社会的原始依据，人类只能按照天的形象构造社会；其二，人类社会的发展、演变以及运作方式遵循自然之天所固有的规律；其三，对人类社会政治状况好与坏的评价以自然之天所示各种景观作为最终标准。如是，“则天立法”正是天人合一理论在古代传统立法思想中的具体体现。

中国古代占主导地位的自然观认为，世界万物的发展演变遵循着两条重要原则，即阴阳五行原则与自然和谐原则。

商周之时，人们从对自然事物的直观印象中总结出关于自然构成与自然运行的阴阳理论和五行学说。战国时期以邹衍为代表的阴阳家用阴阳、五行学说附会解释人类社会的发展与演变，提出一种神秘主义的自然社会观。董仲舒在此基础上进一步系统发展阴阳五行学说，并掺入神学目的论因素。汉代以后，随着“天”的概念逐渐自然化，阴阳五行学说也逐渐抛去神学目的论外衣，恢复了其具有神秘主义色彩的自然社会观的原形。

根据阴阳五行理论，金、木、水、火、土五行是世界构成的基本元素，它们分别具有与阴、阳二气相联系的不同性质。阴阳、五行在与春夏秋冬四时及东南西北四方变相作用,构成化生不息、包罗万象的自然宇宙。人类社会作为自然之天的派生物也同样遵循着阴阳五行的运行原则。在人类社会的政治活动中,德示阳,刑示阴。春属木德,万物生长,宜用赏庆;夏属火德,万物繁茂,宜行教化;秋属金德,万物凋谢,宜施刑罚;冬属水德,万物隐藏,宜筑囹圄。正是根据这种神秘的阴阳五行自然社会观,统治者在法律实施方面确立了严格的刑狱时令原则,强调要秋冬行刑,春夏教化,以顺应天时,则天行事。

与天人合一理论相联系,古人认为,天即自然是一个完善、和谐的统一体,具有完美的德性与和谐的秩序。正因为如此,"天"才堪称人类社会的本根。人类社会的最终目标都是要在人类自身实现天之美德。同时,天是一个具有和谐秩序的实体,在这里,一切都是有始有终、有条有理的;春夏秋冬,四时往复;上下四方,圆满周全;日月星辰,各有所司;飞禽走兽,各有所居;动物有生老病死,植物有春华秋实,一切都按照一个严格、和谐的秩序存在与延续。而对于人类社会来说,无论从它是自然之天的衍生物这一角度来看,还是从对完善、和谐特征本身的追求来看,它都应该以天为榜样,实现自身的和谐。

实际上,这种以自然为榜样设计人类生活的理论,并非中国古代所独有。古罗马思想家西塞罗在发展斯多葛学派的理论基础上就提出,"依照自然而生活"。梅因在总结古代法律思想的特征时也说:"按照自然而生活,曾被认为是人类生存的目的,并且是最优秀的人必须要达到的目的。"[25]值得注意的是,在法学理论方面,尽管西方古代自然法学派强调,以自然理性、自然公正为精髓的自然法是人类实在法的最终依据。自然法高于实在法,并且优于实在法。实在法只有符合自然法,即符合"公平""正义"这一自然法的最高原则,才是真正的法律。然而,在这里,自然法作为一种理想化的法律实体,与实际存在并发生效力的实在法常常处于一定的对立状态,而在中国古代,自然的德性在于秩序与和谐,以"则天立法"理论为指导,天地自然的运行规则直接被引入法律,作为具体法律制度的直接依据。法律与自然在基本精神上共为一体。在功能方面,法律则成为维持自然和谐的重要工具。由此可见,在古希腊罗马与古代中国思想家那里,同样是以自然为依据,但由于各自有着眼点的不同,因而形成风格迥异的法律理论,由此而推演出来的法律与自然的关系以及对实在法的评价也大相径庭。

中国古代关于人类秩序的和谐有两方面的要求:其一是人类社会本身必须达到和谐;其二是人类社会与自然之天也应达到和谐。很显然,由于人类社会乃自然之天的派生物,必须以自然秩序作为设计自身秩序的根据,因而人类社会的和谐也是以其与自然秩序的和谐为基础和表征的。这样,在人类的某些行为导致自然秩序被破坏的时候,采取措施对自然秩序进行适当补救以恢复自然和谐,已经成为中国古代法观念的组成部分。具体说来,在"以命抵命"处理原则中,这种维护自然和谐的观念得到了集中的体现。生命是人的自然属性的最高形式。保护生命以及维护与生命相关的自然秩序是古代法律的重要任务。如果出现生命侵害,也就意味着原有的自然和谐受到破坏。为了重新恢复自然和谐,就必须实施与生命侵害相应的对等性惩罚。清代法律对于同谋共殴致死案件在原谋在押身亡情况下不再追究致命伤下手者的生命责任,唐以后各代法律关于保辜制度的规定均体现了以对等性惩罚维持自然和谐的必然要求。

另外,前文述及,在刑狱时令制中,除了因春夏万物生长发育而禁止刑杀、实行秋冬行刑原则之外,古代法律还禁止在冬至、夏至期间及黎明时刻执行死刑,这从另一方面体现了维护自然和谐的观念。

当然,人类社会毕竟还有着相对的独立性,在存在方式上与自然之天有着区别,不仅如此,自然之天是一个没有意志、不具备人格的实体,不能直接控制人类社会的每一具体活动。针对这一矛盾,天人合一论者又创造出一套"灾异祥瑞"理论。他们认为:自然之天随时密切注视着人间世事,主要是监视国君统治的好坏,并以灾异与祥瑞两种自然现象表达自然之天对于人事政治好坏的评价。为政者贤明、仁恕,天则示之以"祥瑞";若为政者昏庸、残酷,则示之以"灾异"。前者如庭院生长异形灵芝,凤凰、麒麟现身,孔雀、喜鹊及百鸟聚集,天空出现五彩云霞,夜间旷野有光环,植物长出奇花异果,久旱之后普降大雨等;后者则如地震、日月蚀、洪水、大旱、瘟疫、彗星、雷击树、帝王疾病等。

在古代统治者看来,自然界出现灾异,说明自己统治人民、管理国家的方式存在错误,引起天的警告;因此需要立即进行补救,否则会逐渐远离"天道",最终被天所抛弃,自己的统治政权就会被推翻。[26]补救的主要方式就是“施德于刑”，赦宥天下罪犯。而自然界出现所谓“祥瑞”则说明自己在统治、管理方式上符合天道，适应民情，因而天示“祥瑞”以鼓励、赞扬之。此时统治者也要实施赦宥政策，赦免罪犯，宽宥囚徒，以回报天的赞扬。根据天人感应理论，天示灾异，说明天对人事政治的否定与批评；天示祥瑞，则说明天对人事政治的赞扬与肯定，但统治者却无一例外地回报以赦宥政策，这在中国古代统治对策理论上是一个值得注意的现象。

宗教神学不发达以及宗教始终未能与世俗政治紧密联系也是中国古代法律具有自然主义特征的原因之一。公元前18世纪颁布的《汉穆拉比法典》是迄今发现最早、保存最完整的一部法典。该法典在“序言”中就反复说明：汉穆拉比王受命于天地、太阳、月亮、河流、山川、战争、智慧诸神，统治四方，按照神的意志，制定、颁布法典。在这里，诸神有名有姓，各有职掌，而且各神之间还存在一定的亲属关系。[27]这是典型的直接主宰人类事务的人格神谱系。中世纪欧洲，政教合一，世俗政权与基督教教会结为一体，共同实现对国家的统治和对社会的管理。在这种政治体制下，无论是以宗教教义为基础的教会法，还是各王国的世俗法律，都是以神的名义制定、颁布，被视为神的意志的体现。

在中国，神权思想对于法律的影响一向较小。殷周时期，基于祭祀、占卜等活动，宗教神权思想有了一定的发展，曾对社会政治与国家法律产生过影响。商王从事重大的社会活动，包括政治、军事、司法等活动，均占卜而定。殷墟甲骨卜辞载：“贞：王闻不惟辟。贞：王闻惟辟”；[28]“兹人井（刑）不”。[29]但随着重人事、重现世的伦理政治的确立，迅速发展的法律制度与法律思想则明显带有重伦理的倾向。如前所述，其间虽有董仲舒提出“罢黜百家，独尊儒术”，经过对儒家思想加工改造，掺入了神学目的论的神权思想，并使之取得正统官学的地位。但儒学本身重人事、重现世的伦理倾向对于宗教神学具有先天排斥力。此后，作为正统官学的儒家思想又逐渐恢复了其世俗化的形象。自魏晋至隋唐，道教与佛教一度较为兴盛，但它们均主要停留在部分民众信仰阶段，并未形成与政权相结合、进而在统治人民和管理国家方面可以倚重的力量。相应地，它对法律制定与执行的渗透和影响也就微不足道。这种状况迫使统治者不得不通过其他途径寻找反映其统治的合理、合法性的依据，因为从认识论角度来看，古代人们对于自己行为的合理性缺乏足够的认识，统治阶级对于自己的统治缺乏足够的信心，需要一种强大而又超出自身的力量支撑自己，尤其需要对于直接体现自己统治意图、具有强制力的法律给以支持。因此，无所不在、无所不能的自然之天就成为他们祈求支持的力量源泉。

另外，从中国传统的统治方式也可以看到古代法律自然主义特征的存在理由。古代统治者重视法律的作用，主要是重视刑法的惩罚功能。先秦诸子多以“德”与“刑”作为君主南面之术的主要手段，分别论证统治者应如何正确掌握“德刑二柄”。法家固然“重法任刑”，即便儒家也强调以刑辅德，隆礼重法。孔子提倡“宽猛相济”，德主刑辅；孟子更提出“徒善不足以为政，徒法不能以自行”，要求统治者“善”“法”结合，德刑并用。董仲舒则以世界构成的阴阳五行理论，论证德与刑作为统治手段缺一不可的重要性。唐代还正式将“德礼为政教之本，刑罚为政教之用”作为治国方针写入法典。

统治者重视以刑法作为重要统治方式的直接后果之一就是以天人合一理论中“灾异”“祥瑞”说为基础，将刑事惩罚作为调节统治与被统治关系、调解社会矛盾与阶级矛盾的最主要手段，体现在刑事政策上，统治者弛刑减罚，大赦天下，宽免囚徒，则往往成为其用以改善统治状况，回答天之谴告的唯一可行的对应措施。

三

中国古代法律的自然主义特征并不仅仅是“天人合一”“阴阳五行”及自然和谐等理论使然。对于中国古代统治者来说，他们固然看重该理论立论的正确性及逻辑的严密性，但同时也看重该理论对于其统治权的必要性。他们正是看到具有自然主义特征的法律有助于实现其统治意图，能起到普通法律难以起到的作用，因而才十分重视保持法律的这种自然主义特征。

古代统治者最为欣赏的是法律的自然主义特征使法律本身具有了先天的合理性。法律——在中国古代主要指刑法——作为一种强制性行为规范，严格规定了罪与非罪、罪犯应受何种刑罚的界限。刑事处罚残害人体，甚至夺人生命，对人类生活产生极其严重的影响。因此，制定这种行为规范的根据必须具有不可怀疑性。它使人们通过对根据的合理性的肯定性认识来建立对法律的合理性的信念，从而无条件地接受法律，服从法律。

而中国古代社会主张“贤人”政治，尊崇“圣人”之言，但在立法设刑和制定据以残害人体、夺人生命的法律方面，“圣贤”的教导就显得苍白无力，不足为据。孔孟谈治国之道，总是强调德礼与仁政，很少论刑，即使有所涉及，也基本采取鄙视、贬斥的态度。相较之下，自然主义立法理论在论证刑事惩罚的合理性上就十分有说服力。该理论强调“则天立法”，以天为最终根据，制定法律，“行天之罚”。而天既涵盖着浩浩宇宙，又包容着芸芸众生。天以其无与匹敌的动力，使四季流转，“日月行焉”；以其完美的德性，成为人类心性、道德的依据和人类社会的本根。因此，以天为根据所制定的法律对于人类社会来说，当然地具有不容置疑的合理性，即便断人肢体、夺人生命，也无可非议。

自然之天是一个有序和谐的实体。它作为宇宙的本根，无论是对自然世界的安排，还是对人类社会的设计，都完整体现了这种精神。就自然世界而言，有阴就有阳，有生就有灭；有春夏之生长发育，也有秋冬之凋落死亡；对于人类来说，春有种，秋有收；有男女之交，就有子女繁衍。自然与人类都是在这种有序与和谐的原则上存续。谁破坏了这种和谐，谁就要受到相应的惩罚；通过惩罚来恢复原有的秩序与和谐。因此，惩罚作为手段，“杀人抵命”，执行刑罚，都只是为了恢复被罪犯破坏了的自然和谐，这不仅是“则天行刑”，更是“替天行刑”，因而当然是绝对合理的。另外，天有雷霆闪电，时有秋残冬藏，法律正是根据天的这些景象而立；而雷霆闪电随时可见、秋残冬藏依时往复也从直观上使人们感觉到法律存在的天然合理性。

统治者保持法律的自然主义特征的原因还在于，可以使法律具有一种深不可测的神秘性。早在商周时期，奴隶主贵族统治者在反对公布成文法时就提出，“刑不可知则威不可测”。及至成文法公布，民众在行为方式上知晓法律之禁许，对于统治者来说，通过“设法以待刑，临事而议罪”，使法律秘而不宣，使民众“常怀怖惧”的统治方式已不再可行。而“则天立法”“行天之罚”将法律与苍茫之天相联系，刑罚的执行及刑事政策不仅受到季节、时令的影响，更以随时可见、无规律可循的灾异、祥瑞等自然现象为变更的理由。“天”的神秘性引发法律的神秘性。而统治者正可以利用这种神秘力量，灵活掌握刑杀之柄，同时也使民众由迷惘而生畏惧。

法律的自然主义特征也使法律制度本身以及与法律相联系的其他社

会制度和社会现象产生了一定的特殊性。这些特殊性首先是由统治者重视法律的意识得到了强化才产生的。根据“则天立法”及“行天之罚”的理论,法律的使命在于维持人类秩序,当犯罪行为导致社会秩序被破坏时,法律便通过惩罚罪犯,重新确立社会秩序,进而从总体上实现自然和谐。法律的这种惩罚功能与天的自然属性相类:秋冬凋落酷寒,闪电惨厉伤物;法律断人肢体,夺人生命均为必然之物,无可避免。这样,君主受天之命,俯临天下,在接受维持人类秩序、实现自然和谐神圣使命的同时,重视具有惩罚功能的法律也就是理所当然的了。

首先,这是中国古代刑事法律制度能够得到较为充分发展的重要原因之一。在统一的帝国建立不久的秦汉时期,各项刑事制度渐趋定型。在基本没有外来法律制度借鉴与参考的情况下,至隋唐时期就已形成系统、完备、技术水准较高、基本符合当时民风国情的刑法制度。隋文帝杨坚于夺取政权、建立隋朝的当年(开皇元年,581 年)就命令修订刑律;开皇三年再令更定新律,形成著名的《开皇律》。唐高祖李渊于建立政权的第二年(武德二年,619 年)即下令制定新法;武德七年,正式颁布《武德律》。明太祖朱元璋于建立全国政权之前,就下令筹定法律。几经编定、修改,于洪武三十年(1397 年)正式颁布《大明律》。由于统治者的重视,古代法律不仅在立法技术、体系结构、司法程序等方面达到较高水平,而且形成一些独特的法律制度,包括亲属容隐、存留养亲、出入罪反坐、死刑分立决与监候、死刑复奏、秋审朝审、律例并行等制度,于法于情,其中不乏合理因素。中国古代法律以其完备的体系与较高的立法水平为东南亚各国在制定本国法律时所效仿。

其次,统治者对于法律的重视也造成古代行政体制在职能分工上的特殊性。秦始皇统一帝国之后,“专任刑罚,躬操文墨,昼断狱,夜理书,自程决事,日县石之一”,[30]亲自掌理重要案件的审判工作。自秦之后,历代皇帝都直接掌握重要案件的审判权并正式列入司法程序,成为重大案件的法定最高审级。唐代规定死刑案件复奏制度,死刑案件在执行前,必须数次直接申报皇帝,由皇帝批准后方可执行。明清秋审、朝审都必须由皇帝及朝廷重要公卿亲自参加。在地方各级政府,行政长官的重要职能之一是审断各类案件。隋唐废九品中正制,开科取士,获取功名者直接授之以官,莅政亲民。但正途出仕者多以诗文中试,对于法律内容及司法程序既未系统研读，又无实际经验，因而造成司法佐吏执法擅权、高下其手、司法审判权失控的局面。司法审判作为行政管理辅助手段的作用大为削弱。为改变这种状况，避免由于科举制的实行而降低法律在统治活动中的作用，宋代统治者一改旧例，废除前此在地方政府中允许司法佐吏主持案件审判的制度，严格规定：各类案件的审理、判决必须由主要行政长官亲自主持。宋徽宗宣和二年（1120年），立法规定："州、县官不亲听囚而使吏鞫审者，徒二年。"[31]元、明、清各代承沿宋制，州县官躬亲刑名，亲自坐堂审案。清制：一应词讼案件，"以州、县正印官为初审"，不得假手佐吏。[32]实际上，明、清州县地方官任职的主要任务就是所谓"刑名、钱谷"两项：掌理狱讼，审断各类案件；收受钱租，分派差役。行政体制上由行政长官代行司法权的制度固然反应了古代统治者重视法律实施、重视司法审判作为政治统治辅助手段的态度，但因此也造成行政权对司法权的过多干预，由于行政权与司法权合一，独立行使司法审判权的系统的司法体制始终未能建立。这是中国古代司法制度发展的一大缺憾。

最后，统治者对于法律作为"德刑二柄"的手段之一的认识和重视，实际上仅以刑事法律为限，这种片面性在一定程度上限制了以调整财产关系为主要内容的民事法律的形成与发展。秦汉以后各朝，屡屡立法修律，颁布正式法典，但其内容多以刑法为主；即使涉及某些民事法律关系也常常以刑事惩罚的手段加以调整。对于统治者来说，既然以财产为内容的民事关系与建立等级秩序和自然和谐无直接联系，他们当然不愿花费过多精力对此予以关注。因此，历代政府都反复强调，应息讼止争，不主张通过诉讼活动争取芥米之利。民间自行调停、化解是解决财产纠纷的最好途径，这样，事实存在的大量涉及财产、私权方面的社会关系只能由礼、民间习俗以及各宗族共同体内部通行的行为规范加以调整。此外，行政与司法合一的政权体制本身也只能适应这种重刑轻民的法律特征——州、县长官躬亲刑名，亲自坐堂审案，不可能直接处理大量而复杂的民事纠纷和财产案件。中国古代民法之不发达由此可见一斑。

法律的自然主义特征还影响到社会法律意识的形成。根据天人合一及阴阳五行理论，法律代表着"阴"的力量，与自然界的雷霆、闪电及秋冬时节的凋谢、肃杀相联系，与代表"阳"的力量的春夏发育成长、晴阳光明温暖相对立；而后者正是象征美与善、受到人类称誉和赞颂的积极因素。

对于法律的这种“不善”“不德”的性质，历代统治者均有所论述。汉文帝改定肉刑制度之前，有一段著名的评论：“夫刑至断支体，刻肌肤，终身不息，何其刑之痛而不德也。”[33]历朝遇庆典喜事，包括皇帝登基、册立太子、皇后、前线传捷等，均赦宥天下囚徒，停止行刑，以防止“阴”侵“阳”、“恶”冲“喜”。

尽管法律具有“不善”“不德”的性质，但作为“刑罚之柄”不可或缺。这是因为：第一，德刑结合，方可治国。“导之以德，齐之以礼”只是理想社会中的政治方针，对于礼崩乐坏的现实社会，只能是“导之以政，齐之以刑”。“徒善不足以为政”，正如阴阳不可分、春夏秋冬不可偏废、雷霆闪电不可避免一样。第二，德主刑辅、刑以止刑；实施法律及执行刑罚的目标是减少刑罚，最终实现措刑置法。所以，尽管刑罚本身“不善”“不德”，但它是维持人类秩序、实现自然和谐所必须采用的手段，因而是一种合理的“恶”，统治者不得已而用之，并要严格掌握使用的限度。赦免、宽宥囚徒也可以由此得到阐发。

在这一意义上，中国古代法律是“以恶对恶”观念的产物，具有“扬善”的功能，但是未注入“善”的内容本身，因此，它始终只能被当作一种工具而为统治者任意支配。法律的这种与“阴”及秋冬肃杀、雷霆震怒相联系并被定性为“不善”“不德”的属性，表现为对财产关系上公平交换原则的漠视和对争讼言法道德评价上的否定，这都对民众法律意识产生了重要的影响。古代社会，民众多耻于言法，鄙视诉讼，视法律为不祥之物。宋代以后，各地同姓宗族纷纷编制宗谱、家乘，不少宗族以“祖训”的形式，向子孙后代述说对法律的鄙视态度。清代江西青口《张氏宗谱》即载：“词讼，阴之盛。”[34]南屏叶氏宗族《祖训家风》也规定：“族内偶有争端，必先凭劝谕处理，毋得遽兴词讼。前此我族无一字入公门者，历有年……族中士庶以舞弄刀笔、出入公门为耻，非公事不见官长。或语及呈词、讼事则忸怩而不安，诚恐开罪祖宗，有忝家风。”[35]这种视法律为异物的观念已经内化为中国古代整体的社会意识并作为法观念的组成部分，在中国法制现代化过程中起着极为消极的作用。

法律的自然主义特征是中国传统的天道自然观及天人合一论在法律理论上的具体表现。它使法律披上了一件先天合理的外衣，也使统治者在运用法律工具实施统治时更加具有自然神秘性和灵活随意性。在漫长的历史过程中，自然主义特征从不同角度对中国古代法律其他特征的形成和发展产生重要影响，并共同造就了一个具有中国传统特色的法律体系——中华法系。

注释

1 《汉书·刑法志》。

2 《唐律疏议·名例》。

3 《大明律》卷一。

4 《大清律例》卷一《序》。

5 本文所称“月份”，均指按农历的月份。

6 参见《后汉书·陈宠传》。

7 《后汉书·章帝纪》。

8 参见《清史稿·刑法志》。

9 唐代对于“决不待时”的死刑罪，仍不得于断屠月、禁杀日行刑，但此种限制，主要是基于佛教斋戒、忌日考虑，与季节时令无直接联系。

10 参见《宋史·刑法志》。

11 《隋书·刑法志》。

12 中国古代的大赦制始于秦二世二年（公元前208年），此后历朝均频频行赦。

13 《后汉书·光武帝纪》。

14 《旧唐书·玄宗纪》。

15 《宋史·太宗纪》。

16 《续通考》。

17 参见《历代刑法志》，第271页。

18 参见《唐律疏议·诈伪》“诈为瑞应”条。

19 《唐律疏议·斗讼》。

20 《明史·刑法志》。

21 《庄子·秋水》。

22 《孟子·尽心》。

23 《春秋繁露·为人者天》。

24 《春秋繁露·四时之副》。

25 ［英］梅因：《古代法》，沈景一译，商务印书馆1959年版，第32页。

26 康有为认为，天谴、灾异理论的提出，是为了限制君主的权力。他提出：“君主权大，先圣不得已以天统君，故藉天象以警戒之。”参见康有为：《诸天讲》，中华书局1930

年版。

27 例如，在巴比伦王国诸神谱系中，水神埃亚为天神安努之子，生育与命运女神宁都为众神之母，爱伊为太阳、光明及审判之神沙马什之妻等。参见《汉穆拉比法典》，载《外国法制史资料选编》（上册），北京大学出版社 1982 年版。

28 《殷墟文字乙编》4604。

29 《殷契佚存》850。

30 《汉书·刑法志》。

31 《文献通考·刑考六》。

32 《清史稿·刑法志》。

33 《汉书·刑法志》。

34 江西青口《张氏宗谱·祖训》。

35 安徽《南屏叶氏宗谱·祖训家风》。

朱勇 代表作

玖

论清代宗族法的经济职能

宗族法是中国古代传统法律的宗法性衍生物。宗族权贵利用个体小农重视宗法血缘关系、寻求自力救济[1]的特点，适应传统社会后期农民对地主的人身依附关系削弱、庶族地主取代豪族地主而构成地主阶级主体的历史转变，于基层社会普遍建立以血缘纽带相联结的宗族组织，同时，制定在宗族内部具有强制性约束力的宗族法，调整宗族内部的各种社会关系，维持宗族社会秩序，从而实现补充国家法律、巩固政治统治的目的。

中华法系特点之一是国家制定法中关于民事关系的法律规范不甚发达，而通过礼、习惯及其他规范辅助国家法律，实行对民事财产关系的调整。清代宗族法普遍具有经济职能，作为调整宗族内部经济关系的主要法律依据，在社会经济的发展过程中起到重要作用。在以江苏、浙江、安徽等地为主的江南地区，宗族法的经济职能尤其显著。

一

清代宗族法的经济职能首先表现为对农业资本主义萌芽的阻抑：一方面，宗族法限制土地的商品生产性集中；另一方面，保护宗法地主的特殊身份，坚持以超经济强制手段调整正在形成中的新型生产关系，以维护传统的生产方式。

中国农业资本主义萌芽主要有两种形式。第一，地主雇工经营商品性生产，即所谓经营地主的经营方式。区别于传统的租佃制剥削方式，经营地主以土地及其他生产资料的所有者身份，雇用农业工人，直接组织规模较大的商品性农业生产。经营地主所得既包括使用土地应获得的地租，也

原载《中国经济史研究》1988 年第 4 期。

包括支付资本、雇用工人、以利润形式表现出来的剩余价值。第二，富裕自耕农或富裕佃农雇工经营商品性生产，即所谓早期富农的经营方式。早期富农以租佃地主的土地为主，雇用较多的雇工，组织规模较大的商品性农业生产，以获取生产所得与缴纳地租、预付资本之间的差额。与传统的小农租佃制经营方式相比，经营地主及早期富农经营方式中，财富持有者与生产组织者直接结合，使生产组织者扩大生产规模、提高劳动生产率成为可能。明中叶以后，我国农村，尤其是江南农村开始出现这种代表着农业资本主义萌芽的生产经营方式。

农业经营的资本主义化的前提之一是土地的商品生产性集中。由租佃地主转化而成的经营地主为了扩大再生产，必须利用通过剥削雇佣劳动所得的利润购置土地，扩大经营规模。富农经济的存在首先以地权的集中为前提。一部分商人投资农业，插足农业生产，向经营地主转化，更需要大量购买土地。中国古代传统社会，没有形成严格的土地等级占有制，到宋代，土地买卖已成为较普遍的社会现象。明代黄册制度弛废后，土地买卖有了进一步的发展。土地自由买卖是私有制经济充分发展并趋于成熟的表现，它作为私有制的异化因素反过来起到瓦解旧制度的作用。土地可以自由买卖为商品经济向农业渗透、在农业生产中产生资本主义萌芽提供了一定的便利条件。

然而，中国古代传统的社会制度来以注重平衡著称。允许土地自由买卖使地权集中、形成大土地所有者成为可能；而财产继承上的“诸子均分制”又不断分散地权，中断土地集中的进程。这种“诸子均分财产制”不仅为国家法律所规定，也为各地宗族法反复强调。宗族鼓励大家庭同居共灶，以示雍睦。但这有个前提，即存在一个最高的自然“首长”。一旦该首长逝世，分家析产在所难免。宗族法规定，族人析产须遵守均分原则，否则宗族组织有权直接干预，以求平允。休宁商人汪正科经商几十年，并以商业利润购置不少土地，形成较强的经济实力。但其晚年根据惯例，“凭亲族人等”，订立阄书，将所有资财，包括田、地、山、塘、房屋、银两等，除划拨一部分给长孙外，其余全由其三子平均分配，[2]地权与财产由集中又转向分散。

在阻碍土地的商品生产性集中方面，宗族法更有效、更直接的措施是对宗族公产的特殊保护。宗族本身具有经济共同体性质，各地宗族通过捐赠、祖遗等途径设立义田、祀产、学田等公共产业并用于祭祀祖宗和赡济族众。在私有制遵循自身固有规律而充分展开自身内容的传统社会末期，通过经济以外的途径硬性建立与私有制格格不入的公有经济形式，如果不同时给以特殊的强制保护，那么，这种公有经济必然会被淹没在私有经济的汪洋大海中。明末清初，随着商品经济的发展，宗族公有经济遭受较大规模破坏，分割族产、典卖族田等现象不时发生。宗族地权向经营地主及早期富农手中转移，直接威胁着宗族共同体的物质基础。乾隆二十一年，江苏巡抚庄有恭上奏，陈述了江南农村宗族公有经济遭受破坏的状况："祀产义田系属合族公业。近岁粮价增昂，田土日贵，即间有为富不仁之徒设谋诱买、赎、嘱族中一二不肖子孙将所欲得田产私立卖契，给予半价，即令远飏。买者遂恃占踞，硬收租利，及控告到官，每因得价者不能缉获，审结无期，听盗买者执业。即缉获审明，又以例无治罪专例，随意拟结，以致富黠棍徒无所顾忌，犯者往往不少。"[3]刑部迅速制定条例，严厉禁止盗卖宗族公产，包括义田祀产以及宗祠房屋，违者处以重刑。[4]此条例颁行后，各地宗族在修订宗族法时皆增立专条，要求将本族族产的数量、种类、分布等情况报官备案，以求得官府的保护。江夏陈氏宗族规定：每有捐田入族，"庄正等将所捐之田赴县呈明立案"。[5]同治初年，冈州知府聂尔康处理本州多起族产诉讼案，宗族呈官立案、介绍族产的文书材料常常是重要书证。[6]

根据宗族法的规定，族产所有权人是先世祖宗。"田亩即捐在宗祠，即系祖宗之产"。[7]祖宗通过遗训遗规将族产的占有、使用和收益权授予子孙后代，同时委托宗族机构代行管理职能。从宗族法的条文还可以看到，族产所有权人——先世祖宗没有将族产处分权授予子孙，因而宗族机构也无权代行处分。先世祖宗携族产处分权回归天国，使现世族产永远处于半冻结状态。吴江施氏宗族规定："义庄房屋田亩以及器具物件，施氏子孙世世永当保守，不得有变卖损坏等事。"[8]乾隆四十五年，南昌魏氏宗族制定《宗式》，专设"禁侵食醮产"条，"如有将醮产自肥者，一经发觉，俱赴祠重责三十，追价"。[9]嘉庆姚氏宗族规定："世守族产，不准变卖、抵押，倘有不肖后人私自盗卖或抵押者，阖族之人先请族长到庄，将此不肖徒严责，罚速着赎回。"[10]常州"族人某者，以攘义田租为众所疾，遂群击之，丧所而死"。[11]

宗族法使族产所有权处于半冻结状态，即宗族共同体对族产享有占有、使用和收益权，但无处分权，只能按照先世祖宗所确立的处分原则——代代相传。宗族法为族产买卖规定了一条单向流动渠道：买进而不卖出。休宁朱氏宗族自顺治十一年至道光九年的170多年中，买进田地共99次（一契作一次计），约计总税亩138亩，其中除了乾隆二十年买进的租佃田转卖出一部分以外，其余98次所买进的田产皆一直保留在朱氏门下，没有出卖。[12]

发展经营地主和早期富农经济提供前提条件的土地商品生产性集中，需要一个开放的土地买卖流通市场。但宗族法对族产所有权的特殊规定使宗族成为土地流通领域中的一个“黑洞”，具有极强的内收力。土地田产一旦进入宗族，列为族产，即失去它在私有社会的“自由”身份，而被排斥在自由买卖的流通市场之外。清代江南几省这种失去“自由”身份的宗族公产皆有相当规模。日本学者清水盛光列江苏15户大姓族产，其田亩数达20,873亩。[13]据李文治不完全统计，江苏南部187姓宗族拥有族田211,424亩，其中吴县35姓宗族有族田48,932亩，常熟县80姓宗族有族田57,992亩。[14]“黑洞”式单向流动不仅使大批地权僵化凝固，直接阻碍了土地的商品生产性集中，而且也破坏了商品生产赖以存在和发展的社会条件，使商品经济向农业的渗透严重受阻。

在农业社会中，土地是获取生活资料的主要来源，被称为“千年恒产”。族人私有土地的买卖流通也受到宗族法的各种限制。明代中叶，商业及城镇手工业的发展拓宽了部分农民的生存之路。土地的恒产价值相对降低。反过来，土地更频繁地进入流通领域又为商品经济的进一步发展提供了有利条件。不少农民舍本逐末，弃农经商，自给自足的小农经济秩序遭受破坏。宗族法出于保存宗族经济实力、维持既定经济秩序的目的，要求产不出族，田不外流，并直接干涉族人私有土地的买卖流通。

一方面，宗族法沿袭并强化不动产买卖中的“亲族先买权”。族人出卖土地房屋，首先必须征询族亲房邻意见，只有在族亲房邻明确表示不买，同意卖与外人时，该所有人方得将田产投入流通市场。合肥邢氏《家规》第6条规定：“族中有变卖祖居产业或坟山毗连之房屋田地者，宜先尽亲房、本族，而后外人。若挟私怀隙、故卖外人、拖累本族者，勒罚赎回，仍议减价。”[15]桐陂赵氏宗族规定：“凡族人田宅如有卖者，先尽本房，次及族人。族人不买，然后卖与外姓。族人互相典买，其价比外姓稍厚，不得用强轻夺,违者具告宗子,合众处分。如偷卖外姓,不通族人知者,罚之。若有意先卖,破族人产者,以不孝不弟论。族人备价,责令赎回。"[16]在实际的买卖过程中,不经卖主族亲在场画押,买主也不会轻易购买其田产,因为这种买卖在成立后,常因卖主族亲强调先买权而致无效。而不经族亲同意,擅将自己的田产卖与外姓,不仅买卖无效,卖主还要受到本族宗族法的处罚。由于宗族法的直接干涉,清前期不少地方出现滥用"亲族先买权"、扰乱正常的市场交易现象,以致国家通过法律形式对亲族先买权加以限制。[17]

另一方面,土地的占有量常被视为家境贫与富的唯一标志。土地田产由多而少即是经营无方,家道衰落,而败损家产、中断祖业者,在宗族法中被视为"逆子""不肖子孙",以"不孝"罪受罚。江南各宗族多设"治生理""保产业""立家业"等条款,要求族人不得轻易耗费祖宗产业,甚至连享有"赡贫济急"美名的宗族义产也排除因卖田产而致贫窘的族人于赈济对象之外。雍正年间,洞庭席氏宗族《义庄规条》规定:对于族内穷困贫苦、老幼废疾者,酌量给予定期补助,但是,"族中或本有恒产、因游荡破家者,虽极贫、年老,本人不给(补助),以示儆戒"。[18]族人私有土地的买卖受到宗族法的多重限制,农村社会的土地流通市场被抑制在很小的范围内,这阻碍了商品性农业经济的发展。

二

资本主义生产方式的确立需要在经济领域中破除身份性等级制度,使全体社会成员以平等的身份参与各项经济活动,并以单纯的经济杠杆调节他们之间的社会关系。代表农业资本主义萌芽的经营地主经济与早期富农经济在一定程度上也需要这种平等的经济社会环境。

中国古代传统社会是特权社会,整个社会被划分不同的等级。即使在统治阶级内部也依其身份不同,划分为不同等级,享受不同特权。宋代以后,经济因素在社会生活中的作用有所提高,一批以"力农"和"经商"致富起家的庶民地主以较快的速度发展,而以世袭爵位获取国家赏赐庄田的贵族地主和通过科举、捐纳而具有一定功名官爵的缙绅地主共同组成的身份性地主,尽管其势力仍在不断扩大,尤其是缙绅地主也有较快发展,但总体说来,宋代以后身份性地主在国家政治生活中的地位已远不如宋以前各代,因此,直接由其政治特权所决定的身份性地主经济在整个社会经济中的比重也相对减小。庶民地主经济力量的增长标志着私有制的充分发展，并为社会经济形态的发展创造了良好的社会经济环境。

在整个社会经济重心由身份性地主经济转向庶民地主经济的同时，宗族社会内部却出现一个逆向发展的暗流。宗族法依据血缘、政治和经济三重标准确立宗族内部的等级身份性社会结构。尊长与卑幼构成宗族共同体两大血缘性基本等级。宗族法赋予尊长一系列特权，包括宗族福利、宗族事务管理等方面的优先权，对卑幼的教令权以及与卑幼互犯时享受宗法的宽免权等。卑幼的言行举止不得与尊长意愿相违背。龙溪俞氏宗族规定："子孙受长上呵责，不论是非，但当俯首默受，毋得分理。"[19]宗族内部，"子孙"与"尊长"皆作广义解释。对于每一个族人来说，辈份高于己者曰尊，辈同而年龄大于己者曰长，故凡同祠共族，任何两人之中必有一定的伦常称谓。"族内绅耆、伯叔、兄辈，均属一家尊长。"[20]宗族法处理族人纠纷、确立处罚程度时，纠纷双方当事人的伦常身份起到重要作用。同治八年，昆陵费氏宗族制定《宗规罚例》，规定对于尊犯卑、卑犯尊分别给以轻重程度不同的处罚。[21]国家法律对于亲属相犯，根据血缘身份的不同而给以区别性处理。但国家法律又规定，亲属关系以五服断限，"五服之外不为亲"，若有相犯，以凡人论。宗族法则扩大尊卑关系的适用范围，凡属同宗族人，"纵五世亲尽，相去似远，然自祖宗视之，犹是一人之所分"，[22]皆得一体遵行宗族法规定的尊卑次序。

由科举、学校出身的举贡生监及去职退任的文武官员共同组成的乡绅集团，不仅享受国家法律所授予的种种特权，[23]在宗族内也受到宗族法的特殊优待。族长、宗相、庄正等执掌宗族各机构权力的宗族领袖也享受宗族法的特殊保护，他们还可以利用手中的权力提高自己在经济生活中的地位。于他们之中产生的宗法地主利用自己与身份相联系的特权，以超经济的宗法性杠杆作为调节器，形成对本族普通地主发展自身力量的极大障碍；同时，宗法性地主享有超经济特权也使异姓庶民地主处于不对等的经济地位。而宗法性地主自己作为既得利益者，必然要坚持传统的经营方式，维持既定的社会秩序，从而成为阻碍农业资本主义萌芽的保守性营垒。

宗族法保护宗法地主的特殊身份，限制庶民地主经济力量的发展，客观上起到阻碍庶民地主采用新的经营方式及其向经营地主转化。与此同时，宗族法对于租佃制经济中承租人身份的限制以及超经济强制也阻碍了早期富农经济的发展。

范仲淹创立义庄制之初,即制定著名的《范氏义庄规矩》,规定同族之人不得在本宗族租种义庄田土。明末清初,租佃制进一步发展,出租人与承租人之间的经济纠纷也日益增多。江南各地宗族纷纷更定宗族法,或重申,或新设条款,严禁族人租种宗族田土。明天启四年,休宁程氏宗族于宗族法内增设"佃户勿使族人"的内容。[24]嘉庆十四年,江苏潘氏宗族制定《义庄规条》规定:"族人无论支米不支米者,不得租种庄田。"[25]无论是范仲淹初定《义庄规条》,还是明清之际江南宗族再定宗族法,都声称其立法宗旨在于防止由于租佃纠纷而损伤宗族成员之间所谓"血脉之情"。宗族法对于承租资格的限制在客观上使致力于承租土地、雇用农业工人、组织社会性生产的富农只能在狭小的范围内展开自己的新型经营方式。明清时代的江南农村,农民多聚族而居,不少村庄为一姓所占。一村之内,少数几个异姓农民往往势单力薄,难以形成自己的经济实力。因此,尽管他们有资格在本村大姓宗族内租佃土地,但由于财力有限,很少能走上承租较多土地、雇用自由劳动力的富农性经营道路。在本姓富裕农民中,由于宗族法对于租佃资格的限制,即使希望采取先进的富农经营方式,也不能在本宗族内施展自己的财力。租佃关系中法律资格与经济实力相脱节,流动在社会上的财富不能及时转化为资本,进而与土地相结合,这是造成江南农村商品经济发展缓慢、资本主义萌芽不能正常发育成长的重要原因之一。

宗族法对于族人租佃本族公共土地的资格性规定并非千篇一律地完全禁止。在某些宗族内,由于长期形成的传统习惯或其他原因,宗族法允许族人租种本族公共田亩。然而,即使在这些宗族的规训戒条中,我们也可以看到对富农经营方式的种种限制。

租佃制的发展使出租地主与承租佃户之间的人身依附关系逐渐松弛。明中叶以后,佃户地位有明显的提高。乾隆五十三年定例,雇主与佃户身份上的平等关系得到国家法律的确认。[26]针对人身依附关系松弛、超经济强制作用削弱的新情况,江南地主阶级发展完善了"押租制",以经济强制手段保证地主对佃户经济剥削的实现。[27]押租制本身不值得褒扬,但它毕竟是商品经济发展的结果。出租地主采用经济强制手段维持主佃关系,实现地租剥削,与那种以"主仆名分"无限度地剥削佃户的超经济强制方式相比,应该说是一种进步。这为代表农业资本主义萌芽的富农经营方式创造了较为有利的条件。

但是,江南宗族“超脱”于社会之外,宗族组织利用宗族法的强制力量,顽固地维持落后的租佃关系,坚持以超经济强制手段剥削本族佃户。乾隆四年和嘉庆六年两次修订的徐氏《族规》明确规定:“族中耕种庄田者”,必须按时交租,否则以“不孝”论罪。[28]道光十六年,萧山宋氏宗族规定:“族人佃田,如有期赖(佃租)者,入祠堂重责,追租。”[29]资本主义生产关系的确立,要求全体社会成员都具有法律上的自由人格。富农作为萌芽状态的农业资本家,首先必须在租佃关系中获得人身自由,以单纯的经济杠杆调节他们与地主的关系。宗族法对于可能出现承租失误的族内佃户施以人身强制,以刑事制裁和祭祀上的处罚等超经济强制手段调整主佃关系极大地挫伤了早期富农发展经济、扩大生产的积极性。

宗族法对于农业资本主义萌芽的阻抑还表现在对无产农民贫困化的阻碍。小生产者的两极分化是资本主义生产方式得以确立的社会条件之一。一部分自耕农经营顺利,经济实力增强,逐渐走上租佃较多土地、雇工经营的道路,演变为早期富农。另一部分自耕农由于经营失利或其他原因逐渐丧失土地,沦为农业无产者,走上出卖劳动力、受雇于他人的雇工道路。大批农业无产者的存在是发展经营地主经济和早期富农经济的一项基本条件。无论是经营地主还是早期富农,都需要雇用与土地分离、无其他谋生手段的无产农民,通过剥削他们的剩余劳动,以维持生活和生产,并扩大再生产。如果没有这样一批可供剥削剩余劳动的无产农民,经营地主和早期富农都无法实现自己的经营。宗族共同体的存在恰恰是在很大程度上制止了自耕农向无产农民的转化。一方面,宗族法强调土地的恒产价值,并将保有土地与孝敬祖宗相联系,要求族人从观念上重视土地。宗族法还从程序上对族人出卖土地加以限制。另一方面,宗族共同体对于族内极端贫苦者给予定期的经济赡助,在家庭遇有婚娶及添丁减口等事时也根据宗族法而给予专门补助。这就使族人在维持极低生活水平的基础上保留土地,保持自身的小自耕农地位,避免沦入无产农民行列,从而在客观上阻碍了适合农业资本主义萌芽的劳动力市场的扩大。

三

宗族法作为国家法律的补充,其经济职能不仅表现为阻抑农业资本主义萌芽的成长,也表现为促进以农业经济为主的传统经济在当时制度框架之内的发展。

小农经济的特点是家庭自给自足,家庭既是生活消费的基本单位,也是生产经营的基本组织。家长在家庭中指挥生产,主持消费。而同居共财的家庭在规模上受到一定限制,因此也就限制了农业经营中生产力水平的提高。一方面,自给自足的经营方式和消费方式促使家庭作为一个封闭的社会单元,隔绝了与外界的联系,直接影响先进的技术和经验的推广,一项新的生产技术很难在短期内为各个家庭所知晓并接受。另一方面,农业生产和乡村生活中需要某些辅助性公共设施,包括灌溉水渠、生活用水井、道路等。由于家庭自身的封闭性,各种公共设施的建立常常并不顺利,这也直接或间接影响生产的发展。另外,以家庭为单位的个体小农在与自然界的对峙中常显得力量不足,尤其是遇到水涝干旱、飞蝗病虫等自然灾害时,更显得束手无策。

宗族共同体利用自己的群体形式,联络各自独立的家庭,一定程度上缓解了个体小农由于自我封闭而对提高生产力、发展经济所造成的阻碍。宗族组织较重视推广先进的生产经验。在宗族内部,尊长受到普通尊重,年长者在长期的生产活动中对于土壤的鉴别、种子的选择、气候的预测、节令的掌握等方面积累了丰富的实践经验。宗族法要求族人尊重尊长,听从尊长的教训,其目的既包含对伦常秩序的维持,也包括对生产经验的传播。宗族定期聚会也为生产经验的交流和传播提供了便利条件。有些宗族则直接将涉及生产、经营方面的经验写入宗族法,要求族人遵行。五华缪氏《家训》规定:“池塘养鱼须常供粪草,旷地须当栽梨、柿、桃、李、梅、栗诸般果木及菽麦、麻豆、薯瓜、芋菜之类,培泥铲草,随时加察。”[30]

在宗族内部,基本的生活消费和生产经营单位仍是同居共财的小家庭。但宗族组织可以共同体身份为协调各家庭在生产和生活中的各种关系,为增强宗族整体的经济实力,同时也为履行自身的社会职能而出面主办一些公共事业并组织一些公共活动。水利灌溉是农业生产中的一个重要环节,直接影响着粮食收成的高低。而水利设施包括河道疏浚、渠沟展延、水量分配等,由于工程较大,或者由于牵涉面广,独立的个体家庭无力解决。宗族组织可以动用宗族公产,也可以各家摊派,集中一定的物力和人力进行较大规模的水利建设。对于道路、桥梁、水井等公共设施,宗族组织也可以用类似方法出面解决。谷麦瓜果成熟季节,田间看护一般要耗较多人力,在社会秩序混乱时,尤其如此。不少宗族法都专设条款,强调对作物的联合看护。一方面,以宗族法的强制力量禁止对谷麦的窃收、践踏;另一方面,组织专人轮流看管,既减少了损失,又节约了人力。

古代社会农业生产中,耕牛具有特殊意义。清律明文规定,严禁宰杀耕牛。但是,路远山深,官府鞭长不及;而且由于耕牛本身属于私家所有,主人若执意宰杀,总是可以找到理由,说明宰杀的正当性,从而逃避国家法律的制裁。为此,宗族法进一步细致规定,严明私宰之禁。南昌魏氏宗族规定:族人"公然私宰,直指名禀究,决不庇隐。如本族及外姓有老衰跌死之牛,许经族众、里党验明。如不通闻,仍以私宰论"[31]。

宗族法还强调对山林的保护,要求宗族成员"斧斤以时入山林",并且春天注意护苗,秋天注意防火。昆山李氏宗族规定:"嗣后如有乱砍本族及外姓竹木、松梓、茶柳等树及田野草者,山主佃人指名投族,即赴祖堂重责三十板,验价赔还。"[32]

对于农业生产中的很多细小环节,宗族法都有具体的规定,其中不少内容皆直接或间接地起到辅助农业生产、保进经济发展的作用。嘉庆年间,宣城地方"殷户多出于望族"[33]。苏南各地也有类似记载,这种现象一定程度上反映了宗族共同体在促进经济发展方面的积极意义。歙县许氏宗族称:论富庶程度,江南几郡,徽州为最;徽州六邑,歙县为最;歙县数十乡,昉溪为最;而昉溪地方又以许氏宗族冠盖全乡。[34]

明清时期,商业的发展,尤其是地方性商帮的成长,在不少地区皆与宗族共同体有直接联系。以安徽徽州为例。道光《徽州府志》称:时人"以货殖为恒产","农十之三,贾七焉"。[35]徽商名列各商帮之首。徽商的崛起既决定于徽州的自然环境,[36]同时也决定于包括宗族共同体在内的各种社会因素。徽州地区历来以宗族势力强盛著称,赵吉士说:"新安各姓聚族而居,绝无杂姓搀入者,其风最为近古……父老常谓:新安有数种风俗胜于他邑:千年之冢不动一抔,千丁之族未尝散处,千载之谱系丝毫不紊。"[37]各宗族大力支持族人参与商业活动。清人许承尧即称:"歙之业鹾于淮南北者,多缙绅巨族。"[38]

宗族从经济上支持族人经商。日本学者藤井宏教授分析徽商资本的七种来源,包括共同资本、委托资本、婚姻资本、援助资本、遗产资本、劳动资本和官僚资本,[39]其中数种与宗族共同体有直接关系。徽州田少人多,人们不可能全部拥挤在以农谋生这条狭窄的道路上。各宗族皆鼓励族人经营商业,并给予直接的经济援助。很多宗族法都规定:子孙践商立业,可以从宗族公产中获取一定补助,以作求师和缠旅之费。祁门彭氏宗族规定:“子孙始习业而无力者,由户报明,助钱四千文,备置铺陈。进店后至写立关书,由户查明,本店人作保,再助钱十千文,仍将关书送验发还……习业已成,助钱四千文,以示鼓励。”[40]进店习业是徽州人经商事贾的一条重要途径。不少经营在外的徽籍商人最初都受到宗族公产的接济。若在外经商族人的父母妻子居家生活窘迫,一般能获得宗族义仓的赡济,这也在一定程度上使族人居外安心经营。当然,宗族以公产接济族人,有出于自身建设的考虑。帮助族人立业谋生,既能减轻日后赡贫济急的负担,也能进一步体现宗族共同体的社会职能,与每一成员加强感情上的交流。对于宗族来说,这也是一种投资。族人一旦经商获利,发迹起家,无论是在道义上,还是根据宗族法的规定,他都有义务割产捐族,以报初始接济之恩。商人捐助在各地宗族都是族产的主要来源之一。另外,清朝实行捐纳制度,文官、武职以及贡生监生,皆可纳钱获得。在宗族看来,商人纳钱捐官与科举入仕一样,可以光宗耀祖,振兴门庭。这是宗族积极支持族人经商事贾的一个重要原因。

宗族成员在经济上互相帮助,起到促进经商的作用。宗族公产的常设性接济毕竟数量有限,而且多限于提供学徒期间所需费用,一般没有对经商本金的资助。而族人利用同祖共宗的血缘关系,将亲属们零散的资金聚集汇总,即能形成较为可观的款项,以充经商本金之用。歙县莘墟某人初经商时,“戚属各助以赀……终年贸易,赀且数倍于所助”,后来逐渐发展成为扬州巨商。[41]族人外出经商,其家庭成员一般能受到本族亲邻的照顾。休宁许氏族尊许存斋常代为本宗外出营生之族人输纳供赋,使其专心于商业经营。

宗族共同体帮助族人经商营生,而已走上经商道路的族人反过来又带动其他族人选择商贾职业。在宗族内部,家庭作为一个个生产、生活单位,其自我封闭性程度已大大削弱。处于纵向连接的社会组织之间,其各自的内聚力成反比例关系,上一层次社会组织的内聚力越强,下一层次社会组织的内聚力则越弱。宗族共同体以宗法血缘关系,联宗收族,将一些原本自我封闭的同居共财的家庭聚为一体,并促使家庭一定程度上打开封闭的大门,与宗族共同体及其中每一其他家庭结成较为广泛的联系,宗族共同体的各种力量直接渗透到家庭内部每一成员,从而削弱了家庭的内聚力。家庭之间的开放性联系为多数家庭接受商贾职业提供了便利条件。徽人外出经商常是同宗结伙,或者在某地扎住营盘、立稳脚跟后,接受同姓族人的投靠。明代歙县、休宁两地即流行这种互相扶持、结伴经商的方法。金声在《与歙令君书》中写道:"歙、休两邑民皆无田,而业贾遍于天下。自寇乱,破家荡产者大半。夫两邑人以业贾故,挈其亲戚、知交而与共事。以故一家得业,不独一家食焉而已。其大者能活千家百家,下亦至数十家数家。"这种习惯至清代而不衰。清代南北城市及大的商埠会馆林立,徽州会馆中同姓宗亲更是紧密联系,频繁往来。

清代江南宗族法在推动商业进步、促进经济发展方面起到积极作用。江南社会经济保持宋元以后迅速发展的势头与宗族法的推动不无关系。但宗族法作为古代传统法律体系的组成部分,是统治制度在基层社会的重要体现,是古代传统的社会制度的忠诚卫士。对于经济领域中出现的非传统化趋势,宗族法竭尽全力加以阻碍。宗族法不仅从正面限制土地的商品生产性集中和自由劳动力市场的形成,而且通过保护宗法地主的特殊身份以强制手段调节宗法地主与采用新型经营方式的早期富农和经营地主的社会关系,造成双方不对等的经济地位,从而阻抑、限制了农业资本主义的产生和发展。

注释

1 在中国古代,农民需要两种内容的自力救济。一是暴力上的自力救济。基层社会中常有一些地痞、豪强或其他势力干扰正常的社会秩序或者欺扰个体小农,而地方政府多不能有效地维持社会秩序。因此,农民需要加入一定的群体组织,通过群体的力量在一定程度上实现自我保护。二是经济上的自力救济。古代传统时代,生产力低下,天灾人祸,不期而至。而古代传统国家实际上没有对受害灾民的赈济职能,或者说国家的赈济作用微乎其微。因此,农民也需要通过群体形式实行经济上互相救助。宗族组织在一定程度上具有这两种内容的自力救济功能。

2 参见汪正科:《汪氏阄书序》。转引自张海鹏、王廷元主编:《明清徽商资料选编》,黄山书社 1985 年版,第 374 页。

3 庄有恭:《请定盗卖盗买祀产义田之例以厚风俗疏》。

4 乾隆二十一年,国家制定条例:“凡子孙盗卖祖遗祀产,至五十亩者,照投献、捏卖祖坟山地例,发边远充军……其盗卖历久宗祠,一间以下杖七十,每三间加一等,罪止杖一百徒三年。”(《大清律例汇集便览》,《户律》《田宅》《盗卖田宅》)

5 《江夏陈氏义庄条规》。

6 参见聂尔康:《冈州公牍》,同治六年高凉官廨刻本。

7 浙江《续修山阴张川胡氏宗谱》,《祭祀规则》。

8 江苏吴江《施氏义庄汇录》,《赡族规条》。

9 江西南昌《豫章黄城魏氏宗谱》卷一一《宗式》。

10 浙江嘉兴《姚氏家乘》,《赡族规条》。

11 康熙《常州府志》卷二五《义行》。

12 章有义:《清代鸦片战争前徽州土地制度——从休宁朱姓置产簿所见》,载章有义:《明清徽州土地关系研究》,中国社会科学出版社1984年版,第72页。

13 参见[日]清水盛光:《中国族产制度考》,宋念慈译,中国文化大学出版部1956年版,第三章。

14 参见李文治:《论明清时代的宗族制》,载中国社会科学院:《经济研究所集刊》(第四集),中国社会科学出版社1983年版。

15 安徽合肥《邢氏宗谱》卷一《家规》。

16 安徽桐城《桐陂赵氏宗谱》卷首《家规》。

17 雍正八年定例:“(卖产)倘已经卖绝,契载确凿,复行告找告赎;及执产动归原先尽亲邻之说,借端指勒,希图短价者,俱照不应重律治罪。”参见《清会典事例》卷七五五。

18 江苏洞庭《席氏世谱》,《义庄规条》。

19 安徽《龙溪俞氏宗谱》,《家规》。

20 广东《南海廖维则堂家谱》卷一《家规》。

21 昆陵费氏宗族《宗族罚例》规定:“伯叔皆父行也。其有诸侄孙干犯伯叔父、伯叔祖父者,责二十板,锁祠内十日;再犯责三十板,锁祠内二十日;三犯公革出祠。其或恃祖、父行欺凌卑幼者,量事缘由,重者议责,轻者议罚。兄弟有序,以弟犯兄,不恭,责三十板;以兄凌弟,不友,责十板。”(江苏昆陵《费氏重修宗谱》卷一《宗规罚例》)

22 山西灵石《何氏族谱》卷七《家训》。

23 清代生员,“凡总甲、图差之类,一应杂色差徭,均例应优免”;生员犯罪,“地方官不得擅自扑责”,必申督抚学政,革除后方可治罪。参见《光绪会典》卷三二《礼部》“敦其士习”条下。

24 安徽休宁《古城程氏宗谱》,《续定规条》。

25 江苏东汇《潘氏族谱》,《义庄规条》。

26 参见乾隆五十三年四月《军机大臣、刑部会同评议复奏》折。

27 押租制,即佃户承佃时预交一笔保租的银子,如果收获后佃户欠租,地主便以保租银扣抵。

28 安徽歙县《徐氏宗谱》,《宗训》。

29 浙江萧山《宋氏宗谱》,《义庄规条》。

30 广东五华《缪氏宗谱》《家训》。

31 江西南昌《豫章黄城魏氏宗谱》卷十一《宗式》。

32 江苏昆山《李氏族谱》卷六《族规》。

33 《宣城县志》卷六。

34 参见安徽新安《歙北许氏东支世谱》卷五《寺昌许公八秩序》。

35 道光《徽州府志》卷二五《风俗》。

36 顾炎武说:"徽郡保界山谷,土田依原麓,田瘠确,所产至薄,独宜菽麦、红虾籼,不宜稻粱。壮夫健牛,日不过数亩,粪壅缉栉,视他郡农力过倍,而所入不当其半。又田皆仰高水,故丰年甚少,大都计一岁所入,不能支什之一。小民多执技艺,或贩负就食他郡者,常十九。转他郡粟给老幼,自桐江,自饶河,自宣池者,舰相接肩相摩也。田少而值昂,又生齿日益,庐舍坟墓不毛之地日多。山山有水激,滨河被冲啮者,即废为沙碛,不复成田。以故中家而下,皆无田可业,徽人多商贾,盖其势然也。"参见《天下郡国利病书》,《江南二十》。

37 赵吉士:《寄园寄所寄》卷一一《故老杂记》,康熙刊本。

38 许承尧:《歙事闲谈》(第18册),《风俗礼教考》。转引自张海鹏、王廷元主编:《明清徽商资料选编》,黄山书社1985年版,第39页。

39 参见[日]藤井宏:《新安商人的研究》,傅衣凌、黄焕宗译,第四章"商业资本蓄积的过程与经营的形态"。

40 安徽祁门《彭氏宗谱》卷八《义庄规条》。

41 《坚瓠秘集》卷五《白水铜印》。转引自张海鹏、王廷元主编:《明清徽商资料选编》,黄山书社1985年版,第64页。

朱勇代表作

拾

论清代江南宗族法的社会作用

中国古代传统制度经过隋唐鼎盛发展时期，宋以后逐步呈下行趋势。新制度的萌芽在旧社会的母体中自发生成。明清之际，社会经济和思想文化领域中的各种新生力量急速膨胀，出现了新旧交替和变革的趋势。然而，清朝统治时期，尤其是从所谓的康、雍、乾"盛世"到第一次鸦片战争前的一百多年间，统治者有效地控制了局势，使整个社会在旧制度的基础上艰难且稳定地发展，其秘诀之一就在于充分利用了宋代以后普遍建立的宗族组织，通过具有特殊功能的宗族法由下而上地维持基层社会秩序，进而达到从总体上稳定社会关系、维持社会秩序的目的。在以江、浙、皖等省为主的江南地区，宗族法的这种社会作用尤为典型。

一

1644 年，满洲贵族入主中原，建立了清王朝，并且很快得到北方地主阶级的支持。而南方的地主阶级，尤其是江南地主阶级，却眷恋故明而拒绝与新政府合作。江南地主阶级利用人民反对民族压迫的心理，多次发动反清斗争。国家统治者视江南数省为"生乱之源"而加以重点防范。然而，康熙、雍正朝以后，江南社会的治乱状况有了一百八十度大转向。清代中后期，全国各地蓬勃开展了各种形式的抗清起义，然而在清初十几年中抵抗清军最激烈的江、浙、皖江南地区风平浪静，对各地的反清运动甚少响应。江南社会能够两百年相安无事，成为中央政府可靠的统治后方，究其原因，宗族法起到了重要作用。

清初统治者在镇压江南社会反清活动的同时就敏锐地发现，以血缘关

原载《学术界》1988 年第 3 期。

系为联结纽带的宗族组织具有稳定社会关系、维持社会秩序的特殊功能，在宗族组织极为普遍、宗法观念极为浓厚的江南农村尤其如此。因此，清政府一改前制，以法律形式肯定宗族组织的合法性，赋予宗族首领某些法定特权。康熙九年，国家颁布《圣谕十六条》，其第2条为“笃宗族以昭雍睦”。雍正三年，地方族权与中央政权正式结合，引“族长”入律，明确规定其法律地位。

宗族法的内容从作用上可分为两类，首先是维护国家统治秩序，要求宗族成员必须依照国家法律，履行自己应尽的义务。安徽桐城朱氏族规“重国课”条规定：“天庾正供，宜早输将，毋可玩愒。逾期不完，家法重究。”[1]各地族规大都设“急征课”“供赋税”“重国课”“尽输纳”等条款，违者予以不同程度的处罚。另外，一族之中既有祖辈从事耕织的农民百姓，也有累世登科入仕的官宦人家。宗族法要求入仕的族人为国效力，尽忠守职。安徽《谯国曹氏族谱·家训》中写道：“君臣之义通于天地，凡我族有登科笔、跻膴仕者，无论资格，但有一命之寄，务为忠良，上不负天子，下不负庶民。”安徽《仙源崔氏支谱·族规》规定：“若犯赃滥者，不得复归本家。”这就是说，为官犯赃渎职，除须受国家法律的惩处外，还受宗族法的“黜革”之罚，被开除族籍。统治阶级通过双层高压牢牢地控制臣下，以确保专制皇权的绝对统治。

宗族法的另一项作用是维持宗族秩序。宗族法涉及宗族社会生活的各个方面，对宗族成员的言行举止都作了具体而又细致的限制性规定。侵犯人身案件的处理、经济纠纷的解决、遗产分割、宗子承祧、婚丧嫁娶、春秋祭祀等在宗族法内都有相应的规定。殴打、骂詈、赌博、窃盗、奸淫、诈骗、酗酒、嫖娼等妨害社会安宁的行为被严厉禁止；尊卑长幼、贵贱亲疏的伦常秩序得到特殊保护。乾隆时，浙江萧山氏宗族制订族规，分为“八守”和“八禁”。“八守”为：守国法、守仁义、守祠祀、守父母、守本业、守尊卑、守贫安、守闺阃；“八禁”为：禁窃盗、禁诈骗、禁奸淫、禁暴戾、禁犯上、禁为匪、禁酗赌、禁异教。[2]对于违失族守、触犯族禁者，宗族法分别给以轻重不同的体罚、经济罚或身份罚。

维护国家统治和维持宗族秩序是宗族的两大重要任务。然而，此二者并非平列的。大多数宗族权贵未必能够认识到国家的整体利益与自身利益休戚与共的关系，他们所看重的是自己的特权利益、祖宗的烟火血食以及子孙的财产地位。调整宗族内宗法统治关系、维持宗族的稳定和发展是宗族法的出发点。宗族法要求族人遵守国法，按时输纳，并忠君守职，其最终目的在于获得国家统治者的好感，免受国家法律的惩处，以光宗耀祖，誉美家门。但是，宗族法在执行过程中客观上起到了稳定地方秩序、巩固中央统治的作用。最高统治者垂青宗族组织并承认宗族的强制性效力，正是着眼于此。

有无强制性是法律规范与道德规范在作用方式上的基本区别。中国古代传统社会，道德信念深入人心，善恶臧否的道德准则贯穿于对个体行为的一切评价之中，并构成对个体评价的终极性定论。宗族法将这种社会评价的道德原则予以极度的发展，作为维持宗族秩序、稳定宗法关系的重要手段。

宗族内部以父祖子孙的尊卑层次为经，以支房相别的亲疏序列作纬，编织成宗法血缘关系网络。每一成员皆有自己的特定地位，受到上下左右的交叉牵制。宗族法对于宗族成员在言行举止上的各种限别，既被视为社会组织要求内部成员必须履行的群体义务，更被看作后代子孙对先世祖宗应尽的道德责任。宗族成员对族内他人实施财产或人身方面的侵害行为，总是直接或间接地涉及同宗亲属，从而破坏宗法社会的联结纽带——伦常关系，因此必然要受到道德的谴责。而宗族法常以祖宗名义制定，有些宗族法直接冠以“祖训遗规”的名称。族内成员违反宗族法，即是对祖宗意志的背叛，从而具有违背人伦的“逆子”之嫌。“子孙不孝”在宗法社会的道德评价中属于不可宽容的大恶之一。

宗族法把法律规范与道德规范糅合一炉，以暴力强制性保证善恶品评的深入化，将道德评价的某些内容上升为有强制约束力的法律规范，使二者交叉渗透，对宗族成员“内外夹攻”，这是宗族法在方法上不同于国家法律，却能更有效地约束族众、稳定宗族秩序的奥秘所在。

江南地主阶级利用农村社会普遍聚族而居的历史条件制定较为完备的宗族法，并通过宗族法所具有的特殊功能成功地维持了基层社会秩序。康熙朝以后近两百年中江南社会基本保持稳定，未出现大的动荡，并且历年通过缴纳贡赋为国家提供大量的财政收入，同时通过科举考试为统治阶级输送了大批优秀人才。江南宗族的卓越贡献深得国家统治者的嘉许。

二

明代中期，江南城镇的商品经济已有较高水平的发展。然而，商品经济向农业渗透的速度极其缓慢，到清代中期，广大农村社会仍然无大变化，仅仅在某些经济作物的种植上出现商品性生产的趋势。农业和家庭手工业紧密结合的自然经济极少偏倚地稳定发展，经营地主和早期富农经济在整个农业经济中所占比重微乎其微。造成商品经济畸形发展的原因来自社会各方面，而宗族法在其中扮演着重要角色。

宗族从其产生之日起即兼有经济共同体性质。明末清初，商品经济的发展使宗族共有经济遭受较大破坏，一定程度上打破了宗族共有经济不甚牢固的外壳，把宗族内部属于共有经济的某些成份拉回到私有经济运行轨道上，参与农产商品化、农业资本主义化的运动之中。然而，这种变化很快遭到统治阶级的强力制止。在国家法律与宗族法的联合作用下，商品经济向农村社会的渗透严重受阻。在土地买卖方面，除宗族公产之外，族人私有土地的买卖流通也受到宗族法的各种限制。一方面，宗族沿袭并强化土地买卖中的“亲族先买权”，通过“产不出族”的方式限制族田外流，以保持本宗族经济实力，维持既定的社会经济秩序。另一方面，族人私有土地的买卖受到宗族法的多重限制，“败损”家产者在宗族法中会以“不孝”罪受罚。

明代中叶以后，商品经济由点而面，以城镇为中心向四周农村幅射性扩散，出现一批代表新型生产关系的经营地主和早期富农。富农经济的出现是明清时期农业资本主义萌芽的一个特征。然而，富农经济的发展也受到宗族法的阻碍，富农式经营方式受到种种限制。随着明末清初租佃制的进一步发展，江南各地宗族纷纷更订宗族法，对土地承租资格进行限制，客观上限制了农民的生产经营方式。租佃制的发展使地主与承租佃户之间的人身依附关系渐趋松弛，虽然佃户地位在明中叶以后逐渐提高，但是宗族法以人身强制、刑事处罚和血缘祭祀上的处罚等强制手段调整主佃关系，阻碍了农业商品经济的发展。

明、清时代江南农村普遍存在的宗族组织以顽强的力量阻碍着社会经济的进一步发展。得到统治者明确支持并与国家法律融为一体的宗族法利用自身所具有的特殊功能，抵抗商品经济向农村社会的冲击。经营地主所需要的土地流通市场与早期富农需要的自由法律身份均受到宗族法的严格限制。江南社会经济中，农产商品化、农业经营资本主义化运动以极慢的速度艰难地发展，与整个社会经济的发展极不协调。

三

明、清两代，传统社会制度进入生命存续的最后阶段，各种先天性病变迅速扩散，侵袭着整个制度肌体。在思想文化领域，先哲的反专制思想火花被后学们推起的考据浪潮所湮没，具有民主主义启蒙性质的社会思潮刚进入第一个发展高峰就突然中断，消失在思想文化的历史大回流之中，直到两百年后才重新被“发现”。清代思想文化变态发展的主要原因在于市民阶层力量不足，中央政府采取极端专制的文化高压政策。与此同时，江南宗族法从细微处入手实行由下而上的思想控制也是其重要原因之一。

清代科举入仕被视作官宦正途。江南宗族法以较多篇幅要求宗族成员注重科举，追取功名。士、农、工、商，读书入仕为首。在宗族权贵看来，本宗成员获取功名而正途入仕，既为祖宗争光，也给宗族扬名。更重要的是，宗族子弟热衷功名，埋头于“四书五经”，不仅有助于宗族内部秩序的稳定和社会的安宁，而且能造就一批以儒家经义见长的正统文人，保持儒家观念在宗族内的正统地位。在宗族组织的精心培育下江南社会的思想文化潮流朝着统治阶级期望的方向正常发展。一方面，大批宗族子弟潜心蓄志，致力于儒学经典，儒家思想在宗族社会广泛渗透，深入人心。另一方面，通过科举考试，江南宗族连年不断地为国家输送了众多的优秀人才。[3]江南三省作为“人才渊薮”，与其“鱼米之乡”齐名，深得国家统治者的垂青。

宗族法还直接从正面倡导儒学，不仅以儒家学说为基本准则，规范宗族成员的言行举止，而且以儒学理论作为唯一正确的思想意识，要求宗族成员无保留地接受。在宗族内部，忠孝信义等善恶品评的道德准则已上升为具有强制性约束力的法律规范；而这种规范赖以形成的原始基础，在宗族权贵看来，就是儒家学说对人生、对政府、对社会的解释。因此，为维持宗族秩序，就必须从根本上保证儒家学说对宗族思想意识的垄断地位。嘉庆年间浙江《稽氏条规》规定：“男子生而能言，便须以礼教诲……毋得游手好闲,习学非礼。"[4]宗族法还以专门条款约束族人,严禁习学异教。江苏陈氏《家规》第5条规定:"捏造浮言、左道惑众者,究得其情,不论尊卑,以异端流害论,宜共攻惩究。"[5]嘉庆八年,杭州《闻氏宗约》设"禁用佛事"条,禁止本家子弟崇释拜佛。[6]宗族成员只能以儒家思想为思想站在儒学立场上认识社会,解释社会。任何有悖于儒学的思想意识都被视作异端左道,受到严厉禁止。江南宗族配合中央政府的文化专制政策,通过宗族法在宗族内部强行树立儒家思想的垄断地位,扼杀了明清之际江南社会出现的非儒化思潮,使这片肥沃的文化土壤上长出一株以校勘考订、辨识真伪为业的学术异苗。

在农业社会中,毕竟只有少数人具备读书习儒的条件。在简单的物质生活以外,广大农民也需要一定的思想文化活动,需要有精神寄托。崇拜祖宗,以祖宗在天之灵作为自己的精神本体,通过现世生活体会并认识精神本体的真谛,最终使自己整个身心精神本体化,而加入祖宗的行列之中——这种儒家入世学和佛教出世学的精神混合物,以祭祖祀宗的形式为下层社会所接受。江南宗族以宗族法的强制力量,确保祭祀活动对宗族成员精神世界的占领。宗族法要求族人摒弃邪念,以诚入祭。宗族成员必须按时参加祭祀,江南宗族大多规定,朔望及节令祭祀,尤其是春秋两次大祭,除做官在外、经商异土或卧病不起者,都必须如期入祭,否则以"不孝祖宗"论罪。族人参与祭祀,既是义务,也是权利。宗族法对于祭祀资格的获得规定了种种限制。妇女、未冠之子弟、入族承祧之异姓、出族承祧之同姓等,皆不得正式参加祭祀。已获祭祀资格的族人也可因其违反宗族法而被处以剥夺祭祀权的惩罚。同治九年,浙江朱氏族宗规定:忤逆不孝、盗卖祭产、乱伦污族者以及从事隶卒娼优者,一律不许入祠与祭。[7]

作为一种精神活动,祭祀有其特殊性。简单地从礼节仪式上约束族众不能达到思想教化的目的。以是否享有祭祀资格作为贵贱善恶的划分标准之一,将参与祭祀作为一种权利,能使宗族成员产生心理上的优越感,进而珍惜祭祀权,重视祭祀活动,在香火缭绕的祖宗神主牌位前找到自己的精神寄托。

清代江南农村耕织有序,社会安然。具有特殊功能的宗族法支持着宗族内部严格而缜密的家长式统治,从基层社会抵御着对传统制度的各种破坏性力量的发展,为稳定社会关系、维持社会秩序做出了贡献。

注释

1 安徽桐城《柳峰朱氏宗谱·计开条规》。

2 浙江萧山《刘氏宗谱·族规》。

3 清代科举考试,全国各直省获中会元、三鼎甲和传胪的人数中,江苏、浙江与安徽分列前三名。参见商衍鎏:《清代科举考试述略》,文海出版社 1975 年版,第 169 页。

4 浙江归安《嵇氏宗谱·条规》。

5 江苏昆陵《陈氏宗谱·家规》。

6 浙江杭州《闻氏族谱·乳泉公宗约》。

7 浙江萧山《朱氏宗谱·祠规》。

朱勇

代表作

拾壹

衡平与原情：论中国古代与中世纪英格兰对于法律公正的二次救济

法律的重要功能之一是追求社会公正。但是，任何一个社会都不可能通过既定的法律体系实现尽善尽美的公正。在发现通过现有法律体系实现社会公正存在制度性瑕疵的情况下，社会必然要作出相应反应，以确定对法律公正的新的救济手段。[1]中世纪英格兰社会采用“衡平审判”的方式，以弥补普通法在实现社会“公正”方面的不足。而中国古代则通过“原情审断”的途径，谋求法律条款难以实现的社会“公正”。无论是“衡平审判”，还是“原情审断”，在其早期发展阶段均具有典型的行政干预司法、道德融入法律的共同特点。但由于政治结构、文化传统和社会习俗的差异以及社会对“公正”内涵的不同理解，在法律公正二次救济方式上的相似性并未对各自法律体系及司法体制的发展走向产生相同的作用。“衡平审判”孕育出卓越的衡平法体系，而“原情审断”则始终保持行政干预司法的原生特征。

一

法律公正的重要内容之一是程序公正。程序公正既表现为当事人之间享有平等的诉讼权利、承担对等的诉讼义务，又表现为当事人能够自由、恰当地启动诉讼程序、运用法律手段保护自己的权益。就后者而言，主要表现为司法机关对立案、受理条件的限制性规定。调整社会关系的规范多

原载《中国法制比较研究论文集》2001 年 5 月。

种多样,何种事件符合通过法律途径解决的条件,即司法机关在何种情形下才立案或受理,这是法律首先要解决的问题。从理论上说,公民请求即构成起诉条件。只要具有合法身份的公民提出通过司法程序来解决其面临问题的要求,国家就不能拒绝,司法机关就应该立案或者受理。但实际上,为提高司法效率、节约法律实施的成本,各国法律均规定了一定的立案、受理条件。符合条件者,可立案或受理,不符合条件者,则不予立案或受理。

就自由、恰当地启动诉讼程序、运用法律手段保护自己的权益而言,程序公正首先表现为诉讼中的便利。公民在启动诉讼程序之前需要具备何种法定条件,这些条件是否因其难以实现而让多数需要请求国家法律予以帮助者望而却步,是衡量一个国家法律制度是否具备程序公正的重要因素。[2]

从12世纪开始逐渐成型的英格兰普通法在起诉条件方面有诸多限制。普通法具有重形式、重传统的特点。[3]基于这一特点而形成的诉讼令状(writs)制度直接限制了国民对诉权的行使,也影响到法律在调整社会关系、实现社会公正方面的功能。

根据普通法,当事人在法院提起诉讼,首先必须取得司法大臣的原始令状(original writs),否则法院不予受理。而令状的种类是既定的。司法大臣是否颁发原始令状,不在于他认为该项诉讼请求是否应该接受,而在于该项请求是否与已有的令状相符,即该项请求所涉及的事实及具体情节是否与已有令状所涉及的事实及情节相吻合。如果已有与当事人诉讼请求相关的令状,司法大臣即予颁发,当事人可持此令状向法院提起诉讼。如果没有与该项诉讼请求相关的令状,即此前法院未受理此类案件,司法大臣则不予颁发令状,法院也不得受理该项诉讼请求。司法大臣认为,令状制度是完善的。已有的令状包括了所有可以起诉的案件。因此,与令状相符,即为可起诉案件;相反,如果与令状不相符,则该事件不符合起诉条件。

令状制度关于起诉条件的限制显然与复杂的社会现实以及变化中的社会情况脱节。例如,根据普通法,违约案件指当事人违反普通法上的契约。普通法上的契约为正式书面契约,应具备几个基本要素:符合特殊格式、使用法律术语、各项手续齐全等。不具备基本要素者,则非普通法所承认的契约。在实际的经济生活和社会交往中,存在大量格式简单、语言随意、手续不全的非正式契约。[4]根据令状制度,对于涉及这种非正式契约的纠纷,司法大臣不颁发原始令状,因而普通法法院不予受理。这样,在以非正式契约为基础产生的各类经济活动均得不到普通法的保护,即便当事人权利受到了实际伤害。

起诉条件的限制影响法律对社会关系的调整功能,进而导致起诉程序上的不公正。[5]为弥补这一制度性瑕疵,英格兰社会产生了一种新的救济形式:衡平诉讼。

衡平诉讼的出现系基于大法官和大法官法院。英格兰历史上的大法官实际上是一个行政职务,大法官法院则是其办事机构。[6]大法官作为国王御前首席大臣,协助国王处理国内政务,其主要职责包括:为国王掌管国玺;代表国王向普通法上的当事人颁发原始令状;应国王指派,作为朝廷重要的行政官员参与国家方针大计的讨论。

在 14—15 世纪,普通法僵化的弊病愈发凸显,英格兰社会对于纠正法律不公正的要求日益迫切。当事人受到侵害,但求助于普通法又没有结果。于是,他们直接找到国家的代表——国王,希望国王运用特别手段,使自己受损的利益得到合理的补偿。最初,国王通过御前会议来解决这一类问题,以救济法律的不足。由于这类事件逐渐增多,国王便将这项工作委托给他的首席大臣——大法官。大法官以及大法官法院最初是偶尔、后来则是经常地接收国王的委任来处理这类案件。1340 年,处理这类案件的机构被确立为一个法院。但此时,该机构只是作为国王与议会的代表处理案件,而且对案件的处理多由大法官与国会代表、普通法法官等共同进行。从 1474 年起,大法官获得独立审理该类案件的权力。

与普通法不同,早期在衡平法院提起诉讼不需要令状。大法官有充分的自由裁量权。原告提出起诉状或书面诉讼要求,甚至提出口头诉讼要求,请求大法官对其要求作出裁决,大法官即予受理,诉讼开始。15 世纪时,衡平法院的管辖权主要涉及:第一,法律(普通法)没有规定、因而普通法法院不受理的案件。第二,普通法法院已作判决,但因某种原因而无法执行的案件。例如,被告势力强大,不接受判决并拒绝执行判决,以及由于国家政局不稳、社会动乱而无法执行判决的案件。第三,超出普通法管辖的案件。例如,涉及外商的案件、海事案件、教会的案件等。从衡平法院的管辖范围来看,主要是普通法管辖范围之外的案件。换言之,衡平法院管辖的案件当事人如果向普通法院起诉，在多数情况下得到的答复将是不予受理。

中国古代法律在起诉方面有严格的程序性要求。法律规定，所有的诉讼必须从州县基层机构发起。唐朝开始，正式实行“辞诉下始”制度，所有诉讼请求必须向司法体制中的最基层——州、县提起。当事人越过州、县而向上一级司法机构提起诉讼者，构成越诉罪。该机构不得受理，否则受理机构的主官也构成犯罪。[7]

社会现实是复杂的。民众会因种种原因而不能或不便按照“辞诉下始”制向基层司法机构提起诉讼。比如，当事人认为基层司法机构的主官限于法律知识或判断能力的欠缺而难以作出正确判决，或者认为基层司法机构主官与案件本身有某种牵连而难以作出公正判决。因此，中国古代法律又设置了特别诉讼程序，以对普通诉讼程序的不足给以救济。[8]唐朝法律设立“直诉”制度，允许当事人直接向上级机构，甚至皇帝提起诉讼。法定的直诉方式包括邀车驾、登闻鼓、上表诉等。皇帝还定期派出钦差大臣，在处理特别公务的同时接受地方特别诉讼。

皇帝出行，仪仗相随，名之为“车驾”。出于对皇帝人身安全的保护和对皇帝威严的尊崇，中国古代严格保护皇帝出巡的车驾。法律规定，任何人不得冲撞皇帝车驾，违者治罪。[9]但法律同时规定：允许民众直接向皇帝递送状纸，提起特别诉讼，名为“邀车驾”。“邀车驾”作为普通诉讼程序的救济方式，不仅不受“辞诉下始”制的限制，而且一定程度上免除冲撞车驾行为应负的法律责任。从汉代开始，历朝均实行登闻鼓之制。在朝堂之侧，设一面大鼓。臣民百姓有冤抑，即可击鼓唤官，要求主持审理其诉，即所谓“击鼓申冤”。唐朝于京城长安宫殿设置登闻鼓，并设专官守卫。有击鼓申冤者，守官右监门卫即刻向皇帝奏告。宋朝以后，登闻鼓制度进一步完备，一般均设立专门机构，管理登闻鼓直诉。宋朝有登闻鼓院，明、清两朝则有登闻鼓厅。历朝皇帝通过登闻鼓的非常诉讼方式，处理不少“击鼓申冤”案件。[10]当事人提起诉讼，还可通过“上表诉”的特别程序。法律规定，朝廷由中书舍人、给事中、御史三个机构负责受理上表诉，当事人可通过这种特别程序，向上述三机构递交诉状，视同向皇帝本人提起诉讼。上表诉而三机构不受理者或三机构不按规定受理诉讼者，主管官需承担刑事责任。[11]

直诉作为对普通诉讼程序的法定救济方式,在一定程度上弥补了普通程序在为国民提供诉讼便利、追求法律公正等方面的缺陷。在中国古代,历朝都有关于特别程序在惩治贪官、昭雪冤案、伸张正义等方面的案例记载。

在某些案件中,当事人的行为虽然破坏了法定诉讼程序,但案件本身却包含为社会所称道的实体内容。或者说,行为人基于符合社会道德、符合社会情理的目的,从事了违反法定程序的行为。如果依照法律规定,对行为人依照违反诉讼程序处理,即侵害了社会所公认的道德准则,有悖于社会赖以建立的公正原则。对于此类案件,常常由皇帝本人出面,以特别程序处理,以防止法律与道德伦理及社会公正原则之间的直接冲突,同时也体现代表国家最高权力的皇帝在法律规定与社会公正之间的选择。

明洪武时期,某人因诬告他人被监禁候审,其子径向中央司法机构——刑部告状,称其父有冤。《大明律》规定:一切诉讼必须从本管州县提起;越过本管州县、而直接向上级机构提起诉讼者,即使所告属实,也构成越诉罪,处笞五十之刑。官府因其子犯越诉罪而将其拘执,并拟依法定罪量刑。明太祖朱元璋获知后说,儿子诉告父亲遭受冤枉,不论是否真实,皆出于父子亲情,虽然构成越诉罪,但也应宽容处理,不必追究其刑事责任。[12]在另外一个案件中,一个死刑犯被拘执在监,其妻到官府诉称其丈夫有冤。官府提出,依法将该死刑犯之妻刺字。对此,皇帝不允许施刑。皇帝提出,妻子为丈夫控诉,既出于妻子的天性,也是妻子的职责,即便虚枉,也不能对其定罪。[13]

子诉父冤而越诉,妻诉夫冤而涉妄控,就法律而论,行为人的行为违反法律规定,已构成犯罪。为维护法律程序的严肃性,维护法律的权威性,即须对行为人依法定罪量刑。但若作此处理,又与重伦理、亲情的原则明显不合。在皇帝看来,就个案而言,过于严格地执行法定程序,拘泥于法律规定,对行为人进行处理,即有违情理,有失公正。因此,需要网开一面,在特殊情况下,适用特别程序;或者说,放宽普通程序的一般要求,以补救法律在维持程序公正方面的缺憾,追求通过普通程序所得不到的公正。

总之,中世纪英格兰以衡平法作为对普通法在诉讼程序上的补救,中国古代以直诉制度以及特别诉讼程序对普通诉讼程序进行补救,其目的都在于追求法律所不能实现的公正。

二

法律公正的另一内涵是实体公正。法律规定的实体内容应该具有公正性,应该具体体现社会所认可的公正准则。依据法律规定,人们在同等条件下享有同等的权利,并承担对等的义务。实体法律上的公正,首先通过公正的立法实现。同时,为弥补立法上的不足,可以通过审判活动中法外规范的适用来达到。中世纪英格兰司法体制中,通过“衡平审判”实现对普通法不足的公正性救济。而在中国古代,则通过“原情”“论心”对僵化的法律条款给予公正性补救。

在衡平法中,当事人的实体权利不是严格确定的。纠纷的解决和案件的处理受到当事人行为方式及其主观状态的直接影响。一般情况下,当事人享有基于衡平原则而发生的权利,但这种权利可能因当事人本人的行为或其主观态度而改变。

衡平法要求提出衡平法诉讼请求者首先必须做到自身行为端正,自身行为符合道德标准。在衡平法实施过程中,被长期、普遍适用的衡平原则逐渐被归纳成一些精练的“衡平法谚”,这些法谚代表着衡平法的基本准则,也是大法官进行衡平审判遵循的基本规范。法谚中有相当一些可反映衡平法在道德方面的要求,如“求助于衡平者必须自身清白”“寻求公平的人必须做事公平”。[14]相反,如果当事人自身行为不端正,自身具有不道德行为,或者是具有主观恶意,那么,即使其要求符合衡平法的一般条件,其追求公正的要求应得到衡平补救,也将因其自身行为的瑕疵、自身行为的不道德而不能获得衡平救济。

与普通法相比,衡平法审判最主要的特征是大法官审理衡平案件,以道德、良心为基础,以公平、正义为依据。表现在审判方式上,大法官在整个审判过程享有充分的自由裁量权,大法官以其本人对道德、良心的诠释,对公平、正义的理解,进行自由裁断。约翰·塞尔登说:“衡平法随大法官脚步的长度而变化。”[15]在衡平法产生早期,大法官以御前大臣的身份受国王委托,代表国王受理当事人因不满普通法法院判决或普通法拒绝受理而提起的诉讼请求。大法官处理此类纠纷时不以普通法的规定作为依据,而是代表国王,基于追求和保护社会公正的目的对案件进行审判。大法官作为“国王良心的守护人”,确保国王良心在整个英格兰社会的实现,确保国家道德水平的提高。正是基于这一点,衡平法谚称:"衡平法来自国王的良心。"[16]考伯勋爵在"达德利诉达德利案"中描述衡平法"不是法律的组成部分,而是一种道德力量,它对苛刻、僵化、极端的法律起到缓和、减轻和改进作用,因而具有普遍价值"。[17]

古代中国以宗法立国。宗法伦理、血缘亲情被作为至上的公正原则受到国民的普遍遵崇。具有宗法色彩的国家法律也注重对伦理亲情的特殊保护。在从汉朝开始的法律儒家化过程中,历朝法律不断扩大对伦理关系的保护范围,加强对伦理关系的保护力度。但法律本身的社会性和统一适用性决定了它不可能照顾到伦理亲情的每一个方面。由于法律关系与亲情关系的侧重点不同,法律规范与伦理规范甚至在某些方面产生直接冲突。为弥补缺陷、消除冲突,统治者确立了"原情审断"原则,即司法活动应充分考虑宗法亲情、伦理关系的意义,基于宗法伦理原则变通适用法律规范。

中国传统司法注重依法断案。在刑事司法方面,法律要求"援法断罪"、定罪量刑均需援引具体的法律条款作为依据,违者应承担刑事责任。[18]但在司法实践中,审判官更注意追求法律外的公正,追求依据天理、人情、伦理秩序所产生的宗法性"公正",其突出表现是从汉代开始的"论心定罪"原则和其后形成的"原情"审断原则。

西汉董仲舒提出"经义决狱""论心定罪"。他认为,现行法律规定不能完整体现儒家治国精神,不能将社会秩序维持在合理的范围之内,为确立合理的社会秩序,需要对现行法律进行补充。基于这一认识,董仲舒以《春秋》经义为依据,总结232个判例,汇编成书,名之为《春秋决事比》,成为司法机关审判案件的依据。在这些判例中,审断案件的依据不是法律条款,而是体现儒家思想的经义。[19]

董仲舒"经义决狱"的一项重要原则是"论心定罪",即依据行为人的动机确定其行为是否构成犯罪。所谓"《春秋》之治狱,论心定罪。志善而违于法者免,志恶而合于法者诛"。[20]例如,父亲被人殴打,儿子持棍救助父亲,但不慎误伤父亲。法律规定,儿子伤害父亲者处死刑。但上述案件情节特殊,若按法律规定将儿子处死刑显然有失公正,而且与立法者的立法本意相违。根据《春秋》经义,父子至亲,儿子为救助父亲而失手误伤父亲,并非儿子本意。依照"论心定罪"原则,"君子原心,赦而不诛",故该子无罪免刑。[21]

唐朝长庆年间，京兆府人康宪向他人讨还债务，反被欠债人殴打，造成重伤，生命垂危。康宪 14 岁的儿子康买得为救父亲，用木锨击打对方头部，致其死亡。依据《唐律》，父亲被人殴打，儿子为救父而还殴，致人伤者，比照普通斗殴罪减三等处罚；但若致人死亡，则按照普通斗殴杀人罪处理，不得减等。依此，本案康买得救父打人，致人死亡，应处死刑。但当时社会对于“康买得案”给予特别关注。多数民众认为，凶手欠债不还，还殴打债主，导致其生命垂危，该罚；康买得因救父而还击，是至孝的表现，不仅不应处罚，而且应该褒扬、奖励。审理“康买得案”的各级官吏也在应严格适用法律，还是变通处理、寻求实际的“社会公正”方面拿不定主意。刑部员外郎孙革上书皇帝，认为康买得救父杀人，事出有因，不能简单地适用法律条款而定其死罪。如何变通处理，孙革引经据典，提出：“《王制》称：五刑之理，必原父子之亲以权之，慎测浅深之量以别之。《春秋》之义，原心定罪。《周书》所训，诸罚有权。”以儒家经义、圣贤之书作为依据，再参照法律规定就能更加合情、合理地处理此案。皇帝采纳孙革的意见，对康买得处减死一等。[22]

明朝强调重典治吏，以严刑酷罚惩治违法犯罪，惩治贪官污吏，但是在维持伦理秩序、伸张血缘亲情方面，又以“伸张正义”“原情励俗”为由，频频“屈法”“赦罪”，以求“公正”。洪武时，太孙甚至提出：“明刑所以弼教，凡与五伦相涉者，宜皆屈法以伸情。”[23]

在实体权利方面，中世纪英格兰衡平审判与中国古代原情审断，均以道德原则为标准，补救由于严格执行法律条款而造成的不公正。在衡平审判中，当事人的主观状态，包括有无主观恶意以及自身道德水准如何，都直接影响对案件的判决；而大法官审理案件主要依据其对公平、正义、道德、良心的理解。中国古代的“论心定罪”与“屈法伸情”更是直接将主观动机、宗法亲情作为审断案件的重要依据。

三

古代中国与中世纪英格兰对“公正”的理解各有不同。

从衡平法产生、发展过程来看，在中世纪英格兰，合理的诉讼程序和对权利的周到保护被视作法律“公正”的重要内容。对“合理诉讼程序”的追求是衡平法产生的直接原因。衡平法的产生，首先是因为普通法程序上的不公正,导致国民寻求法律救济、寻求权威裁判无门,因而在程序上受到不公正的对待。国王以国家最高权威的身份,代表寻求公正的最终途径,以行政程序干预司法程序,为国民寻求权威性救济提供了一种可供选择的程序。不论处理结果如何,国民在认为自己的权利受到侵害时,至少可以找到一条可以陈述权利受侵害的事实并提出自己对侵害实施救济要求的途径。在这里,程序的设置本身即已表明"公正"的存在。

对权利的周到保护是衡平法产生的另一重要原因。衡平法主要涉及对当事人民事权利的保护。[24]普通法确立了系统的民事法律制度,但在社会进步、经济发展的条件下没有加强对新产生的民事关系的调整,因而导致对某些民事权利保护的漏洞。补救普通法在这方面的不足,完备对民事权利的周到保护,成为衡平法产生、发展的重要原因,尤其是用益权的设立促成信托制度的全面发展。[25]

在中国古代社会,宗法伦理、血缘亲情在国家结构和社会关系方面具有重要作用。伦理关系作为社会构成的一项基本原则,对传统中国的思想、观念、道德、习俗等产生重要影响。伦理关系作为首要社会关系,受到传统中国社会的特别重视。道德所注重维持的社会秩序首先是一种伦理秩序,是一种与身份紧密相联的社会关系。在这种社会结构下,对"公正"的诠释更注重"秩序"与"和谐"。[26]

建立在伦理亲情之上的和谐秩序是中国传统社会追求的理想目标,也是法律的重要任务。中国古代法律也注重寻求程序上的"合理":体现伦理关系,保护伦理特权,维持伦理秩序。法律规定,不同等级伦理身份的个体在诉讼程序上享有不同的权利义务;法律外的非常救济更以维持等级身份为重要任务。在正统思想的影响下,对伦理秩序的维持和特别保护已为社会所接受。保护亲情关系在社会中的特殊地位已成为法律及其他社会规范的当然任务。亲情体现公正,公正寓于亲情。

从形式上看,对法律公正的二次救济均具有行政性,即以行政手段补救法律在追求公正方面的不足。

法律作为规范社会秩序、调整社会关系的手段,在其早期发展阶段,与行政权力密不可分。早期政府具有更多的综合性管理职能,行政、立法、司法合而为一。法律调整构成政府机构的重要职能之一。随着社会的演进,与法律相关的各项权力逐渐与行政权力分离而独立,但对法律不足的补救仍为行使行政权力的政府所承担。

从发生及早期发展过程来看,衡平审判具有典型的行政色彩。衡平法通过王权干预司法的形式产生。在社会调整手段中,王权以比司法权、比法律更加公正的面貌而出现,并作为最终补救手段弥补着由法律引起的“不足”。

中世纪的英格兰是一个多元社会。国家政治舞台上存在王权、教权、领主权、民权,各种政治力量通过组合、分离、斗争争夺着国家最高权力。法律依附于政治力量。国王宣布,国民如果对于法律(普通法)判决不满,认为法律判决有失公正,可直接诉诸国王,从国王那里重新获取公正。国王不作为法定的正式审级,但掌握着决定司法审判是否公正的最终权力。如果国王认为法院判决有失公正,可以通过行政程序重新审理,做出他认为更加公正的决定。国王还指定其御前大臣——大法官——具体承担这一任务。大法官作为国王的御前大臣,是朝廷设置的行政职位。大法官代表国王,接受国民诉请,并代表王国最高的“公平”“正义”决定权,处理各项请求。大法官处理各类案件的习惯及规范逐渐体系化、固定化,最终形成衡平法院系统和衡平法规范体系。

与之相比,在中国传统政治体制中,皇权对司法的干预经历了不同的道路。中国古代实施行政、司法合一体制,由行政长官代行司法权。皇帝一身二任,既以最高行政权的代表,又以最高司法权的化身对法律公正进行补救。就司法管辖而言,皇帝作为法定最高审级,享有对所有死刑案件的批准权、复核权以及对于重大案件的审判权。皇帝还可通过“直诉”方式直接受理各类诉讼。此外,皇帝还经常超出法律规定的管辖权限,基于对“公正”的追求而干预司法审判。皇帝的这一身份性特征使其救济行为既具司法性,又具行政性。就司法性而言,皇帝在法律所规定的范围之内行使各项司法权,包括管辖权、审理权、复核权、批准权等。就行政性而言,皇帝又在法律规定之外,超出其法定权限,对于认为有悖常理、有失公正的行为采取非常手段进行补救。[27]实际上,皇帝对于司法审判的干预也并不是每每奏效,在某些情况下,皇帝基于对法律的理解、对公正的理解,希望改变严格依据法律条款所作出的判决。但主持审判的司法机构偶尔地也可能坚持自己的意见。[28]在这类案件中,虽然皇帝的意见未能为司法机关所接受,但同样能够说明皇帝希望以行政干预司法的方式追求法律公正。

从中世纪英格兰的衡平审判到中国古代的“原情”审断,作为法律公正的二次救济方式都具有典型的道德色彩。

面对普通法的僵化和缺陷,当事人诉诸国王。当事人对国王的期待,既不是将国王看作司法系统的法定审级以改正下级审判机关的判决,也不是基于对法院所作判决违反法律规定的认识而要求国王简单地重作判决,而是要求国王以国家最高权力代表的身份,依据足以改变普通法不公正、不合理现象的道德原则,做出真正合理、公正的决定。对决定的期待,不在于是否合法,而在于是否公正。在某些情况下,甚至是明确追求法外“公正”,甚至不合法的“公正”。

衡平法与道德的关系具体体现在衡平法的内容以及处理案件、解决纠纷所遵循的标准和原则方面。在某些案件中,衡平法遵循兼顾法律(普通法)与道德的原则:既不以法律阉割道德,也不因道德而违反法律。对于某一案件的处理,如果根据法律规定应该释放被告,则将被告释放;如果被告的行为又有违反道德的情节,可以同时判定被告必须给予原告一定的补偿:释放被告以遵循法律,判定赔偿以符合道德。

梅因说:“英国衡平法是建筑在道德规则上的一种制度。”[29] J. D. 海顿在其《衡平与信托》一书中这样描述衡平法与道德的关系:

> 在著名的1615年“牛津伯爵案”(Earl of Oxford's Case)中,大法官艾莱斯麦利反复提及“良心”(conscience)一词。这一概念曾经是,而且在目前仍然是衡平司法中的核心概念。大法官法庭是良心法庭。大法官肩负双重任务:一方面,他承担着在王国内保持道德水平的责任;另一方面,如果被告实施了相对于原告的不当行为,而普通法法院不会或不能对此作出某种限制或约束,在这种情况下,大法官法庭接受被告在良心上的忏悔。对“良心”这一概念很难作出解释或定义。但有一点是明确的,在衡平法发展早期,它是大法官在处理案件时经过对具体案情深思熟虑而作出的、在某种程度上体现大法官直觉的道德回答,它也是一个被认为存在于自然法中、发展于教会法——早期大法官均受过教会法的良好训练——中的更加客观的概念。[30]

中国古代强调道德伦理在法律中的作用。在汉代社会,法律已不能适应变化中的社会需要,简单地以法律条款作为审判案件的依据已不能完整体现统治阶级的政治方针以及占据主导地位的统治思想。立法活动未跟上或者法律还不具备变革自身以适应外部需要的机制。正是在这一背景下,通过法律之外的因素对法律的不足、对法律在实现“公正”方面的不足加以补救就成为必要和可能。从汉代开始,中国法律开始了儒家化过程。儒家强调“德治天下”,所谓“德礼为政教之本,刑罚为政教之用”。[31]法律儒家化,从实质上说,就是礼法合流,道德伦理进入法律领域,在法律调整中起到重要作用。道德的作用不仅在法律领域内,而且也通过其他方式补充法律的不足:以直诉的方式弥补正常诉讼程序的不足,以表现体察下情的仁恕之心;以“原情审断”的方式,为孝子、贤妻“屈法伸情”,为“志善行恶”者获得法外之仁。

在中国,皇帝作为国家终极权力的拥有者,不仅代表着国家的最高权力,也代表着整个社会的最高道德水准,是国家的道德形象的代表。因此,皇帝有义务监督一切社会规范的执行,敦促社会公正的实现,并且有义务以一切手段来提高社会的道德水准。法律的实施能否实现社会公正、能否在提高全体国民道德水准中起到应有的作用经常为皇帝所关注。如果达不到目的,皇帝则有义务采取相应的补救手段,通过各种方式的二次救济实现比法律所规定的更加合理的公正秩序和真正意义上的道德目标。

中世纪英格兰与中国古代在追求法律公正的二次救济方式上的不同对国家司法体制的演化产生直接影响。

衡平法的实施逐渐从行政领域向法律领域转移,并最终脱离国王的直接控制,成为一个独立的法律部门,成为与普通法并立、在调整社会关系方面起到重要作用的两大法律体系之一。大法官法院也因具体实施衡平法而逐渐从国王的行政建制中转变为专门司法机构:衡平法院。尽管16世纪以后衡平法的发展在很大程度上已淡化了其早期功能,但从理论上来说,衡平法的存在与发展仍是对普通法的补充,也是对普通法的补救。[32]

而在中国,“原情执法”原则及特别诉讼程序的实施既未造成独立的法律体系,也没有导致专门司法机构的形成,在整体上未影响国家一元法律体系的格局。中国传统的“原情审断”始终保持其行政干预司法的原生性质,其原因是多方面的。

第一,在中世纪的英格兰及欧洲各国,社会是多元的。社会多元化既表现在政教分离,教会拥有与世俗政权相对等的地位,也表现在领主势力强盛,地方力量与中央政府分庭抗礼。法律游离于各种政治力量之外,自成体系,自成势力,同时也采取不同方式与各种相互独立的政治力量、社会力量相联合。各种社会力量希望借助于法律,一方面作为政治斗争的手段,另一方面也作为财政收入的渠道。[33]法律与不同政治力量、社会力量相结合的态势表明,法律自身具有相对自由的身份,在其发展过程中遵循其内在的规律。正是由于其相对独立性,法律不仅未被其他社会力量、政治力量所同化;相反,一旦时机成熟,它还可以将其他力量纳入自己的系统,使其脱离其本来所属系统。中国古代法律依附于政治力量,从属于行政系统,始终未能成为一种独立的社会力量,法律本身不具备独立的品格,既不能主宰自身的发展,更不能同化其他力量。

第二,在中国古代,作为主流意识的儒家正统思想历来将法律作为治理国家的从属手段,法治原则未能成为古代统治者规范社会秩序、调整社会关系的主要原则。在政治实践中,皇帝作为全国范围内的一元首脑,享有行政、军事、立法、司法等多项权力。各项常设权力之中,行政权处于核心地位。皇帝掌握各项权力,首先看重行政权力。行政权力的掌握、行政机制的完善成为国家政治的第一目标,也是皇帝的首要之责。因此,皇帝虽然一身多任,但就常设权力而言,他主要是最高行政权力的化身。对司法权力的掌握以及法律机制的完善实际上处于皇帝事务的次要地位,完善司法体制始终未能成为国家政治的重要任务。

第三,中国古代,法律从属于皇帝。皇帝作为司法体制内的一员,代表着最高审级,合法地享有最高审判权,因而对整个司法系统拥有合法的控制权。在这一体制下,皇帝不需要通过再造一个司法系统来追求新的“公正”,来追求对社会新的控制。与此同时,在皇帝作为司法体制内部法定审级之一的体制下,皇帝行使司法审判权,尤其是以二次救济的方式追求法律外的公正也受到制度本身的一些限制。一切法律事务,包括起诉、审判、执行等司法程序,都已经有既定的程式。这一程式以皇帝的名义确立,并以皇帝作为实施该程式的最高监督者。法外处理或超出常规外的处理就更加具有难度,也需要更多的特殊理由。在中国古代,以皇权干预司法的二次救济形式追求法律外公正实际上更多的是个案,没有形成相对稳定、具有普遍适用性的制度。

通过法律实现社会公正必然存在制度性瑕疵。不同的社会文明采取不同方式对法律公正实施二次救济,以弥补法律自身的不足。针对法律在追求公正方面的制度性不足，中世纪英格兰及中国古代社会分别采用“衡平审判”和“原情审断”的二次救济方式，从程序、实体两方面实施补救。“衡平审判”和“原情审断”作为法律体系的补充，在其产生过程中均具有行政性、道德性的共同特征；同时，受不同政治传统和不同法律文化的影响，在所追求“公正”的内涵方面又各具特色。受政治、文化传统及社会习俗的影响，“衡平审判”和“原情审断”对国家法律体系的发展走向产生重要影响。中世纪英格兰的“衡平审判”造就了一个独立的法律体系以及与其相适应的司法系统，并导致衡平法与普通法两大法律系统并存的局面。而在中国，“原情审断”不仅从制度上确认了行政干预司法的必要性，而且从观念上强化了行政干预司法的合理性。

注释

1 作为对法律公正的二次救济，主要手段有二：第一，修订现有法律，完善法律体系，使其进一步适应追求社会公正的需要。第二，在法律体系之外，通过其他辅助制度来弥补法律自身的不足。本文重点讨论后一种手段，即法律之外的救济。

2 一般而言，在法律欠发达的国家或时期，法律所规定的立案标准和受理条件较为严格、苛刻，立法者及司法机关希望大量社会关系和部分纠纷事件通过法律外途径解决；随着国家法治化程度加强，法律制度的发展，法律调整范围逐步扩大，法定的立案标准和受理条件也逐渐宽泛。

3 沃克在其所著《英国法律制度》一书中说：“因拘泥形式及各种限制和约束的存在，普通法的实体内容及其程序显得墨守成规。” See R. J. Walker, *The English Legal System*, Butterworths, 1980, p. 41. 马克垚说：“普通法实行的是一种令状诉讼，其程序十分复杂，而且十分固定，当事人稍有不慎，如说错一句话，做错一个动作，即可导致败诉。”参见马克垚：《英国封建社会研究》，北京大学出版社 1992 版，第 117 页。

4 参见潘华仿：《英美法论》，中国政法大学出版社 1997 年版，第 55 页。

5 沃克说：“普通法在其早期发展阶段，即已无法提供对于其自身所固有的限制的救济手段。这意味着必然要出现不公正”。See R. J. Walker, *The English Legal System*, Butterworths, 1980, p. 43.

6 英国法律史学家贝克尔说：“大法官法庭最初是作为皇家秘书机构而设置，其办公地点设于国王的小教堂。在早期，它既不是税务机构，也不是法庭，而是一个政府部门，其前身是盎格鲁－撒克逊时期专事皇室令状和契据的起草及用玺职能的寺院缮写室。大法官作为该部门的首脑，掌管英格兰国玺，所有政府文件都必须盖用国玺方能发生效力……大法官通常是政府首席部长，也是国王的御前大臣。” See J. H. Bakcr, *An Introduction to English Legal History* (3. Edition), Butterworths, 1990, p. 114.

7 《唐律疏议・斗讼・越诉》：“凡诸辞诉，皆从下始。从下至上，令有明文。谓应经县而越向州、府、省之类。其越诉及官司受者，各笞四十。”

8 设立特别诉讼程序，既有法律原因，也有政治方面的考虑。就政治出发点而言，通过特别诉讼程序，强化中央集权，加强对于基层政府的控制。本文重点讨论该程序设立的法律原因。

9 《唐律疏议・卫禁》：“诸车驾行，冲队者，徒一年；冲卫杖者，徒二年。”

10 《宋史・刑法志》载，北宋开封人王元吉，被继母诬告，屈打成招。其妻张氏击鼓申冤。太宗皇帝闻奏，亲自审理该案，了解案件真相，为其平反昭雪。

11 《唐律疏议・斗讼》：“邀车驾及挝登闻鼓，若上表诉，而主司不即受者，加罪一等。”

12 《明史・刑法志》。

13 《明史・刑法志》。

14 《牛津法律大辞典》，光明日报出版社 1988 年版，第 305 页“衡平法格言”释条。

15 R. J. Walker, *The English Legal System*, Butterworths, 1980, p. 45.

16 高桐：《论英国衡平法的产生及其早期的发展》，载《比较法研究》1987 年第 2 期。

17 R. J. Walker, *The English Legal System*, Butterworths, 1980, p. 47.

18 《唐律疏议・断狱》：“诸断罪，皆须具引律、令、格、式正文，违者笞三十。”

19 《汉书・应召传》：“胶东相董仲舒老病致仕。朝廷每有政议，数遣张汤，亲至陋巷，问其得失。于是在《春秋决狱》二百三十二事，动以经对。”例如，甲无子，拾于道旁弃儿乙，养之以为子。及乙长大而杀人。甲藏匿之。他人以状诉甲。甲当何罪？董仲舒断曰：“甲无子，振活养乙。虽非所生，谁与易之。《传》云：‘螟蛉有子，蜾蠃负之’。《春秋》之义：父为子隐，子为父隐。甲宜匿乙，而不当坐。”

20 《盐铁论・刑德》。

21 《太平御览・刑法部・决狱》。

22 《旧唐书・刑法志》：“（康）买得救父，难是性孝，非暴；击张苙是心切，非凶。以髫之岁，正父子之亲，若非圣化所加，童子安能及此？《王制》称：五刑之理，必原父子之亲以权之，慎测浅深之量以别之。《春秋》之义，原心定罪。周书所训，诸罚有权。今（康）买得生被皇风，幼符至孝，哀矜之宥，伏在圣慈。臣职当谳刑，合分善恶”。敕：“康买得尚在童年，能知子道。虽杀人当死，而为父可哀。若从沉命之科，恐失原情之义。宜付法司，减死罪一等。”

23 《明史・刑法志》。

24 衡平法院与星座法院是国王干预司法的直接产物。衡平法院代表国王对民事诉讼的干预，星座法院则是国王对刑事诉讼的干预。1640 年 5 月，国会解散星座法院，废除国王的特别刑事审判权。1649 年，克伦威尔建议解散衡平法院，废置国王的特别民事审判权,但未被采纳。

25 周小明说:“从用益设计到信托设计的过渡,经历了漫长的一个历史过程。促成这一过渡的动力,从文化层面来看,是自由对于限制、资本主义对于古代传统主义、文明对于野蛮的抗争。而引领这抗争走向胜利的排头兵,则始终是英国独树一帜的衡平法院以及那些以正义和良心为基础的衡平法理,以致衡平法院被誉称为‘信托之母’。”参见周小明:《信托制度的比较法研究》,法律出版社 1996 年版,第 82 页。

26 张中秋说:“对秩序和稳定的追求永远是法律的内在使命和根本目标之一。中国传统法律文化以无讼为其价值取向,突出地体现了它对这一使命和根本目标的优先考虑与全面追求。”参见张中秋:《中西法律文化比较研究》,南京大学出版社 1991 年版,第 339 页。

27 从其补救行为看,皇帝对某些案件的处理在两个方面超出法律规定。第一,在管辖方面,法律规定,非重大案件依法由各级司法机构行使管辖权,如越诉案件、一般伤害案件等。皇帝对越诉案件及一般伤害案件行使审判权属于超出法定的管辖权限。第二,为追求道德效果,皇帝审判案件常常不严格依照法律条款,而是依据他本人所理解的“公正”准则。

28 嘉庆元年,山西人孙伦元偷锯其远房族孙孙守智家的树枝,被孙守智殴伤。孙伦元行窃被殴,因羞愧而自缢身亡。山西巡抚依据《大清律例》有关“亲属相盗”“亲属相殴”条款,判处孙守智杖一百、流二千里之刑。皇帝了解此案后,认为,此案缘起,因孙伦元窃盗,而其结局,又是孙伦元本人自尽。对孙守智处以如此严苛的刑罚,似乎有失公正,因而要求刑部进一步核查,以作出更加“公正”的判决。但刑部认为,山西巡抚的意见符合法律规定,并以此前未办过此类案件为由,不同意改判,称:“职等检查,并无办过此案成案。公同酌核,应请仍照前议。”参见《刑案汇览》卷十八《刑律》,嘉庆元年说帖。

29 [英]梅因:《古代法》,沈景一译,商务印书馆 1959 年版,第 40 页。

30 J. D. Heydon, *Equity and Trusts* (5. Edition), Butterworths 1997, p. 3.

31 《唐律疏议 · 名例》。

32 法国人勒内 · 达维德说:“英国法至今保留着双重结构。除了威斯敏斯特皇家法院(也称普通法法院)的普通法规定之外,还有‘衡平的补救办法’,得以对普通法的规定作某些补充与修改。”参见[法]勒内 · 达维德:《当代主要法律体系》,漆竹生译,上海译文出版社 1986 年版,第 309 页。

33 马克垚先生说:“中古英国的司法权具有西欧古代传统主义的特征,它不单只表现为国家的一种权力,而同时是一种财产。可以为某个人所占有,也可转让甚至出售。‘司法获大利’是当时流行的谚语。”参见马克垚:《英国封建社会研究》,北京大学出版社 1992 年版,第 107 页。

朱勇

代表作

拾贰

庄园、教会与宗族
——东西方社会结构比较研究

社会活动的主体是人，但古往今来，在人类社会历史上留芳遗臭、默默作为的绝没有孤立的个人。从七千年前茹毛饮血、风餐露宿，活跃在西安半坡浐河东岸的仰韶居民，到今天千里迢迢、奔赴太空探索宇宙的宇航员，无不身系于一定的团体、组织之中。群体的力量胜于个体。在复杂而激烈的社会竞争中，单枪匹马的个体只会为社会所排挤、淘汰。以某种共同性为基础，个体之间通过不同形式的组合，形成不同性质的群体，并以各种团体、组织为外部表现方式，跻身社会，干涉现实。这是个体参与社会活动的主要途径。

中世纪的西欧，庄园与教会及农村公社是当时制度下基本的社会组织形式，每一社会成员皆被圈划进不同的组织之中。在中国古代传统社会，村社、门阀，尤其是宋代以后普遍建立健全的宗族，构成政权下基本的社会组织。不同的社会历史条件造成社会结构及组织功能的重大区别：西欧的教会与庄园分别作为容纳社会个体的精神群体和经济、政治群体；中国的宗族一身二任，同时具有群体的精神与物质两种功能。所有这些又使东西方古代传统社会的历史发展进程各具特点。

一

公元8世纪上半期，法兰克王国墨洛温王朝实权派查理·马特实行采邑制改革，改变过去国王无条件赏赐教会和世俗贵族土地的旧方法，代之

原载《学习与探索》1988年第3期。

以新的有条件的采邑分封。9 世纪,采邑制的内容出现两个重大变革。首先是采邑逐渐转化为世袭领地。受封领主死后,由其生前所指定的继承人占有领地,而不是交还封主重新分封。其次是国王被迫推行“特恩权”,承认领主在自己所辖地区内享有政治和司法权。领主在其领地内把政治统治权与土地占有权合而为一,传统割据加强,中央王权被削弱。

与采邑制紧密相联的是庄园制。领主以庄园作为自己辖地内的基本组织形式。一方面,它是基本的经济单位,领主委派自己的管家,以庄园为单位具体地管理农业生产和手工劳作。在庄园内部,领主的自营地与农奴的份地按比例存在。庄园管家主持生产,监督劳动,并在庄园上设仓库、马厩,喂养牲畜,兴修水利等。自营地收获也以庄园为单位,由管家上交给领主,或者就地贮存,供领主来庄园时消费。另一方面,庄园又是基本的政治单位。当时西欧各国,王权式微,司法混乱。在法兰克王国,握有实权的伯爵主持地方法庭,9 世纪后,加洛林王朝衰落,领主势力日盛。国王推行特恩权,将一些司法权赐给领主,地方割据的司法制度确立起来。领主在自己的辖地内,以庄园为司法单位,设立庄园法庭,主持庄园内部纠纷以及庄园与庄园冲突的处理。

社会是一个复杂的有机体,机体内部不同的组织和机构担负着不同的功能,以维持有机体的存续。哲学家把世界分为物质和精神两大部分,社会学家则把社会组织的基本功能划分为物质功能和精神功能两类。具有经济和政治二重性格的庄园构成中世纪西欧社会的物质单位,实现社会有机体的物质功能,[1]而其精神功能则由声名显赫、势力巨大的基督教教会承担。

公元 5 世纪,日耳曼人入侵,摧毁了古罗马帝国,灿烂辉煌的罗马文化也处于日耳曼骑兵方阵杂乱的铁蹄之下。整个社会的文化水平大幅度下降,而基督教会却奇迹般地被保留下来,成为中世纪文化知识的垄断者。与传统等级制相对应,教会有着自己的教阶制度。教皇、大主教、主教、神甫等构成严密的精神统治系统。即使是最小的乡村也设教堂、置教士,布经讲道,宣传教义。参加教会活动成为人们寻求精神寄托、提高文化素养的唯一途径。

庄园与教会是中世纪西欧基本的社会组织。大部分农民同时成为这两个组织的成员。一方面,王权衰弱,拥有小块土地的自由农民得不到国家法律和王权的保护，而领主又恃强尚武，互相征战不息。自由农处于多股领主势力的倾轧绞杀中，不得不投靠某一领主，寻求“保护”。其条件是交出自己的土地所有权，再以佃农身份将土地租回耕种，并交付地租，履行义务，成为领主庄园一分子。与这种佃农同时存在的是大批农奴。农奴身系于土地，人身自由受限制，没有独立的人格，随土地被分封给领主，是领主庄园的当然成员。庄园的所有成员接受领主统治，服从庄园法庭的审判和仲裁。另一方面，中世纪文化是较为彻底的基督教文化，哲学、文学、历史学、法学、政治学等都匍伏在神的脚下。浓厚的宗教意识充斥于人们的头脑，做礼拜、唱圣歌、参加各种宗教仪式成为人们主要的社会文化活动。庄园从经济、政治两方面实现对农民的剥削与压迫，教会则从思想上钳制农民。这两个组织、两种职能又殊途同归，共同维护着古代西欧的传统秩序。

二

中国两千多年的古代文明是人类文明史上的灿烂篇章。中国古代两千多年的历史既是生产力发展、皇朝更替的历史，也是各种社会组织的演变史。

中国古代传统社会经常伴随着连年不断的社会动乱。割据战争、农民起义、自然灾害等走马灯似地折腾着社会。独家经营的个体小农无力应付变幻莫测的世界，希望置身于某个群体，以求得精神寄托和实际帮助。皇权主义思想是中国农民群体意识的第一表现形式。他们希望有一个强盛、统一的皇权，自己则作为温顺服从的良民获取皇权对生命与财产的保护，同时也形成自己精神上的依赖。然而，天高皇帝远，“真龙天子”对百万小民的直接“保护”毕竟是微乎其微。如果遇上战乱，皇帝及其官吏更是自顾不暇。因此，在皇权之外，农民还需要另外的精神寄托和物质依赖，需要置身于一个近在眼前的群体之中。

西汉文景之治，轻徭薄赋，获利者首先是地主阶级。南阳大地主利用逐渐形成的豪强势力，夺取政权，建立东汉。各地豪强地主纷纷建立田庄，收容自己的同姓宗亲。一些破产农民和无业流民也寄身田庄，接受剥削，成为豪强地主的宾客、部曲。魏晋南朝，豪强势力继续扩张，占夺流民，隐匿私民，整个社会的部曲、佃客和奴婢的数量猛增。九品中正制的实行又推波助澜，出现一大批门阀世族。北朝异族入侵，十六国混战，一些汉族大地主聚族而居，割据一方，扩田庄，筑坞壁，收容同姓宗亲及其他部曲、佃客。北魏统治者因势而治，承认坞壁统治的合法性，确立“宗主督护制”。大批国家编民脱离户籍，改投宗主门下，成为私属私民。隋唐两代，社会进入鼎盛时期，在政治、经济制度上有诸多变革。隋废九品中正制，开科取仕，堵绝了产生门阀士族的一条主要道路。唐中后期，中央政府压制、打击豪族地主势力，破坞壁，毁田庄。唐末的农民起义、藩镇割据和五代时期的小国征战使整个社会再次陷入极度混乱之中。

北宋立国，以加强中央集权、防止地方割据为基本方针。豪强势力在唐末五代被摧垮，北宋坐享其成，将大批原属豪强的私民隐户编入国家户籍，并适应社会经济发展的需要，改变剥削方式，确立租佃制。农民对地主的人身依附关系有所削弱，超经济强制剥削也被限制在一定范围以内。到北宋后期，在国家编籍内的户数已逾一千七百多万，达历史最高水平。

对于零星分散在广土平壤上的个体农民，莫说千里迢迢、高高在上的皇帝、宰相，就是同居一县的“父母官”，平日也难得接触。皇帝之“圣恩”与父母官之“慈惠”都被赋予极为抽象的含义。北宋时期，获取一定程度人身自由的传统小农成为社会游离成分，不断寻找自己的物质依附。尤其是北宋中期以后，社会矛盾激化，农民普遍缺少安全感，更加需要有自己的物质依附和精神寄托。而北宋政府又绝对禁止任何带有政治色彩及带有割据嫌疑的社会组织。多种因素相互作用，最终形成了中国传统社会后期极端重要的社会组织——宗族。

宗族组织在我国源远流长。西周时期，家国一体，天下即为家。以区分大宗小宗、确认嫡长子继承制为主要内容的宗法制度成为家与国组织形式的骨干。国为扩大之家，家即缩微之国。春秋战国，礼崩乐坏，家国一体的政权形式随着奴隶主贵族统治被推翻而退出历史舞台，地主阶级建立了自己的政治统治。然而，宗法制重新俯伏在传统制度的肌体上，还世再生。魏晋有门阀世家，隋唐有宗主大户。与其不同，宋以后形成的宗族是民间自发组成的、以男系血统为中心的亲属集团，宗族成员同祖共宗，并出一门。然而，在古代传统制度上形成的任何社会组织都以其营养来维持其出生和成长，子代与亲代有着惊人的相似之处。宗族实际上是传统的政治关系、经济关系以及血缘关系三位一体的社会组织，族内成员以此三标准实行阶级和等级的划分。在地主阶级的扶持下,宋、元、明、清几代,宗族组织不断完善发展。族长、族产、族规、祠堂和宗族的组织机构逐步建立健全。

宗族是迎合传统社会制度后期地主阶级政权的需要而建立起来的。为实现稳定社会秩序、维护政治统治的目的,宗族部分地代行国家基层行政组织的某些职责,包括催办钱粮、维持治安、处理户婚田土、殴骂窃赌等民间纠纷或小宗刑事案件。清代乾隆年间,江西《魏氏宗式》规定:凡涉及户婚田土、买卖继承、犯奸窃盗、伤害斗殴等轻微案件,均由宗族自行处理。[2]宗族组织也立足本姓,在宗族之间或两姓成员之间发生纠纷时,保护本宗族利益。明清时,闽、粤两省持续而普遍的宗族械斗,常常是因两姓成员之间一些小事酿成。在经济上,宗族以维持既定的社会经济关系为重要任务。适应当时生产力发展水平的契约租佃制经营方式在宗族内占主导地位。宗族还通过接受捐献、出租田地等方式置办族产,作为宗族活动的物质保障。

西汉武帝时,“罢黜百家,独尊儒术”,儒家学说被统治阶级奉为正统文化。儒学身居官学宝座,不断自我更新,适应社会发展,适合民众口味,渐而形成官民共誉、妇孺皆知的钦定通俗文化。魏晋尚清谈玄学,隋唐有释迦佛学,但终只是文化支流。宋明时期,儒家学说经几位大师修订发挥,适应当时的社会状况,以理学的面貌再现儒学,儒家精神渗透到社会生活各个领域,政治关系、经济关系、人际关系等无不打上伦理的烙印,喜恶好坏的道德评价延伸到人的一切活动之中。处于社会底层、居社会多数的广大农民笃信孔孟圣人的庄严说教,仁善为人、中庸处事、安居乐业、知足寡求成为他们生活的原则。坚实的精神依靠、美好的理想追求使他们尽管难得温饱,甚至贫穷孤苦,但对生活不乏信心。陶渊明不为五斗米折腰,文天祥宁死不降元,皆在后世传为佳话。

宗法社会最重祭祀,“国之大事,惟祀与戎”。[3]《周礼》专有《祭礼》篇。西周定制,天子七庙,诸侯五庙,大夫三庙,士一庙,庶人无庙,得“祭于寝”。[4]秦汉以后,家祭活动继续保留。宋代以后,更是捐钱献地,修建祠堂,奉先祖列宗之神主牌位。荷兰学者宋汉理认为,中国的宗族看重自己作为一个历史的实体甚于现实的实体,每一族人将持续宗庙香火、展延先祖血脉之任务远远看重于自己的现实生活。同样,族人以祖宗之训条为自己行为的准则,强调自己的现实行为必须向祖宗负责。

儒学经典与祖宗训条成为古代传统小农的精神支柱，他们所勾画的具有伦理意义的忠臣、善人与孝子则是古代传统小农们的理想追求。社会得以存续发展所必需的精神职能通过儒学说教和祖宗训条完美地实现，而实现精神职能的社会群体就是历史悠久的宗法组织。宋以前，以宗主大户、门阀世家为主，宋以后则由宗族独立担当。

宗族以血缘关系为纽带，利用小农敬祖祭宗、追本求源的精神要求，联宗收族；通过宣传儒家伦理思想以加强宗法血缘关系的内聚力。各地宗族皆以儒家的伦理思想为其根本指导思想，也将宣传儒家学说作为宗族的重要任务，甚至以宗族的强制性力量保证这种精神文化活动的正常进行。族规家法中大部分内容皆涉及古代传统伦理，强调父慈子孝、夫唱妇随、修身齐家、以礼治族。江西南昌深洞李氏宗族于明代天启元年制定《李氏家规》，全文共22款，包括祠祖宗、孝父母、敬长上、恤卑幼、友兄弟、睦宗族、肃闺政、择婚姻、教子孙、务生业、输国课、存公积、修宗谱、掌家史、志坟墓、慎名讳、谨承继、明迁徙、定礼义、正名分、杜争讼、劝贤达。[5]可见，祭祀祖宗、建立儒家提倡的伦理纲常秩序成为族规家法的主要内容。

宗族组织在中国传统社会中一身二任，同时具有经济政治实体和情神实体两种性质。经济上，宗族有自己独立的族产经济，并以此作为宗族活动和宗族内社会救济的物质基础。政治上，宗族代行国家基层行政组织的某些职责，催办钱粮，维持治安。在多种力量互相绞杀的动乱社会里，宗族又能对本姓族人给以一定的群体保护。在思想文化上，宗族通过伦理说教和祭祀活动以满足宗族成员的精神要求。清人张永铨也认识到宗族的二重作用，在《先祠记》中说：宗族有祠堂，有义田，二者功效不一，但又互相配合，“祠堂者敬宗者也，义田者收族者也。祖宗之神依于主，主则依于祠堂，无祠堂则无以安亡者。子姓之生依于食，食则给于田，无义田则无以保生者。故祠堂与义田原并重而不可偏废者也”。[6]

三

古代东西方社会组织结构的不同直接影响到各自社会制度的历史发展进程。

中世纪西欧的政权与教权若即若离，各自独立，又企图控制对方。在维持社会秩序、巩固政治统治的原则上，二者的目标是一致的，但在具体的行动中，双方又矛盾重重。公元313年，罗马皇帝发布“米兰敕令”，确认基督教的合法地位。之后，基督教又改头换面，服务于政权，同时也不断发展自身势力。公元8世纪时，法兰克国王矮子丕平把意大利中部领土送给教皇，奠定了教皇领地的基础。教会势力自成体系，有着自己独立的组织机构，又有广大教徒的支持，逐渐形成与世俗王权相对抗的力量。在11世纪后半期，王权与教权的冲突进一步白热化，爆发了著名的“授职权之争”。教皇格列高利七世主张，教皇的权力为上帝所授，高于一切俗权，不但可以任免主教、修道院长，而且可以废黜世俗政权的国王和皇帝。德意志皇帝亨利四世则坚持王权高于教权，宗教职务只能由皇帝任命。结果是，亨利四世宣布废黜教皇，格列高利七世则宣布开除亨利四世的教籍，各地领主乘机作乱，整个国家陷于一片混乱之中，斗争相持半个世纪。12世纪初，双方互相妥协，订立“沃尔姆斯协定”。12世纪末，教会势力再度强大，教皇英诺森三世在西欧纵横捭阖，干预世俗政权，控制皇帝，教会势力达鼎盛。

基督教会独占中世纪西欧的精神世界，使世俗政权在巩固自己地位、扩大自己势力方面受到诸多掣肘。国王与领主都缺少对其属民直接的精神束缚。庄园小农一身二属，经济上依赖庄园，政治上服从领主，但在精神上则是教会的附属物。世俗社会缺少精神色彩的点缀，王权、领主权没有教权直接而协调的辅助，造成政权微弱，难以形成统一而强有力的权力系统，中世纪西欧社会处于历史上罕见的混乱状态。

9—13世纪是西欧庄园制经济的鼎盛时期，适应当时自给自足的经济要求，庄园成为中世纪社会生产的主要组织形式。11世纪以后，商品经济在庄园内部逐渐发展，到14—15世纪，终于突破庄园壁垒的重重限制。适应这种变化，一部分领主也放弃传统的生产经营方式，由劳役地租、实物地租向货币地租转化，典型的传统租佃制作为生产方式演变的过渡形式，在西欧社会普遍实行。在英国，这种脱离庄园、独家经营的小农经济经过圈地运动等生产方式的掠夺性变革，迅速被商品经济的洪流所吞没。

当时的西欧社会被政治变革和经济变革折腾得天翻地覆。从职能上来说，基督教作为中世纪西欧社会的精神支柱，在这场破旧立新的大变革中，当然应该旗帜鲜明地维护旧秩序，对与其长期共存、同属一个营垒的传统社会制度给予精神上的支持。事实却不然。基督教会与世俗政权离心离德,眼见着传统社会制度与新兴资本主义制度殊死的较量而麻木地袖手一旁。当时的经济、政治制度失去传统精神的支持,缺少鼓动社会的有力武器,在新制度的冲击下,一触即溃。反过来,当时的教会失去自己的物质伙伴,孤军奋战,在新文化、新思想的进攻下,力量大挫,不得不收缩自身,再也不敢侈想往日的威风。

政教分离,各被击破,这是西欧古代社会的难逃厄运。社会的物质功能与精神功能分别由两个互相离异的组织承担,这就很难保证整个社会能有效地维持既定秩序、抵御新生力量的侵袭。生产力提高、社会进步是历史的必然。但社会力量不同方式的组合会使社会具有不同程度的内聚力和排他力,进而能加速或延缓社会进化的过程。西欧古代制度彻底崩溃,资本主义的经济、政治制度及思想文化体系得以迅速建立,与传统社会精神力量及物质力量的离散性直接相关。而在世界的东方,具有悠久历史的文明古国——中国,情形却大不相同。

秦始皇统一六国,确立中央集权的统治制度,地主阶级开始寻找适当的精神武器。秦始皇崇尚严刑寡恩的法家思想,汉初信奉清静无为的黄老哲学,汉武帝时正式确认儒家学说为官方正统思想,统治阶级双管齐下,使儒家思想迅速向整个社会渗透。一方面,以儒家思想为指导,改造国家上层社会,包括政治、经济、法律和文化各种制度。另一方面,以古老的民间传统意识为基础,结合某些行政措施,让儒家思想深入到下层民间,使信奉、宣传儒家思想成为社会基层组织的重要任务。秦汉设三老,专掌教化;西汉时,由察举制产生的门生故吏集团自我标榜廉洁、仁孝;东汉末年形成的门阀世家也自称以儒经立世。宋代以后形成的宗族更是紧密结合物质职能和精神职能,强化理学说教,以精神约束维系经济剥削和政治统治。社会基本单位一身二任,一组织双功能,由自身稳定达到整个社会的稳定,古代政权统治也较为巩固。

中国古代社会后期,生产力的进步推动生产关系的某些变革,商品经济有所发展。明代中叶,东南地区产生自发的资本主义萌芽。然而,作为一种生产方式,资本主义的发展受到严重阻碍。遍地林立的宗族具有极强的内聚力和排他力。在宗族内部,伦理宣传和道德说教支持着现实的经济关系和政治关系,同时又从物质方面强化这种精神职能。二者互相支持,高度统一,共同维护着传统社会秩序。每一社会个体通过不同形式被约束进具有双重功能的社会组织之中，适合资本主义发展的社会游离成分微乎其微。重农轻商，崇本抑末，几乎在每一宗族的族规宗训中皆有明文规定。能否安守本业、侍奉高堂成为宗族乡里品评善、恶、贤、不肖的重要标准。无论是在经济方面还是在思想文化方面，资本主义始终未能突破宗族营垒。实际上，直至清末民国时期，宗族组织乃至整个农村社会对外来经济、外来文化仍具有极强的排斥力量。

在西欧社会，庄园与教会作为的基本组成单位，分别担负社会的物质功能和精神功能。二者既有总目标下的互相配合，又有具体行动中的不协调，甚至互相抗衡。松散的社会结构、分离的组织功能使整个社会比较脆弱，在资本主义的强大攻势下，一触即溃，迅速被取代。在中国，豪族、门阀，尤其是宋以后的宗族，作为社会基本的组织细胞，一身二任，兼有物质功能和精神功能。在宗族内部，这两种功能互相支持，协调行动，具有极强的内聚力和排他力。宗族自身的稳定促成了整个社会的稳定。传统社会制度自我强化，顽强地抵御各种异己力量的不断冲击，奇迹般地把自己的生命延伸到20世纪的现代世界。

注释

1 实际上，庄园并不是当时唯一的生产组织，还有一些分散独立的小农远离庄园。但是，在中世纪西欧，“没有无领主的土地”，这些小农常由于土地原因而与古代传统领主结成一定的权利义务关系。因此，可以把他们理解为实质意义上的庄园组织成员。至于完全独立的小农，在数量上占全体农民总数的极少部分，在生产经营方式上也只是当时社会经济的支流。

2 参见江西南昌《豫章黄城魏氏宗谱》卷一一《宗式》。

3 《左传·成公十三年》。

4 《孔子家语·庙制》。

5 《深洞李氏大宗谱》卷一《李氏家规》。

6 张永铨：《先祠记》，载《皇朝经世文编》卷六六。

朱勇

代表作

拾叁

从海关到家庭：近代中国法律制度变革的价值效应

法律与制度的变革既改变法律与制度的内容，改变作为调整社会关系、维持社会秩序基本标准的规范，也不同程度地影响引导社会发展、构成社会评价核心依据的主流价值观。法律与制度自身内容的特殊性对于主流价值观的影响呈现出程度上的不同，因而表现出法律与制度变革的不同价值效应。近代中国法律与制度变革经历了艰难、复杂的历程。不同的法律与制度在从传统向近代转型过程中也展示出对社会主流价值观产生不同影响的价值效应；同时，变革中的法律与制度的价值效应的不同又直接影响法律与制度变革的过程、途径和效果。

一

中国社会近代化，就其发展重点而言，经历了器物、制度、观念三阶段。[1]而制度与法律近代化本身也体现出层面、阶段的差别。不同的制度与法律的变化方式、变化路径、变化阻力均展示出多样化特征。

中国近代海关法律制度的建立彻底改变了传统的出入境关口管理法律制度。英国人李泰国、赫德作为清政府雇员，主持总税务司署工作，不仅承担着为清政府收取巨额海关税收、充实国家财政的任务，而且全面推动海关法律制度的改革，建立完全近代意义上的海关法律制度。袁世凯小站练兵采用德国军队的编制与建制。清政府编练新军，建立了系统的新型军

原载《中国法学》2011年第4期。

事制度,从兵种设置、军队建制,到兵员招募、军官管理、后勤保障等方面全面改革,制定颁布一系列法律规章,[2]较快地实现了军事法律制度的近代转型。但在另外一些领域,法律与制度近代化则遇到了巨大的阻力。从建立民主共和政体到确立审判机构独立行使审判权,从取消"无夫奸""子孙违反教令"罪名到废止"亲族先买""产动归原"等影响不动产买卖流通的原则,这些适应社会发展需求、符合西方近代法律精神的制度建设遇到了中国社会坚韧、顽强的阻力,并受到多方批评和质疑。

作为支撑社会存在的骨骼和维系社会运作的基础,制度与法律的内涵和形式丰富而多样。以内容和性质为标准,可以对制度与法律从三个层面分解:技术管理制度与相关法律、行政管理制度与相关法律、伦理家庭与权力结构制度及相关法律。

中国社会近代化包含制度与法律的全面近代化。早期近代化的主旋律是"西化",尤其是制度、法律领域。从制度与法律近代化轨迹来看,首先是纯技术层面的制度与法律变革。这种变革主要涉及技术流程的创建或者引入,涉及与技术要求相关的管理规范的变化。单纯地以行业管理和技术规范为主的技术制度以及相关法律较少受国家意识形态、主流价值观的影响,能够较快接受新的思想与制度。近代中国与海关管理、矿业管理以及邮政、交通、军事相关的制度与法律均是这方面的代表。

制度与法律近代化的延伸会涉及政府运作形式和行政管理程序,涉及政府各项职能发挥的方式以及对行政行为的规范。政府运作形式和行政管理程序的变化主要通过新型职能的设置、新旧职能的整合以及管理程序的调整。政府职能的整合与管理程序的变化涉及政府机构的设置以及庞大的文官系统的再造,一定程度上涉及支撑行政机构与文官群体的国家意识形态和主流价值观。近代中国官制改革、教育制度改革、行政程序改革等体现了政府运作形式和行政管理程序改革的特点和规律。

制度与法律近代化的进一步发展必然涉及集中代表国家意识形态、社会主流价值观的国家权力结构制度、伦理家庭制度。国家意识形态的确立、社会主流价值观的形成代表着国家、社会、政权的最高价值准则,也体现着基层组织、社会个体最基本的道德要求。既然是最高价值准则、最基本的道德要求,它就必然受到国家强制力长期、坚定的支持和保护,得到弥漫于整个社会的基层组织和社会个体广泛认同和持久遵行。基于此,集中代表国家意识形态、社会主流价值观的国家权力结构制度和伦理家庭制度也同样具有广泛深厚的社会基础和坚韧的制度生命力、法律生命力。

就时间而言,新型海关制度的建立处于中国制度与法律近代化的起点。19 世纪 50 年代,新型海关法律制度的构建就全面启动。而作为影响国家意识形态和主流价值观的政治制度、家庭制度的变革则延后海关法律制度变革近五十年,直到 20 世纪初,才在制度与法律变革的全面推进中艰难启动。[3]

由于与国家意识形态、社会主流价值观关联性的不同,在中国社会近代化过程中,制度与法律的变革体现出层次性、阶段性差别;变革后的制度与法律也由于其关联性差异,体现出对于国家意识、社会价值观影响力的区别。

二

基于限制海上贸易的基本政策,明清政府长期疏于海关建设。19 世纪初的中国海关,从检验程序、查缉手段到人事制度、行政管理,包括港口设施、海关建设,均非常落后。海关官员勒索受贿,西方商人肆意走私,不仅损害海关形象,而且严重影响关税收入。为维持海关秩序,杜绝外商走私,提高关税收入,清政府于鸦片战争后同意实施"领事报关制度",即由外国领事对于该国商人报关纳税行为进行监督。[4]

中外不平等条约的签订打开了中国的海外贸易大门。而现行海关法律制度,无论是在规制贸易往来秩序,还是在征集财政税收方面,均明显不适应新的社会要求,改革势在必行。

1853 年,小刀会起义,英、法、美领事趁机占领江海关,要求清政府改革海关法律制度,聘请由外国领事推荐的外国人帮办中国海关关务,以革除积弊,杜绝走私。1854 年 6 月,苏松太道兼江海关监督吴健彰同三国领事签订关于上海海关的 8 款协议。根据该协议,英、美、法三国领事各推荐一人,经吴健彰正式委派,出任江海关"税务司",共同组成"税务管理委员会",负责江海关关务。1854 年 7 月 12 日,由"税务管理委员会"主持的江海关正式启用。中国近代第一个由外国人主持的中国海关从此问世。

1855 年,清政府聘用英国人李泰国(Horatio Nelson Lay,1833—1898 年)任江海关税务司,主持江海关关务。根据《天津条约》,李泰国在将近五年的时间里以英国海关制度为蓝本,制定一系列规章,推行海关改革,将江海关建成具有规范、高效、廉洁特点的新型海关。李泰国主持的海关法律制度改革得到清政府充分肯定。而当时中国的对外贸易秩序较为混乱，关税收入长期徘徊在低水平上。为整顿秩序，提高关税收入，清政府意图将这种新型法律制度推广到全国海关。1859 年，李泰国被清政府南洋通商大臣派为总税务司，该职务于 1861 年得到清政府总理衙门的正式任命。李泰国的后任、英国人赫德（Robert Hart，1835—1911 年）于 1861 年署理中国海关总税务司，并于 1863 年得到清政府正式任命。赫德任中国海关总税务司直至 1908 年。在长达四十五年的任期中，赫德将新型海关法律制度推广到全国各海关。

以外籍税务司主持的近代中国新型海关制度，[5]全面吸收西方先进的海关管理法律，革除中国传统海关存在的各种积弊，在推进海关法律制度近代化、提高关税收入、支持政府财政方面取得明显成效。

第一，新型海关建立后，扩展关税征收范围，推进对外贸易，同时打击外贸走私，建立并维持正常的贸易秩序，全面提升海关收入，有效支持了政府管理。以江海关为例，实施新型海关法律以前的关税收入以 1851 年为开关以后最高，为 1，372，052 两。而新型海关法律正式实施后的 1859 年，关税额高达 2，902，377 两。[6]迅速增长的关税收入成为支撑清政府最重要的财政支柱。据统计，新型海关法律实施后的关税收入占清政府国用 2/3 以上。[7]

第二，新型海关法律有效革除了传统海关中的固有积弊，大幅度减少了因偷漏、贪污等原因所导致的关税收入流失，提升了海关的良好形象。在新型海关法律制度下，废止了早期海关饱受诟病的“包税制”，按照收支两条线的方式，“尽收尽解”，所有税款登记上报，解送政府，再由政府专门划拨海关各项费用。同时，以杂税形式存在的各种规礼一律废止，从而较大程度上杜绝了税吏贪污中饱，提高了工作效率。

第三，新型海关法律制度抑制了地方权力的膨胀，有效维护了中央集权。新型海关推行“子口税”制度，扩展了中央财政的收入，抑制了地方权力的膨胀，从而起到维护中央集权的作用。[8]实质上，子口税制度是西方列强破坏中国内地税主权、掠夺中国商业资源的一种新的税收制度。它将低水平的协定关税引伸到中国内地税范围。但同时，由海关征收子口税的制度杜绝了厘金制度后期存在各项弊病，扩大并推进了贸易往来，尤其是通过子口税大幅度减少了地方政府通过厘金获得的财政收入，扩大了中央政府的财政收入，在化解中央地方矛盾、强化中央集权方面可谓一举两得。

第四，新型海关法律还致力于较为合理的制度建设以及保证海关活动的基本设施建设。为加强海关制度建设，清末海关制定了一系列法规，包括《各国商船进出起下货物完纳钞税条款》《运出入内地货物事宜》《给发存票事宜》《江海关征税给单验货现行事例》《发给免重征执照事例》《运出入内地征税给照验货各新例》《长江各口通商暂行章程》《通章各口通共章程》《长江通共章程》《子口税章程》《沿岸贸易法》等。清政府还系统吸收西方近代海关较为合理的管理体制，包括议事方式、行政程序、人事安排、财务管理、税收征管、会计制度、统计制度等。新型海关法律制度统一了全国的海关行政，实施全国海关垂直统一领导体制，提高了工作效率。在总税务司署的直接推动下，各地海关还加强了基本设施建设。海关于1868年成立专门的海务部门，负责勘测、疏浚航道、绘制航行图表、制定航行规程、建筑灯塔等助航设备。另外，根据相关法律，海关还承担港区规划管理、航行气象保障、出入境管理、卫生检疫管理、动植物检疫管理、商品检验管理等任务。

无论是总税务司署的建立，还是长期由外籍人员充任总税务司，都是中国近代半殖民地统治的制度性结果，是对政府权力的侵凌，也成为国家主权的屈辱。但同时，新型海关合理的管理体制、科学的监管程序、严谨的征收模式又体现出屈辱之下制度与法律的进步。对于清政府而言，新型海关法律制度提供的巨额财税收入有效支持了政府的运作，因而得到清政府的肯定。清朝末年建立的新型海关法律制度为民国时期中国海关法律制度奠定了基础。

制度与法律之间具有关联性。在社会转型期，一项制度或法律的变革，尤其是一项成功的制度法律变革，通常既能展示自身的优越性，也能凸显原体制内其他制度法律的落后性，从而激起相关制度法律变革的动力。到19世纪70年代，清朝新型海关法律制度已经基本建立。各级海关，无论是其廉洁程度，还是其办事效率，与此前海关相比均有明显进步。人事岗位安排、内部业务管理等方面也远远超出清政府其他各衙门。但同时，新型海关的管理模式以及新型海关法律制度所体现的管理理念并没有对其他管理部门产生实质性影响,也没有对其他制度法律形成明显的辐射效应。

三

中国古代教育体制中,科举为主,学校为辅。无论是太学、府学,还是州学、县学,甚至书院,均与科举考试密切联系。一方面,教学内容以参加科举考试为目标,紧紧围绕科举考试科目而设置。另一方面,各学学生的基本出路或者主要出路是通过科举考试获取功名,进入官僚系统。科举与学校不仅履行人才培养的职责,同时承担宣示主流价值观、传承正统文化的重任。

19 世纪后半期,中国社会在西方势力的冲击下,历经动荡,各项制度与法律也经历重大变革。从早期的海关法律制度到军事、矿业、路政、邮政、外交等法律制度,均纷纷走到变革的前台,但以人才培养、文化传承为基本职责的教育制度变革却姗姗来迟。

鸦片战争导致中国面临深刻的民族危机和社会危机。每一次危机后,有识之士均讨论危机的原因。问题的焦点既涉及浅层的技术、装备落后,也涉及深层的文化、民族性差异,但更多地集中在制度设计和人才培养模式方面。龚自珍批评科举制度,"疲精神、耗日力于无用之学",[9]希望确立良好的人才培养、甄选制度,"不拘一格降人才"。[10]魏源倡导"经世致用"的学风,"师夷长技以制夷"。洋务运动中,"中体西用"思想在社会广泛传播,也对教育领域产生深刻影响。从开明官员到学者名流,纷纷抨击科举考试制度,抨击现有的官学、私学体制,主张兴办学校,改革考试制度,更新学习内容,真正培养经世致用人才,化解民族危机。

在中国传统教育体制受到思想界乃至社会各界长期诟病的同时,西方教育的思想和制度也通过教会学校、洋务学堂以及留学生教育深深影响着中国社会。

第一次鸦片战争后,中国与外国列强签订的一系列不平等条约允许西方势力在通商五口的沿海城市开展传教活动,教会学校随之建立。第二次鸦片战争后,西方列强通过不平等条约攫取了进入中国内地传教等活动的特权,教会学校也广泛进入中国内地。到 19 世纪末,在中国的教会学校已达到 2000 所左右,在学人数约 4 万人。教会学校主要从事基础教育,中等学校占学校总数10%左右,高等教育也有初步发展,已有近200人的学生。[11]

近代中国的教会学校是西方殖民主义的产物,也是西方列强对中国进行文化渗透的重要渠道。教会学校的普遍设立深刻影响了中国社会。一方面,西学的传入和普及推动了中国社会近代人才的培养;另一方面,西方教育体制的传入也触动了中国教育传统,在教育模式、教育方法、课程设置、考试管理等方面影响了中国传统的教育体制。

洋务运动的重要内容之一是兴办洋务学堂。就性质而言,洋务学堂属于传统教育体制框架中吸收一些新式教育内容的教育形式。洋务学堂以培养外语人才、军事人才和技术人才为主要任务。洋务运动期间共创办洋务学堂30多所,主要包括三类:外语学堂、武备学堂、技术实业学堂。洋务学堂与传统教育的重要差别在于,它以培养专门人才为目标,不再以辅助科举考试为主。在教学内容方面,洋务学堂引入西方近代科技知识,但同时又以传统的忠诚教育为主导,以四书、五经为重要的学习经典。

在洋务学堂之外,洋务运动的教育措施还有留学生教育。自1872年首批留美学生派出以及1877年首批留欧学生派出,到甲午战争前的洋务运动期间,共派出200名左右留学生。留学生回国后,其中相当一批人利用其在欧美各国所学知识以及方法在各行业取得出色的成就,[12]也向国人展示了西方教育制度在人才培养方面的成功之道。

无论是思想家的论证,还是开明官员的呼吁,无论是遍布城乡的教会学校,还是轰轰烈烈的洋务学堂,包括在海关、外交、军事、商业制度近代化以及矿业管理、路政邮政等新型法律制度逐渐建立,在19世纪后半期,以科举制度为主、以官学和私学为辅的传统教育体制依然故我,始终未受根本冲击。这种现象一直延续到20世纪初庚子之乱之后、清政府全面启动法律制度改革之时。

1901年新政变法上谕将“学校科举”作为征求制度变革意见的中心议题之一。[13]新政开始,新式学校如同雨后春笋般设立,教育制度变革呼之欲出。1904年1月13日,清政府公布实施近代中国第一部教育法律规范——《奏定学堂章程》,包括《学务纲要》《各学堂管理通则》《大学堂章程》《高等农工商实业学堂章程》《实业学堂通则》等。新型教育体制逐步建立。

从清末教育法律制度变革的历程我们看到:第一,教育体制承担着人才培养、文化传承的两大重要功能。而在文化传承方面,教育体制履行着向社会宣示国家意识形态、培养国民主流价值观的作用。传统中国,实行考试为主、学校为辅的教育体制。科举考试是人才选拔的主渠道,实际上也承担着主流文化传承的重要功能。第二,西方文化的传入与西方教育的引进严重冲击着传统教育体制人才培养与选拔、主流文化传承的核心职能。而科举考试本身重八股、重形式的特点,以太学、府学、州县学以及被清政府控制的书院为主体的官学的规模逐步萎缩,清政府实际上已丧失传承主流文化的主动性,缺少向社会宣示国家意识形态、养成国民主流价值观的有效手段。第三,新型教育制度在培养新型人才的同时,继续履行传承社会主流文化的核心功能。新型教育制度因势利导,制定新型教育法律,构建新型教育体制,在加大人才培养力度、扩展人才培养规模的同时,全面强化宣示国家意识形态、培养国民主流价值观的功能和作用,[14]这是清末统治者支持并推进教育制度变革的重要原因。

民国初期,教育法律制度继续经历着重大变革。整体而言,民国教育法律体系和教育体制,包括国民教育体系、人才培养模式、学科专业设置、课程考试制度等,均体现出对于清末教育法律制度的直接继承。

四

宗法原则是中国传统家庭制度的核心。宗法原则强调家庭等级和血统纯正,并通过血脉维系和等级区分实现家庭秩序,进而实现社会秩序。基于这一原则,中国传统的家庭制度具有三大重要功能:保持血脉延续,维护伦理等级,实施家庭自治。传统法律通过强制力保护家庭此三大功能。

近代西方文化的传入在家庭观念、家庭制度方面深深地影响着中国社会。近代新思想首先抨击传统的家庭观念和家庭制度对于中国社会进步的阻碍,甚至把近代中国积贫积弱的原因归结于传统的家庭制度,尤其是家庭制度对人性的压抑、对自由的限制以及对人的创造性的扼杀。但同时,社会各界对传统家庭观念和家庭法律制度的守护程度也远远超出其他领域。在新型法律制度普遍建立、社会转型与法律制度变革成为时尚的近代中国,家庭法律制度的变革经历了艰难的历程。

作为家庭制度的重要载体,近代中国起草了几部民法草案。[15]各民法草案均较为详细地规定了家庭制度。从民法典的内容来看，某些原则真正与西方近代接轨，充分体现了吸收西方法律精神、引领社会发展潮流的态势，但在家庭法律制度方面体现了典型的保守特征。

首先，《大清民律草案》全面调整家庭制度，引进西方近代家庭制度的部分内容，同时较大程度上保留中国传统。1911 年 8 月，由总则、债权、物权、亲属、继承五编构成的《大清民律草案》制定完成。该民律草案虽未完成立法程序，未进入实施阶段，但草案的内容本身较大程度上反映了清末从立法者到社会民众关于家庭制度的观念意识和价值导向。与其他制度相比，家庭制度更多地保留了中国传统。《大清民律草案》起草者在说明该草案基本精神之时作了深入的说明。修订法律大臣俞廉三在上奏草案时，阐述立法宗旨：

> 一、注重世界最普通之法则……二、原本后出最精确之法理……三、求最适于中国民情之法则……人事法缘于民情风俗而生……是编凡亲属、婚姻、继承等事，除与立宪相违背、酌量变通外，或取诸现行法制，或本诸经义，或参诸道德，务期整饬风纪，以维持数千年民彝于不敝……四、期于改进上最有利益之法则。[16]

针对西方法律精神在中国的传播，尤其是部分民众对于在家庭制度构建、民事法律起草方面全面引入西方个人主义精神的要求，草案起草者专门论述了西方原则与中国传统的异同，并阐述保持家庭主义的理由。[17]

其次，1925 年公布的《民国民法典草案》在家庭制度方面也较大范围保持中国传统。在血统维护方面，《民国民法典草案》专设“宗祧继承”章。该章第 1333 条规定：“宗祧继承人，自继承开始时起，对于祖先神主、祭具、坟墓、家谱及其他有关宗祧之设置，所继人生前所有者，取得其所有权。”《民国民法典草案》区别“嫡子”与“庶子”的身份，“妻所生之子，为嫡子”（第 1189 条）。“非妻所生之子，为庶子”（第 1196 条）。但庶子之母与其父结婚后，该庶子即可改变身份而为嫡子。[18]同样，妻年满五十仍无子者，为确保血脉延续，夫可立庶子为嫡子，以取得血统继承身份。[19]

《民国民法典草案》延续了家庭成员等级身份。子女婚姻既要得到父母的同意，又必须得到家长的同意。[20]夫妻之间，夫拥有优于妻的地位。草案规定，夫妻事务由夫主持。为了表明妻地位的提高，显现对妻意见的重视，草案将夫妻共同事务分为“日常家务”和“非日常家务”。一方面，对于家庭事务，整体上由夫主持，妻可以提出自己的意见，还可以协助夫主持家务。[21]另一方面，对于“日常家务”，妻可以自行处理，但在此情况下，妻只是被“视为夫之代理人”。[22]妻从事不属于“日常家务”的事务，必须得到夫的允许，否则夫可以撤销该行为。[23]草案还规定，亲权由父亲行使，只是在父亲不能行使亲权时，才由母亲行使亲权。[24]

《民国民法典草案》保持着对于家庭自治的支持。草案规定，所有隶于同一户籍的人构成一“家”。[25]草案将家庭事务改称为“家政”，并规定“家政”由家长主持。[26]父母对于子女行使亲权。行使亲权之父母可以惩戒子女，也可以要求法院将其子女送入惩戒所，由公权机构对其实施惩戒。[27]

社会转型期是思想激进者的黄金期。上层社会以变革为旗帜，以创新相号召。中层社会的活跃者常以基层社会代言人身份，发动媒体，宣传百姓，倡导弃旧从新的潮流。“五四”前后，在新文化运动中，中国传统的伦理观念和家庭制度处于受批评、被讨伐的前台。但是，真正处于乡村闾里的基层社会从思想到制度基本上态势依旧。思想界对传统伦理观念的批评、法律草案针对传统家庭制度的重新设计对广大基层社会实际存在、与家庭相关联的思想、制度的影响微乎其微。

1933 年，蒋旨昂对河北昌平的卢家村进行了较为系统的农家社会调查，并以调查数据为依据撰写了调查报告——《卢家村》。在描述当时农村家庭夫妻关系的实际情形时，该报告说：“夫妇关系。卢村现无‘悍妇’，总是夫高于妻而压制之，妻默不作声。有一家，妻曾常与夫吵嘴打架，结果不容于村而它迁了。又有一人，现为乡副，年轻时曾在北京纳妾，妻亦听之。年轻夫妇却也显不出来什么平等，除了吃饭的时候，夫有时可与长辈先吃，而媳只能吃残肴剩食。这时夫妇都不能管家里的事，只是被家长管着，相互间倒也没有什么冲突。但到主持家事时期，夫变为家主，妻就几乎样样服从了，虽然关于亲戚往来、家内琐事，妻常作主，对于整个家庭对外交往，有许多妻全不知，有的知而不能参加意见。”[28]

1934 年 5 月中旬，言心哲对江苏省江宁县土山镇东淳、洛淳二乡的 286 家农户进行社会调查。调查结果表明，无论是经济方面，还是伦理方面，家长在家庭中均居于不可替代的重要地位。[29]

在近代中国社会转型和法律变革的大框架中，以维系血脉延续、区别伦理等级、实施家庭自治为主要内容的家庭法律制度变革遭受其他法律变革所未遇到的广泛而坚韧的阻力。在家庭关系以及与家庭相关联的社会领域,传统家庭制度的原则、内涵顽强抵御着新思想、新制度的侵袭和影响。在东西方两种传统的交锋、两种文化的碰撞中,中国传统家庭制度的核心内容实际上起到东方文明、中国传统的旗帜作用。

五

无论是制度变革,还是法律变革,均直接引起双重效应:制度效应与价值效应。一方面,制度与法律变革首先改变制度与法律自身,导致社会结构、社会组织、社会运行机制等方面的变化。另一方面,制度与法律变革也导致作为社会主流文化集中表现的国家意识形态、社会主流价值观等方面的调整。

社会转型以法律制度变革与主流价值观调整为主体内容。在社会转型的大背景下,法律制度变革与价值观调整呈现出复杂的互动关系,使法律制度变革本身展示其不同的价值效应。第一,不同的制度,包括政治家庭制度、社会行政制度、技术管理制度,由于工作中重心的不同,其与社会主流价值观、主体道德观的关联性和密切程度各有不同。整体而言,上述三类制度与国家意识形态和社会主流价值观的关联性呈递减态势。第二,各类制度变革的难易程度与该制度和国家意识形态和社会主流价值观的关联性和密疏程度呈正比关系:关系越近,则变革越难。第三,变革后的制度因其与国家意识形态和社会主流价值观的关联性不同而对于价值观、道德观的反作用效果不一:关联越密切,其反作用则越大。

近代中国,随着国家治理方式的多样化、社会关系的复杂化,制度的种类也明显增加。1906 年(清光绪三十二年)9 月改革官制,中央政府设置外务部、吏部、民政部、度支部、礼部、学部、陆军部、法部、农工商部、邮传部、理藩部等 11 部。除了传统的六部之外,新设的部多为对新型社会关系实施政府管理职能。从新设各部内置机构的设立可看出其新型职能。民政部内设五司:民治(地方行政)、警政、疆理、营缮、卫生等;农工商部设四司:农务、工务、商务等。邮传部设五司:船政、路政、电政、邮政等。[30]中央政府各部司的设置实际上都代表了一项或多项制度的创建。正是通过整个制度体系,中央政府各部司实施有效的国家管理和社会控制。

在这些制度中,有以新技术、新的行业管理为基础的制度,包括船政、路政、电政、邮政、海关、铁路、矿业等;有以新管理为基础的制度,包括民政、学部、税务、军事等;也有涉及国家权力结构、社会构成基本原则为基础的制度,包括政治、司法、家庭等。

制度与观念密不可分。制度的设计、建立和运行均需要一定的观念、理论作主导;制度的目的既在于建立并维系某种秩序,也在于实现一定的价值观,实现一定的社会导向。无论是基于传统的社会控制模式而建立的旧制度,还是因新型社会关系的形成而构建的新制度,其工作重心各有不同。各项制度与国家意识形态和主流价值观在关联性方面显出不同。同时,中国社会近代化是一个全方位的转型,既涉及技术管理、行政管理,也涉及政治制度、社会思潮。在这一转型、变革过程中,处于不同层面的制度变化呈现出不同的特点。在制度变革的大背景下,作为制度变革价值效应主要表现的国家意识形态和社会主流价值观的调整也呈现出层次性差别。

首先,以技术管理为基础的制度主要解决人与自然的关系,设置在改造自然、获取自然资源过程中的作业流程,并协调在这一过程中发生、形成的人际关系。此类制度的运行以推动经济增长为基本宗旨,以获取资源最大化与付出成本最小化为基本原则。这类制度的设置与运行一般与社会文化、民族习惯、历史传统相距较远,与国家意识形态和社会主流价值观关联较少。因此,无论是对旧制度的改造,还是新制度的创立或者移植,均易于为人们所接受。以此类规则为基础形成的制度在较大程度上具有全人类的普适性。近代中国建立的矿业开采、冶炼管理、海关管理以及公路、铁路、航道建设和管理均属于此类。

其次,以行政管理为基础的制度主要解决社会管理和政府运作过程中的行政流程以及因此形成的人际关系。此类制度的基本宗旨在于保持各级政府之间的政令畅通,理顺机构关系,提高工作效率,以最简单的工作程序和最少的行政成本来最大限度地实现管理工作的目标。此类制度在一定程度上受到民族意识、社会文化的影响,但在一般情况下,与构成社会基本道德观的文化内核尚有一定距离,与社会主流价值观没有根本性联动关系。在改造旧制度、构建新制度过程中会遇到一定阻力,但如果有政府的强力推动,一般也能呈现出较为顺利的改革进程。近代文官制度、教育制度、军事管理制度的建立集中体现了这一特征。

在制度变革过程中,变规则而不变理念,则其阻力相对较少。无论是以技术为基础的制度,还是以管理为基础的制度,由于其与国家意识形态、社会主流价值观的关联性较远,在变革过程中可能较少遇到来自观念、习惯等方面的阻力。近代中国制度变革的现实告诉我们,在此类制度领域,如果政府基于某种利益导向而强力推动,经常能够形成较为顺利的近代化变革。基于加强国防、拱卫京师的目的,李鸿章创建北洋水师,袁世凯编练新军;为了应对国际交往,在外交方面实现与西方列强较为顺畅的信息交流,总理各国事务衙门的建立以及近代外交制度的建立在变革旧制、创建新制的制度近代化过程中基本顺利。在这方面,美国学者吉尔伯特·罗兹曼说,在中国近代,行政决定可以变革制度,"像袁世凯新军这样的新式力量,令人信服地表明:中国通过在政治上的决断,可以达到某些方面的现代化"。[31]

第三类制度涉及国家根本意识形态、社会主流价值观和社会主体道德观,以确定社会的根本性质和维持社会的基本秩序为宗旨,以延续历史传统和传承社会文化为己任,它同时决定了社会发展的基本走向。这类制度包括设定国家权力结构的政治制度、构建社会基本单元的家庭制度、确立社会主体秩序的法律制度等。此类制度的建立直接决定于国家意识形态和社会主流价值观,而且也是意识形态和主流价值观最集中的制度依托和制度体现。

涉及国家根本意识形态和社会主流价值观的制度深深扎根于社会构成的根本内核之上,有着极为深刻的社会根源和极为广泛的社会背景,这类制度的根本变革必然会使整个社会面临重大危机和风险,包括政治危机以及核心价值体系的动摇。面对玉石俱焚的政治危机和社会风险,这类制度变革也不得不收缩自身,调低目标。"让制度停留在纸面","新瓶老酒,形变神守",是此类制度在社会转型、制度变革过程中较为常见的现象。在近代中国制度变革中,基于新型意识形态而引申的司法独立从清朝末年司法改革就高调登场,但历经清末、南京临时政府、北洋政府以及南京国民政府,司法独立始终仅具纸面意义。从南北统一、建立政权的军政时期到五院体制、六法体系草创之后的训政时期,直至20世纪40年代中期短暂的"宪政"阶段,类似于西方政权体制中的司法独立仍然远离中国的政治现实。同样,扎根于中国社会主流价值观基础之上的伦理文化和家庭制度虽然受到"五四"运动、新文化运动的冲击,并被激进的思想家和改革者视为中国社会积贫积弱、被动挨打的遭遇以及因循守旧、缺少创新性的性格重要原因，但重伦理、讲亲情的文化内涵仍在国人中薪火相传，家庭凝聚、亲属互助的原则仍顽强地保留在基层社会的民俗习惯之中。

近代中国制度变革与法律变革是一次全方位的变革。从清末到民国，主政者在多种因素的影响之下希望以整体推进、全面变革的方式实现社会转型与制度近代化目标。但是，制度、法律与价值观之间的关联性直接影响社会转型过程中整体制度与法律框架内部不同制度的变革方式，因而产生制度变革不同的价值效应。这种差别性价值效应使不同的制度与法律表现出变革深度和广度上的差别，表现出制度与法律框架内部的协调性差别，也对近代以后中国制度与法律的发展产生长久而广泛的影响。

注释

1 关于中国社会近代化的阶段性变革，时人有不同表述。康有为提出，近代化的阶段分为变器、变事、变政。康有为说："购船置械，可谓之变器，不可谓之变事；设邮使，开矿务，可谓之变事，而不可谓之变政。"（康有为：《日本变政考》）。曾廉将其分作变技、变政、变教，说："变夷之议，始于言技，继之以言政，益之以言教，而君臣父子夫妇之纲，荡然尽矣。"参见曾廉：《致友人》。转引自陈旭麓：《近代中国社会的新陈代谢》，上海人民出版社1992年版，第177页。

2 清末推进军事变革，制定、颁布了一系列相关法律，包括《陆军官制》《陆军人员任职等级及补官体制》《陆军营制饷章》《陆军参谋章程》《军官学堂章程》《简明军律》《陆军退伍章程》《陆军审判试办章程》等。

3 清廷于光绪二十六年十二月十日西狩途中颁发的变法诏书，所提变革制度的求言令，已广泛涉及各项制度。"困天下者，在一例字。至近之学西法者，语言文字，制造机械而已。此西艺之皮毛，而非西政之本源也。""总之法令不更，锢习不破，欲求振作，当议更张。着军机大臣大学士六部九卿出使各国大臣各省督抚，各就现在情形，参酌中西政要，举凡朝章国故吏治民生学校科举军政财政，当因当革，当省当并，或取诸人，或求诸已，如何而国势始兴，如何而人才始出，如何而度支始裕，如何而武备始修。各举所知，各抒所见。"诏书所列举相关制度，包括朝章、国故、吏治、民生、学校、科举、军政、财政等。但诏书也开宗明义，首先强调："盖不易者，三纲五常。昭然如日星之照世。"（《清实录》，光绪二十六年十二月朔）不可变的"三纲五常"既包括国家意识形态和主流价值观本身，也包括国家意识形态和主流价值观的制度体现：体现国家政治关系的权力结构和体现亲属伦理关系的家庭制度。

4 1843年《中英五口通商章程·海关税则》:“英国商船一经到口停泊,其船主限一日之内赴英国管事官署中,将船牌、舱口单、报单各件交与管事官,查阅收储……管事官既得船牌及舱口报单各件,即行文通知该口海关,将该船大小、可载若干吨、运来系何宗货物,逐一声明,以凭抽验明确,准予开船卸货,按例输税。”1844年《中美望厦条约》、1844年《中法黄埔条约》均有类似规定。

5 在管理体制中,各海关直属中央政府“户部”,户部设置“海关监督”一职,主持关务。按照规定,清政府任命的户部“海关监督”为中国海关的最高职官,但由于海关监督实际上没有任命税务司的权力,再加上对于新式海关管理模式及相关技术并不熟悉,导致海关监督在海关管理方面的最高权力不能体现,实际权力为总税务司把持。海关监督手中唯一的重要权力是税款保管权。各海关必须将收缴关税数额上报海关监督,海关监督再分季度上报户部,并按照户部决定,将全部税款解归户部,或者按照户部要求分项划拨。

6 参见[美]马士:《中华帝国对外关系史》(第二卷),张汇文等译,上海书店出版社2000年版,第27页。

7 参见陈诗启:《中国近代海关史》,人民出版社2002年版,第186页。

8 清末在镇压太平军过程中,从江苏扬州开始创设厘金制度,由地方官设卡收税,作为地方军队的饷金。这一做法当时得到朝廷的认可和批准,并在全国各地推行。太平天国运动被镇压之后,厘金制度并未废止。由于厘金为地方征收,并未纳入中央政府的财政收入之中,因而成为地方督抚获取收入、壮大自身力量的重要渠道,反而形成对于中央政府的离心力量。另外,厘金制度后期,弊端丛生。一方面,地方政府和军队为增加财源,纷纷设卡抽厘,抽取的名义也层出不穷,出现“逢关纳税,遇卡抽厘”的现象;另一方面,在通关过卡过程中,税吏恶意刁难,多端勒索,逾例多征,引起商人叫苦不迭,极度反感。1858年《中英天津条约》规定,英商贸易,无论是洋货进入中国内地,还是中国内地土货运出中国,在正常缴纳关税之外,可选择缴纳内地税,或者子口税。其后,各国均援引中英子口税规定。1861年,子口税制度正式实施。按照规定,子口税由海关征收,外商进出货物,在缴纳进出口税之时,同时向海关缴纳子口税,则可免内地厘税。但内地税,尤其是厘金,则由地方政府收取,纳入地方财政范围。海关征收子口税,既有较低的税率优势,又免除厘金征收过程中的不规范行为,因而得到外商欢迎,外商普遍以向海关缴纳子口税的方式,免除地方厘金和地方税,大大减少了地方政府通过厘卡税关收取的地方财政收入。

9 (清)龚自珍:《龚自珍全集》,上海人民出版社1975年版,第116页。

10 (清)龚自珍:《龚自珍全集》,上海人民出版社1975年版,第521页。

11 参见顾长声:《传教士与近代中国》,上海人民出版社2013年版,第228页。

12 留美学生中,有铁路工程师詹天佑,北洋大学校长蔡绍基,清华学校校长唐国安,北洋政府国务总理唐绍仪,交通总长梁敦彦,中法战争中以身殉国的薛友福等。留欧学生中,有北洋舰队管带刘步蟾、林泰曾、方伯谦,民国海军总长刘冠雄、萨镇冰、李鼎新,北洋水师学堂总教习严复等。

13 1901 年 1 月 29 日(光绪二十六年十二月十日)上谕:“着军机大臣大学士六部九卿出使各国大臣各省督抚,各就现在情形,参酌中西政要,举凡朝章国故、吏治民生、学校科举、军政财政,当因当革,当省当并,或取诸人,或求诸已,如何而国势始兴,如何而人才始出,如何而度支始裕,如何而武备始修。各举所知,各抒所见。”(《清实录》,光绪二十六年十二月朔)

14 在新学制中,其课程设置充分体现了“中体西用”的教育指导思想。以宣示国家意识形态、培养国民主流价值观为直接目的的“经义”教育,占整个教学内容较大比重。一方面,“经义”教育作为学校的必修科目;另一方面,“读经讲经”的课程在初等小学堂中占课程总时数约五分之二,在高等小学堂中占课程总时数约三分之一,在中学堂中占课程总时数约四分之一。

15 虽然几部民法草案并未完成立法程序,没有正式实施,但草案的相关内容经过较为充分的立法论证,经过民意征求,基本反映当时社会各界对于相关内容的态度。

16 “修律大臣俞廉三原奏”,参见故宫博物院明清档案部编:《清末筹备立宪档案史料》(下册),中华书局 1979 年版,第 911 页。

17 “两大主义究孰优绌?从理论上言之,家属主义长处固多,短处亦不能免;个人主义短处固有,长处亦非全无。其短长得失实难概论。惟编纂一国法典者,须实际与理论兼顾,不得专以理论上之长短为长短。夫法律上发生此个人与家属两种主义,必先于社会实际上先显存此两种情形。社会实有此情形,法律始生此主义。所谓法律,只能规律社会,不能产生社会者此也。以个人制度之社会,采用个人主义之法律,则两合;以家属制度之社会,采用个人主义之法律,则可谓两背。”参见《大清民律草案第四编·亲属法草案总则说明·取义》。转引自我国台湾地区“司法行政部民法研究修正委员会”编:《中华民国民法制定史料汇编》(上册),1976 年 6 月,第 816 页。

18 《民国民法典草案》第 1198 条:“庶子,由父与其母成婚后,即为嫡子。”

19 《民国民法典草案》第 1199 条:“妻年逾五十无子者,夫得立庶长子为嫡子。”

20 《民国民法典草案》第 1078 条:“家属为婚姻、立嗣或出嗣者,须得家长之同意。”第 1105 条:“结婚,除依第 1078 条第一项规定外,并须经父母允许。父母双方亡故或在事实上不能表示意思时,须经祖父母允许。但年龄满三十岁者,不在此限。”

21 《民国民法典草案》第 1120 条:“关于同居及其他共同生活事务,由夫主持。但妻得陈述意见或以行为实行协助。”

22 《民国民法典草案》第 1123 条:“妻于日常家务,视为夫之代理人。妻如滥用前项权利,或无行使权利能力时,夫得限制或撤销之。但不得与善意第三人对抗。”

23 《民国民法典草案》第 1124 条:“不属于日常家务之行为,须经夫允许。违反前项规定之行为,夫得撤销之。”

24 《民国民法典草案》第 1162 条:“亲权由父行之。父亡故或在事实上不能行使亲权时,由母行之。”

25 《民国民法典草案》第 1063 条:“凡隶于一户籍者,为一家。”

26 《民国民法典草案》第 1073 条:“家政统于家长,但得以家政之一部分委任家属处理。”

27 《民国民法典草案》第 1168 条:“行亲权之父母,于必要之范围内,可亲自惩戒其子,或呈请法院送入惩戒所惩戒之。法院定惩戒日期,不得逾六个月,且其日期定后,父或母仍得请求缩短。”

28 蒋旨昂:《卢家村》,原载《社会学界》第八卷,1934 年 6 月。转引自李文海主编:《民国时期社会调查丛编 · 乡村社会卷》,福建教育出版社 2005 年版,第 200 页。

29 言心哲:《农村家庭调查》(商务印书馆 1935 年版):“家主之工资及营业收入,为农家收入之主要来源。按照总平均收入之百分比而言,家主之平均收入,第一组占本组之总平均收入 78.03%;第二组占本组之总平均收入 77.02%;第三组占本组之总平均收入 65.07%;第四组占本组之总平均收入 77.30%。各组合计,家主之收入,占总平均收入 68.38%”。转引自李文海主编:《民国时期社会调查丛编 · 乡村社会卷》,福建教育出版社 2005 年版,第 568 页。

30 张德泽:《清代国家机关考略》,学苑出版社 2001 年版,第 291 页。

31 [美]吉尔伯特 · 罗兹曼主编:《中国的现代化》,陶骅等译,上海人民出版社 1989 年版。

拾肆

私法原则与中国法律近代化

20世纪初期发端的中国民法近代化经历了艰难的过程。作为民法近代化的阶段性成果，先后产生《大清民律草案》[1]、民国初年民律草案（以下简称《民初民律草案》）[2]以及南京国民政府时期的《中华民国民法》[3]。中国民法近代化以移植西方近代民法为主旋律，从法律理念、法律原则到法典结构、法律概念等均直接吸收西方近代民法的基本框架，而西方近代民法自身的发展、演进也在中国民法近代化过程中体现。

1804年，法国公布、实施《拿破仑法典》。作为近代资本主义国家第一部民法典，《拿破仑法典》从民事法律关系方面使1789年《人权宣言》所宣示的重要原则得以体现，开创了近代资本主义国家民事立法的先河。根据资产阶级思想家提出的天赋人权、自由、平等、博爱的思想理论，基于资本主义政治发展与经济进步的要求，同时也是针对中世纪社会身份性等级制度，《拿破仑法典》明确提出"人格平等"的基本法律理念，并确立了私权神圣、契约自由、过错责任的三大私法原则。在整个19世纪资本主义国家民事立法活动中，《拿破仑法典》所提出的"人格平等"理念以及三大私法原则均起到重要作用。[4]但从19世纪后半期开始，随着经济的发展和社会的分化，抽象意义上的人格平等经常性地导致具体人群在实际身份以及实际利益上的不平等。而体现权利中心、个人本位的所有权绝对、契约自由、过错责任私法三原则也经常性地从形式正义滑向实质非正义。根据近代民法在发展过程中存在的问题，西方各国开始关注近代民法精神，尤其是私法三原则的合理性，开始关注实质意义上人格平等。1900年《德国民法典》作为资本主义国家民事立法新的经典，针对国家与社会发展的新情况

原载《法学研究》2005年第6期。

在一定程度上对于私法三原则进行了调整、修正。[5]

近代中国的演变，从政治体制的更新、经济结构的调整到法律制度的变革，在其起始阶段均是被动的。外国力量入侵，民族利益受损，为救亡图存，为富国强兵，中国社会被推上近代化轨道。而就法律变革而言，中国法律近代化既有社会演进导致法律自身发展的逻辑动因，也有列强各国基于自身利益考虑而实施的外部推动。这一推动转变为以西方各国的法律价值、法律原则、法律体系为模范，通过法律重构实现收回领事裁判权的功利目的。[6]起点的被动性、目的的功利性对于中国法律近代化对于中国民法近代化产生重大影响。另外，以法律移植为主要手段的中国民法近代化在被移植对象处于变动、调整的情况下，其近代化步伐产生了一定的混乱、不协调。而西方近代民法在价值观上的变化趋势与中国社会价值取向上的特殊关系也直接影响了中国民法近代化的基本进程。

一、从社会到家庭：近代中国民法中的人格平等

人格平等是人类社会对于自身构成的理想描述，也是人类作为整体所追求的目标。社会的存在需要保持一定的结构形式，保持一定的层次体系，从这种意义上来说，绝对、全面意义上的人格平等永远只能是一种理想状态的描述。但随着人类文明的深入发展，人类社会必将更加接近真正意义上的人格平等。

人格平等的实现首先是一个由政治到经济的过程。人类文明史告诉我们，人格平等首先是政治变革或者是政治革命的产物。在处于不平等的社会状态下，如果需要朝着平等的目标移动，需要以变革的手段改变与既定的不平等社会状态相适应的社会政治结构。实现了何种程度的政治平等，才能够通过法律的方式实现何种程度的经济平等。

人格平等的实现也是一个从社会到家庭的过程。家庭是社会的细胞。只要以两性婚姻为基础、以父母子女共同生活为形式的家庭的存在，家庭就会以不同的方式作为社会的细胞而存在。一般而言，现代文明之中，任何人脱离不了两大共同体而独立生活：国家与家庭。现代人可以不参加其他任何社会共同体，但至少具有两种角色：国家公民与家庭成员。公民之间以共同的利益追求、共同的文化追求为联结的纽带，而家庭成员之间的联结则在普通公民的利益、文化纽带之外有一种深刻的情感纽带。情感纽

带的存在使家庭成员之间的人格平等格外显得复杂、特殊，也使家庭成员之间的人格平等追求更加艰难。可以说，衡量一个社会人格平等实现程度的最重要依据是家庭成员之间达到了何种意义上的平等。

西方近代民法主张的人格平等是通过资产阶级革命实现的政治平等而进一步追求的经济平等，也是由社会结构意义上的国家公民之间的人格平等向家庭成员之间的人格平等的延伸。这种从政治到经济、从社会到家庭的人格平等实现途径在中国社会近代演变过程中通过民法近代化表现出复杂、曲折的过程。

中国传统社会重伦理纲常，在夫妻之间、父母子女之间、家长家属之间存在严格意义上的等级关系。1840 年开始的近代变革是一场以救亡图存为主要目的的政治变革，思想观念和社会关系的变化只是政治变革的副产品。道德伦理、纲常名教、宗法关系不是变革的主要对象。与清末社会这种特殊性相适应，清末法制变革中民事立法活动产生一种奇怪的现象：在财产关系方面，全方位引进西方近代法律理念、法律原则；而在涉及家庭伦理关系的身份方面，则基本保留传统中国的习惯。[7]

人的身份包括社会身份和伦理身份。伦理身份专指存在婚姻、血缘以及相关法律拟制关系中的人的相互地位，主要限于亲属关系；而广泛存在于社会之中的非亲属关系的相互地位则为社会身份。传统社会中，身份等级关系既指政治社会等级，也包括亲属伦理等级。清末法制变革中引进西方理念，一定程度上打破了政治社会等级观念，在法律上初步确立了人与人之间的平等原则。但在家庭关系和亲属伦理身份方面则一如其旧，基本保持了传统社会的亲属身份等级原则，在《大清民律草案》中有明显体现。[8]

清末立法者编订《大清民律草案》，对于家庭制度也有着深入、细致地考虑。对于欧美各国盛行个人主义，以个人自由、个人独立排除家庭本位的民事立法，清末立法者自有较为清醒的认识。在《大清民律草案》亲属编的编定说明中，立法者在比较民事立法家属主义与个人主义的特点、历史之后，详细说明了保持家庭本位、采用家族主义立法原则的诸多理由：

两大主义究孰优绌？从理论上言之，家属主义长处固多，短处亦不能免；个人主义短处固有，长处亦非全无。其短长得失实难概论。惟编纂一国法典者，须实际与理论兼顾，不得专以理论上之长短为长短。夫法律上发生此个人与家属两种主义,必先于社会实际上先显存此两种情形。社会实有此情形,法律始生此主义。所谓法律,只能规律社会,不能产生社会者此也。以个人制度之社会,采用个人主义之法律,则两合;以家属制度之社会,采用个人主义之法律,则可谓两背。欧美各国《亲属律》,多采个人主义,以欧美各国近日社会盛行个人主义,于家属主义已经绝迹故也。泰西古时亦行家属制度,至罗马末叶已渐变。近今则全行个人制度,其家属制度衰废之原因虽多,举其要者,崇拜祖先之念衰,独立自由之念盛而已。至日本《亲属律》则采家属主义,以日本今日社会盛行家属制度故也。中国编纂《亲属律》应取何主义?中国今日社会实际之情形,一身以外,人人皆有家之观念存。同住一家者为家属,其统摄家政者为家长。现行于社会者既全然是家属制度,不是个人制度,而家长、家属等称谓散见于律例中颇多。又,历代皆有调查户口、编查户籍之举,凡所谓户者,即指家而言,是于法律上又认明所谓家矣。以十八行省皆盛行家属制度之社会,数千年来惯行家属制度之习尚,是征诸实际,观诸历史,中国编纂《亲属法》,其应取家属主义已可深信,再无疑义之留矣。……此次编纂《亲属法》,其根本主义应取家属主义,不取个人主义,于"婚姻""亲子"之前,先冠以"家制"一章。但虽取家属主义,须宗自为宗,家自为家。方与中国家属制度相合。[9]

家属主义立法原则的确定、传统家庭本位思想的影响使《大清民律草案》在确定人的伦理身份方面保持传统法律中父为子纲、夫为妻纲的家庭等级身份原则。不仅在家庭事务、日常生活中,父母子女之间、夫妻之间、区别亲疏嫡庶的亲属之间相对拥有不平等的身份,在全面吸收西方近代民法原则的财产关系、经济活动领域,所有权绝对、契约自由等原则也在家庭壁垒面前嘎然止步,家庭成员之间的财产关系、经济活动不适用《大清民律草案》关于所有权、契约、侵权行为方面的相关规定。[10]

包含家庭成员之间平等关系的人格平等原则在西方近代法律中也有一个渐进的过程。人格平等作为近代西方资产阶级革命的目标之一,体现在近代资本主义思想体系之中,也体现在政治、经济、法律、文化各项制度之中。同样,人格平等作为近代法律的基石,贯穿在整个近代法律体系之中。作为一种政治口号和一种价值导向,人格平等在近代西方资产阶级革命中被提到重要地位。但在法律上,真正意义人格平等的实现仍经历了漫长的过程。在民事法律关系和家庭关系中,这一目标的实现尤为明显地体现出渐进性。

《法国人权宣言》第1条称："在权利方面，人们生来是而且始终是自由平等的。"第6条规定："在法律面前，所有的公民都是平等的。"但这种平等权主要是针对社会领域而言。以《人权宣言》确定的基本精神为基础的《拿破仑法典》在财产权、契约关系、侵权法等方面实现了历史性的革命，但在家庭关系中，《拿破仑法典》又在很大程度上体现了资产阶级平等思想与传统身份等级的妥协和融合。夫妻之间在家庭关系中的地位不平等在《拿破仑法典》中多有体现。[11]实际上，在整个19世纪，欧洲各资本主义国家民事法律以夫妻关系为主要内容的男女平等仍在一定程度上受到限制。1900年的《德国民法典》及日本民法均在一定程度上保持了夫妻地位不平等的规定。1919年德国《魏玛宪法》特别强调家庭中夫妻的平等，[12]但可以说，直到1957年6月18日《夫妻地位平等法》的颁布、实施，德国在法律上最终确定男女平等，或者准确地说，家庭关系中的夫妻地位平等。

19世纪下半期，妇女平权运动的兴起，法学家对于人格平等的扩充解释使得妇女地位，尤其是在家庭之中的夫妻关系，逐渐朝着平等的方向发展。这一发展趋势直接影响到各国法律，也影响到正处于近代化过程中的中国民法。

辛亥革命以资产阶级自由、平等、博爱思想为号召，推翻传统帝制，建立了资本主义性质的南京临时政府。南京临时政府在确定人格平等方面加强了社会身份的平等立法，取消大批蛋户、贱民的贱级，平等对待。但这种人格平等的政策努力的效果仍然有限。一方面，在政治上，临时政府参议院通过议案，正式否决妇女参政权。[13]另一方面，临时政府存在时间短暂，在民事立法方面无暇顾及。参议院于1912年4月3日通过的《新法律未颁行前暂适用旧有法律案》称："惟《民律草案》前清时并未宣布，无从援用。嗣后凡关于民事案件，应仍照前清现行律中规定各条办理。"[14]

北洋政府时期，作为确定民事行为准则、调整民事关系的基本法律是清朝末年制定颁布的《大清现行刑律》中涉及民事关系的有关条款。1912年3月11日，北京政府宣布沿用清末有关法律即包括《现行刑律》中的民事部分。1914年，大理院针对各地审判机关对于适用《现行刑律》民事部分内容的认识尚有不明确之处通过判例进一步确认。[15]大理院判例所指《现行刑律》民事有效部分包括服制图、服制、名例、户役、田宅、婚姻、犯奸、斗殴、钱债；同时还包括清朝《户部则例》中的户口、田赋。[16]《大清现行刑律》是中国传统法律的延续，其涉及民事方面的规定，无论是涉及财产关系的条款，还是与身份相联系的法律规定，均是对传统社会秩序和传统社会关系的维持。北洋政府大理院所界定的"《现行刑律》民事有效部分"涉及婚姻、家庭、继承等方面的规定集中体现了维护尊卑长幼、亲疏嫡庶、男尊女卑等区分等级身份的宗法伦理秩序。

在中国民法近代化进程中，民法意义上的人格平等作为一条法律原则，在《中华民国民法》中一定程度上得以体现。在民法总则编的起草说明书中，特别将"男女平等之确定"列为民法总则的立法理由，指出："男女平等之原则，本为吾党对内政策所规定，自应期其实现。惟重男轻女，由来既久，积重难返，苟不以革命之手段，彻底改革，则仍难达平等之目的。此编对于特别限制女子行为能力之处，一律删除。并以我国女子，于个人之财产，有完全处分之权，复规定已结婚之妇人，关于其个人之财产，有完全处分之能力。至其他权义之关系，亦不因男女而有轩轾。"[17]根据《中华民国民法》，夫妻之间基本保持平等的地位，包括在财产权、对于子女的监护权、离婚条件等方面。尤其是在《大清民律草案》及《民初民律草案》中妻作为限制行为能力人的规定，在《中华民国民法》中被彻底废除，妻与夫一样，以年龄作为行为能力取得与否的标准。[18]女子与男子一样享有继承权。[19]妻与夫一样享有成为家长的身份与资格。[20]另外，《大清民律草案》与《民初民律草案》均在离婚条件方面歧视对待夫与妻，丈夫可以妻与人通奸为理由，请求法院判决离婚，但妻无此权利。《中华民国民法》在夫妻请求法院离婚条件方面做出同一规定，妻同样可以夫与人通奸为理由，请求法院判决离婚。[21]著名法学家史尚宽评论说："男女平等为民法所采用之原则，而于亲属、继承两编尤为显著。在我国以往夫为妇纲，夫权与父权、家长权三者鼎力，故于夫妻殴伤、离婚等，俱见夫尊妇卑，历次民律草案均规定妻为限制行为能力人，离婚原因亦宽于夫而严于妇。现行民法不复有此种差别。他如亲权之行使、家长之担任、夫妻财产制之自由选择等，莫不承认男女平等之地位。"[22]

但如同清末立法者在编定《大清民律草案》时强调保持家庭本位、采用家族主义立法原则合理性一样，《中华民国民法》立法者在一般意义上吸收西方人格平等原则的同时，也对个人本位、家庭本位问题作了一番新的分析、比较。其结论是:中国历史上的家庭本位立法原则不仅适合中国社会,而且在某种意义上也代表着世界法律发展的潮流,具有其先进性。时任民国政府立法院院长的胡汉民说:“以这种法律制度同我们中国历史上家族主义的法律制度比较,在原则上实在远比我们中国家族的制度落后一步。因为欧美以个人为立法的单位,而中国则已进而以家族团体为单位了。”[23]以这一认识为基础,民国立法者提出,新型法律体系的建立以社会本位原则为指导;而在新的民法体系之中则保留“家”的社会单元地位。相应地,在中国传统社会具有重要作用的“家长权”也在一定程度上得以保留。[24]

从家庭本位到社会本位,从“家”作为结构性社会单元的设置到“家长权”一定程度的保留,代表着中国民法近代化最终和最高成果的《中华民国民法》在消弭身份等级、实现人格平等方面迈进一大步的同时,也在接受西方法律教训、顺应世界法律发展潮流的旗号下保留了可能再次滋生身份性差别的结构性社会单元的“家”制和“家长权”。

二、所有权:从绝对到相对

经过资本主义革命,资产阶级思想家高扬自然法学派理论,借重罗马法复兴,提出所有权神圣不可侵犯的理念,并将其落实在法律之中。所有权是物权的一种,是所有人对物的占有、使用、收益、处分,并排除他人干涉的权利。从法国大革命开始的近代西方资产阶级民事立法均强调所有权绝对原则,强调所有权神圣不可侵犯。在时间上,所有权人对其所有物终生享有,还可以通过遗嘱实现其死后对财产的处分。在空间上,所有权的重要内容土地所有权,其范围上至天空,下至地表以下。1789 年法国《人权宣言》第 2 条规定:“任何政治结合的目的都在于保存人的自然的和不可动摇的权利。这些权利就是自由、财产、安全和反抗压迫。”第 17 条规定:“财产是神圣不可侵犯的权利。”作为资产阶级革命在财产关系、身份关系方面的产物的《拿破仑法典》,将《人权宣言》关于神圣财产权的精神体现在法律条款之中。《拿破仑法典》第 544 条规定:“所有权是对于物有绝对、无限制地使用、收益及处分的权利,但法令所禁止的使用不在此限。”第 545 条规定:“任何人不得被强制出让其所有权;但因公用,且受公正并事前的补偿时,不在此限。”继法国之后,欧美各国法律均加强对于所有权的保护。

传统中国重公权而轻私权，涉及维护国家统治秩序、加强社会控制的刑事法律以及规定各级政权机构和官员的职责、权限、遴选、考绩及行政程序的行政法律较为发达，而规定民众个体私权关系的民事法律相对不发达。[25]但就民事法律本身而言，中国传统法律还表现为，涉及所有权、经济往来、财产交换等内容的财产法不发达，但出于重家庭伦理、重宗法的传统以区别亲疏嫡庶、尊卑长幼为主要内容的亲属关系身份法却极为完备。

在中国民法近代化过程中，《大清民律草案》吸收了《拿破仑法典》所确立并为19世纪西方各国采取的所有权神圣原则。《大清民律草案》第983条规定："所有人于法令之限制内，得自由使用、收益、处分其所有物"；第984条规定："所有人于其所有物，得排除他人之干涉"；第991条规定："土地所有权于法令之限制内，及于地上、地下，若他人之干涉无碍其所有权之行使者，不得排除之。"辛亥革命后，南京临时政府初建，随即继续清末法制改革中确立的所有权神圣原则。在《中华民国临时约法》及《内务部通饬保护人民财产令》中，所有权神圣不可侵犯的原则被正式写入。

所有权绝对化的制度设置的重点之一在于排除公权力的干涉。在中国，"所有权"无论是作为一种制度，还是作为一种观念，在私权领域均未充分发展。而在实际生活中，代表国家的公权力涵盖社会生活的每一角落，包括国民个体的私生活。同时，作为国家中坚力量的地主、官吏在私权方面也受到国家的重点保护。《大清民律草案》吸收所有权绝对的原则，从法律上否定了国家公权对于国民私权的非法干涉，也排除了对地主、官吏在私权方面的特殊保护。

清末法制变革之时，西方工业国家的民事立法也正经历着一场新的变革。《拿破仑法典》所确立的所有权神圣的绝对所有权原则在提高资产阶级地位、维护资本主义发展、推进市场经济演进等方面起到积极作用。但同时，这一原则的广泛运用也带来一些社会问题。为解决这一社会问题，各国法律纷纷调整法律规定，对于所有权绝对原则实行一定的限制。具体方法是，明确所有权的行使，同时负有一定的义务，禁止滥用所有权，行使所有权必须遵守诚实信用原则。《德国民法典》(1896年公布、1900年实施)第226条规定："权利的行使，不得只以加损害于他人为目的。"第903条规定："在按不违反法律和第三人利益的范围内，物的所有权人可以随意处分其物,并排除他人的任何干涉。”第138条规定:“违反善良风俗的法律行为无效。”1919年德国新宪法第153条第3项规定:“所有权包含义务,于其行使,应同时顾及公共之利益。”1907年公布、1912年实施的《瑞士民法典》第2条规定:“行使自己之权利……须以诚实及信用为之。”“权利之显然滥用,不受法律之保护。”1923年1月1日实施的《苏联民法》第1条规定:“私权以不违反社会的经济目的而行使者为限,受法律上之保护。”

南京国民政府在实现全国统一以后,继续清末开始的法律近代化进程,全方位进行法制建设活动。南京国民政府的法典编纂以清朝末年开始并在北洋政府时期得以发展的法典起草为基础,同时,根据西方法律理论、法律制度的变化,根据中国的现实需要,对于移植的法律理论、法律原则作了适当的调整,在民事立法方面修正所有权神圣的私法原则。立法院院长胡汉民说:“世界各国的法律大都根本于罗马法和拿破仑法律,这两种法大都以个人为本位,而忽略了多数人的利益。这不是王道,而是霸道。我们不然,我们立的法乃是以全国社会的公共利益为本位,处处以谋公共的幸福为前提。”[26]民法典起草委员史尚宽认为,“现今立法,既不宜于立足于家族制度,尤不宜袭取个人主义之糟粕,而应以全民族之利益为基础”。[27]

1929年至1931年制定的《中华民国民法》摒弃所有权绝对的理论,而采纳相对所有权的原则,对所有权了作了一系列的限制。这主要体现在两个方面。第一,所有权的行使必须与相应的义务相关联。这种义务或者涉及他人的利益,或者涉及社会公益。《民法》第773条规定:“土地所有权除法令有限制外,于其行使有利益之范围内及于土地之上下,如他人之干涉无碍其所有权之行使者,不得排除。”第791条规定:“土地所有人遇他人之物品或动物偶至其地内者,应许该物品或动物之占有人或所有人入其地内寻查取回。”第794条规定:“土地所有人开掘土地或为建筑时,不得因此使邻地之地基动摇或发生危险,或使邻地之工作物受其损害。”第二,所有人不得滥用所有权,所有权的行使在客体、效力等方面也受到一些法定限制。[28]《民法》第148条规定:“权利之行使不得以损害他人为主要目的。”第765条规定:“所有人于法令限制之范围内得自由使用、收益、处分其所有物,并排除他人之干涉。”

近代民法关于所有权的设置经历了从绝对所有权到相对所有权的演

变。[29]中国民法近代化的最初成果更多地借鉴19世纪盛行的绝对所有权，但已经在所有权相对方面迈开一步。[30]19世纪后半期以及20世纪初西方近代民法原则的变化，影响到中国民法近代化的进程，影响到中国近代民法基本原则的确定，从而出现与《大清民律草案》《民初民律草案》不同、对所有权作更多限制的《中华民国民法》。问题在于，西方民法从近代走向现代，伴随着西方政治、经济、社会、文化的变化，在法律上表现出自然递进的阶段性：相对所有权作为一项制度，是在绝对所有权充分发展、演变的基础上自然生长。而在中国近代却是另外一种途径：绝对所有权尚未充分发展，而相对所有权又与传统中国义务本位、社会本位法律在某种程度上相吻合的前提下形成，甚至可以说，在中国具有深厚历史底蕴、沉重历史惰性的社会本位传统，以符合世界潮流现代民法原则的身份，获得保持、发展的正统、合法理由。

三、契约自由：从放任到限制

自从罗马法学家乌尔比安提出公法、私法之划分后，“协议就是法律”、意思自治等信条成为私法领域的重要原则。[31]从私法自治必然产生契约自由原则。

契约自由源起于罗马法。近代意义上的契约自由是在资产阶级革命后政治上反对古代等级特权制度、经济上推进商品生产、发展市场经济而提出的法律要求。在1804年《拿破仑法典》中，典型意义的契约自由得以确认。第1134条规定：“依法成立的契约，在缔结契约的当事人间有相当于法律的效力。”《拿破仑法典》第1101条规定：“契约为一种合意。依此合意，一人或数人对于其他一人或数人负担给付、作为或不作为的债务。”

中国古代国家统治和社会控制，重团体而轻个人。与其相应，国家立法多体现国家本位、社会本位、家族本位，个人意志及个人利益必须服从国家、社会与家族。体现在与经济流通和财产交换相关联的契约制度既没有充分发展，更缺少对个人意志的尊重。国家法、礼、民间习惯对于契约主体、交换客体、契约权利的内容等方面有诸多限制。[32]

在清末开始的中国民法近代化过程全面吸收西方近代契约制度。[33]《大清民律草案》首先引进契约自由制度。《大清民律草案》设“契约”专章，对于涉及契约的相关内容作了较为详细的规定。第513条明文规定：

“依法律行为而债务关系发生或其内容变更消灭者,若法律无特别规定,须依利害关系人之契约。”《大清民律草案》在第五章“法律行为”中设“意思表示”一节,就“意思自治”原则中当事人意思表示的方式、内容、效力等作了专门规定,以确保当事人之间所建立的契约关系中体现其真实意思表示。

契约自由的积极意义在于,它给了当事人充分展示、并运用自己意志的空间,任何他人,无论是个体,还是群体,甚至是国家,均不能干预自己的意志,不能干预受自己意志支配的行为。但契约自由的不足也是显见的。契约自由的积极意义只是在契约当事人相互之间具有大体相当的状况,包括相当的智力水平、相当的经济实力。如果当事人之间经济实力悬殊,那么即使充分实现契约自由,弱者也只能处于劣势地位。如果没有第三者力量的干预,弱者只能是越来越弱,最终导致社会的不公正。20 世纪世界经济的发展和政治秩序的重建,使得由契约自由导致的消极因素日见膨胀。随着世界由自由资本主义向垄断资本主义的过渡,社会经济生活也发生重大变化。跨国公司的形成、经济活动中垄断行为的出现导致公民、法人及各种经济体之间实质意义上的不平等。为保证经济生活的正常进行,国家干预主义在经济生活中越来越多地体现。私法公法化、民事权利社会化的倾向在西方各资产阶级国家蔓延。这一趋势直接影响到 19 世纪盛行的契约自由原则,影响到 20 世纪各国的民事立法。

《德国民法典》在保持契约自由原则的同时,也基于契约自由给社会带来的消极影响,从多方面对于契约自由给予限制。第 134 条规定:“违反法律上禁止规定之法律行为,于法律无特别规定时,无效。”第 138 条第 1 款规定:“违反善良风俗的法律行为无效。”第 157 条规定:“对合同的解释,应遵守诚实信用原则,并考虑交易上的习惯。”受《德国民法典》的影响,同时也是基于契约自由的消极作用,20 世纪一些国家民事立法均对契约自由做出一定的限制规定。例如,1911 年《瑞士债务法》第 2 条规定,“以不能或不法或违反善良风俗为内容之契约为无效”。《瑞士民法典》第 2 条规定:“任何人都必须诚实、信用地行使其权利并履行其义务。”

从清末开始,中国近代民事立法在引进契约自由原则的同时即考虑到其消极作用。[34]北洋政府时期以及南京国民政府时期加强了这方面的限制。大理院通过司法判决实现对于公益的维护,实现对于契约自由的限制:“以有害公安公益之行为为标的之契约无效”;[35]“契约不违背法令及公安良俗者有效”。[36]南京国民政府强调社会本位立法,在限制契约自由方面走得更远。《中华民国民法》主要从两个方面限制契约自由。第一,对意思自治原则的修正。根据意思自治原则,当事人的意思表示在契约的缔结方面起决定作用,是否缔约、与谁缔约、所缔结契约确定何种权利义务关系等均根据当事人自身的意思表示。但《中华民国民法》规定,包含行为在内的法律行为不得违背公共秩序和善良风俗(第72条),不得违反“强制或禁止之规定”(第71条)。尤其是第74条规定:“法律行为系乘他人之急迫轻率或无经验使其为财产上之给付或为给付之约定,依当时情形显失公平者,法院得因利害关系人之声请,撤销其法律行为或减轻其给付。”这些规定对于意思自治原则做出重大修订,实际上是限制了契约自由原则。第二,对契约内容的限制。根据契约自由原则,当事人可以就财产交换关系订立任何契约。但为保证经济往来和财产交换方面的实质公正,尤其是维护经济弱者的利益,《中华民国民法》对一些可能导致显示公平的契约内容进行的限制,包括借贷利率、违约金数额等。[37]《中华民国民法》对契约内容的限制,除了保护弱者的出发点之外,还有维护稳定的财产关系和正常的经济交往的考虑。在关于买卖契约中买回权的设置方面,《中华民国民法》强调,买回期限依双方当事人约定,但约定不得超过5年。[38]为何设此限制,立法者提出理由:“买回权行使之期限,不得使之过长,否则有阻碍国家经济之发展。例如,土地买卖,当事人预约有买回之期限者,则在此期限以内,买受人因土地将来复归于出卖人,遂不肯施以改良土地之良好方法。因而土地之生产力,遂形薄弱,即国家之经济力无由增进。期限愈长,影响愈大。故本条明定期限,最长为5年,其约定之期限较长者,亦缩短为5年,盖以防流弊也。”

四、侵权责任:无过错责任原则的确立

侵权责任的确定以过错追究为主。过错责任原则符合人类行为方式中的因果关联性,有利于基于实现个人自由而明确界定责任范围的法律价值导向,因而长期以来成为各国法律确定相关责任的基本准则。在罗马法发展后期,过错责任作为一项原则渐次形成。查士定尼时期的法律规定:行为人以其过错对于损害行为承担赔偿责任。[39]在近代法律体系建立过程

中，从《拿破仑法典》开始，西方各国在涉及侵权责任的民事立法方面普遍采用过错责任原则。侵权责任的产生在于侵权行为人在行为方面有主观的故意或过失，否则不承担侵权责任，“无过错即无责任”。德国、日本、英国、美国等国家分别通过成文法、判例等方式确立侵权行为的过错责任原则。[40]《大清民律草案》采纳过错责任这一西方近代民法通行的基本原则。该草案第945条规定：“因故意或过失侵害他人之权利而不法者，于因加侵害而生之损害，负赔偿之义务。”

过错责任原则的确立宗旨在于维护个人自由、保障个人权利。19世纪中期以后，随着工业化、产业化的进步，随着科学技术的发展，人类在生产方式、行为方式上产生新的变革。随着大企业的兴起、新兴产业的出现，以传统因果关系为基础、以维护个人自由、保障个人权利为目标的过错责任原则越来越多地导致实质上的不平等、不公正。就理论而言，在加害人、受害人均无过错情况下发生的侵权行为由受害人全部承担受害责任，尤其是可能由在经济上处于弱势的受害人承担全部受害责任会产生实质意义上的不公平。就实践而言，某些具有特殊危险性的职业，如果出现意外事件，在企业主没有过错的情况下，受害人不能获得任何赔偿；某些情况下，即使企业主可能有过错，但受害人由于种种局限而难以举证，同样得不到补偿。这两种情况同样会造成实质意义上的不公平。科学技术的发展和新兴产业的增加使作为弱者的个体受害人越来越难以保护自己的财产权利和人身安全。轮船、汽车、火车、飞机等新型交通工具的投入使用以及电力、水力、化工、制造行业的扩展，导致危及人身安全、财产安全的事故发生。基于保护弱者，维护社会公益的出发点，法律上逐渐出现对于某些特定行业、特定领域实行无过错责任追究的原则。

从19世纪中期开始，各国通过立法、司法逐步确立特定领域的无过错责任原则。《拿破仑法典》以过错责任为损害赔偿的基本原则，但根据社会情况的变化，法国也在无过错责任方面加强立法。法国于1898年颁布《劳动者灾害责任法》，确定无过错赔偿责任原则。“劳动灾害发生时，劳动者只须证明被害实事已足，而企业者则非证明被害实事乃由于劳动者之故意者，不能免责。”该项法律最初仅适用于工业企业，经1905年、1906年两次修订，其适用范围扩大到商业、农业等领域。[41]1922年《苏俄民法典》在无过错责任的规定方面较为彻底。根据该法，侵权行为不以行为人的过失为构成要件,只要发生损害结果,加害人就得承担赔偿责任,除非能够证明被害人存在故意或重大过失或者侵害行为不能预防等。[42]对于从事危险职业者,该法第404条规定:“个人及个人的企业或职务,对于关系之人带有危险性质者,如铁道、电车、工厂或制造厂……不能证明因不可抗力或被害人之故意或重大过失者,均应由本身所带有危险性质发生之损害负赔偿责任。”

20世纪20年代末30年代初制定《中华民国民法》仍实施过错责任原则,但在某些特定领域、特定关系中也部分实施无过错责任原则,以维护弱者的利益。《中华民国民法》第184条确定普遍意义上的过错责任原则:“因故意或过失,不法侵害他人之权利者,负损害赔偿责任。故意以背于善良风俗之方法加损害于他人者亦同。违反保护他人之法律者,推定其有过失。”同时,第188条规定:“受雇人因执行职务不法侵害他人之权利者,由雇用人与行为人连带负损害赔偿责任。但选任受雇人及监督其职务之执行已尽相当之注意,或纵加相当之注意而仍不免发生损害者,雇用人不负赔偿责任。如被害人依前项但书之规定不能受损害赔偿时,法院因其声请得斟酌雇用人与被害人之经济状况,令雇用人为全部或一部之损害赔偿。雇用人赔偿损害时,对于为侵权行为之受雇人有求偿权。”立法者在解释为何雇用人在没有过错的情况下仍承担向被害人赔偿责任时说:“若应负赔偿之受雇人绝对无赔偿之资力时,则是被害人之损失将完全无所取偿,殊非事理之平。此时应斟酌雇用人与被害人之经济状况,以定雇用人之赔偿数额,以保护被害人。”另外,1931年8月实施、1932年修订的《工厂法》也以变通的方式确定工人在执行职务受到侵害时的雇用企业无过错赔偿责任。[43]在侵权责任的认定方面,过错责任原则与无过错责任原则并行,前者以维护个人自由、保障个人权利,后者则实现维护社会公益、保护弱势群体的目标。

从《大清民律草案》到《中华民国民法》,从过错责任原则的实施到过错责任原则与无过错责任原则并行,体现了中国立法者对于法律发展趋势、法律本位、法律保护的价值导向的新思考,也有立法者对于中国的现实国情、对于中国法律传统的思考。这一原则的变化还反映了立法者加强社会控制、维持政权统治的深层次需要。[44]

五、“经纬同度、海拔异高”的“巧合”

在中国民法近代化进程中存在一个“巧合”。以《拿破仑法典》为代表的西方近代民法确立权利中心、个人本位的基本精神，形成人格平等基本理念以及所有权绝对、契约自由、过错责任三大私法原则。以这种精神、理念、原则为代表的西方近代民法文化与古代中国注重国家利益、社会秩序、亲属关系的义务中心、家庭本位法律文化是针锋相对的。但从 19 世纪后半期开始的西方民法理念、民法原则的调整则从某个角度似乎与中国传统法律文化产生了一种“巧合”。吴经熊说：“无巧不成书。刚好泰西最新法律思想和立法趋势和中国原有的民族心理相吻合，简直天衣无缝。”[45]从《民初民律草案》开始，法律原则的确定、法律条款的制定均对《大清民律草案》所吸收的西方近代民法理念和民法原则，包括人格平等、所有权绝对、契约自由、过错责任等，进行全面调整、修改。调整修改的原因，部分来自西方民法自身的变化，部分来自对中国法律传统因“巧合”而产生的“复归”。这种“巧合”耐人寻味，而中国民法近代化的推动者们对“巧合”的利用更是意味深长。

如何理解这种“巧合”。我以为，这是一种貌似相同、实则相异的“巧合”，是一种“经纬同度、海拔异高”的“巧合”。

西方法律也曾经历了类似于家庭本位的发展时期。在古罗马时期，家庭作为社会管理和法律控制的一个单元，家长代表家庭享受权利，承担义务，并与外部社会发生权利义务关系，法律不干预家庭内部事务。[46]而古罗马时期家长权的内涵也极为广泛，涉及对于家庭成员的人身、财产、行为等方面的全面控制。“他可以审判家庭成员，对他们有惩戒权，可以对家属进行体罚，把他们卖往外国为奴，或者予以解放、逐出家门，甚至杀戮。总之，家长对家属操有生杀予夺的权力。”[47]在漫长的中世纪，国家统治与社会控制方面的庄园本位、教会力量深深地影响着法律的实施，影响着民众的法律意识。

近代西方社会的变革是一场深刻、全面、持久的变革。文艺复兴运动激发出的人文主义精神推进了为资产阶级大展宏图提供广阔空间的地理大发现，也为资产阶级摆脱教会统治、实现个人解放、追求现世幸福提供了有力的思想武器。继文艺复兴运动之后的启蒙运动则进一步强调个性解放,并主张在经济、政治、社会等领域实施全面改革,政治上奉行"主权在民"、权力制约,经济上实施自由竞争、放任发展,宗教上则实行信仰自由、政教分离。从文艺复兴到启蒙运动,从宗教改革到资产阶级革命,四百年的思想交锋和铁血刀枪才实现资产阶级追求的人格平等和个性解放,才形成代表资产阶级利益和要求的个人本位、权利本位的法律理论,才产生代表资本主义法律经典的《拿破仑法典》。在《拿破仑法典》产后的一百年中,资本主义经济的发展达到了前所未有的速度和规模。原有制度体系之中的各种瑕疵、不足逐渐显现。这种制度性瑕疵的理论基础正是已为资产阶级所追求、倡导了近五百年的个人自由、个性解放、个人本位思想。正是在这一基础上产生了更加侧重于关注社会利益、照顾弱势群体、追求结果公正的社会本位立法的法律经典——《德国民法典》。从这一过程可以看到,西方法律经典从《拿破仑法典》到《德国民法典》的递进,从个人本位立法原则到社会本位立法原则的嬗变,资本主义私法三原则从确立到限制,植根于深刻的思想理论交锋和全面的政治经济变革。

中国传统法律注重家庭伦理关系。家庭既是国家统治与社会控制的单元,也是财产关系与经济交往的实体。在公权方面的部分领域,在私权方面的全部领域,[48]家庭是一个独立的法律单元,家长代表家庭,相对于国家、社会,全面承担相关的权利与义务。这是一种典型意义上的家庭本位法律体系。近代中国立法者提出顺应西方民事立法原则的变化,"抄近道"直接从"家庭本位"向"社会本位"过渡。这种抄近道形成的"社会本位"原则与西方国家典型的"社会本位"原则存在着重大差别。

首先,西方国家社会本位立法原则是在个性解放、个人自由意识构成社会主流意识、公民个体在民事经济关系方面的自主独立性充分发展并得到法律的充分保障前提下确立的。从文艺复兴到启蒙运动,从法国《人权宣言》《拿破仑法典》到 19 世纪欧洲各国法律体系的重建,无不与个性解放、个人自由、个人权利保护相关。这是一种在个人自由得到充分尊重、个人权利得到充分保护基础上对于社会利益的关注,是对于弱势群体的照顾,是对于结果公正的追求。而中国近代通过"抄近道"而实现的社会本位立法,缺少追求个人自由、个性解放的思想运动,缺少充分张扬和保护个人权利的法律发展阶段。这个过程造成两个问题。第一,现实的近代中国社会仍然是一个家庭本位的社会,家庭成员尚未从作为社会控制、法律管理的基本单元——家庭——中彻底解放出来，个体的自主、独立性仍受到亲属伦理等宗法因素的羁绊。就此而言，近代中国法律的发展，尤其是民法的发展，第一要务仍然是进一步实现个性解放、个人自由以及对于个人权利的充分保护。[49]第二，构建法律体系过程中所提出的“社会本位”原则较多地将“家庭本位”原则的内容直接移转，形成“家庭本位”为其里、“社会本位”为其表的法律体系。

其次，西方国家“社会本位”法律体系与中国近代通过“抄近道”形成的“社会本位”法律体系的最大区别在于法律所指向的共同利益群体联结纽带的不同。社会本位法律体系所关注的利益群体以政治、经济、社会等关系为联结纽带，包括不同的职业群体、不同的收入群体、不同的地域群体等。法律对于特殊权利义务关系的设定以这种标准划分群体。而中国近代直接由家庭本位过渡而来的社会本位立法，除了以政治、经济、社会关系为纽带划分群体之外，同时更多地以亲属伦理、家庭关系为纽带确定特定的利益群体，并为此设定特殊的权利义务关系。

就原则而言，无论是西方国家“社会本位”立法，还是中国近代“社会本位”立法，都是对于“个人本位”的否定。只是前者以社会关系作为否定的主体，后者则主要以家庭关系作为否定主体。这种“相同”或“巧合”是一种貌似相同，实则则异的“巧合”。如同盘山登顶，处于不同海拔高度的登山者可能处于同一经纬度，但不能说他们处于同一位置。如果说这是“巧合”，但只是一种“经纬同度、海拔异高”的“巧合”。

这里存在一个理论前提，那就是，中国近代法律变革以西方法律为模范，参照西方法律改革旧法，构建新法。这既是当时变革法律可资参照的惟一对象，也是西方列强对于中国法律变革的基本要求。问题是，中国人推进法律变革、建立更加文明和进步的法律体系是否可以在西方法律模式之外建立自己的法律体系，也就是苏力先生所提的充分利用法律“本土资源”。我以为，这是可行的。在法律建设方面，我们不与西方国家登同一座山，因为这座山不符合中国国情。只是在中国近代，立法者们基于上述理由，只能登上由罗马法、拿破仑法典、德国民法典构成不同梯级的法律之山，因而存在“经纬同度、海拔异高”的位置之差，产生抄近道“巧合”之说。

注释

1 根据清末法制改革方案,修订法律馆于光绪三十三年(1907 年)开始组织起草《大清民律草案》。草案起草,参照德国、瑞士、日本等国民法典,并参考各省民俗调查结果。宣统三年(1911 年)九月,草案完成,进呈朝廷。但很快辛亥革命爆发,清王朝灭亡,该草案未及公布实施。《大清民律草案》共分五编:总则、物权、债权、亲属、继承。其中,前三编由修订法律馆在日本法学家协助下起草,后三编则由修订法律馆会同礼学馆起草。关于《大清民律草案》的起草过程及基本内容,可参见张生:《中国近代民法法典化研究》,中国政法大学出版社 2004 年版,第 45 页。

2 1915 年至 1925 年,北洋政府时期由法律起草部门起草《民律草案》,于 1925 年完成。一般称为《民初民律草案》。该草案共五编:总则、债权、物权、亲属、继承。该草案起草,参考《大清民律草案》、各国立法资料,以及各省民事习惯调查结果。该草案未正式公布实施,但曾由北洋政府司法部通令各级法院在审判中作为法理适用。关于"《民初民律草案》"的详细情况,可参见黄源盛:《民初法律变迁与裁判(1912 - 1928)》,台湾政治大学法学丛书(47),2000 年版,第 379 页。

3 《中华民国民法》的起草始于 1928 年夏。1928 年 12 月南京国民政府立法院成立,全面开展民法起草工作。《中华民国民法》的起草、公布,实行分编进行的方式。从 1929 年 5 月到 1931 年 5 月,先后公布、实施总则、债、物权、亲属、继承五编。详细情况可参见史尚宽:《民法总论》,1980 年第三版,第 48 页。

4 参见余能斌主编:《民法典专题研究》,武汉大学出版社 2004 年版,第 77 页。

5 参见何勤华主编:《德国法律发达史》,法律出版社 2000 年版,第 255 页。

6 参见李贵连:《近代中国法制与法学》卷一,"清季法律改革与领事裁判权",北京大学出版社 2002 年版。

7 《大清民律草案》依其内容分步起草。首三编,即总则、债权、物权,由修订法律馆在日本法学家协助下起草,并于宣统三年(1911 年)九月五日完成上奏。后二编,即亲属、继承编,由于其内容多涉及伦常礼教,与习惯传统息息相关,为慎重起见,由修订法律馆会商礼学馆起草。参见《修订法律大臣俞廉三等奏编辑民律前三编草案告成缮册呈览折》,载故宫博物院明清档案馆编:《清末筹备立宪档案史料》(下册),中华书局 1979 年版,第 911 页。

8 《大清民律草案》立法宗旨有四,包括注重世界最普通之法则、原本后出最精确之法理、求最适于中国民情之法则、期于改进上最有利益之法则。对于其中第三宗旨,清末立法者解释说:"是编凡亲属、婚姻、继承等事,除与立宪相违背、酌量变通外,或取诸现行法制,或本诸经义,或参诸道德,务期整饬风纪,以维持数千年民彝于不敝。"参见《修订法律大臣俞廉三等奏编辑民律前三编草案告成缮册呈览折》,载故宫博物院明清档案馆编:《清末筹备立宪档案史料》(下册),中华书局 1979 年版,第 911 页。

9 《大清民律草案第四编·亲属法草案总则说明·取义》,载司法行政部民法研究修正委员会主编:《中华民国民法制定史料汇编》(上册),1976年6月,第816页。

10 《大清民律草案》第9条规定:“达于成年兼有识别力者,有行为能力;但妻不在此限。”第27条规定:“(妻从事)不属于日常家事之行为,须经夫允许。”第1327条规定:“家政统于家长。”第1338条规定:“结婚须由父母允许。”第1370条规定:“亲权由父或母行之。”第1374条规定:“行亲权之父母于必要之范围内,可亲自惩戒其子;或呈请审判衙门送入惩戒所惩戒之。”第1375条规定:“子营职业,须经行亲权之父或母允许。”第1376条规定:“子之财产,归行亲权之父或母管理之。关于其财产上之法律行为,由行亲权之父或母为之代表。”

11 《拿破仑法典》第213条规定:“夫应保护其妻,妻应顺从其夫。”第215条规定:“即使妻经营商业,或不在共有财产制下,或采用分别财产制,未经夫的许可,亦不得进行诉讼。”第217条规定:“即使妻不在共有财产制下,或采用分别财产制,未得其夫之参与于行为或书面同意,不得为赠与、依有偿名义或无偿名义转让、抵押以及取得行为。”《拿破仑法典》,李浩培等译,商务印书馆1979年版。

12 《魏玛宪法》》(1919年8月11日)第119条规定:“婚姻为家族生命及民族生存增长之基础,受宪法之特别保护,并以男女两性平权为本。”

13 1912年3月19日,南京临时政府参议院通过了《否决女子参政请愿案》,全文如下:“查女子请求参政,风动欧美,尚未见诸实行。吾国若能开创其例,亦属历史之光荣。据来书所称,世界潮流日趋平等,各国女子之有参政权,特迟速问题,非有无之问题云云。本审查会一再讨论,多数认为吾国女子参政亦应有之权利。惟兹事体重大,非可仓促速定,应俟国会成立再作解决,以昭慎重。”参见《参议院议决案汇编·附编·否决案·甲编二册》,第3页。转引自邱远猷、张希坡:《中华民国开国法制史》,首都师范大学出版社1997年版,第628页。

14 转引自张晋藩总主编:《中国法制通史》(第九卷),法律出版社1999年版,第427页。

15 大理院《上字第三〇四号判例》规定:“民国民法典尚未颁布,前清之《现行律》除制裁部分及与国体有抵触者外,当然继续有效。至前清《现行律》虽名为《现行刑律》,而除刑事部分外,关于民、商事之规定,仍属不少,自不能以名称为刑律之故,即误会其为已废。”参见《大理院判决》“三年上字第三〇四号”,中国第二历史档案馆馆藏档案,全宗号:241,卷号:1940。

16 杨鸿烈:《中国法律发达史》,上海书店1990年版,第1057页。

17 谢振民编著:《中华民国立法史》(下册),张知本校订,中国政法大学出版社2000年版,第756页。

18 《中华民国民法·总则》第6条规定:“人之权利能力,始于出生,终于死亡。”第12条规定:“满二十岁为成年。”第13条规定:“未满七岁之未成年人,无行为能力。满七岁以上之未成年人,有限制行为能力。为成年人结婚者,有行为能力。"

19 《中华民国民法·继承》第1138条规定:"遗产继承人,除配偶外,依左列顺序定之:一、直系血亲卑亲属;二、父母;三、兄弟姊妹;四、祖父母。"

20 《中华民国民法·亲属》第1124条规定:"家长由亲属团体中推定之。无推定时,以家中最尊者为之。尊辈同者,以年长者为之。"

21 参见《中华民国民法·亲属》第1052条。

22 史尚宽:《亲属法论》,中国台北1964年版,第6页。

23 胡汉民:《三民主义之立法精义与立法方针》,载《胡汉民先生文集》(第四册),中国国民党中央委员会、党史委员会1978年版,第782页。

24 1930年,国民党中央政治会议第236次会议决定:在民事法律体系中,保留家庭制度这一法律传统,但"应以共同生活为本位,置重于家长之义务"。《中华民国民法》的亲属编设"家"章,规定:"家置家长。同家之人除家长外均为家属";"家务由家长管理";"家长管理家务,应注意于家属之全体利益"。在家庭中,"父母对于未成年之子女有保护及教养之权利义务"(第1084条);"父母滥用其对于子女权利时,其最近尊亲属或亲属会议得纠正之。纠正无效时,得请求法院宣告停止其权利之全部或一部"(第1090条)。

25 关于中国传统法律重公权、轻私权的问题,可参见张中秋:《中西法律文化比较研究》,南京大学出版社1999年版,第三章"法的文化属性:公法文化与私法文化"。

26 胡汉民:《我们的民法乃是以王道精神采取最新法例,保存良好习惯》。转引自成台生:《胡汉民的政治思想》,台北黎明文化事业公司1982年版。

27 史尚宽:《民法总论》,中国政法大学出版社2000年版,第14页。

28 民国时期关于私权行使限制的理论探讨问题,可参见俞江:《近代中国民法学中的私权理论》,北京大学出版社2003年版,第126~132页。

29 严格地说,所有权从来都是相对意义上的。即使是《拿破仑法典》对于所有权的规定也仅仅具有相对性。只是与19世纪末开始的所有权变化趋势相比,其强制性程度更高一些而已。

30 《大清民律草案》第2条规定:"行使权利、履行义务,依诚实及信用方法。"第4条规定:"人于法令限制内,得享受权利,或担负义务。"第175条规定:"以违公共秩序之事项为标的者,其法律行为无效。"第312条规定:"权利人于法律限制内得自由行使其权利,但专以损害他人为目的者,不在此限。"

31 周枏:《罗马法原论》,商务印书馆1994年版,第83页。

32 参见张晋藩:《中国法律的传统与近代转型》,法律出版社1997年版,第122~123页。

33 参见李倩:《民国时期契约制度研究》,北京大学出版社2005年版,第145~166页。

34 《大清民律草案》对于意思自治原则已作了一些限制,这些限制实际上是对契约自由的限制。第 175 条规定："以违公共秩序之事项为标的者，其法律行为无效。"第 176 条规定："以违法律中禁止规定之事项为标的者，其法律行为无效。但法律有特别规定者，不在此限。"

35 大理院判决，1914 年上字第 1035 号。

36 大理院判决，1915 年上字第 1488 号。

37 在利率方面，《中华民国民法》第 203 条规定："应付利息之债务，其利率未经亦无法律可据者，周年利率为百分之五。"第 205 条规定："约定利率超过周年百分之二十者，债权人对于超过部分之利息无请求权。"在违约金数额方面，第 252 条规定："约定之违约金额过高者，法院得减至相当之数额。"

38 《中华民国民法》第 380 条规定："买回之期限，不得超过五年。如约定之期限较长者，缩短为五年。"

39 参见萧素彬：《无过失损害赔偿责任史的考察》，载何勤华、李秀清主编：《民国法学论文精萃・民商法律篇》，法律出版社 2004 年版，第 337 页。

40 例如，《拿破仑法典》第 1382 条规定："任何行为使他人受损害时，因自己的过失而致行为发生之人对该他人负赔偿的责任。"第 1383 条规定："任何人不仅对其行为所致的损害，而且对其过失或懈怠所致的损害，负赔偿的责任。"

41 参见萧素彬：《无过失损害赔偿责任史的考察》，载何勤华、李秀清主编：《民国法学论文精萃・民商法律篇》，法律出版社 2004 年版，第 337 页。

42 《苏俄民法典》第 403 条规定："对于他人人格或财产加以损害，应负赔偿之责。但如能证明因不能预防、或有权为此损害、或由于被害人之故意或重大过失而发生者，不负赔偿责任。"

43 《工厂法》第 45 条规定："工人因执行职务而致伤病或死亡者，工厂应给其医药补助费及抚恤费。"该条具体规定了受到侵害工人不同情况下工厂付费的标准。值得注意的是，该法虽然仅规定工厂支付的是"补助费""抚恤费"，但实际上仍可视为工厂在无过错情况下向工人支付的损害赔偿。

44 何勤华、李秀清说："更深层次的原因还在于，贯彻这种立法思想正好符合稳固和加强这一时期国民党集权统治的需要。"参见何勤华、李秀清：《外国法与中国法——20 世纪中国移植外国法反思》，中国政法大学出版社 2003 年版，第 254 页。

45 吴经熊：《新民法和民族主义》，载吴经熊：《法律哲学研究》，第 27 页。转自潘维和：《中国民事法史》，台北汉林出版社 1982 年版，第 116 页。

46 意大利学者朱塞佩・格罗索在描述古罗马早期法律时说："'法'承认家庭，承认'家父'的上述权力，并且以此为前提条件，承认家庭的归属和相应的变迁；'法'出现在家庭的外部关系之中，即家父们的关系之中，因而只有家父才在'法'中具有权利能力；父权的内容由此而产生，它在较发展的时代甚至包括卖子权和生杀权；并且产生了这样一种家庭财产制度，根据这种制度，家父是惟一的权利所有者，从属于他的人为家父取得的财产。”参见[意]朱塞佩·格罗索:《罗马法史》,黄风译,中国政法大学出版社 1994 年版,第 110 页。

47 周枏:《罗马法原论》,商务印书馆 1994 年版,第 138 页。

48 在中国古代,家庭成员不能独立地享有所有权,不能独立地与他人发生经济关系。在某些公权领域,家庭成员也不能成为独立的权利义务承担者。例如,家庭成员不承担国家赋税劳役,一般情况下,家庭成员本身不承担责任,而由家长承担。

49 何勤华、李秀清在深入系统地研究 20 世纪民法新潮流与《中华民国民法》的关系时说:“注重社会公益、立足社会本位,这种立法原则被贯彻到民法典中,具体体现就是所有权、契约、侵权等领域发生了上述变化以及法人、消灭时效等具体制度上所体现的新的规定。而就 20 世纪 20 ~ 30 年代的中国经济及其他方面的发展水平来看,实际上远远落后于西方资本主义国家,对法律的社会化其实并没有如此迫切的需求。”“中国缺少的并不是注重公益的传统,而是缺少对个人权利、自由予以保障的机制。因此,在中国的自由资本主义经济尚未充分发展、公民的个人权利和自由未得到比较切实保障的民国初期,对《中华民国民法》的上述立法精神不能作太高的评价”。参见何勤华、李秀清:《外国法与中国法——20 世纪中国移植外国法反思》,中国政法大学出版社 2003 年版,第 254 页。

朱勇

代表作

拾伍

习惯法与中国法律近代转型：习惯法在司法审判活动中的作用

变革中的社会经常性地存在法律真空。第一，形式真空：旧的法律体系被废除，而新的法律体系正经历艰难的创立过程；第二，实质真空：新的法律体系已创立，或者法律体系中的某些部门已确立，但新形成的法律体系或法律部门从理念、原则到具体制度由于存在较大程度上的超前性，因而在一定范围内不为社会所认同、接受，处于与社会的磨合过程。变革社会中，普遍的价值取向是激进、超前的。大多数群体、个体均以提出更加激进、超前的口号、思想、理论、措施为荣，影响到立法活动则表现出新型法律体系以及具体法律制度的超前性。

社会的存续与发展要求稳定的社会关系和合法的社会秩序，在存在法律真空的变革社会中，基于调控社会关系、维持社会秩序的要求，多元性法律渊源形成存在的理由。

近代中国社会制度转型同时进行大规模的法律变革。法律变革过程中同时存在上述两种意义上的法律真空。在这种双重真空中，习惯法作为近代中国重要的法律渊源之一，得到社会的充分重视。在国家立法活动中，习惯法被作为制定新法的重要依据。同时，习惯法被大量引入司法活动中。一方面，通过司法审判，习惯法在调整社会关系、规范个体行为方面弥补了由于法律变革而导致的法律真空。另一方面，习惯法的合理实施也为变革社会中的观念整合、价值观调整，对新型法律部门、法律体系的建立起到重要作用。

原载《法律渊源与中国法律改革》，法国 Litec 出版社 2003 年版。

一、近代中国法律变革与习惯法

自鸦片战争开始，中国社会进入了近代化进程。1902 年，逃亡西安的慈禧下诏变法修律，清末法制变革开始，中国法律近代化进程也拉开序幕。

本国文化传统与西方人文制度的冲突与融合是西方文明圈之外的国家在其近代化过程中所面临的普遍问题。中国法律近代化历程同样体现了华夏文明传统与西方人文精神及社会制度的冲突与融合。中国社会是一个极端重视传统的社会。就法律自身而言，中国法律近代化的关键，同时也是法律近代化的难点在于，解决西方法律精神与中国法律传统的关系。对于中国社会来说，西方法律精神与中国法律传统不完全是一个简单的优劣、是非问题。法律作为一种行为准则，其目的在于规范人们的行为，保持社会在一个统一、稳定的秩序之中。与自然科学不同，法律包含人文内容的制度与文化，既要体现代表最新水平的进步性，同时也应具备与社会的兼容性。“先进并不必然合适。”特定文化背景下的社会需要与其相适应的环境和秩序。清末、民国两朝政府在制定民、商事法律过程中全面开展全国范围的民、商事习惯的调查、研究活动即表现出对习惯、礼教为代表的法律传统的重视。

中国法律近代化在时间上表现出阶段性。清末法制改革，为收回利权，废弃法律中落后、野蛮的内容，填补法律调整的空白，法制改革侧重于行政法、刑法、诉讼法等基本法律部门。民事法律制度事关私权和身份也属于修订重点，只是因传统法律缺少相应的基础，其调整对象又涉及婚姻、家庭、身份等传统社会极端注重的与宗法因素相关的领域，并且大量存在礼教、习惯等调整手段，故虽然付出大量精力用于民法草案的起草和民事习惯的调查、登记，但正式的民法典仍迟迟未能颁行。辛亥革命胜利后，国体变更，政权易主，国家更需要在政权体制上探索一条新的道路，以尽快稳定新的统治政权，并建立具有民主色彩的国家体制。从 1912 年民国政府建立到 1928 年南京国民政府统一全国的十六年中，由北洋政府推动并具体实施的法律近代化的重点在于宪政体制的探索和变革。南京国民政府建立后，一改此前法律近代化的侧重点，迅速展开大规模的基本法律的制订、完善活动。南京国民政府的立法者们总结清末法制改革以来历朝政府在立法方面的经验和教训，吸收西方各国先进的法律理论和制度，同时保留中国传统法律中的一些原则,在不到三年的时间里即制定、颁布一系列重要的基本法律,包括民法、刑法、民事诉讼法、刑事诉讼法等,中国近代法律的典型形态——六法体系基本形成。中国法律近代化的基本任务宣告完成。从这一过程看,从清末法制改革直到1929—1930年六法体系建立,在二十多年时间里,中国社会处于作为国家制定法的法律渊源严重缺失的状况。与此同时,社会关系因制度变革和社会变革而趋于活跃。在这一特定阶段,习惯法起到对于制定法严重不足的有效补充,尤其是在涉及婚姻、家庭、财产等私权领域。

在近代中国法律体系变革过程中,从官员到学者均重视习惯的作用。

光绪二十八年(1902年),清末三大重臣——两江总督刘坤一、湖广总督张之洞、直隶总督袁世凯——提出修订法律,邀请日本法学家来华协助,即提出:"近来日本法律学分门别类,考究亦精,而民法一门,最为西人所叹服。该国系同文之邦,其法律博士,多有能读我之会典律例者,且风土人情,与我相近,取资较易。"[1]三重臣提出由日本法学家帮助中国修订法律,其理由之一就是日本法学家所了解的"风土人情"与中国相似。光绪三十三年(1907年)五月,大理院正卿张仁黼在给皇帝的奏折中特别强调风俗习惯对于国家立法的重要性:"一国之法律,必合乎一国之民情风俗","凡民法、商法之修订,皆当广为调查各省民情风俗所习为故常,而与法律不相违悖,且为法律所许者,即前条所谓不成文法者,用为根据,加以制裁,而后能便民。此则编纂法典之要义也"。[2]宣统元年(1909年)五月,沈家本等与军机大臣讨论民商法修订原则时也充分考虑了习惯的性质、地位、作用。他们提出:

> 人类通行之习惯,各因其地,苟反而行之,则必为人所摈斥而不相容。故各地方之习惯,亦有强制力含其中者,是以国家法律承认之,或采之为成文法。然所谓习惯,有一般习惯与局地习惯之不同。一般习惯,可行于国内之一般;局地习惯,只行于国内之一部。国家当交通机关未发达时代,往往局地习惯多于一般习惯。我国现时修订法律,似宜承认局地的,采为成文法,庶得因应而便实行。俟各省上一律交通,然后注意一般习惯,于修订法律甚为便利。[3]

基于对习惯在社会生活中的重要作用以及对于立法、司法的重要性,近代法律改革过程中,有关机构进行了大规模的习惯调查、登记活动。

光绪三十三年(1907年)七月,宪政编查馆成立。宪政编查馆的重要职责之一是全面调查各国制度及本国各省、各地习惯。其《办事章程》第13条规定:"本馆调查各件,关系重要,得随时派员分赴各国各省实地考察。"同年九月,根据宪政编查馆大臣奕劻奏请,清廷下令各省设立调查局,各部院设立统计处,全面调查"各省民情风俗,及一切沿革习尚"。[4]光绪三十三年十一月,沈家本拟订《修订法律馆办事章程》14条,第12条规定:"馆中各员修定各律,凡各省习惯有为实地调查者,得随时派员前往调查,其于各国之成例得随时咨商出使大臣代为调查,并得派员前往详查。"[5]

清政府从光绪三十四年(1908年)开始全面实施民商事习惯的调查工作。正月二十六日,沈家本提出:"拟订民商法典,亟应派员亲往各省调查习惯,以资考证。"调查活动由中央政府派员主持,并专门制定《法律馆调查各省商习惯条例》。[6]

宣统二年(1910年)正月,清政府开始进行民事习惯调查。沈家本在向皇帝提交的奏折中说明民事习惯调查的重要性:"民商各律,意在区别凡人之权利、义务,而尽纳于轨物之中。条例至繁,关系至重。中国幅员广远,各省地大物博,习尚不同,使非人情风俗洞澈无遗,恐创制法规必多窒碍……而民事习惯视商事尤为繁杂,立法事巨,何敢稍涉粗疏。臣等公同商酌,拟选出派馆员分往各省。将关系民律事宜,详查具报。"[7]修律馆此次调查专门制定了《调查民事习惯章程》,规定"调查民事必得该省绅士襄助,方得其详,调查员应与面加讨论。至应如何约合各处绅士会晤,临时与调查局或提法司、按察司酌量办理",调查内容包括"各处乡族规、家规。容有意美法良,堪资采用者,调查员应采访搜集,汇集本馆,以备参考","各处婚书、合同、租券、遗嘱等项,或极详细,或极简单,调查员应搜集各抄一份,汇集本馆以备观赏"。[8]为有效组织调查,修订法律馆还制定了《调查民事习惯问题》213条。调查活动所涉及的习惯范围紧紧围绕民事法律的各项内容,包括人、团体、物、代理、所有权、共有权关系、地上权关系、抵押权关系、物权之消灭、契约、无委托之事务管理、无因得利、不法行为、家制、婚姻、亲子、监护、亲属会、扶养、宗祧继承、遗产承继、遗书、遗留财产、无人承认之承继等。[9]

此次民商事习惯调查规模宏大,涉及面广,收效甚著。不仅为民商法典的起草提供了极为宝贵的资料,也为司法活动提供了可靠的依据。宣统三年(1911年)九月，修订法律大臣俞廉三等总结制定民律草案时采录各地风俗习惯的过程中说："臣馆曾经延聘法律学堂教习、日本大审院判事、法学士松岗义正协同调查，并遴派馆员分赴各省采访民俗习惯，前后奏明在案。臣等督饬馆员，依据调查之资料，参照各国之成例，并斟酌各省报告之表册，详慎从事。"

俞廉三等总结编纂民律草案的四条基本原则，其第3条即为"求最适于中国民情之法则"："立宪国政治几无不同，而民情风俗，一则由于种族之观念，一则由于宗教之支流，则不能强令一致，在泰西大陆尚如此区分，矧其为欧、亚礼教之殊，人事法缘于民情风俗而生，自不能强行规抚，致贻削趾就履之诮。是编凡亲属、婚姻、继承等事，除与立宪相背酌量变通外，或取诸现行法制，或本诸经义，或参诸道德，务期整饬风纪，以维持数千年民彝于不敝。"[10]

民国初期，北洋政府继续组织有关各地民、商事习惯的调查、登记。其内容涉及总则、物权、亲属继承、债权四大类，调查范围涉及19省。[11]据当时《司法公报》记载，"奉省司法衙门受理诉讼案件，以民事为最多。而民商法规尚未完备，裁判此项案件，于法规无依据者，多以地方习惯为准据。职司审判者苟于本地各种之习惯不能尽知，则断案即难期允惬。习惯又各地不同，非平日详加调查不足以期明确。厅长有鉴于此，爰立奉省民商事习惯调查会"。[12]

二、习惯法的内容及其构成要件

民国初年，民事习惯在基层社会、基层司法机构乃至国家最高司法机关——大理院的司法审判活动中均起到重要作用。习惯作为民间形成的行为准则，起到调整社会关系、规范社会行为的作用；而习惯法作为制定法的补充，既能扩大法律的涵盖范围，又能兼顾不同地区、不同群体的习俗，从而在总体上加强国家法律的调控能力。

整体而言，民国初年司法机构适用习惯法，主要体现以下特点。第一，习惯的内容更为广泛，涉及社会生活诸多方面。第二，采用习惯作为审理案件的依据，不仅在基层司法机构，在国家最高审判机关——大理院也大量采用习惯。第三，由于习惯在内容上的差异也导致司法活动审判标准的不统一。

民国初期各司法机构所适用的民事习惯法在内容上较为广泛,既包括有关婚姻、家庭、亲属等身份法的内容,也包括有关买卖、契约、债权、债务、抵押、继承等与财产相关的内容。

习惯法的适用不同时期呈现不同特点。中国传统社会对私权的保护不够重视,制定法涉及私权方面的规定甚少。有关私权方面的纠纷多通过调解、私了的方式处理,如果涉讼也多以地方习惯为依据加以处理。传统法律在编纂体例上民、刑合体,对于重大民事案件多以刑事手段加以调整。但对于绝大多数民事纠纷和普通民事案件则多以民间习惯作为处理依据。清朝时期,习惯法的适用主要限于国家制定法所未涉及的领域,在司法审级上主要限于州、县基层审级。在各省、刑部乃至三法司等中央审级鲜有适用习惯法的案例。

民国初年,民事习惯法的适用则体现出新的特点。近代社会,民众的私权观念有所发展,通过法律渠道保护私权的案件时有发生,其中某些案件经过几个审级,直至大理院。这样,民间习惯作为处理私权案件的依据也得到大理院的肯定,并在其审判案件过程中加以适用。而大理院适用习惯法既弥补了国家制定法对民事关系涵盖面上的不足,更促进了对习惯法的统一适用。1918 年,大理院对“蔡文铨上诉黄友松”一案作出判决:“原判撤销。本案发还江苏高等审判厅迅予更为审判。”大理院认为,原审法院在审理该盗卖土地案过程中,认定事实有误,故“发还更审”;大理院还建议,在重新审理该案时,对于某些事实的认定,“如别无明确根据,能否调查该地习惯……以资判断”。[13]

习惯的地域性、行业性差别,因习惯本身的不规范性及其结构的不严谨性导致的对习惯理解方面的岐义,均能引起法律适用方面的冲突,甚至影响制定法的适用。这一现象引起了司法机构的注意。但由于立法活动滞后,国家制定法在短期内还不能涵盖私权各领域,以习惯作为制定法的补充为各级司法机构所适用。为进一步规范对习惯的适用,防止由于适用习惯而导致适用标准不统一的现象,尤其是防止以习惯冲击制定法的现象,大理院对习惯法的适用作了严格的限制。1913 年,大理院通过判例的形式规定了习惯法的成立要件。“凡习惯法成立之要件有四。一、要有内部要素,即人人有法之确信心;二、要有外部要素,即于一定期间内就同类事项反复为同一行为;三、要系法令所未规定之事项;四、要无悖于公共秩

序、利益。”[14]对于大理院通过判决的方式规定习惯法成立四要件,黄源盛先生有一段中肯的评价:

> 由该判例,蓦然发现,当时大理院的判决已相当用心。其所提出的要件与当代学理上认为习惯法所应具备的要件,几乎类同。以民国初肇、法制变革未久,而传统司法裁判中,习惯之适用尚属粗糙的情况下,大理院能够用心阐明如是的要件标准,诚属难得。[15]

为统一适用习惯,北洋政府司法部于1915年9月15日发布通饬,要求注意在司法活动中适用习惯。该通饬称:“各司法衙门审理民事案件,遇有法规无可依据、而案情纠葛不易解决者,务宜注意于习惯。”[16]司法部对于适用习惯如何操作还提出了具体规定。其一,由各审判厅厅长率领民庭推事调查、了解各类习惯,以备适用。其二,案件审理时,邀请当地知名人士,就当地习惯作出陈述,以供法庭参考。

对于某些习惯,司法机关通过判决确定其法律效力。直隶高等审判厅在“黄学源与孙润田等因期票涉讼一案”判决中,对于商号经手人未了银钱债务者责成其了却债务习惯大加肯定,称其为“善法”。[17]该项“善法”是否在其他案件中被援用,不得而知,但以司法判决的方式肯定某项习惯,无疑对于该项习惯在该地区普遍适用是有积极意义的。

某些习惯因经常使用被当作固定的法律原则加以适用。1913年,天津人韩桂圃与郭文凤发生债务纠纷,直隶高等审判厅在审理该案时,即以不动产质权与抵当权关系的习惯作为“不易之原则”加以适用。直隶高等审判厅在该案判决中称:“惟典当地亩在法理上系一种不动产质。凡不动产质,其设定在抵当权以先者,以不动产质为优先;其设定在抵当权以后者,以抵当权为优先。此为不易之原则。”[18]此处所指“不易之原则”,无论是在清朝基本法典《大清律例》及相关法律中,还是在民国初年相关法规中,均无明确规定。实际上,所谓“不动产质其设定在抵当权以先者,以不动产质为优先;其设定在抵当权以后者,以抵当权为优先”,仅仅是民间处理质权、抵当权关系的习惯。直隶高等审判厅将其作为司法审判处理此类关系的“不易之原则”,可见其重视程度。

三、习惯法的认定

民间习惯多种多样,因时、因地、因行业而不同,甚至因不同当事人的了解、理解而有不同。大理院于1913年以判决形式确定习惯法成立四要件,在司法实践中,大理院也确定了认定习惯的三种基本方式。第一,习惯已明显存在,为当事人、当地民众广泛接受。第二,审判机关依法行使职权,通过调查了解而采用。第三,当事人一方举证。民国初年司法机关审理各类案件适用习惯法多以上述三种途径认定。在1914年一件关于债务纠纷一案中,大理院提出,根据谁主张谁举证的原则,主张习惯者,承担为该项习惯提出证据的责任。这一要求后被当作习惯举证的一般原则。大理院编订《判例要旨》,将其作为"证据通则"的重要一条而确认。[19]

即便如此,在习惯法的认定方面,仍然存在各种复杂的情形。从已掌握的材料看,在习惯法认定方面,至少存在如下特殊情形。

第一,认定习惯法的效力,不惜与制定法相冲突。

在司法活动中,习惯法可以起到法律规定之外拾遗补缺的作用。从理论上说,习惯法不能与制定法相冲突,否则无效,至少在司法活动中,对于与制定法相冲突的习惯不能作为审判案件的直接依据。但在民国初年,习惯的作用非常大。甚至能起到修正法律的作用。1913年,河北成安县发生史氏家庭纠纷。祖母(史陈氏)与母亲(史高氏)关系不睦,导致家庭关系紧张,史高氏提出分立产业,别籍异居。成安县知事依据制定法,对该案作出一审判决:不许分析家庭产业;史高氏另居,史陈氏每月付给"粮食一石五斗,京钱十吊",以作生活费用。当事人不服,向直隶高等审判厅提起上诉。经过审理,直隶高等审判厅作出"撤消原判"、允许兄弟分家的二审判决。直隶高等审判厅作出该判决的基本依据是兄弟分居的民间习惯。其判决理由称:"查兄弟分居,为中国风俗习惯所明许。"民国初年,司法机构在审理民事案件方面可资依据的基本法律条款是《大清现行刑律》中的民事有效部分,其中包括《户律》中的"户役"门。其中第13条"别籍异财"规定:"凡祖父母、父母在,子孙别立户籍、分异财产者,处十等罚。"直隶高等审判厅二审判决所依据的习惯明显与当事仍生效的制定法存在冲突。也许是作出二审判决的法官知道其判决依据方面的不足,因而在判决书中增加其他理由:兄弟分居,不仅为习惯所允许,"且与经济发达之原理亦无背驰","盖家一分居,其财产为各个所独有,则其管理必较共有为注意"。[20]

在另外一案件中,荣庆益与庆泰兴两家商号在长期的商业往来中,形成密切的经济关系。而两家商号所有的经济往来,均通过中间人——跑合人——进行。荣庆益也是基于跑合人的信誉与庆泰兴发生商业往来,赊欠货物。后庆泰兴倒闭,遗留欠荣庆益200两银钱的债务。荣庆益随即向跑合人提出债权要求,诉诸法院。初审法院基于一般法理,认定跑合人对于这200两银钱的债务承担偿还义务。但在二审中,直隶高等审判厅以习惯为依据,否定初审法院基于法理而形成的审判依据,推翻初审法院的判决。[21]

第二,当事人双方对习惯理解不同,司法机关则肯定一方,否定另一方。

习惯作为一种行为规范具有浓厚的地域性和行业性。就司法机关对于习惯的适用而言,其行业性差别在司法实践中一般不会产生直接的冲突。但习惯的地域性差别直接影响在司法活动中的适用。对习惯的不同理解或对习惯的不同确认会影响对事实的认定。在发生对习惯认定存在冲突之时,大理院要求,审判机关应调查习惯之存在与否,同时,根据习惯法构成要件,审查其合法性。[22]1913年天津"祁有顺诉杨泰"案也因双方对习惯认定不同而产生分歧。在该案中,原被告双方就天津本地当契用白契习惯产生不同意见。被告提出:"津埠习惯,当契均用白契",其所持当契为当然有效。原告则反驳,"谓'津埠习惯,当房均用白契',即用白契,亦必两家书名。查当契何只书周姓转当祁姓,并不书写名字;又以周姓原业而书曰转当,且无中人。此等当契,不惟津埠无此习惯,亦全国所未有。"[23]天津地方审判厅一审及直隶高等审判厅二审判决中,虽未直接表示对该习惯认定与否的意见,但在判决结果上支持原告意见,表明其对该习惯在法律上的不确认态度。

第三,不同审级对习惯认定不同导致不同判决结果。

吉林省伐木业习惯:购木者预先付给伐木者一定款项后,伐木者即开始在山林砍伐木材,并以所伐树木作为返回预付款者所付款项的担保物。为防止他人侵占,一般在所伐树木上烙印以作标记。所烙印记包括伐木者和预付款者的名号。对于已有上述印记的木材,他人不得占有,不得买卖,伐木者本人也不得以此与他人进行交易。1923年,吉林省高等审判厅审理一起伐木者将木材转卖他人的上诉案。该审判厅以习惯不得与法律相对抗为原则,认定伐木者与原付款者依据习惯所成立的"木材抵押之契约"无效。预付款者不服判决,向大理院提起上诉。1924年,大理院判决:

“原判决废弃，发回吉林高等审判厅更为判决。”吉林高等审判厅与大理院之所以作出不同判决，关键在于对吉林伐木行业印记习惯之效力的不同认定。吉林高等审判厅认为，根据法理，对动产不得设定抵押权，因此，该案中伐木者与原付款者依据民间习惯所成立的契约关系无对抗第三人的效力。而大理院则认为，作为地方同业“习惯之通例”，印记习惯“既无背于公共秩序及利益”，因而符合适用习惯法的法定要件。[24]

第四，同一法院对于同一习惯的内容有不同认定。

同一司法机构对于同一地区的习惯也常常出现认定方面的差距。民国初年，天津先后发生两起继承纠纷。纠纷的焦点在于关于书明继承内容的“继单”的效力。关于继单，法律无明确规定，一般以习惯作为依据。而对于习惯的认定，直隶高等审判厅在两个案件中持两种不同意见。在“周小保与周连琪因争继纠葛一案”中，审判厅采信继单必须由当事人亲属见证、当场画押的习惯，[25]而在“杨裴氏与杨福成因刑事附带民事一案”中，审判厅又采信无继单、仅由亲族认可的习惯。[26]

第五，司法机构武断认定习惯。

司法机构对于习惯的认定和适用有时也不免流于武断。民国元年李赵氏诉李墨林一案，就李赵氏是否拥有“嫡妻”身份发生争议。法院仅依据婚姻缔结时丈夫是否亲自到女方家中迎娶的习惯，判定李赵氏的身份。[27]虽然根据大理院确定的习惯认定方式，审判机关享有认定习惯成立与否的职权，但本案判决就实体而言，仍似轻率。

第六，双方当事人均不依习惯，司法机构以习惯为判决依据。

在某些案件中，诉讼当事人双方均不按照习惯。司法机构可能仍以习惯为依据作出判决。在“白文祐与白文奎因夺佃搅闸一案”中，纠纷双方白姓、赵姓同村居住，但在该案财产纠纷中，双方均不依一般习惯，甚至也不依该村习惯。审判厅则通过调查，确认该村习惯，并以此为依据作出判决。[28]

清朝末年和民国初年，部分民间组织受政府相关部门的委托或得到政府部门的批准，行使本行业或地区的部分调节、仲裁、公断职能。而这种民间组织也以习惯作为其行使职责的重要依据。近代商会行使商业纠纷公断权即体现这一特征。

从清末到民初，各地成立商会并在商会内部组建专门解决商务纠纷的行业机构。政府有关部门对于这种机构给予一定形式的支持。[29]而无论是商会，还是商会内部专事调解争端、仲裁纠纷的机构，均以行业习惯作为调解争端、仲裁纠纷的重要依据。1904年，清政府颁布《商会简明章程》，其第15条规定："凡华商遇有纠葛，可赴商会告知，总理定期邀集各董秉公理论，以众公断。如两造尚不折服，任其具禀地方官核办。"此处"秉公理论，以众公断"，既以众意，更以习惯作为"理论""公断"的依据。民国初年，各地商会成立商事公断处。商事公断处的职能得到政府的明确认可。1914年9月8日，司法部、农商部公布《商事公断处办事细则》61条，其中规定："公断处评议事件，得依据各该地方商习惯及条例行之，不得与现行法令中之强制规定相抵触。"[30]

付海晏认为，商事公断处处理争端、纠纷以及相关案件的基本依据有三：商业习惯、情理与是非。[31]在"苏州腌腊业增懋寿记经理包景华诉追嘉善县王乾昌孙恒盛等欠款案"中，王乾昌、孙恒盛两店倒闭，1916年，苏州商事公断处按照"减成分期"的习惯，确定以二成至三成的比例偿还债务。

四、"亲族先买权"与等级身份制

近代中国司法既承担吸收西方法理、推动社会进步的重任，也面临保持传统、稳定社会关系的职能。在适用习惯法方面，近代司法机构也同样履行这双重职能和责任。在推进社会进步，弘扬文明习俗并创造有利于经济发展的社会环境方面，近代司法机构对于"亲族先卖权"习惯的态度最为典型。

在农业社会，土地作为获取生活资料的主要来源受到农民的高度重视。明清时期，商业及城镇手工业的发展拓宽了部分农民的生存之路，土地的恒产价值相对降低。反过来，土地更频繁地进入流通领域又为商品经济的进一步发展提供了有利条件。不少农民弃农经商，自给自足小农经济秩序遭受破坏。出于保持社会稳定、维护传统秩序的目的，实践中形成不动产买卖中的"亲族先买权"。虽然清前期曾通过法律形式对亲族先买权加以限制，但亲族先买权习惯在各地仍广泛流行。近代法律改革过程中，司法机构再次以其影响商品流通、妨碍经济发展为由，限制亲族先买权的行使。民国初年的民事审判中屡屡出现此类案例。

关于习惯法效力及构成的表述，存在于习惯法的经典案例之中。"穆金布上告李臣忠买地案”即为亲族先买权案例。在该案例中,以著名法官姚震为首的法庭提出,本案所涉及亲族先买权习惯,“非仅为所有权处分作用限制,即于经济上流通与地方之发达均不无障碍。为公共秩序、利益计,断难予以法之效力”。[32]法庭认为,亲族先买权的基础功能在于限制所有权行使,其社会作用具有负面性,不仅阻碍经济流通,也影响地方发达,因此属于有害公共秩序及公共利益。关于亲族先买权这一评价具有经典性,在此后司法活动中,这种评价被屡屡引用。

1915 年大理院在一起关于房屋买卖纠纷案件中这样判决:“卖业先尽亲房之习惯,既属限制所有权之作用,则于经济上流通及地方之发达均有障碍,即难认有法之效力。”[33]

1917 年大理院在另外一项平凉地区房屋买卖纠纷案件中对于“亲房拦产”[34]习惯采取不认可态度,其理由在于:习惯法之成立,以并无法律规定、且不害公益为其一要件。此项习惯既经法律明示禁止,且仅足助长亲房把持啃勒之风,于社会经济殊无实益,自难认其有法之效力。[35]

1919 年关于房屋买卖纠纷案件中,对于“产动归原”[36]习惯也作否定性解释。为加强否定该项习惯的理由,大理院引用清朝法律。[37]

对于亲族先买权的理解及定性,不同的司法机构仍持有不同态度。大理院明确表示不认可。但其他法院是否认可,仍难下结论。至少存在一些认可亲族先买权的案例。1915 年直隶高等审判厅有判决对于亲族先买权作出间接认可处理。直隶高等审判厅在处理“郭九泽与郭继贤因公产涉讼一案”中说:“查我国习惯:除不动产绝卖时均尽先近族近邻外,其典当押借,均为一时经济川换计,无不由所有者之自由出当,他人何得干涉。”[38]在本案中,虽然审判厅强调不动产典当、押借,不予亲族优先权,但对于不动产绝卖仍然认可亲族享有优先权。

大理院对于亲族先买权基本持否定意见。对于其他先买权,也能区别情形,给予不同对待,其中包括原垦户先买权、[39]原佃户先买权、[40]原租户先买权、[41]抵当权人先买权[42]等。

不动产亲族先买权对于传统中国社会具有重要意义。首先,族亲之间在生活上承担一定程度的相互扶持义务。既然所有权人要出卖自己的土地房屋,以同等价格首先售给同宗族亲,所谓“肥水不流外人田”。其次,传统社会中,民众聚族而居,从房屋到田亩,一个大家庭构成一个相连的整体。如果在这一个大的整体中插入异姓房屋或田亩,于己于人均有不便之处。另外,同姓同宗聚族而居,于社会控制和行政管理也有诸多便利之处,尤其是关于税收、治安管理,大家庭和宗族的存在显然有助于国家对于基层的控制。

同样,不动产亲族先买权对于经济发展、社会进步的消极作用也是显而易见的。市场规则难以突破血缘家庭的外壳,经济流通受到血缘壁垒的阻碍,统一的商品市场难以形成。就民事主体而言,大家庭内部成员,无论是个体,还是核心家庭,从理论上、法律上虽然享有独立的民事权利,对于属于自己的所有物享有完全的处分权,但实际上受到习惯法的限制。民事主体名不副实,市场规则不能统一,经济流通从根本上难以正常发育、成长,进而从整体上阻碍社会的进步。

近代中国司法机构认识到亲族先买权的消极作用,想通过司法审判活动努力消除其消极作用。可以说,近代法官们在处理相关案件过程中,对于亲族先买权与经济流通、社会进步的关系,其认识是恰当的,其主张也是正确的,或者其作用也是积极的。但我们同时应看到,在中国社会,传统的作用是深厚的,其生命力是强大而且有韧性的。在近代,作为最高审判机构的大理院旗帜鲜明地否定亲族先买权,在各项判例中反复申明其宗旨,并以法律的强制力推行其宗旨,但其结果并不令人满意,甚至是令人沮丧的。对于这一点,我们从 20 世纪 30 年代中国各省民事习惯调查结果就可以看到。[43]

在推进社会进步、倡导文明习俗的同时,习惯法也起到保持传统、维持陋习的作用。民国初年,西方思想引进中国,自由、平等、博爱等口号也激荡着中国社会。在男女平权方面,思想界、社会各界均有一定程度宣传、接受,但司法机关对于男女平权问题少有接受。民国二年,直隶高等审判厅处理“谢郝氏与谢廷珍因逼嫁霸产一案”,即以女子不能作为“承继财产主体”的习惯为依据,否定女子的财产继承权。[44]中国传统社会讲究尊辈长幼的身份不平等,在家庭之中,作为尊者的家长代表家庭,对内、对外行使家庭一切权力。这一原则得到法律的肯定和保护。但一旦尊者去世,即兄弟分家,形成新的家庭和家长。民国初年,司法机构不仅保护尊者的家长地位,也保护长者的家长地位。民国三年,直隶高等审判厅判决“石玉安与石振标因霸地不分一案”即强调,“查中国之习惯:凡一切社交,家无尊辈,均出长者名义”。[45]

习惯法在清朝末年及民国初期司法活动中起到重要作用,成为当时司法机构调整社会关系、规范社会秩序的重要法律渊源。在社会变革、法律转型、局势动荡的近代中国社会,习惯法起到弥补法律空白的作用。同时,伴随着西方先进的思想、理论、观念的传入,伴随着西方价值观、意识形态的传入,近代中国司法机构的推事(法官)们也借重习惯法的作用,将他们所了解、认同、接受的西方思想、原则落实到审判活动中,以新思想、新观念为原则对具有极强柔性的习惯法进行取舍、选择,起到推动社会进步和经济发展、导引文明习俗的积极作用。在习惯法的适用方面,司法机构完善了较为合理的习惯调查和认定机制,为习惯法的普遍适用探索了一条规范化的程序。由于法律适用技能的限制,近代中国法官在适用习惯法过程中也在一定程度上导致社会准则上的混乱。另外,习惯的双重性也为近代法官们保持民间传统、稳定既存秩序提供了便利的法律手段。

注释

1 《袁世凯奏议》卷一四,天津古籍出版社 1987 年版。

2 《大理院正卿张仁黼奏修订法律请派大臣会订摺》,载故宫博物院明清档案部编:《清末筹备立宪档案史料》(下册),中华书局 1979 年版,第 834 页。

3 李贵连编著:《沈家本年谱长编》,成文出版社 1992 年版,第 313 页。

4 故宫博物院明清档案部编:《清末筹备立宪档案史料》(上册),中华书局 1979 年版,第 52 页。

5 《吏政部》卷二十(下),《内官制二》,第 755 页。

6 李贵连:《沈家本传》,法律出版社 2000 年版,第 270 页。

7 李贵连编著:《沈家本年谱长编》,成文出版社 1992 年版,第 329 页。

8 参见李贵连:《沈家本年谱长编》,成文出版社 1992 年版,第 330 页。

9 1911 年《江苏自治公报》卷四。

10 《修订法律大臣俞廉三等奏编辑民律前三编草案告成缮册呈览摺》,载故宫博物院明清档案部编:《清末筹备立宪档案史料》(下册),中华书局 1979 年版,第 911 页。

11 参见司法行政部:《民商事习惯调查录》,1930 年 5 月。

12 北洋政府《司法公报》第 242 期,第 2 页。

13 《大理院民事判决“七年上字三号”》,中国第二历史档案馆馆藏档案・全宗号:241,卷号:13963。

14 《大理院民事判决“二年上字三号”》,中国第二历史档案馆馆藏档案·全宗号:241,卷号:2940。

15 黄源盛:《民初法律变迁与裁判(1912~1928)》,台北“国立”政治大学2000年版,第394页。

16 《审理民事案件应注重习惯通饬》,1915年9月15日第1302号·42号法,载余绍宋编:《司法例规》,1917年版,第630页,馆藏上海图书馆。

17 该判决称:“津埠习惯:凡有经手银钱未了者,即责成其向债务人索取,否则勒令赔偿。一则重责成,以防经手人之营私舞弊。二则使其始终其事,以资熟手而维持交易上之信用。法至善也。”参见《直隶高等审判厅判牍集要》(民事)(第三册),武进汪志翔署,民国四年,“黄学源与孙润田等因期票涉讼一案”,第229页。

18 《直隶高等审判厅判牍集要》,“韩桂圃与郭文凤因索债纠纷案”,第191页。

19 大理院民国三年十二月三十一日“上字第1266号债务纠葛一案”判决:“主张习惯者,除该习惯已经显著或为审判衙门所采用者外,应负举证之责。”载《司法公报》第47期,民国四年十二月二十日,《大理院判例要旨·诉讼律之部·证据通则》。

20 《直隶高等审判厅判牍集要》(第一册),武进汪志翔署,“史高氏与史陈氏因栽奸逼寡案”,第135页。

21 直隶高等审判厅在判决书中说:“本案之要点即跑合人是否有偿还经手铺保欠款之责也。查天津习惯:两家来往多年,全出于铺中信用。买主、卖主彼此熟识,跑合人不负责任。此案。据被控诉人原审之供述,有‘庆泰兴买货甚多,至倒闭以后,尚欠六百余两。以后陆续归还,今所欠之只二百余两。倪子彬在日,亦有张友兰常到铺中买货’之语。又查荣庆益光绪三十三四年账簿,均有庆泰兴收欠各账。是两号之买卖本自密切,迥非初交者可比。按之天津习惯,本可不负责任,况跑合人其流品甚杂。充当此业者,在商业上本无甚信用。重大款项之出入,亦决不能听彼一人经理。原判谓荣庆益之允可庆泰兴取货欠银,惟被诉人信用是赖之语,其理由实不充分。”参见《直隶高等审判厅判牍集要》(民事)(第三册),武进汪志翔署,民国四年,“倪兰氏与刘心斋因债务涉讼一案”,第258页。

22 在1913年7月一项关于铺底诉讼案的判决中,大理院提出:“习惯法之成立,如有争执,审判衙门应先就其事实,依法调查;次则审按其习惯事实是否具备法之条件。”载《司法公报》第47期,民国四年十二月二十日,《大理院判例要旨·诉讼律之部·证据通则》。

23 《直隶高等审判厅判牍集要》(民事)(第一册),“祁有顺诉杨泰赖产案”,第217页。

24 《大理院民事判决“十三年上字一三〇三号”》,中国第二历史档案馆馆藏档案·全宗号:241,卷号:13940。

25 判决书称:“本案之先决问题即在小保继单之有效与否。征之惯例,继单成立,必邀集亲房各门及族长,当场画押,方生效力。查本案县卷,该族长周洛万供称不知此事云云。本厅讯问时,周郭氏又供二门并不知道等语。是则该继单之为无效也,固不容置辩矣。"参见《直隶高等审判厅判牍集要》(民事)(第一册),武进汪志翔署,民国四年,"周小保与周连琪因争继纠葛一案",第81页。

26 判决书称:"按继承,当立继单,以与承继之凭据。但一般习惯:一经亲族认可,即无继单,亦可发生继承之效力。"参见《直隶高等审判厅判牍集要》(民事)(第一册),武进汪志翔署,民国四年,"杨裴氏与杨福成因刑事附带民事一案",第89页。

27 直隶高等审判厅判决称:"盖一般习惯:凡娶嫡妻者,无不由本夫亲往迎亲。今李赵氏到李门,大反斯等惯习,则是李赵氏不但于法律上不能占嫡妻之地位,即于事实上已为李国仲之妾,毫无容疑。"参见《直隶高等审判厅判牍集要》(民事)(第一册),武进汪志翔署,民国四年,"李赵氏与李墨林因过继嗣子一案",第163页。

28 该案判决称:"我国民法尚未颁布,草案之规定暂难引用。只得按照一般习惯及当事人一族惯例,以为判断。查:处分一村或一族公产,固得以家族长出名。然家族长并无完全处分权,必各门公举代表,协同家族长办理。白姓光绪三十三年租于越支赵姓,即如此办法。今两造均不按照一般习惯及该村惯例,其契约均不无缺点。控诉人缔结之文契,首无族长出名,控诉人主张家族长无处分公共财产之权。"参见《直隶高等审判厅判牍集要》(民事)(第一册),武进汪志翔署,民国四年,"白文祐与白文奎因夺佃搅闸一案",第147页。

29 天津商务总会在其试办章程中也规定:"凡商家纠葛,概由本会评议。一经各商赴会告知,应有总理等定期邀集各董,秉公理论,一众公断。两造倘有不服,准其分别具禀商部,或就近禀地方官核办"(《天津商会档案汇编(1903~1911)》(上册),天津人民出版社1989年版,第48页)。1909年,成都商务总会、保定商务总会先后成立了"商事裁判所"。其中,成都商务总会称其宗旨在于"和平处理商事之纠葛,以保商规、息讼累为宗旨",使工商界"免受官府之讼累,复固团体之感情"(《四川成都商会商事裁判所规则》,载《华商联合报》第17期);保定商务总会则规定:"凡商品一切诉讼案件概归商务裁判所办理"(《保定商会设所裁判讼案》,载《华商联合报》第8期)。1913年1月28日,北洋政府司法部、农商部会订《商事公断处章程》,规定:"商事公断处附设于各商会。公断处对于商人间商事之争议立于仲裁地位,以息讼、和解为主旨。"(《政府公报》1913年1月30日)

30 阮湘主编:《中国年鉴》(第一回),商务印书馆1924年印行,第1581页。

31 参见付海晏:《民初苏州商事公断处研究》,载章开沅主编:《近代史学刊》(第1辑),华中师范大学出版社2001年版。

32 "上告人:穆金布,代理律师:徐际恒;被上告人:李臣忠,代理律师:曹汝霖;右上告人对于中华民国元年十月十四日吉林高等审判厅就上告人与李臣忠因买地纠葛一案所为第二审判决声明上告。经本院审理,判决如左:主文:本案上告驳回。理由:上告人上告状及理由书中开具不服吉林高等审判厅判决之理由,综计要旨,不外三端。(一)主张吉林旧惯,凡土地买卖,本族、本旗、本屯有先买权,必此项人无力购买,始得外卖。今李臣忠越界买地,竟不通知上告人,是为越买。此种契约有悖善良之习惯,即不应认为有效。(二)主张上告人曾与案外人那永海于前宣统三年六月初旬订有先买特约,其将二十六晌六亩地照交付于上告人,即其铁证。故被上告人决不能夺购此地。(三)……被上告人答辩理由称:(一)上告人谓习惯买卖田产,先尽宗族,次邻右,再此外村。旗制:各有管界,李某乃越界买地等语。查买卖田地,为人民之自由。岂有何等地只以何等人方能购买之理。……此种习惯有害于公共秩序及利益,决不能认为习惯法,则被上告人即无受其约束之理。(二)……本院按:判别本案两造主张之是非,其一应解决之点,即吉林习惯,对于本族、本旗、本屯人卖地时,有先买之权,此种习惯是否可认为地方习惯法。凡习惯法成立之要件有四。一、要有内部要素,即人人有法之确信心;二、要有外部要素,即于一定期间内就同类事项反复为同一行为;三、要系法令所未规定之事项;四、要无悖于公共秩序、利益。本案上告人所主张之旧惯,纵谓第一至第三要件皆备,而独于第四要件不能无缺。盖此种习惯非仅为所有权处分作用限制,即于经济上流通与地方之发达均不无障碍。为公共秩序、利益计,断难予以法之效力。则是上告所称先买权即无可存在之理。……大理院民庭,审判长推事:姚震;推事:胡诒谷,朱献文,林现规,黄德章"(《大理院民事判决"二年上字三号"》,中国第二历史档案馆馆藏档案·全宗号:241,卷号:2940)。

33 《大理院民事判决民国四年上字第282号》。转引自黄源盛:《民初法律变迁与裁判(1912~1928)》,台湾政治大学法学丛书(47),2000年版,第421页。

34 平凉地方有亲房拦产之习惯。房屋所有权人欲出售房屋,必须首先卖给同宗亲属。如果没有通知亲房而径自卖与外人,则亲房有权取消该项买卖关系,而直接买下。

35 《大理院民事判决民国六年上字第1014号》。转引自黄源盛:《民初法律变迁与裁判(1912~1928)》,台湾政治大学法学丛书(47),2000年版,第423页。

36 业主欲卖房地等不动产时,原业主有优先权。

37 《大清律例》规定:"倘已经卖绝,契载确凿,复行告找、告赎及执产动归原先尽亲邻之说,借端啃勒、希图短价,并典限未满而业主强赎者,俱照不应重律治罪。"参见《大清律例·户律·田宅》。又见《大理院民事判决民国八年上字第1289号》。转引自黄源盛:《民初法律变迁与裁判(1912~1928)》,台湾政治大学法学丛书(47),2000年版,第424页。

38 《直隶高等审判厅判牍集要》(民事)(第一册),武进汪志翔署,民国四年,"郭九泽与郭继贤因公产涉讼一案",第220页。

39 关于原垦户于所垦地亩,原业主于出卖时,有先买权。大理院判决:"本族本旗本屯之地亩先买权,与原垦户先买权根本法理不同。原垦户于所垦地亩,辛勤开辟,既阅数十百年,平日即倚为生命。原业主于出卖之时,予以先买权,于事甚便,于理亦顺,既于公共之秩序及利益亦无违背之可言。断非本族本旗本屯人之素无关系者所可同日而语。”(《大理院民事判决民国二年上字第239号》。转引自黄源盛:《民初法律变迁与裁判(1912~1928)》,台湾政治大学法学丛书(47),2000年版,第419页。)又,吉林省习惯:原垦户对于垦地有先买之权。大理院认为:若原垦户将垦地兑于他人,则受兑人即继承原垦户之权利,亦应有先买之权。(《大理院民事判决民国四年上字第736号》。转引自黄源盛:《民初法律变迁与裁判(1912~1928)》,台湾政治大学法学丛书(47),2000年版,第422页。

40 关于原佃先买权之习惯。大理院判决:“吉林本族本屯本旗土地有先买权之习惯,因其有背于公共秩序,不认予以法之效力。而原佃先买权之习惯于公共秩序无妨。本族本屯本旗人于他人之土地并非如原佃之有特别利害关系,则各该习惯之根本理由尚属不同。”(《大理院民事判决民国三年上字第347号》。转引自黄源盛:《民初法律变迁与裁判(1912~1928)》,台湾政治大学法学丛书(47),2000年版,第420页。

41 关于租户先买权之习惯:租佃他人之土地者,就其土地有利害关系,依该地方之习惯法则,租户有先买权。大理院判决原则上承认该习惯,但附加条件:(1)若租户得以先买,则所有权人应负通知租户尽其先买之义务,不独限制所有权人之处分自由,且于地方之发达与经济之流通亦不无影响。(2)故此种先买权应以期间较长或无期之租户为限;若为短期佃租或租约中订明随时可以解约者,则就其地之利害关系尚浅,纵有习惯亦不应认有法之效力。习惯法成立之四要件:法令无明文规定;确于一定期间内就同一事项反复为同一之行为;该地方之人均共信为有拘束其行为之效力;不违背公共秩序与善良风俗。(3)习惯事实之调查,依诉讼法则,与审查争执事实同其程序。(《大理院民事判决民国四年上字第429号》。转引自黄源盛:《民初法律变迁与裁判(1912~1928)》,台湾政治大学法学丛书(47),2000年版,第421页。

42 关于抵当权人先买权之习惯。不动产之抵当权人,对于其抵当物,习惯认其有先买权。大理院认为:地邻先买权之习惯不能认为有法之效力,固为本院判例所明认。惟不动产之抵当权人,对于其抵当物,如于习惯认其有先买权者,则因别种理由,尚不在应行拒斥之例。(《大理院民事判决民国六年上字第886号》。转引自黄源盛:《民初法律变迁与裁判(1912~1928)》,台湾政治大学法学丛书(47),2000年版,第423页。

43 根据20世纪30年代形成的民商事习惯调查可以发现,在华中、华南、华北、华东等省,几乎无一例外地存在不动产买卖中的亲族先买权。

44 直隶高等审判厅在该案判决中说:“查中国习惯,家产承继,均限于男子。该氏仅有一女,实非承继财产之主体。焉能谈及分家”。载《直隶高等审判厅判牍集要》(民事)(第一册),武进汪志翔署,民国四年,“谢郝氏与谢廷珍因逼嫁霸产一案”,第19页。

45 《直隶高等审判厅判牍集要》(民事)(第一册),武进汪志翔署,民国四年,“石玉安与石振标因霸地不分一案”,第87页。

朱勇

代表作

拾陆

理性的目标与不理智的过程
——论《大清刑律》的社会适应性

自1902年至1911年,清政府进行了一次大规模、全方位的变法修律活动。清末变法修律活动涉及近代法律体系的诸多部门法,分别取得不同程度的变革成果,形成中国法律近代化的第一次高潮。作为清末变法修律活动的重要内容,刑事法律变革几经周折,终于形成代表清末刑法近代化的最高成果——《钦定大清刑律》(又称"大清新刑律")。清末立法者吸收西方近代法律理论,希望借助变法修律,全面建立新型刑事法律体系,[1]在刑事立法方面实现法律理性主义目标,具有法律发展史上的进步性。但同时,《大清刑律》在基本原则和基本制度方面与当时中国的社会现实严重脱节,缺少生效、实施的社会基础,因而成为中国近代法律发展过程中的一个不理智环节。

一

法律不是一门技术。近代意义上的法律主要体现的不是人与自然的关系,而是人与人、人与社会、人与国家的关系。因此,法律的价值之一在于,必须与特定的国情、民情相适应。一个成功的法律体系既要具有推动制度、经济、文化进步和发展的导向性作用,更应与具体的国情、民情相适应,具有付诸实施的现实基础。《大清刑律》的特点之一在于,在价值观上与20世纪初中国社会的主流观念相背离。

《大清刑律》的起草始于1906年秋,由钦命修订法律大臣沈家本主

原载张生主编:《中国法律近代化论集》,中国政法大学出版社2002年版。

持，得到日本学者冈田朝太郎博士的协助。修订法律馆于1906年9月开始起草《大清刑律草案》，前后四易其稿，于1907年8月完成《大清刑律·总则》草案87条。同年11月，完成《大清刑律·分则》草案300条。沈家本先生具有深厚的国学功底，对于传统法律有系统、精深的研究，并且长期供职于司法机构，对于法律在司法实践中的作用有切身体验。另外，作为修订法律馆的主官，沈家本先生主持大量外国法典的翻译，接受外国法学家关于法律理论的宣讲，[2]因而对西方近代法律也有相当深入地了解，在很大程度上接受了西方法律在基本理论、基本原则和具体制度方面的进步性。

与《大清现行刑律》及《大清律例》相比，[3]《大清刑律》吸收西方近代法律理论、法律原则和法律制度，在宗法伦理准则、法律与道德关系、义利观三方面实施重大改革。正是这一改革与20世纪初中国社会的主流价值观发生直接冲突。

《大清刑律》在刑事责任方面淡化尊卑等级区别，在一定范围内排除伦理准则对定罪、量刑的影响。但是，中国传统社会重视宗法伦理关系。在法律上，父母子女、尊卑长幼分别享有不同的权利，承担不同的义务。在刑事法律关系方面，亲属相犯，尊长伤害卑幼，较普通人减等处罚；相反，卑幼伤害尊长，较普通人加重处罚。《大清刑律》大幅度纠正别宗法、重伦理的等级区别。在涉及亲属相犯的法律关系中，取消或者降低体现伦理等级的尊卑相犯的刑罚差别。在祖父母、父母与子孙的关系方面，《大清律例》规定：普通人之间相骂，处笞十刑；骂祖父母、父母，处绞刑；二者相差18个等次。[4]普通人之间相殴，处笞二十刑；殴祖父母、父母，处斩刑；二者相差18个等次。而《大清刑律》则在刑事责任方面淡化了尊卑伦理等级的区别，大幅度减少普通人相犯与尊卑亲属相犯之间的刑罚级差等次。以伤害罪中的轻微伤害为例。普通人之间轻微伤害，处三等至五等有期徒刑；致尊亲属轻微伤害者，处一等至三等有期徒刑；二者相差2个等次。以流言或诈术损害他人、公然侮辱他人者，处五等有期徒刑；而流言、诈术损害尊亲属，或公然侮辱尊亲属者，处四等有期徒刑，二者相差1个等次。

《大清刑律》进一步明确道德与法律的界限。中国传统社会，礼法合一，部分道德规范入于法典之中，以法律手段调整道德关系。《大清律例》规定，未婚女子与他人通奸，构成“和奸”罪，处杖八十刑；丈夫同意或纵容妻妾与他人通奸,本夫、奸夫、奸妇各处杖九十之刑。《大清律例》还规定,官吏及应袭荫的官吏子孙嫖娼者,构成“宿娼”罪,处杖六十之刑。另外,官吏、僧道官、僧人、道士、监生、生员等邀妓女陪酒,均构成犯罪,分别给以轻重不等的处罚。失火烧毁自己房屋,构成“失火”罪,处笞四十之刑。而《大清刑律》均排除对上述行为的犯罪规定。根据沈家本的观点,中国传统社会将道德与法律混为一谈,已不适应近代社会的新型社会关系,因此他强调,道德与法律在职能上应有明确分工。针对“无夫奸”[5]是否构成犯罪、是否应给予刑事处罚问题,沈家本认为,就性质而言,“无夫奸”属于违反道德、有伤风化行为,可通过教育、劝导的方式解决,不必专设罪名,“编入刑律之中”。[6]沈家本还提出,欧洲各国法律对“无夫奸”行为无治罪条款,可作表率。

在义利观方面,儒家强调重义轻利,要求人们在社会生活中追求理想人格的完善,通过自己的行为,身体力行,实践儒家“修身齐家治国平天下”的宏图大志。“轻利”的观念不仅要求人们在社会生活中不以追逐物质利益为目的,而且也要求国家、政府不以“利”作为调整社会关系和规范社会秩序的杠杆。中国古代重刑轻民,以刑事处罚解决民事纠纷,轻视以经济赔偿的方式解决民事纠纷,更不提倡以经济制裁手段处理刑事案件。与财产相关的经济处罚始终未能成为独立的刑种。[7]《大清刑律》一改中国传统,仿照西方法律将“罚金”确定为五大法定主刑之一,[8]一些在中国传统法律中视作重要犯罪的行为都可通过缴纳罚金的财产处罚方式得到处理,这些犯罪包括:因过失致人死伤,[9]因过失致尊亲属死伤,[10]放火,[11]决水,[12]妨碍他人救灾,[13]私造、收藏、或贩卖枪炮、炸药[14]等。罚金不仅作为法定主刑之一,《大清刑律》还规定,如果符合特定条件,其他刑种可以改易罚金刑。其第44条规定:“受五等有期徒刑或拘役之宣告者,其执行若实有窒碍,得以一日折算一圆易以罚金。”

将以财产处罚为内容的罚金作为法定主刑之一,既强化了经济手段调控社会关系的作用,也兼顾到对于按照近代法律理论被认为主观恶性较小的轻微犯罪的处理,但同时也导致对犯罪与刑罚的重新认识。第一,既然通过支付罚金的方式就可以作为对他人的身体或生命造成伤害(虽然是因过失)行为的平衡,那么,如何体现法律对于人类最高利益——生命与身体——的周到保护。第二,致人死亡,尤其是致尊亲属死亡,即使是因为过失,是否可以认定为轻微犯罪。第三,以罚金取代刑罚,从整体上使淡化身份性差别的清末法律,又在财产关系上形成新的实际上的不平等。1908年5月,学部评议刑律草案,提出:"以罚金之例行之,则饶于赀者必轻于法。此在重货财而轻礼义相习成风者,或可行之,要非所论于我彝伦攸叙之中国也。"[15]

《大清刑律》在宗法伦理准则、法律与道德关系以及义利观方面的变化,体现了西方近代法律在价值观上的理性主义要求,在法律演变史上具有明显的进步性。问题是,所有这些涉及价值观上的变革在20世纪初的中国是否具备相应的理论环境和社会基础。

近代西方社会结构的基本原则之一是人与人之间平等关系的确立。1789年法国大革命彻底摧毁了"以特权和专制制度为基础的旧秩序","一个有希望实现启蒙运动理想的新纪元开始出现。启蒙运动的理想包括:人的个性从迷信和传统中的解放,自由战胜专制,与理想和正义相一致的社会制度的重建,以及粉碎一切阻止平等的障碍"。[16]基于社会结构的这一变化,西方各国法律也以保障个人的自由、平等、独立为己任。

1840年开始,以英帝国主义为首的西方列强用鸦片和大炮打开了闭关锁国的清帝国大门,此后的半个世纪中,西方资本主义国家的技术、制度、文化在一定程度上向中国渗透。随着西方商品和资本的输入,买办经济有了一定的发展;而通过洋务运动,民族资本主义也形成一定的规模。在这一时期,西方文化也被逐渐介绍到中国社会。但是,19世纪后半期中国社会的变化,包括在经济、政治、思想文化等领域的变化,主要是通过外在因素的影响和外部力量的干预实现的。中国社会本身缺少推动变革的主动性。新经济因素及新的思想、观念多产生和发展于商埠城市和沿海地区。而20世纪前十年在政治制度方面的变革也多浮光掠影,仅限于增设机构、裁减人员等方面。与此相适应,20世纪初中国社会占主导地位的价值观念仍然以儒学理论为核心。以尊卑长幼、亲疏嫡庶确定等级身份的宗法伦理观念,以刑事制裁手段惩罚不道德行为的"礼法结合"原则,以及重义轻利的义利观,仍为广大民众笃信不疑。

价值观的转换不能通过法律变革来实现。作为人们对于善恶优劣评判标准、并影响个人行为追求目标的价值观既受社会结构、家庭关系、经济形式的制约,更受传统习惯及占社会主导地位的思想观念的直接影响。作为社会关系的制度性确认，法律只能是对于既定社会关系的肯定和保护。体现在法律体系中的价值观念始终应与占社会主导地位的主流意识形态相一致。在社会转型时期，法律价值观的变化必须通过深刻、普遍的思想解放和社会主流观念的更新方能实现。

从中国近代社会发展、演变的历史来看，传统的价值观受到重大冲击是在五四运动时期。辛亥革命推翻专制制度，吸收西方先进的宪政理论，创建民主共和政体，并开始民主政治、宪法政治的多角度尝试性实践。[17]北洋政府时期在思想文化上采取相对宽松的政策。以此为契机，与传统价值观相对立的思想理论才逐渐在中国社会传播。但即便如此，直到 1919 年"五四运动"，这种新思想、新理论的传播范围也仅限于一些社会精英群，远没有为社会所普遍接受。"五四运动"提出"打倒孔家店"的口号。李大钊提出"自孔夫子生而支那衰"，号召青年"冲决历史之桎梏，涤荡历史之积秽，新造民族之生命，挽回民族之青春"。陈独秀提出"三纲之说"确定的是"奴隶道德"。鲁迅于 1918 年发表《狂人日记》，借狂人之口，反对传统礼教。梁启超于 1922 年 4 月说：

> 近五十年来，中国人渐渐知道了自己的不足了。这点子觉悟，一面算是学问进步的原因，一面也算是学问进步的结果。第一期，先从器物上感觉不足……第二期，是从制度上感觉不足……第三期，便是从文化根本上感觉不足。第二期所经过时间，比较的很长——从甲午战役到民国六、七年止……革命成功将近十年，所希望的件件落空，渐渐有点废然思返，觉得社会文化是整套的，要拿旧心理运用新制度，决计不可能，渐渐要求全人格的觉醒……所以最近两、三年时间，算是划出一个新时期来了。[18]

到"五四运动"时期，中国社会在主流意识形态上才实现传统儒学向近代科学、理性的初步转变。而这一转变先后经历了同时具有政治革命和社会革命双重性质的辛亥革命，经历了北洋政府时期新思想、新理论的广泛传播，经历了基于新一轮民族危机而引发的波澜壮阔的"五四运动"。正是在"五四"时期的新民族危机之中，基于此前新思想、新观念较广泛地传播，中国民众才痛定思痛，在危机和痛苦的间隙认真思考和审视已笃信两千年的主流意识形态和传统价值观，以西方近代理性主义思潮为核心的新思想、新理论也才在有限的范围为中国社会接受。

可以想见，在"五四运动"和辛亥革命之前的清朝末年，期望通过修律活动全面否定居于正统官学地位的儒家关于宗法伦理、礼法合一以及重义轻利的主流价值观显然属于法律演变步伐上的过量超前。这一法律体系既与当时社会结构、家庭关系、经济形式相脱节,也与法律演进、观念变革的规律相冲突,因而缺少相应的社会基础,与社会相脱节,不具备可行性。

二

清末修律在刑事法律方面的一个重要变化是缩减犯罪种类,减轻处罚程度。一方面,缩减犯罪种类,《大清律例》所确定的一些犯罪在《大清刑律》中已不再被视作犯罪,如骂人行为。[19]另一方面,对于某些行为,虽然《大清律例》与《大清刑律》均视为犯罪,但在处罚程度上已有明显变化。首先以强盗罪为例。《大清律例》规定:强盗罪,未得财物者,杖一百流三千里;若得到财物,不分首从皆处斩刑。而《大清刑律》则规定,强盗罪,处一等至三等有期徒刑;[20]强盗且伤害人而未致死及笃疾者,处无期徒刑或二等以上有期徒刑;[21]强盗致人死亡或笃疾,或于盗所强奸妇女者,处死刑、无期徒刑或一等有期徒刑[22](在沈家本最初的草案中,对于强盗并于盗所强奸妇女者,处无期徒刑或二等有期徒刑);强盗且故意杀人者,处死刑或无期徒刑。[23]极而言之,依据《大清律例》,凡是强盗,只要获得财物,即处死刑;即便是未得财物,也处仅次于死刑的杖一百、流三千里之重刑。而依据《大清刑律》,普通强盗罪、强盗兼伤害事主均不处死刑,甚至在强盗兼伤害致人死亡、于盗所强奸妇女并因而故意杀人者,均可免于死刑。再以杀伤罪为例。《大清刑律》规定:杀人者,处死刑、无期徒刑或一等有期徒刑;[24]伤害人致死或笃疾,处无期徒刑或二等以上有期徒刑,致废疾者,处一等至三等有期徒刑。[25]而《大清律例》规定:故意杀人及斗殴杀人,均处死刑(前者处斩监候,后者处绞监候);伤害人致死,处死刑(绞监候);伤害人致笃疾(瞎二目、折两肢之类),杖一百流三千里,并将犯人财产一半,给付受笃疾伤之人养赡;伤害人致废疾(瞎一目折一肢之类),杖一百徒三年。两相比较,对于同一犯罪,《大清律例》所定刑罚远远重于《大清刑律》。《大清刑律》还吸收近代西方法律理论,对于主观恶性较小的过失犯罪不再处以身体刑、自由刑,而是代之以“罚金”。第324条规定:“因过失致人死伤者,依左例处断。一、致死或笃疾者,五百圆以下罚金。二、致废疾者,三百圆以下罚金。三、致轻微伤害者,一百圆以下罚金。”

缩减犯罪范围、减轻处罚程度是刑法演进的基本趋势。中国古代从"墨、劓、剕、宫、大辟"奴隶制五刑到"笞、杖、徒、流、死"封建制五刑的变化,从"弃灰于道者死"、"偶语诗书者弃市"[26]到"穿垣出秽污者杖"[27]处罚程度的变化,均体现了中国法律从野蛮向文明演进的基本趋势。问题在于,清末刑事法律在处罚范围、处罚程度上的大幅度变化是否存在有效实施的社会基础。

法律的变化与发展需要与其相适应的社会条件。就刑法而言,无论是对犯罪的界定,还是对刑种及处罚幅度的确定,无不受到文明发展、社会演进以及文化特征的制约。16 世纪以前的欧洲各国以及 19 世纪以前的中国,在对犯罪与刑罚的规定方面有诸多共性,其重要一点是均表现出刑罚的残酷性。在中国,到 20 世纪初仍实施的《大清律例》规定了包括肉刑在内的法定五刑,而且在法定刑之外更有一些包括凌迟、枭首、刺字等残酷的刑种。中世纪欧洲各国,犯罪范围广泛,而且普遍采用死刑及严酷的肉刑。中世纪德国,死刑执行方法非常残酷。根据《萨克森法典》,死刑执行方式包括绞、斩、活埋、火烧、车裂等。《加洛林纳法典》则明确刑事惩罚的威吓原则,强调以残酷的刑罚达到阻止犯罪、减少犯罪的目的。"英国历史上的刑罚较为严酷。由于长期盛行报复主义和威吓主义刑罚思想,死刑、苦役、肉刑等曾被广泛采用。19 世纪以后,刑罚的严酷性大大缓和,适应死刑的犯罪大为减少,苦役和肉刑被废除。"[28]17 世纪是欧洲刑罚政策发生变化的重要时期。但由于历史的惯性,此前实施的残酷刑罚,甚至延伸到 18 世纪。[29]

刑事处罚的残酷性可直接归因于统治者对于刑法作用、刑罚功能的定性以及国家刑事政策的基本导向。就刑罚的作用而言,它是作为国家调控社会的最后自卫手段。为了维持社会秩序、保护社会大多数人的既定利益,必须对犯罪行为实施严厉的惩罚。作为国家与社会保护自身的最终手段,在其他调控手段均无效的情况下,最终手段必然具有最严厉、最极端的特性。刑事法律发展史显示,历史上的统治者认为,刑罚的作用主要有二:惩罚犯罪与威慑社会。一方面,通过刑事制裁,对罪犯实施惩罚,既作为对罪犯因其犯罪行为对社会造成的危害而施以报复,使其承受与其危害行为相对应的痛苦,也通过惩罚使罪犯不能继续实施同类型的犯罪。另一方面,通过惩罚罪犯,以国家强制力给予罪犯以与其犯罪相对应的痛苦,从而对其他社会成员起到威慑作用,使民众因畏惧刑罚所带来的痛苦而不敢犯罪。从上文所引可看到,中世纪德国、英国均采取刑罚威慑、报复原则,希望通过严酷的刑罚达到阻止犯罪、减少犯罪的目的。中国传统法律也强调“刑以止刑”,通过严刑峻罚达到威慑社会、阻止犯罪的目的。商鞅说:“行罚,重其轻者,轻者不至,重者不来,此谓以刑去刑,刑去事成。”[30]韩非说:“夫严刑者,民之所畏也;重罚者,民之所恶也。故圣人陈其所畏以禁其邪,设其所恶以防其奸,是以国安而暴乱不起。吾以是明仁义爱惠之不足用,而严刑重罚之可以治国也。”[31]清末修律前清朝刑事政策仍以“重刑止奸”为原则,以严刑酷罚惩处各类犯罪。

18 世纪以后,欧洲国家在刑事政策方面产生了重要变化,其基本变化之一是刑罚人道主义原则的确立。而这一原则的确立与当时欧洲社会在经济、文化等方面的变化密切相关。14—15 世纪,欧洲资本主义萌芽,传统社会生产关系逐渐解体。随着资产阶级工业革命的展开,资本主义生产方式在深度和广度上得到迅速发展,资产阶级的经济力量迅速增长。与这一过程相伴,16—18 世纪在欧洲兴起的启蒙主义运动倡导自由、民主,要求在思想上打破专制统治与教会神权的桎梏。在经济上实力渐强的资产阶级希望打破旧秩序,建立与自己经济实力相适应的生产关系、思想体系以及法律秩序。这一群体的思想家提出民主、自由、平等、天赋人权等口号,宣传从人性论出发的自然法,反对专制统治,反对中世纪神权光环下的法律观念。在刑法理论上,产生代表新兴资产阶级思想观念和利益要求的刑事古典学派。刑罚人道主义原则作为该学派提出的刑法三大原则之一,对于近代刑法理论产生极其重要的作用。[32]根据刑罚人道主义原则,刑事处罚的对象是人,而不是行为。因此,刑罚应充分尊重人的人格尊严,应体现宽缓、适度的标准。针对中世纪刑罚的残酷性,刑事古典学派提出,残酷的刑罚在理论上违反人的本性,是非人道的产物;而在效果上,残酷的刑罚不仅不能取得报应与预防的效果,反而适得其反。[33]

近代欧洲各国政治体制的变化对国家刑事政策产生直接而强大的影响。基于启蒙运动的深入开展,基于资产阶级经济力量的增长,各国相继发生资产阶级政治革命,推翻之前的政治统治,建立资产阶级政权。确立与资产阶级政权性质向适应的刑事政策势所必然。孟德斯鸠认为,政治制度决定刑事政策,每一种政治体制,都有与其相适应的刑罚措施。“严峻的刑罚比较适宜于以恐怖为原则的专制政体,而不适宜于以荣誉和品德为动力的君主政体和共和政体。在政治宽和的国家,爱国、知耻、畏惧责难,都是约束的力量,能够防止许多犯罪……在专制国家里,人民是很悲惨的,所以人们畏惧死亡甚于爱惜其生活。因此,刑罚便要严酷些。在政治宽和的国家里,人们害怕丧失其生活,甚于畏惧死亡,所以刑罚只要剥夺他们的生活就够了。"[34]贝卡利亚提出,刑罚的强度与国家文明的演进程度密切相关。"刑罚的规模应该同本国的状况相适应。在刚刚摆脱野蛮状态的国家里,刑罚给予那些僵硬心灵的印象应该比较强烈和易感。为了打倒一头狂暴地扑向枪弹的狮子,必须适用闪击。但是,随着人的心灵在社会状态中柔化和感觉能力的增长,如果想保持客观和感觉之间的稳定关系,就应该降低刑罚的强度。"[35]资产阶级以自由、平等、博爱、天赋人权、人道主义为口号,推翻了当时的政权,同时也以其为口号,建立新的政权。同样,在这一理论基础之上,刑罚人道主义原则被确立。

刑罚政策的演变不仅受到经济关系、思想意识和政治体制等因素的影响,也直接决定于犯罪活动本身的变化。米歇尔・福柯认为,18 世纪的欧洲出现了"刑罚的放宽过程",而这一过程的出现直接受到犯罪形式的影响。他说:

从 17 世纪末,凶杀案以及一般的人身侵犯大幅度减少;对财产的侵犯似乎超过了暴力犯罪;偷窃和诈骗似乎超过了凶杀和斗殴;最贫困阶级的广泛而频繁的偶尔过失被有限但"熟练"的犯罪所取代;17 世纪的罪犯是"饱经苦难的人,因饥寒交迫而容易冲动的季节性罪犯",18 世纪的罪犯则是处于社会边缘的"诡计多端"的罪犯……犯罪的普遍潮流从攻击人身转移到在某种程度上直接攫取财产,从"群众性犯罪"转向"边际犯罪"。[36]

"实际上,从流血的犯罪转向诈骗犯罪,是完整复杂的机制的一部分。这个机制包括生产的发展,财富的增加,财产关系在司法和道德方面获得越来越高的评价……因此,非法活动中的变化是与惩罚活动的扩展和改进相互关联的。"[37]

启蒙运动孕育了刑罚人道主义原则,而通过产业革命、政治革命产生的经济发展和社会结构变化则导致犯罪性质、犯罪内容的变化。这两方面的变化为调整刑事政策——由残酷的刑罚政策转向宽缓、适度的刑罚政策——提供了现实条件。显然,18 世纪欧洲各国刑事政策的调整是以社会关系的深刻变化为前提和基础的。那么,19 世纪末 20 世纪初中国社会的状况又是如何呢?

前文已述,19 世纪中期到 20 世纪初的半个世纪中,西方的技术、经济、思想文化对中国社会产生重要影响,导致一些新的经济因素、新的文化现象以及新的思想理论在中国出现。但由于中国社会本身并未形成推动社会革命的原动力,新型经济关系、新型社会现象多限于商埠城市和沿海地区,新型思想理论更是仅为少数知识分子、上层官僚所接触。到辛亥革命前夜,中国社会仍然是一个典型的传统型社会。一方面,中国社会缺少通过产业革命推动社会在经济上的突变。社会经济中占主导地位的仍然是自给自足的自然经济。另一方面,君主专制统治仍然是国家政治的基石。在社会意识方面,缺少以鼓吹人的解放、对人的尊重为内容的思想解放和近代文化启蒙运动。这样,在经济关系、政治关系以及思想意识等方面尚未对形成刑罚政策作重大变革的社会条件。在这种情况下,不仅不能产生新的刑法原则,甚至尚不具备移植刑罚人道主义原则以及与其相对应的狭罪轻刑法律的经济、政治、文化基础。

《大清刑律》吸收西方近代关于狭罪轻刑的刑法原则,大幅度减少对犯罪的规定,减轻对各类犯罪的量刑标准,不同程度上超出当时社会可接受的限度。"治乱世用重典",这是传统中国在刑事政策方面的一个重要原则。事实证明,这是在传统文明中实现社会秩序的一个行之有效的方法。19 世纪中期以后,中国社会处于严重的危机之中:民族矛盾、阶级矛盾、朝廷内部的权力之争、中央政府与地方实力派的较量、国家统治力量相对削弱。国家政治的这一状况直接导致社会秩序恶化,各种犯罪现象更加普遍。

对于这一点,清末朝廷一些官员有着清醒的认识。张人骏从当时刑事犯罪的特征评价《大清刑律草案》。他说:

> 值此民气不靖。盗贼公行,每岁录囚,属于强盗者十之八九。而劫掠之风未戢,闾阎之患方深。傥专务从轻。水懦民玩,则凶玩愈无所戒惧,良懦之受害日多。妨碍治安。何可胜道。[38]

一些初步接触并认同西方思想的朝廷重臣也从如何适应中国社会当时的国情出发,提出在中国骤然实施狭罪轻刑政策尚不具备条件。冯煦从刑罚的功能方面评论《大清刑律草案》:

唐朝法律,完备至当,纯用惩戒主义。宋金援引,无所出入。元明之间,复参报复主义。国朝因明旧制,故今律则兼惩戒报复者也。然自行秋审制度以来,圣泽皇仁,实又参用感化主义。盖今日东西各国刑法,皆取感化,不用报复,而草案即以此为圭臬。夫报复之说,本非刑律之平,为今日法律学者所鄙议。然弃惩戒而不用,专欲以感化为能,恐未能适合于今日人民之情势。[39]

总之,在中世纪欧洲的自给自足自然经济、神权统治和政治制度下,在启蒙运动和工业革命、政治革命之前,不可能产生代表新型生产关系、代表新型社会力量利益和要求的新思想、新制度,不可能形成以自由平等人权博爱为目标、以自然法理论为基础的刑罚人道主义原则和以宽缓轻刑为核心的刑罚政策。同样,19 世纪末 20 世纪初的中国也不具备移植刑罚人道主义原则和狭罪轻刑的刑罚政策的政治、经济、文化条件。[40]

三

《大清刑律》的某些规定表现出立法技术上的粗糙和欠缺。在罪名设置方面,《大清刑律》仿效西方近代法律,加强对于保护个人自由、保障孤寡老幼的立法,并确立相应的罪名。其中某些规定具有明显的进步性,但其内容与当时中国社会相脱节,从某种意义上说,即使制订为法律条款,实际上也不可能得以有效实施。

《大清刑律》第 291 条规定:“有配偶而重为婚姻者,处四等以下有期徒刑,或拘役。知其为有配偶之人而与为婚姻者亦同。”中国传统社会,在婚姻方面重宗法,所谓“婚礼者,将合二姓之好,上以事宗庙,而下以继后世”。[41]婚姻的首要目的在于传宗接代。这一目的在制度上的表现是法律允许特定条件下的妻妾制。《大清律例》规定,男子年满 40 岁而无子,可纳妾。近代文明在婚姻制度上的最重要表现是一夫一妻制。《大清刑律》吸收这一先进的原则,严格禁止重婚行为。对于清朝社会盛行的妻妾制、一夫多妻制而言,《大清刑律》这一规定无疑具有典型的进步意义。但是,这一规定在具体适用过程中又存在一定缺陷。

中国古代社会,在婚姻方面实行家长主婚制。《大清律例》规定:“嫁娶皆由祖父母、父母主婚。父母俱无者,从余亲主婚。”[42]“主婚”的严格含义法律并未明确规定,但从礼的规定及各地习惯看,“主婚”的最重要内容是对于婚姻对象的选择、确定。家长主婚在中国社会实施千年以上,成为婚姻活动中的制度性内容。在清朝末年制定、实施《大清刑律》之时,家长主婚制仍然为社会所普遍采用。这样,《大清刑律》第291条关于"重婚罪"的规定即与家长主婚制相冲突:根据《大清刑律》第291条的规定,有配偶而重为婚姻的当事人,构成"重婚罪",要受到法律的惩罚;根据"家长主婚制",婚姻活动由家长主持,是否缔结婚姻关系以及婚姻对象的选择与确定主要是由家长,而不是婚姻当事人本人决定。行为与责任的因果关系是法律的重要原则之一。根据《大清刑律》及"家长主婚制"的规定,在"重婚罪"发生与处理中,行为人与责任人相脱节显然有失公正,也不符合立法本意。《大清刑律》关于"重婚罪"的规定与"家长主婚制"的冲突,甚至到民国初年仍影响地方司法机构的司法实践。[43]实际上,虽然从清朝末年到民国初年法律均规定禁止"重婚",但中国传统社会盛行的妻妾制仍在相当长的时期内较为普遍。从民国北洋政府时期及民国南京国民政府时期进行的部分省、区民事习惯调查看,多妻制、妻妾制在诸多省、县被保留。[44]

再以堕胎罪为例。《大清刑律》设"堕胎罪":"怀胎妇女服药,或以他法堕胎者,处五等有期徒刑、拘役或一百圆以下罚金。"[45]"受妇女之嘱托,或得其承诺,使之堕胎者,处四等以下有期徒刑,或拘役。"[46]古代社会缺少科学的避孕措施,而家庭添丁进口又会加重经济负担。因此,堕胎现象在中国古代较为普遍。时至19世纪末20世纪初,这一现象并没有重大改变。在这种情况下,骤然确定堕胎行为为犯罪,并给予刑事处罚,只能有两种结果。第一,"堕胎罪"之规定,形同虚设,并不严格执行。第二,如果严格执行,必然涉案受罚者众多。而这两种结局都不符合立法者初衷。因此,在19世纪末20世纪初避孕措施未普及、家庭经济状况未普遍改善的背景下,中国社会尚不具备严格实施禁止堕胎的条件。从20世纪初到20世纪中期的社会现实看,堕胎现象也确实长时间普遍存在。

中国传统法律在定罪量刑方面采取严格的罪、刑对应制度,一种犯罪或者具有某一特定情节、符合某一特定条件的犯罪只适用一种确定的相对应刑罚。[47]而《大清刑律》则改严格的罪、刑对应制度为适度的一罪数刑制度。[48]中国传统社会,行政、司法合一,各级行政长官同时行使司法审判权。而在官员选拔制度上,古代传统社会后期实行科举考试制,考试内容并不包括与法律相关的科目，而且在通过考试之后、被任命为掌握各项权力的官员之前，他们也没有专门的职业训练。因此，通过科举考试进入仕途的官员并不具备相应的法律知识和司法技能。正是基于对各级官员在知识结构和审判技能方面的考虑，传统法律以严格的罪刑对应制度，佐之以特定条件下的类推比附原则，[49]使通过科举考试进入仕途的官员直接履行行政管理和司法审判职能成为可能。[50]相较而言，根据“一罪数罚”制度，法律对于同一犯罪规定一定的量刑幅度，由法官根据案件的情节，确定具体的刑罚。这一制度能够有效涵盖犯罪行为各种复杂的情节，从而为“罪刑法定原则”的实施提供基础，同时也更有利于实现法律官的自由裁量权。[51]但在20世纪初的中国，新式教育制度并未普遍建立，司法官的职业训练也只是筹划之中。在国家职官队伍中基本上是传统型的、通过科举考试而进入仕途的文人官僚占据主导地位。他们既没有系统的法律知识，也没有经过与司法审判相关的职业训练。进而言之，在此后一段时间，中国社会也很难培养出具有专门知识和专门技能、能够胜任近代审判活动、有效运用自由裁量权的司法官员。基于这一现状，骤然实施“一罪数罚”制度难免出现各种障碍。

四

法律作为调整社会关系、规范社会秩序的行为准则，既要具有一定的超前性，更需保持与主流社会关系的同步性。就其超前性而言，法律应该适应社会的变化，以实现对于正在发生、发展中的新型社会关系的调整和规范，因而在一定程度上实现法律对社会的导向性作用。就其同步性而言，社会的存在以其相对稳定性为前提，在社会演进过程中，占社会主体部分的社会关系经常性地处于稳定状态。法律应与属于社会主体部分的主流社会关系保持同步状态，以最大限度地实现调整社会关系、规范社会秩序的功能。同步性与超前性的合理组合能确立具有较好社会适应性的法律体系，既能适应社会关系的现实存在，又能保持适应社会发展适度的超前空间。[52]

人类社会的任何一种进步都需要付出一定的代价，所谓“新制度产生之前的社会阵痛”。但这种“阵痛”应该是社会所能承受的，即不损害现有的主体社会关系，不背离现有的主体价值观，否则就不是“阵痛”，而是“灾难”。法律制度的更新不同于技术规则的变革。[53]在非政治革命状态[54]下的法律制度更新是一种“动态更新”,[55]在变革自身的过程中同时履行规范社会秩序、调整社会关系、维护社会价值观的职能。这一职能要求使法律变革必须更多地体现其渐进性、阶段性。

不同文明社会的法律经历了不同的发展轨迹。考察这些各具特色的发展道路,可以发现,它们都有一个共同的特征:通过演变,不断地调整自身,以达到对于理想秩序的追求和完美人格的实现。法律发展的终极目标在于,通过法律调整,把社会维持在公正、合理的理想秩序之内,尊重并培育人的优良品格,为人性的充分展示创造合适的社会环境。理想秩序和完美人格作为法律的终极目标,是一个无限的过程,永远为法律所追求。任何一次具体的立法活动都不可能最终地达到这一目标。黑格尔这样论述具体的立法活动与法律终极目标的关系:

立法纷乱的主要根源在于,合乎理性的东西即自在自为的法的东西逐渐渗入到原始的、含有不法因素的、从而是单纯历史性的制度中去。这就是上述罗马法、中世纪采邑法等等中发生的情形。但是了解到下列这一点是重要的,即当自在自为的、合乎理性的、其本身为普遍的规定适用于有限的素材时,这种素材的本性本身必然会在这种适用上引起无止境的进程。要求一部完备的法典,即看来绝对完整而毋须作进一步规定的法典——这种要求主要是德国人犯的毛病——以及借法典不可能修订得那么完整为理由,就主张不该让所谓不完整的东西产生,即不该让它达到现实,以上两种情况都是基因于对象私法那样的、有限对象的本性的一种误解,其实,所谓私法的完整性只是永久不断地对完整性的接近而已。同时,它们又是基因于对理性的普遍物同理智的普遍物之间差别的误解,以及对理智的普遍物适用于有限性和单一性的素材(这种素材无止境地在进展)的误解。[56]

法律的发展永远是一个过程,而且是一个无限接近于理性目标的长期过程。无论是制定新的法律,还是对已有法律的修订,都不能因无法达到最终目标而放弃对理想的追求,同时也不能因目标充满理性而希望毕其功于一役。对于法律的发展、演进,既需要追求目标的激情,又需要审时度势,确定循序渐进、切实可行的理性过程,根据社会环境的需求和民众的承受能力具体设置一个排除感情冲动、充满冷静理智的可行方案。

清朝末年,中国社会处于激烈的调整、动荡之中。各种新的社会关系、思想观念不断出现。虽然这些新的社会关系代表着中国社会发展的趋势，具有逐渐扩大、蔓延的前景，但在19世纪末20世纪初的中国，它们毕竟只占整体社会关系中极少的一部分，仅限于沿海、商埠城市。在广袤的中国内地，在沿海、商埠城市中多数尚未涉足新型生产关系和生活方式的市民百姓以及在国家政治生活和文化生活中占重要地位的绝大多数官僚和文人、士子仍然处于传统型社会生活之中，仍然属于传统型生产关系、社会关系的主体。他们所拥有的仍然是传统型价值观念和意识形态。在这种基本的社会结构和社会框架下，骤然变革法律关系，或者说通过法典的修订来改变既定的价值观和行为准则，不仅没有必要，而且也不具备可能性。

注释

1 清末变法修律的直接起因来自西方列强对于废除领事裁判权的承诺。但清末立法者则希望通过法律修订活动，不仅收回领事裁判权，而且全面推进法律体系的彻底变革。目的的双重性显然具有进步意义，但也使修律活动本身更加复杂化、困难化。

2 光绪三十二年九月，沈家本邀请日本法学家冈田朝太郎博士讲授刑法，对近代刑法理论以及日本刑法和欧洲各国刑法有了系统的了解。

3 《大清律例》是清朝正式生效的国家基本法律。《大清现行刑律》是基于《大清律例》的基本精神、基本内容而编修的刑事法典，于1909年编纂完成，并于1910年颁布、实施。《大清律例》是中国传统法律的典型，而《大清现行刑律》则是《大清律例》的延续。清末立法者编纂《大清刑律》，其中心任务是改革《大清律例》《大清现行刑律》的内容、形式，实现刑事法律的近代化。

4 清末法制变革前实行五刑制。法定刑分为五刑二十等，分别为：笞刑五等（十、二十、三十、四十、五十），杖刑五等（六十、七十、八十、九十、一百）；徒刑五等（一年、一年半、二年、二年半、三年），流刑三等（二千里、二千五百里、三千里），死刑二等（绞、斩）。“笞十刑”与“绞刑”相差18个等次。

5 即未婚女子与他人通奸。

6 《寄簃文存八》，“书劳提学‘新刑律草案说贴’后”。

7 中国古代有“赎刑”，但“赎刑”不作为一个独立刑种，只是为特定当事人设计的一种刑罚转换方式。法律规定，官员或官员亲属符合一定条件者，可以缴纳赎金的方式，替代应处刑罚；老幼残疾及妇女犯罪符合一定条件，可缴纳赎金，以代刑罚；部分过失犯罪也可缴纳赎金而代罚。陈顾远先生称赎刑为“一易科之刑”。（陈顾远：《中国法制史》，商务印书馆1959年版，第289页。）沈家本先生称：“罚金性质之重轻，介在有期徒刑与拘留之间,实亦仍用赎金旧制也。"参见沈家本:《修订法律大臣沈家本等奏进呈刑律草案折》,《大清法规大全·法律部》(正编第四册),政学社石印本,考正出版社1972年影印本。

8 《大清刑律》所设五种法定主刑为:死刑、无期徒刑、有期徒刑、拘役、罚金。

9 《大清刑律》第324条,宣统三年六月刊印。

10 《大清刑律》第325条。

11 《大清刑律》第188条。

12 《大清刑律》第192条。

13 《大清刑律》第196条。

14 《大清刑律》第205条。

15 《光绪朝东华录》,光绪三十四年五月。

16 [美]马文·佩里主编:《西方文明史》,胡万里等译,商务印书馆1993年版,第3页。

17 辛亥革命成功后,南京临时政府、北洋政府先后在实施共和政体、宪法政治、议会民主等方面作了多方面尝试。因多种原因,这些尝试在政治发展方面并未取得历史性突破,但对于宣传西方宪政理论以及对于中国社会实施民主政治的启蒙仍起到极其重要的作用。

18 梁启超:《五十年中国进化概论》,载《饮冰室合集》,中华书局1936年版。

19 《大清律例·刑律》规定:"凡骂人者,笞一十。互相骂者,各笞一十。"骂官吏、上司、尊长等,均加重处罚。其中,子孙骂父母、祖父母,处绞刑。

20 《大清刑律》第370条。

21 《大清刑律》第373条。

22 《大清刑律》第374条。

23 《大清刑律》第376条。

24 《大清刑律》第311条。

25 《大清刑律》第313条。

26 《史记·秦始皇本纪》。

27 《唐律·杂律》规定:"穿垣出秽污者,杖六十;出水者,勿论。"与秦律相比,其处罚程度已大为减轻。

28 何勤华主编:《外国法制史》,法律出版社1997年版,第233页。

29 18世纪中期,法国发生谋刺国王案件。行刺者达米安(Damiens)被判处死刑。根据规定,在1757年3月2日行刑之日,罪犯将"被送到格列夫广场,那里将搭起行刑台,用烧红的铁钳撕开他的胸膛和四肢上的肉,用硫磺烧焦他持着弑君凶器的右手,再将熔化的铅汁、沸滚的松香、蜡和硫磺浇入撕裂的伤口,然后四马分尸,最后焚尸扬灰"。参见《达米安案件》,第372-374页。转引自[法]米歇尔·福柯:《规训与惩罚》,刘北成、杨运婴译,生活·读书·新知三联书店1999年版,第3页。

30 《商君书·靳令》。

31 《韩非子·奸劫弑臣》。

32 刑事古典学派提出的刑法三大原则是:罪刑法定原则、罪刑相适应原则、刑罚人道主义原则。

33 贝卡利亚说:"纵观历史,目睹由那些自命不凡、冷酷无情的智者所设计和实施的野蛮而无益的酷刑,谁能不触目惊心呢?……只要刑罚的恶果大于犯罪所带来的好处,刑罚就可以收到它的效果。……除此之外的一切都是多余的,因而也就是蛮横的。"参见[意]贝卡利亚:《论犯罪与刑罚》,黄风译,中国大百科全书出版社 1993 年版,第 42 页。边沁认为,如果在量的比较上,刑罚之恶超过犯罪之恶,那就是以较大之恶的代价消除较小之恶,这是一种不人道的做法。参见[英]边沁:《立法理论——刑法典原理》,孙力等译,中国人民公安大学出版社 1993 年版,第 67 页。

34 [法]孟德斯鸠:《论法的精神》(上册),张雁深译,商务印书馆 1993 年版,第 82 页。

35 [意]贝卡利亚:《论犯罪与刑罚》,黄风译,中国大百科全书出版社 1993 年版,第 44 页。

36 [法]米歇尔·福柯:《规训与惩罚》,刘北成、杨运婴译,生活·读书·新知三联书店 1999 年版,第 84 页。

37 [法]米歇尔·福柯:《规训与惩罚》,刘北成、杨运婴译,生活·读书·新知三联书店 1999 年版,第 86 页。

38 《光绪朝东华录》,光绪三十四年七月。

39 《光绪朝东华录》,光绪三十四年七月。

40 1912 年,民国政府发布命令,将清末制订而未实施的《大清刑律》简单作技术处理,即颁布实施。但实施伊始,就受到地方司法机构的非议。其主要理由在于中国社会,教育未普及,人民文明程度不高,尚不具备实施狭罪轻型的刑事制度。1912 年 4 月,上海地方审判厅呈文江苏都督庄,要求制定惩治盗匪的临时法规。该呈文说:"自军兴以来,盗风日炽。固由兵荒迭作,饥寒所驱,而刑法宽缓,未始非纵酿凶暴之一端。查现在适用之新刑律,强盗非犯第三百六十八条之四项行为者,并无死罪,但至无期徒刑而止。尊重人道,仁至义尽,顾以不伤人于死而可以幸免死罪,遂使为盗者趋避有门,更无忌惮。观于近来盗案,明火执杖,劫掠一空,而事主辙多重伤不死,闾阎既无高枕之日,监狱亦有人满之忧。盖盗之计愈得,而民愈不聊生矣。(厅长)管见,以今日治盗之策,即(既)不能如从前不论曾否伤人、不分首从均斩之例,亦当于为首、起意、执持枪械之徒酌置重典,为急则治标之计。夫刑律之轻重,实为人民程度之高下为进退。东西各国刑律,轻减非一朝一夕之故。稍读外史者,类能详之。我国人民教育未普,程度不齐,亦无可讳言。而遽欲媲美他人,侈为高论,窃惧所谓尊重人道者,偏于强盗一方面,而薄于人民一方面,其持意亦狭而不广也。"参见《上海地方审判厅司法实记·文牍》民国元年四月,上海"中国图书公司”。

41 《礼记·昏义》。

42 《大清律例·户律·婚姻·男女婚姻》。

43 民国元年,上海地方审判厅因适用《新刑律》(以《大清刑律》为蓝本稍作修改而成)关于“重婚罪”规定引起的混乱而专文请示江苏都督庄。江苏都督庄批示:“呈悉。查刑法原则,必须意思、行为两者具备,始构成普通犯罪条件。‘重婚罪’之成立,应坐何人,本条虽未有明文,惟细绎刑律第285条文,既称重为婚姻,自必以有意思、有行为者断。若子女处于被动地位,按照刑法原则,断无成立为罪之余地。该厅嗣后遇有此等案件,尽可有裁判官根据事实,自由认定。照刑法原则办理,可也。此令。”(《上海地方审判厅司法实记·文牍》民国元年三月,上海“中国图书公司”)庄都督批示要求裁判官“根据事实自由认定,照刑法原则办理”,而不是以“刑律条款”为依据。这是对习惯与事实的一种让步。

44 据《民事习惯调查报告录》(南京国民政府司法行政部编,胡旭晟等点校,中国政法大学出版社2000年版)记载,山东寿光县习惯上有“平处”制,女儿嫁与他人为妾,为避讳起见,既不称“为人妻”,也不称“为人妾”,而称“平处”,表明其身份与妻平等(第820页)。山西虞乡县习惯,“兼祧得娶两妻:一人承祧两房宗祀者,得娶两妻。两妻以齿为序,不问孰先孰后,不分阶级”(第840页)。山西清源县也有“两妻”习惯(第847页)。安徽英山县“兼祧子得娶二妻”,所生之子各自继承其房,不得相混(第866页)。

45 《大清刑律》第332条。

46 《大清刑律》第333条。

47 《大清律例》条款即采取严格的罪、刑对应规定。例如,关于“斗殴”罪,《大清律例·刑律·斗殴》规定:“凡斗殴,以手足殴人不成伤者,笞二十;成伤及以他物殴人不成伤者,笞三十;成伤者,笞四十;拔发方寸以上,笞五十;若血从耳目中出及内损吐血者,杖八十;以秽物污人头面者,罪亦如之;折人一齿及手足一指,眇人一目,夹毁人耳、鼻若破人骨及用汤火、铜铁汁伤人者,杖一百;以秽物灌入人口鼻内者,罪亦如之;折二齿二指以上,及髡发者,杖六十,徒一年;折人肋、眇人两目,堕人胎,及刃伤人者,杖八十,徒二年;折跌人肢体及瞎人一目者,杖一百,徒三年;瞎人两目,折人两肢,损人二事以上,及因旧患令至笃疾,若断人舌及毁败人阴阳者,并杖一百,流三千里,仍将犯人财产一半断付被伤笃疾之人养赡。”

48 《大清刑律》第313条规定:“伤害人者依左例处断。一、致死或笃疾者,无期徒刑或二等以上有期徒刑;二、致废疾者,一等至三等有期徒刑;致轻微伤害者,三等至五等有期徒刑。”

49 《大清律例·名例·断罪无正条》规定:“凡律令该载　不尽事理,若断罪无正条者,引律比附。应加应减,定拟罪名,议定奏闻。若辄断决致罪有出入者,以故失论。”

50 行政官员行使司法审判权，通行的做法是行政长官雇用一些熟悉法律条款和司法程序并掌握一定审判技巧的雇员，号称“幕友”或“刑名师爷”。但就制度而言，省以下的各级司法审判权仍由各级正印官掌握、行使，并承担责任。

51 沈家本称采取一罪数罚的规定，其重要目的之一是废除比附援引制度。“兹拟删除此律（指“类推比附”律——引者注），于各刑酌定上下之限，凭审判官临时审定，并别设酌量减轻、宥恕减轻各例，以补其缺。虽无‘比附’之条，至援引之时，亦不致为定例所缚束。”参见沈家本：《修订法律大臣沈家本等奏进呈刑律草案折》，《大清法规大全·法律部》正编，第四册，政学社石印本，考正出版社 1972 年影印本。

52 法律应同时具备同步性与超前性。但二者的作用存在主次之分。法律是维持社会秩序的最后一道防线。它是从人的最恶的本性出发，从社会最消极的因素出发，以实现社会最低层次的秩序为目标。因此，法律的作用，应以其与社会的同步性为主。与其不同，基于人的善的本性，基于社会积极因素，为社会发展提供超前性、导向性作用，以实现社会高层次秩序为目的的任务在于道德。

53 在技术领域，我们可以将生产过程暂停，完全废止旧的技术规程或者生产流程，而一种全新的规则取代；或者在新的生产周期中，全面废止旧规程，启用新的规程。

54 打碎旧的国家机器、建立符合新政权要求的新型国家机器是政治革命在建立新政权过程中的基本要求。这一要求在法律上的表现是，彻底废止旧的法律制度，全面建立新型法律体系。而清末法律改革是在现政权主导的法律变革是一种非政治革命状态下的法律改良。

55 “动态更新”只能是一种局部更新。因为在“更新”的同时，还必须履行其主体职能。就像一辆行驶中的汽车发生故障，在既不能将汽车停下来全面更换部件又不能完全排除故障的情况下，只能在汽车运行过程中，通过局部检修，最大限度地减轻因故障而对行使造成的损害。“检修”的力度以不导致汽车的终止运行为限。

56 ［德］黑格尔：《法哲学原理》，范扬、张企泰译，商务印书馆 1982 年版，第 225 页。

朱勇代表作

拾柒

论民国初期议会政治失败的原因

自1912年临时参议院北迁至北京，到1925年段祺瑞废除法统、解散国会，议会政治作为政权运作的主要方式，在中国政治舞台上经历过短暂的辉煌。在这一时期，实际掌握中央政权的北洋军阀采取共和与专制相结合的统治方法：以资产阶级民主、共和制度为其表，以军事实力为其里，表里结合，实施共和政体下的军阀专制。不同派系的军阀为获取在北京的中央统治权，以其军事实力镇压政治反对派，并逼迫其他派系的军阀就范，同时也通过种种手段使自己的统治与以《临时约法》和第一届国会为代表的共和法统相联系，从而以正宗的民国法统继承人自居，强化其政权的合法性。而作为共和政体、宪法政治主要象征之一的议会在这一时期则风雨飘摇，历经坎坷，最终仍未逃脱被彻底否定的结局。议会政治在民国初期从兴起、发展到最终被否定，其原因是多方面的，其中既有深重的社会文化背景及其所决定的政治统治方式方面的因素，也有法律蓝图设计和自身建设方面的失误。

一

民国初期的议会政治是在政治体制上探索如何建立既具有科学性、进步性，又具有可行性、现实性的政权结构和运作机制。这种结构和机制的主要参照物为西方先进的观念和制度以及具有悠久历史和深厚基础的中国特定的国风民情。民国初期活跃于政治舞台的不同政治派别、不同利益集团就国家政权结构和政权运作机制提出不同的观点，并设计出不同的蓝图。无论其动机如何，无论其蓝图的具体内容如何，都是在新时期对中国

原载《中国法学》2000年第3期。

新政治体制的探索，对在新的世纪确立既符合国情又具有科学性的政治体制有积极作用。其中部分蓝图得以具体实施，为中国政治体制的进步提供可贵的经验和教训。

民国初期议会政治的发展，就其过程而言，三起三落，三次兴起，又三次中断。1912 年，袁世凯接受《临时约法》，并以《临时约法》为基础建立以国会、总统、内阁为主要组成部分的共和政体民国政府。1913 年，从镇压二次革命、解散国民党、取消国民党籍议员的议员资格到解散第一届国会，成立政治会议、约法会议、参政院乃至帝制自为，彻底背叛共和。这是议会政治的第一个起落。1916 年，"洪宪"帝制被取消、袁世凯病逝后，黎元洪、段祺瑞政体确立，恢复《临时约法》，并于 8 月 1 日继续第一届国会第二期常会。以国民党占多数的国会与以皖系军阀为主体的段祺瑞内阁之间存在着利益与观念上的矛盾。1917 年 5 月，以对德宣战案为导火线，国会与内阁之间再次产生对抗，导致民国政府新的政治危机。危机的解决先后经历了内阁总理段祺瑞被免职、国会被解散、张勋复辟帝制，共和制度再次被背叛。这是第二个起落。段祺瑞"再造共和"之后，筹划产生了第二届国会"安福国会"。其后，分别有奉系军阀导演的第三届国会的筹备选举以及吴佩孚直系军阀以"法统重光"相号召而召集的第一届国会第三期常会，形式上的代议制政府继续保持。1923 年 10 月，部分国会议员受贿，以 5000 元一票的价格选举曹锟为总统。贿选事件使国会的名声一落千丈。冯玉祥"北京政变"后，组织政府的段祺瑞称"法统已坏，无可因袭"，主张废弃旧国会。1925 年 4 月 24 日，段祺瑞政府发布命令，宣布正式废弃法统，废止《临时约法》，废止"曹锟宪法"，解散国会。议会政治再次被否决。这是第三个起落。

民国初期议会政治这一悲剧性结局首先决定于具有悠久历史的权力一元化政权体制以及社会对于这一体制的认可。与共和政体相关的政权结构是权力分立、相互制约的分权体制。在立法、行政、司法三权分立体制中，就立法、行政权的关系而言，立法权独立于行政权，立法机构不仅具有法律创制权，制定具有强制性约束力的法律法规，以作为国家与社会的行为准则。更重要的是，立法机构对行政机构的制约形成权力制衡机制。而在中国历史上，以行政权力为核心的权力一元化机制一直是国家政治体制的基石。在这一体制中，司法权和立法权均被包容在行政权之中。就司法权而言，行政兼理司法是从基层到中央的基本制度。就立法而言，尚未形成独立的权力，既没有常设部门，也没有专门的职掌。[1]在制度上，国家最高行政权力——皇权不受任何制约或限制，实际存在的制约仅限于道义上和伦理上。而在国家结构上，除了少数特殊时期或地域，普遍实施的是高度中央集权的大一统体制。

与分权体制相比，权力一元化体制有诸多弊病。但在近代中国，尤其是在民国初年的中国，这一体制又有一定的合理性。民国初年，社会对分权制的呼声既包括对中央权力层次实行三权分立，确立权力制衡机制，也包括在国家结构上实行地方自治，允许地方政府更多的权力。分权体制的这两方面均最终体现为削弱中央行政权力。而在这一时期，削弱中央行政权力恰恰不利于强国富民、维护统一的国家利益和民族利益的需要。

民国初建，百废待兴。社会变革和政治改革均为建立新的社会秩序、实施强国富民政策所必需。而无论是社会变革，还是政治改革，都需要强权者的推动。政治改革涉及权力和利益的再分配，在政治改革中必然同时出现新的既得利益者和利益受侵削者。由人的本性所决定，在政治改革中，利益受侵削者必然会采取种种手段阻止改革。维持现状、恢复传统常常是利益受侵削者反对改革所采取的最有效手段。而政治上的强权者恰恰能够压迫利益受侵削者，推动政治改革。同时，强权者也可通过有效手段迫使既得利益者在某些方面作出必要让步，缓和因改革而引起的利益冲突，使政治改革顺利进行。由此可见，在由传统的集权体制向近代分权体制变革过程中需借助同样具有集权色彩的一元化权力体制，在具有悠久集权传统且又刚刚结束传统专制统治的中国尤其如此。袁世凯改行帝制之时，社会各界兴起恢复帝制、恢复专制体制的呼声，袁世凯的政治顾问、美国哥伦比亚大学政治学教授古德诺更从理论上论证了在中国实施君主制的必要性，[2]其中既有袁世凯智囊团的鼓惑，也不乏针对当时中国社会与政治实际情况而提出的具有理性色彩的政治方案。

理论分析如此，历史事实也具有同一性。

南京临时政府时期，立法机构与行政机构形成了基本正常的制衡关系。在临时参议院的43名代表议员中，同盟会成员占23名，与其相对的立宪党人18名，其他党派2名。以同盟会成员占优势的临时参议院对于同样由同盟会领导的内阁政府能够实施较为有效的监督和制约，同时在某些重要决策方面，参议院也能较好地配合政府。但即便如此，行政权凌驾立法权的政治传统仍不时显现。临时政府对临时参议院表示不满，多次指责临时参议院以三权分立体制为借口，限制行政权，限制政府的活动，影响政府的工作效率。在讨论建都问题上，孙中山主张建都南京，以约束袁世凯，但临时参议院第一次议决以北京为首都。黄兴等对此大为不满，甚至考虑派军队到参议院，逼迫参议员改变态度。

袁世凯时期，社会秩序得以维持，经济有一定的发展，法律体系也进入建立之中。[3]以货币制度为例。民国成立之初，币种繁多，币制混乱。各地方政府、各银行、商号均独自发行不同的货币，一些外国货币也在中国市场流通、使用，甚至一些外国驻华机构也发行自己的货币。这一混乱局面严重扰乱了中国的金融市场，阻碍了国民经济的发展。1914 年，北京政府采取果断措施，整顿金融市场，统一全国货币。一方面，公布实施《国币条例》及《国币条例施行细则》，明令实行银元本位制。另一方面，发行在重量、成色、花纹、进制均严格规范化的新银元作为流通的主币。由于措施得力，标准严格，准备充分，很快稳定了动荡、紊乱的货币市场，规范了金融秩序，为国民经济的发展创造了较好的金融环境。在立法方面，1914—1915 年，国家立法活动迅速展开，制定颁布了一系列法律法规，[4]在调整社会关系、规范社会秩序方面起到一定的作用，使清朝末年开始的中国法律近代化向前迈进了一步。

《临时约法》是民国共和体制的象征，也是以孙中山为代表的同盟会、革命党以及国民党在与袁世凯及其后的军阀政权作斗争的武器。无论是在南方以武装斗争的方式反对袁世凯和北京军阀政府的孙中山，还是在北京坚持议会合法斗争的同盟会议员和国民党议员，都以维护《临时约法》为己任，以《临时约法》作为号召社会的大旗。然而，以孙中山为代表的资产阶级革命派在南方的政治实践中既没有具体实施《临时约法》，也没有建立《临时约法》所确定的权力制衡机制。在护法运动中，南方于 1917 年 9 月在广州建立军政府，并选举孙中山为军政府大元帅。在军政府中，大元帅既是国家元首，又是政府首脑；虽然有国会非常会议作为民意机构，但大元帅并不对国会非常会议负责，国会非常会议对大元帅也没有法定的制约权和监督权。[5]军政府实行的实际上是一个高度集权的权力机制。正因为如此，军政府成立不久就遭到各界非难。海军总长程璧光、外交总长伍廷芳、财政总长唐绍仪等联名要求改组军政府,废除个人专权制度。[6]1921年年初,在孙中山的提倡和主持下,开始了正式政府的组建工作。1921年4月7日,广州非常国会通过《中华民国政府组织大纲》,选举孙中山任大总统,建立了正式的民国政府。根据《中华民国政府组织大纲》,大总统作为国家元首和政府首脑,总揽政务,统率军队,任免文武官吏,各部部长由总统直接任免,并向大总统负责。国会没有监督、制约大总统的法定权力。可见,大总统制是一种缺少制衡机制的个人集权制,其集权程度甚至超出军政府大元帅制。以孙中山为首的南方革命势力在政权机构的创建过程中实际上没有实施《临时约法》,也没有建立具有分权性质和制衡机制的民主政府,其主要原因是当时正处于非常时期,中心任务是与北方军阀政府相抗衡,因而需要具有严密组织性和高效率的政府。

从维护国家统一的民族大业看,实施权力一元化体制在当时也有其合理性。辛亥革命是以地方割据的方式夺得中央政权。从相对于清政府的地方独立到服从以南京临时政府为代表的中央政权,逐渐产生了一些地方实力派。南京临时政府正是以确认一定程度的地方权力、地方利益为代价而获得地方实力派有限度的支持。整个民国初期,一些地方势力以不同方式保持着与中央政府的相对独立性,既有南北对立,又有联省自治,孙中山先生发动的护国运动、护法运动均包含有一定的地方独立性,其中某些甚至为地方军阀所利用。真正意义上的全国统一实际上只存在极为短暂的时间。地方独立隐含的国家分裂一直是困扰北京中央政府的难题。[7]

从当时中国所处的内外环境看,地方实力的扩大在总体上不利于国家的稳定和发展。就国内环境而言,中国幅员辽阔,资源分布不均。明代以后,东西部在经济、文化、人口等方面发展的差异迅速加大。就国际环境而言,19世纪末,西方国家在中国通过种种途径获取了各种利益,并逐渐划定了不同的势力范围。受利益的驱动,西方国家必然要继续强化其力量的存在,采取的重要方法之一就是在中国寻找代理人,既需要在中央政府寻找其代理人,也需要在地方寻找代理人,尤其需要在地方寻找具有相当实力、在某种程度上不需对中央政府言听计从且具有一定独立性的地方实力派和地方割据势力作为其利益代理人。

为维护国家主权和统一,需要建立一个强有力的中央政府,以压制地方势力的增长,防止地方军阀通过地方独立而形成对国家主权、国家统一形成威胁。为确保中央政府的权威和效率,一定程度上保持权力一元化机制是必要的。

二

民国初期议会政治的发展经历了三起三落的过程。代议制政体三次被否决,实际上也是议会政治三次重大危机的解决方式。以否决代议制政体的方式解决国家政治危机,其原因是多方面的。而从法律层面来看,代议制政体内部结构设计不合理,各机构的法律地位不明确,或者说其职责设计不合理也是重要原因。

代议制政体的基点有二:其一,以民意代表组成议会,行使立法权,并与行政机构、司法机构三足鼎立,分别行使国家权力。其二,立法、行政、司法三机构之间相互制衡,其中之一滥用权力时,其他机构拥有对其制约的法定手段,每一机构分别拥有解决与其相关的政治危机的法定终极手段。就解决政治危机而言,关键在于赋予鼎立三权中的每一机构以制约其他机构滥用权力的终极手段。政治生活紧紧围绕着国家权力展开。权力代表着最大的利益。人的本性是不断地追逐利益,追逐权力。因此,从人的本性出发,权力的行使会自发地产生越权行为,产生滥用权力行为。基于这一点,可以说,政治总是与滥用权力伴随而行。而权力的过度行使和权力的滥用又必然从总体上损害政治,损害权力。因此,理想的政权体制是能够通过内在的机制化解因滥用权力而出现的政治危机。如果缺少这种机制,由权力滥用导致的政治危机因其能量不能通过合法渠道宣泄,日积月累,只能通过外在的方式,特别是外部冲突的方式以非法手段解决。一般情况下,这种外部冲突表现为流血的武装冲突,即政变。在一个没有合法手段解决政治危机的宪政体制中,这种宪政体制是不完备的;它将促使危机当事人寻求以非政治手段维护自身的地位,而武装政变则是最为有效、最为常用的非政治手段。

根据权力制衡原则,立法、行政、司法三机构各自独立行使权力,相互制约,其中任何一方都有保护自己、限制他方的法定权力。同样,任何一方如果滥用法律赋予的权力,他方均可以以合法的方式对其实施限制。这样,任何政治危机均可在体制内通过合法方式加以化解;立法、行政、司法三机构任何一方都难以通过合法方式建立以自己为主的专制统治。但民国初期依据《临时约法》所建立的代议制政体在化解政治危机方面存在严重暇疵。依据《临时约法》，总统、国务员行使行政权，临时参议院行使立法权，法院行使司法审判权。在相互制约的终极手段方面，临时参议院对于有谋叛行为之临时大总统、有失职或违法行为之国务员，拥有弹劾权；法院对于受弹劾的临时大总统拥有审判权。国务员受弹劾后，应由总统免其职。但无论是内阁还是总统，均无权解散参议院。依据《临时约法》，议会自行召集，自行开会，自行闭会；议会不被解散。这样，就体制设计而言，立法机构与行政机构就处于不对等的地位。19 世纪英国杰出的政治思想家约翰·密尔(John S. Mill)在分析立法机关与行政机关发生争议后的解决方式时说："国家中的某个权力(它只能是行政)应当具有在任何时候任意决定召集新议会的自由。当争执的双方究竟哪一方拥有更多的支持者有疑问时，重要的是应该有一种宪政手段立即加以检验并使纷争止息。"[8]就对立法权的制约而言，或者以司法机构行使司法审查权，防止议会制定、通过与宪法相冲突的法律法规；或以行政首脑行使对议会所制订的法律草案的搁置否决权，非通过更严格的标准，其草案不得成为正式生效的法律；或者在特定情形下，由行政首脑解散议会，重新举行选举。辛亥革命后制定实施的《临时政府组织大纲》以及依据该大纲而成立的南京临时政府均以总统制代议制政府为国家政权的基本架构。《临时约法》起草之初也继续采用总统制。但由于南北形势发生变化，袁世凯取代孙中山就任临时大总统已成定局，为约束袁世凯，确保南方革命党人对政权的控制，《临时约法》因人设制，改变初衷，而实行内阁制，并且加强内阁和议会的权力，缩小总统权力，以此保证国民党对政权的总体控制。

在民国前期的政权机构中，作为立法机关的国会在体制上处于不受存废、制约的地位，而行政机构出于较为不利的地位。一方面，总统、国务员受到议会和法院的监督，后者拥有对前者实施弹劾的法定终极手段。而对于议会，无论是总统，还是法院，均不拥有任何法定终极手段。每当国家陷入政治危机，内阁总理可能被免职，内阁可能被解散，但国会却超然于其外。这一状况虽然在法律上使国会处于有利地位，但由于行政与立法二机关之间的分歧难以通过合法渠道加以弥合，更不能通过对等的解散内阁或解散议会的方式组建行政、立法两大机构新型关系，必然使二者之间的矛盾积重难返，最终导致寻求矛盾的外部解决。通过法律外的因素化解危机,导致武装冲突在所难免。民国初期,国会在多数情况下处于没有军队支持的境地,因而出现三次被非法解散并最终被彻底废弃的结局。

从民国初期政治危机的实际解决方式也可看出由于法定终极手段不均衡的副作用。1913 年 11 月 4 日,袁世凯下令解散国民党,取消国会参、众两院内国民党籍议员的资格。由于国民党在国会内是第一大党,取消国民党籍议员资格,实际上就导致法定人数的不足,国会不能再正常议事。[9]与此同时,袁世凯威胁非国民党籍议员不得"借端附和,以自蹈曲庇乱党之嫌"[10]。地方各省军政首脑也纷纷通电,要求解散国会。1914 年 1 月 10 日,袁世凯发布《布告解散国会原因文》《停止两院议员职务令》,正式解散国会。袁世凯解释解散国会原因主要有两条:第一,国会组织不良,乱党议员把持国会两院,使国会成为党争的场所,而且趋向于国会专制;第二,国会议员数量不足,无法正常议事,因而不具备《国会组织法》所规定的国会资格,不能正常履行《国会组织法》所规定的各项职能。

袁世凯解散国会有其强化集权、甚至为复辟帝制做准备的可能。但就事论事,从当时解决总统与国会就宪法草案所产生的危机的方式来看,总统并没有更有效的方法。实际上,在解散国会之前,袁世凯已先礼后兵,通过合法手段采取了三步骤:第一步,提出《增修临时约法案》;[11]第二步,重申法律公布权;[12]第三步,干预宪法草案三读程序。[13]这三项步骤是袁世凯采取非法手段破坏宪法起草、破坏国会的前奏。三步骤均未奏效后,袁世凯开始了暴力干预。10 月 25 日,袁世凯通电各省军、政长官,要他们对宪法草案逐条研究,于 5 天内表述对草案的意见。[14]11 月 4 日,袁世凯下令解散国民党,取消国会参、众两院内国民党籍议员的资格,导致国会不足法定人数。

在第一届国会第二期常会期间,围绕着对德国宣战问题,国会与内阁的对立进一步趋于激化。1917 年 5 月,段祺瑞政府为加强与日本国的联系,更希望通过参战巩固自己在国内的地位,进一步控制总统与国会,因而向国会提出加入协约国、参加对德战争的提案。而国会在以孙中山为代表的部分革命党人的影响下,同时也基于自身利益的考虑,多数议员反对中国参战。5 月 19 日,众议院以多数票赞成的结果,议决改组内阁。黎元洪于 23 日发布总统令,罢免段祺瑞国务总理和陆军总长职务。对于黎元洪的命令,段祺瑞称未经其本人部署,因而不对该命令的后果负责。其后,在段祺瑞的策动下,安徽、奉天等八省先后宣布"独立",并宣布将成立"临时政府”“临时议会”。对此,黎元洪一筹莫展,只好邀请拥兵徐州的张勋进京调停。张勋带领四千“辫子军”进京之时却对黎元洪提出六项条件,其中包括“解散国会”。黎被迫答应,并于6月12日发布命令:解散国会。

深重的历史传统、复杂的社会背景固然不利于以分权、制衡为内容的议会政治的实施,但任何事物都具有可变性,关键在于创造有利于变化的契机和有利于变化的条件。准确地说,在民国初年中国政坛实施议会政治也有诸多有利条件。专制政体的腐败,对西方国家制度的向往,从清朝末年开始的西方文化的大幅度引入,尤其是辛亥革命的胜利导致共和政体的建立,为议会政治开创了制度上的前提。从历史发展的过程来看,袁世凯、段祺瑞是民国初年中国政治发展走向的重要人物。从某种意义上可以说,这两个人以及他们所赖以行使统治权的领导集团的政治素质和个人性格直接决定了民国初年政治发展的轨迹。袁世凯从集权到专制,最后发展到帝制自为,全面复辟专制政治体制,这与他作为旧制度的代表人物有密切关系。段祺瑞在政治上与旧制度联系较少,很大程度上能够接受以议会政治为内容的近代政治体制。段祺瑞作为袁世凯的心腹之一,深得袁世凯的器重,但在袁世凯帝制自为过程中,由于他从最初的消极抵制到后来的公开反对,使袁的帝制元气大伤。段祺瑞也因此在袁病逝后获得较多的支持,出掌新政府。段在民国初年有关政治体制上的表现具有一定的进步性。历史不能假设。但为了更明确地看清某项制度、某个事件的历史作用可以对历史的发展作一些让步性设定。在1916年至1917年的府院之争、院院之争中,如果当时政权体制更加完善,权力机构在解决政治危机方面存在更有效的合法手段,行政机关与立法机关之间的矛盾能够通过体制内方式不断化解,政治危机不致于积重难返,不致于最终不得不采取体制外的非法手段来解决,议会政治也许不致于与中国社会如此格格不入,最终导致悲剧性结局。

国会第一期常会和第二期常会两次被解散都是在武力干预下以非法手段进行的。以非法手段解散国会的副作用不仅是进一步造成军阀专制的局面,从文化层面来看,它从根本上毁弃了实行民主政治、议会政治所需要的健康的政治道德和政治习惯。而就法律和制度而言,中国议会政治从此走上了死胡同。

三

民国初期议会政治的悲剧也有议会自身的原因。

第一，民国初期议会自身的运作方式在很大程度上降低了议会得以存在和发展的价值。议会制度在西方国家的发展经历了漫长的过程。它首先是作为资产阶级要求与其经济实力相当的政治权利而提出的政治方案。而在近代中国，议会政治主要是作为救国救民的方式而从西方引进。政治家们倡导实行议会政治，首先是寄希望于它能增强中国的国力，在政治上改变中国在世界各国中的形象，跻身于文明国家的行列，同时也希望借此与专制势力相抗衡，参与政治，分享政治权力。强国富民、制约专制的双重目的降低了议会自身建设的要求。从南京临时参议院到第一届国会于1924年被解散，议会内部在运作方式上始终未能形成健康的秩序，而议会内部政党政治的非理性因素却得到恶性发展。

议会内部政党政治的非理性化发展首先表现为议会内部党派利益高于国家利益，高于民族利益。不同党籍的议员在议会内的活动过于突出其一党私利，不惜违反基本的政治道德，违反议会政治应遵循的基本规范，甚至不惜牺牲国家利益和民族利益。国会第一期常会时期，进步党籍议员为了削弱国民党籍议员在议会中势力，造成由本党议员控制议会的目的，支持、纵容袁世凯取消国民党籍议员资格，为袁世凯解散第一期常会提供了条件。在对德宣战问题上，国民党籍议员为防止军人政府通过战争加强其自身势力，防止政府通过参战在关税、庚子赔款、政治借款等方面获利，坚决反对参战。以此为导火线，国会第二期常会被解散。政党为了其自身利益，或者为了所代表的阶级、阶层、群体的利益而在议会活动中提出政见，并通过合法程序，使其以国家政策的方式得以实施，这是政党政治、议会政治的基本内容之一。但是，议会内的党团活动必须遵循基本的政治道德，恪守严格的政治规范；并且一党私利不能与国家利益、民族利益相冲突，尤其不能以损害民族利益的方式坚持一党之见。否则，它在给国家利益、民族利益造成损害的同时，也使政党政治和议会政治走向歧途。

民国初期议会内部政党政治的非理性发展还表现为党派之间的极端化对立。在民国初期议会内部，党派林立，各党派之间在观念、政策等方面经常处于极端化对立状态。不同的政党基于自身的政治利益而持有不同的政治见解,并因而与其他政党表明其特定的政治立场,尤其是与相对应派别中的主要政党在见解、观念上持有意识的对立立场,这是体现不同政见、使政党政治正常运作的必要条件。但议会内部的政党在观念和政见上应具有一定的包容性,无论是党争还是议政都应遵循基本的政治道德。这种政治道德既包括党争服从民意、服从多数,也包括以合法的方式和理性的态度对待党争过程,对待党争结果。而民国初期议会内部,党派与党派之间常常处于极端化对立之中,甚至形成完全敌对的立场,以致于常常借助议会外的力量以非议政手段以期达到议政目的,包括借助政府的行政力量、新闻媒体的力量,更有极端者,主张以暗杀手段打击对立政党的重要人物。国会第一届常会被袁世凯解散,进步党籍议员在其中起到不光彩的作用。民国初期政党政治的畸形变化直接影响议会政治的健康发展也在很大程度上削弱了议会坚持民主政治、制约专制权力的力量。袁世凯正是利用议会政治自身存在的弊病在全国范围内造成不利于议会的舆论,使国会第一届常会在悲壮的政治气氛中被解散,也为民国议会政治的发展开了一个极为恶劣的先例。

第二,议会在确立自己社会基础的政策方面也存在重大失误。议会作为民意机构的力量后盾是广大民众,议会若受到非法侵害,自应受到社会的广泛关注,应在民众中产生反应。然而,民国初期议会三起三落,几次受到行政权力以及军事力量的非法干预,甚至被解散、废除,当时社会产生的反应却微乎其微。虽有部分新闻媒体加以报道,但是并没有造成具有重大影响力的声势,也没有得到自己的利益团体的支持。议会活动不规范、议会党团热衷于党争而疏于议会自身的职责以及部分议员行为不检点等,固然使议会的社会形象受到损害,但在议会自身的存在已受到行政权力甚至军事力量的干预而被解散、被废除时,作为议会后盾的民众居然无动于衷,其重要原因是民国初期的议会没有形成广泛的社会基础,也没有根基扎实的利益团体的支持,或者说其阶级意向不明,缺少鲜明的阶级基础。

临时参议院、国会的构成以及国会议员选举标准可以具体说明这一问题。从临时参议院的人员构成来看,多数为资产阶级、小资产阶级知识分子,也有一些来自清朝末年的旧官僚、旧士子。在他们当中,部分人尚没看到资产阶级自身的利益要求和工商业者的力量,部分人则受传统的抑商、鄙商意识的影响。1912 年 8 月 10 日,临时参议院公布、实施《参议院议员选举法》和《众议院议员选举法》。议员选举标准体现了新国会组成的阶级意向。选举法规定,拥有一定数量的财产,即可享有选举权。选举法从两个方面确定了财产的计量标准:第一,年纳“直接税”二元以上者;第二,有价值五百元以上之不动产者。这一规定剥夺了大批无财产的贫穷者的选举权,同时也将拥有大量财产的工商业者划入无选举权范围。以“直接税”作为选举条件的财产计量标准的规定仿自日本选举法。根据《参议院咨大总统请将众议院选举法第四条各款转饬遵照文》的解释,“直接税”指所得税、营业税、地丁、漕粮等;“不动产”则指土地、房屋等。而当时政府尚未开征所得税和营业税,工商业者从事工商业活动时所纳多为关税、厘金,属于“间接税”。因此,绝大多数工商业者不属于“年纳直接税二元以上者”。就财产拥有而言,工商业者所拥有多为动产,因而难以符合“有价值五百元以上之不动产者”。这实际上也完全剥夺了那些未受过教育的工商业者的选举权。[15]这一选举法公布后,引起工商业界反对。他们提出:“商工对于国家负担已多,而何以享权利则最少?且以学识程度论,商工果不如农人耶?至有不动产五百元以上即得选举权,而商人有动产数万、数十万、数百万,反不得与五百元者享同等之权利,尤为不公。”[16]经过一番筹划,11月上旬,工商业界召开全国临时工商大会,要求修改选举法,否则“今后无论国家、地方各捐税,一概不纳”,[17]但临时参议院仍然拒绝了工商界修改选举法的要求。

1912年12月初,国会选举正式开始。登记选民共4000万人以上,占全国人口9.98%。1913年3月,选举结束。在选出的国会参、众两院议员中,国民党籍议员均占有45%左右,成为国会第一大党。在新当选的800多名国会议员中,成分较为复杂,其中主要包括政治活动家、自由职业者、原清朝官吏等。从其出身看,多数具有一定程度的受教育背景,包括相当一批曾出国留学、接受西方近代高等教育的知识分子,而真正从事资本主义工商业经营的人只占极少数。因此,这一届国会实际上是政治家、知识分子共同组成的国会。

在近代西方国家,议会政治作为古代传统政治的对立物,是资产阶级反对专制政治的成果,也是防止政治复辟的有力武器。它以资产阶级的经济力量和经济手段为后盾,代表着新兴资产阶级的阶级利益和要求。民国初年,民族资本主义的发展刚刚起步,民族资产阶级也仅仅是初具规模,但即使是如此不甚发达的资产阶级力量也未受议会政治的充分利用。不仅如此，当资产阶级的部分代表要求参与政治、加入议会之时反而受到议会的歧视。受中国传统因素的影响，以政治家、知识分子为主体的国会自觉地把自己与直接代表资产阶级利益的工商业者对立起来，以致出现作为民族资产阶级的工商业者以自己所掌握的经济手段与本应代表自己利益的国会展开斗争这一奇特现象。国会的先天不足决定了它在与掌握军政大权的军阀的对立中失败结局的必然性。

注释

1 中国古代在立法方面，一般是因事设制，临时召集法律起草机构。这种临时机构的召集，或以皇帝名义，或以具体部门的名义。临时机构向召集者负责，所起草的法律草案也以召集者的名义公布、实施。法律起草机构对行政权力没有体制上的制衡职能。

2 F. 古德诺（F. J. Goodnow，1859—1939 年），美国人，法学博士，1912 年 7 月应邀来中国，担任袁世凯的法律顾问。1914 年夏回美国，任霍普金斯大学校长。1915 年再次来到中国，并发表《共和与君主论》，提出当时的中国可通过君主专制的途径实现立宪政治。

3 徐宗勉、张亦工等在分析这一段时间的社会状况时说："袁世凯的努力提高了行政效力，国家财政明显好转，社会生活的混乱也有所减少，但是这种新的秩序具有专制主义性质。"参见徐宗勉、张亦工：《近代中国对民主的追求》，安徽人民出版社 1996 年版，第 133 页。

4 这一时期制定、颁布的法律有《著作权法》《出版法》《商会法》《森林法》《狩猎法》《会计法》《审计法》《土地使用法》《行政诉讼法》《行政执行法》《证券交易所法》《电信条例》《矿产条例》《小矿业暂行条例》《商人通例》《公司条例》等。

5 根据非常国会通过的《军政府组织大纲》，国会非常会议对大元帅的唯一制约是，各部总长的人选必须经由国会非常会议选举，再由大元帅正式任命。

6 在桂系军阀的支持下，军政府于 1918 年 5 月被改组。修改后的《军政府组织大纲》全面推行实施权力制衡的总裁制度，包括改大元帅独任制为合议总裁制，以数名总裁合议的方式，共同行使行政权；总裁向国会负责，并接受国会的监督和制约，国会对总裁有弹劾权；成立政务院，辅助总裁，行使军政府的行政权等。

7 1918 年 11 月 11 日，德国与协约国签署停战协定，第一次世界大战以协约国的胜利告终。北京政府作为中国的合法政府，受邀请派代表参加巴黎和会。当时，南北议和正处于筹备之中。12 月中旬,广州军政府主席岑春煊提出,由南北两个政府分别正式任命代表参加巴黎和会。为表示议和诚意,为上海南北议和创造良好的气氛,北京政府同意接纳南方代表参加中国代表团,参加巴黎和会。但正当北京政府考虑南方代表人选以及中国代表团首席代表、外交总长陆徵祥在美国与南方代表王正廷洽谈之时,南方军政府单方面发布了代表团组成人员的五人名单。这五人为伍廷芳、孙中山、王正廷、伍朝枢、王宠惠。

8 [英]J. S. 密尔:《代议制政府》,汪瑄译,商务印书馆 1982 年版,第 198 页。

9 虽然袁世凯同时提出尽快补选两院议员,但实际上并未认真执行。

10 《政府公报》,1913 年 11 月 5 日。

11 1913 年 10 月中旬,宪法起草委员会起草的宪法草案脱稿,随即进入紧张的讨论、三读程序。袁世凯见宪法形成在即,也加快步伐,意图赶在宪法草案通过之前,将其扼杀在襁褓之中。10 月 16 日,袁世凯不顾宪法草案形成在即的事实,故意以《临时约法》为基础,提出《增修临时约法案》,要求国会迅速讨论通过。袁世凯所主张对《临时约法》的修改内容,集中在扩大总统权限方面,包括总统有权制定官制、官规,任免国务员、大使等文武官员,对外宣战、媾和、缔结条约等权,无须经国会同意;总统享有紧急命令权和临时财产处分权等。对于袁世凯这一修改要求,宪法起草委员会断然拒绝,理由是宪法草案即将完成,新《宪法》通过、生效之时,原《临时约法》自然废止,已无修订必要。

12 10 月 18 日,袁世凯向国会提交一份咨文,责备国会此前未经过总统而直接公布《大总统选举法》,违反了《临时约法》与《国会组织法》的规定;同时,要求新制定的《宪法》,必须经由总统公布,方可生效。就《临时约法》与《国会组织法》的规定而言,该咨文所提出的法律公布权确应由总统行使。但在此特殊时刻,袁世凯提出此要求又有另一番用意:一方面,指责国会违反《临时约法》在先;另一方面,通过掌握《宪法》公布权,达到阻挠不利于自己的《宪法》生效,因而将法律公布权转化为对《宪法》的批准权。

13 10 月 24 日,宪法起草委员会对宪法草案进行三读。当日,袁世凯派施愚、顾鳌、程树德等八人作为政府委员来到天坛祈年殿,自称奉总统令,要求出席会议,并陈述总统对于宪法草案的意见。对此,宪法起草委员会断然拒绝,并告诉八位“钦差”,根据会议规则,除国会议员外,其他任何人无权旁听宪法起草委员会的会议。同时,宪法起草委员会还告诉他们,宪法草案条文已经拟就,已进入三读程序;按法律规定,宪草三读时,只允许就修饰性文字作个别变动,而不得改变具体内容,因此,即使允许旁听,允许陈述意见,也不能改变宪草条文。施愚等无奈,只得返回。

14 在通电中,袁世凯还对此次宪法起草委员会及所起草的《宪法草案》确定了评价的基调:“乃国民党人破坏居多,始则托名政党,为虎作伥,危害国家,颠覆政府,事实俱在,无可讳言。此次宪法起草委员会,该党议员居其多数。闻其所拟《宪法草案》，妨害国家者甚多……综其流弊，将使行政一部仅为国会所属品，直是消灭行政独立之权。”“本大总统忝受托付之重，坚持保国救民之宗旨，确见及此等违背共和政体之《宪法》，影响于国家治乱兴亡者极大，何敢缄默而不言……各该文武长官，同为国民一分子，且各负保卫治安之责，对于国家根本大法，利害与共，亦未便知而不言”（《政府公报》，1913 年 11 月 15 日）。对于袁世凯的通电，各省军政长官心领神会，纷纷回电，称《宪法草案》为“暴民专制之宪法”，攻击国民党，攻击国会，并主张解散国民党，解散宪法起草委员会，解散国会，另外制定“中华民国万世不易之宪法”。

15 李新、李宗一主编的《中华民国史》在论述这一现象时说：“如果说排斥一般劳动人民，拒不承认女子有选举权，表现了参议院议员的阶级偏见和成见，那么，漠视工商界要求则主要与他们大多数为资产阶级、小资产阶级知识分子有关。他们一般在政治上、经济上同资产者较少联系，或没有什么联系，既无兴趣也不曾感到为这个社会力量争取政治权力的重要。因此，他们宁肯放宽教育资格的限制，保证哪些财产有限、既不直接纳税又无不动产的‘寒士’获得选举权，也不愿对财产资格条款稍作‘变动’，以满足工商界的愿望。当然，资产者自身力量微弱，对政治又大多不甚热心，不足以引起参议院议员的重视，也是一个原因。”参见李新、李宗一主编：《中华民国史》（第二编，第一卷），1987 年版，第 176 页。

16 《申报》1912 年 11 月 4 日，“工商界之要求选举之热”。

17 《申报》1912 年 11 月 4 日，“工商界之要求选举之热”。

图书在版编目(CIP)数据

儒者论法／朱勇著. -- 北京：法律出版社，2020
ISBN 978-7-5197-4290-4

Ⅰ. ①儒… Ⅱ. ①朱… Ⅲ. ①法制史-研究-中国-古代 Ⅳ. ①D929.2

中国版本图书馆CIP数据核字(2020)第033367号

儒者论法
RUZHE LUNFA

朱 勇 著

责任编辑 刘 琳
装帧设计 乔智炜

编辑统筹 法律教育出版分社
出版 法律出版社
总发行 中国法律图书有限公司
经销 新华书店
印刷 天津嘉恒印务有限公司
责任印制 胡晓雅
开本 710毫米×1000毫米 1/16
印张 25.5
字数 384千
版本 2020年1月第1版
印次 2020年1月第1次印刷

法律出版社／北京市丰台区莲花池西里7号(100073)
网址／www.lawpress.com.cn
投稿邮箱／info@lawpress.com.cn
举报维权邮箱／jbwq@lawpress.com.cn
销售热线／400-660-8393
咨询电话／010-63939796

中国法律图书有限公司／北京市丰台区莲花池西里7号(100073)
全国各地中法图分、子公司销售电话：
统一销售客服／400-660-8393/6393
第一法律书店／010-83938432/8433
西安分公司／029-85330678
重庆分公司／023-67453036
上海分公司／021-62071639/1636
深圳分公司／0755-83072995

书号：ISBN 978-7-5197-4290-4
定价：56.00元
(如有缺页或倒装，中国法律图书有限公司负责退换)